聖杯の血統

BLOODLINE OF THE HOLLY GRAIL

イエスの隠された系譜

ローレンス・ガードナー
楡井浩一 監訳

清流出版

《マニフィカトの聖母》サンドロ・ボッティチェリ(1445～1510)作
イエスは多産の象徴である熟したザクロを握っている

《エルサレム落城》
ニコラ・プッサン(1594～1665)作
紀元70年、ティトゥス将軍のローマ軍による侵攻を描いている

《聖母の婚約》
ラファエロ(1483〜1520)作
ヨセフは一般的な慣例よりも若く描かれている

《最後の晩餐》
ジャン=バティスト・ド・シャンパーニュ(1631〜1681)作

《聖なる寓話》ジャン・プロヴォスト（1465～1529）作
イエスは剣で武装。マグダラのマリアは王冠をかぶり、
ナザレ派女祭司の黒衣をまとっている

16世紀の『驚異の書』に登場するソフィア（知恵の女神）
知恵の不滅の精神が、混沌とした闇に光をもたらす

《プロヴァンスでのマグダラのマリア》
16世紀、オランダ人の作
ローマ教会には認められなかった聖なる女性(ヒエロドゥライ)の
深紅のケープをまとっている

《マリアとマルタの家でのキリスト》ティントレット作(1575)
マグダラのマリアが聖婚の儀式としてイエスの足に香油を塗る

《最後の晩餐でペトロの足を洗うキリスト》
フォード・マドックス・ブラウン作(1865)
聖杯のおきて〝奉仕〟の具体例

《天使たちによって運ばれるマグダラのマリア》
ジョバンニ・ランフランコ(1582〜1647)作
妊娠中のマリアが紀元44年にヨーロッパへ逃避したことの寓意画

《ジャンヌ・ダルクと解放の剣》
ダンテ・ガブリエル・ロセッティ作(1863)

《ヴィーナスの誕生》サンドロ・ボッティチェリ作(1485)
アフロディテ(ヴィーナス)を、海のマリア(マリー・ド・ラ・メール)
の象徴である帆立貝と組みあわせている

《メロヴィング朝フランク族のクローヴィス王》
ウィリアム・レイニー（1852～1936）作

《ガラハッド卿—探求》
アーサー・ヒューズ作（1870）

《騎士号授与》
エドモンド・ブレア=レイトン作(1901)
聖杯女王と輝かしい道の騎士

《アーサー王の円卓》
ウォルター・クレイン(1845〜1915)作

《聖杯から食べるガラハッド、ボース、パーシヴァル》
ダンテ・ガブリエル・ロセッティ(1828〜1882)作

《エジプト逃避途上の休息》(部分) ヘラルト・ダヴィット作(1510)
マリアが身につけるのは「青と白のみ」という決まりを破って、
裾と袖口に深紅を、手もとに聖杯の蔓である葡萄をあしらった

《葡萄搾り器》 ジョン・スペンサー・スタンホープ作(1864)
イエス曰く「わたしはまことの葡萄の木」
(ヨハネによる福音書15章1節)

《聖杯の血統》ピーター・ロブソン卿作(1996)
聖杯教会とローマ帝国教会との対立の寓意画

《世界中を敵にしても、真理は勝つ》
ピーター・ロブソン卿作(1996)
ボウディッカ女王の喊声

《マグダラのマリアのプロヴァンス到着》
スフォルツァの時禱書(1490)より

《コルベニ城の聖杯の乙女》
アーサー・ラッカム(1867〜1939)作

《信仰の跳躍》
ピーター・ロブソン卿作(1996)
磔刑と復活の寓意画

聖杯の血統

目次

装丁・本文設計——西山孝司
編集協力——久保匡史
翻訳協力——山岡万里子
勝俣孝美
宮脇貴栄
森　直美

謝辞

本書の準備にあたっては、スチュワート王家、聖コルンバの聖なる一族、ヨーロッパ皇太子評議会、聖アントニウスのテンプル騎士団、サンジェルマンの守護騎士団、ハンガリー帝国王立ドラゴン王朝騎士団の多大なる尽力を賜ったことに感謝したい。

また、わたしの探究を支援してくれた多くの公文書保管人、図書館司書の方々、なかでも大英図書館、大英博物館西アジア古代学部門およびエジプト古代学部門、フランス国立図書館、ボルドー図書館、デヴォン州立図書館、バーミンガム中央図書館、スコットランド国立図書館、マンチェスター市立美術館、アイルランド王立アカデミーの皆さんに感謝申し上げる。

またとくに、本研究の達成に惜しみない助力を注いでくれた妻のアンジェラと、つねに励ましてくれた息子のジェームズに感謝を捧げたい。同様に、代理人のアンドルー・ロウニー、それにエレメントとハーパーコリンズの編集長やスタッフの皆さんにも、深く感謝したい。

さまざまな形でこの企画の道筋を整えてくれた、多くの同僚たちに感謝したい。とくに、本書のオリジナルデザインを手がけてくれた、メディアクエストのエイドリアン&ヘレン・ワグナーおよびスティーヴン&トレイシー・ナイトには感謝している。また、デイヴィッド・ロイ・スチュワート士爵、ジャック・ロバートソン士爵、デイヴィッド・ストーカー牧師、カレン・ライスター、スカーレット・ナン、ジョン・ボルドック、マシュー・コリー、ジェニー・キャラディス、トニー・スキエンズ、デイヴィッド・ウッド士爵、グレッチェン・シュローダー、ローラ・ワグナー、ジャズ・コールマン、A・R・キッターマスター博士、クリス・ロズリング、コリン・ギツハム、イアン・F・ブラウンにも感謝を捧げたい。

国際的に、わたしの研究を惜しみなく支援してくれた方々にも、とくに感謝申し上げる。ピーター・ロブソン・スタジオのエレノア・ロブソンとスティーヴ・ロブソン。〝ネクサス〟のダンカン・ローズ、ルース・パーネル、マーカス&ロビン・アレン、『エラ』のアドリアーノ・フォルジョーネ。J・Z・ナイトと〝ラムサの覚醒の学校〟の皆さん。『金の糸』のクリスティナ・ゾース。エントロピック・ファインアートのナンシー&マイク・シムズ、ペンギン・ブックスのローラ・リー、アン&ホイットリー・ストリーバー、ロバート・セッションズ。フェア・ウィンズ・プレスのグレッグ・ブランデンバーグ。そしてバーンズ&ノーブルのジーネット・リモンジアンに。

また、本書のためにすばらしい寓意絵画を創作してくれたピーター・ロブソン卿と、トリビュートアルバム『聖霊と聖杯』を制作してくれた作曲家エイドリアン・ワグナーに、特に謝意を表したい。また、王室・騎士団関連文書を閲覧する恩典を与えてくださった、オルバニー公マイケル殿下に感謝申し上げる。

本書はいわば、互いにつながりのあるさまざまな主題の合成作品であり、各分野の専門家である著述家諸氏の深い学識のおかげで、あらゆる特定分野の研究を進めることができた。これらの方々の研究調査、専門知識、優れた学術作品にどれほど助けられたか、計り知れない。
最後に、何年にもわたってわたしの研究を支援し励ましてくださった、読者の皆さんにも、お礼を申し上げたい。なかでも、多くの有益な情報やコメントを送ってくださった方々に、とくに感謝申し上げる。

ローレンス・ガードナー

序文

スチュワート王家当主
オルバニー公マイケル殿下

本書『聖杯の血統』は、系譜研究分野における偉大な功績である。本書に集められた説得力ある史実に、これほど精通している歴史家もそう多くはない。明かされている事実はまったく斬新で、英知の真なる財産として、多くの読者を魅了するだろう。ここに収められているのは、ヨーロッパのキリスト教会と十字軍国家形成のうえで基礎となった、非常に重要な物語だ。

おそらくこの本のいくつかの側面は、見る人によっては異端に映ることだろう。それも無理からぬことだ。内実の暴露は、どちらかといえば、正統派の伝統からは排除されてきたのだから。しかしラブラン勲爵士【訳注：著者のこと】が、その主題に関する写本や古文書を可能なかぎり入手して深く読み込み、従来の枠組みを超えた領域にまで踏み込んでいったのは事実だ。その結果覆いをはがされた知識が、非常に明瞭かつ興趣深く提示されることになった。

本書は何世紀にもわたる戦略的な政府間の結びつきと、それに伴う欺瞞《ぎまん》や陰謀について、驚くべき洞察を与えるものだ。二千年近くのあいだ、何百万もの人々の運命が、特定の、しばしば気まぐれな人物たちの手に左右され、文明人たちの宗教的願望は大きく道をはずれる結果になった。著者はその並外れた詳説の力をもって、既得権益者の抑制を排し、これまで隠蔽《いんぺい》されてきた、われわれの遺産にまつわる数多くの物語を語っている。そうすることで、カトリック教会がみずからの目的に沿って根絶しようしてきた確固たる王家血脈の歴史を、その強いられた沈黙から復活させたのだ。いま、この新しい理解の時代にこそ、これらの真実が広く受け入れられ、不死鳥が再びよみがえらんことを切に望む。

第一章　血統の源

聖杯は誰に仕えるか？

紀元一世紀のエルサレムにおけるユダヤ人の反乱のあと、ローマ代々の皇帝は、ダビデ王家である救い主《メシア》イエスの家族にまつわる、すべての記録を抹殺したといわれている。だが完全な破壊からは程遠かったため、関連文書がイエスの世継ぎによって保管され、メシアの遺産は近東から西洋へともたらされることになった。四世紀のカエサレア主教エウセビオスが著書『教会史』のなかで確認しているように、これらの後継者は〝デスポシニ〟(古代ギリシア語で「主の」という意味）と呼ばれた。イエスと同じ家系の者だけを指す尊称だ。彼らが受け継いだのは、ユダ王家の聖なる遺産——今日まで続く王の血筋であった。

本書では、イエスとその弟ヤコブの直系である〝メシア王家の血（サングレアル）〟の系譜を詳しく解き明かし、その驚くべき物語を探究していく。だがその使命を果たすためにはまず、旧・新約聖書の物語を、通常伝えられているのとは違った角度から考えていく必要がある。それは歴史を書き直すことではなく、馴れ親しんだ話を再構築することだ。つまり、利益の対立する者たちによって意図的に作りかえられた神話を鵜呑みにするのをやめ、歴史をそもそもの土台に戻してやる試みなのだ。

何世紀にもわたり、教会と政府が共謀して、メシアの継承を葬り去ろうとしてきた。それが最も顕著だったのは、帝国ローマがキリスト教の方向を、今日まで続くまったくかけ離れた理想に沿うように、変えてしまったときだった。

一見無関係に見える歴史上の出来事の多くが、実際には、連綿と続けられた一族への弾圧の一端をなしている。一世紀のユダヤ戦争から十八世紀のアメリカ独立革命、そしてその後の出来事に至るまで、この陰謀は、英国およびヨーロッパの政府によって、英国国教会やローマ・カトリック教会の協力のもとで続けられてきた。ユダ家の長子相続権を押しとどめるために、高教会《ハイチャーチ》運動がさまざまな傀儡《かいらい》体制を作りあげてきた。そこにはハノーヴァー家やサックス＝コーバーグ＝ゴータ家【訳注：現英国王家ウィンザー家の、二十世紀初頭の呼び名】など、英国自体の王家も含まれる。それらの王家は特定の教義を掲げることを強いられ、宗教的寛容を説いた王家は退けられていった。

さて、新しいミレニアムの始まりであるいまこそが、文明社会にとっての反省と改革のときである。それを成し遂げるためには、過去の失敗と成功を検証することが第一義であり、それに最もふさわしい文献は、諸々の〝サングレアル〟年代記のなかに存在するものをおいてほかにない。

「聖杯（Holy Grail）」という言葉は、もともと中世に文学的な概念として登場したが、その源になったのは（あとでも述べるが）たび重なる筆記上の誤解であった。直接的には「Saint Grail」からの翻訳だが、その原型は「サン・グラアル（San Graal）」と「サングレアル（Sangréal）」だ。スコットランドのスチュワート王家によって代々受け継がれている〝古代サングレアル修道会〟は、ヨーロッパ大陸の〝シオン王国修道会〟と直接的な友好関係にあるが、両組織の騎士《ナイト》会員たちが信奉しているのが、サングレアル、すなわちユダの真の「王家の血筋（Sang Real）【訳注：Sangは血、Realは王家の意】」、つまり「聖杯の血筋」なのである。

王の血筋という実体的な側面とは別に、「聖杯」は精神的な次元も持っている。それは多くの事物によって象徴されてきたが、目に見える形では、ひとつのカリス（杯）として、それも特にイエスの流した血が入った（あるいは入っていた）カリスとして、しばしば認識される。さらに聖杯《グレイル》は、悠久の時間のなかを這っていく葡萄《ぶどう》の蔓《つる》のようにも描かれてきた。蔓には葡萄の実がなり、葡萄の実からは葡萄酒ができる。そういった意味でも、葡萄酒は昔からイエスの血と同一視されてきており、カリスと蔓という象徴的なふたつの要素が符号することになる。まさにこの伝統は聖体（聖餐）の礼典の根底をなすものであり、聖杯《グレイル》のカリスの永遠の血とは、営々と続くメシアの血筋にほかならない。

深遠な聖杯《グレイル》の伝承において、カリスと蔓が「奉仕《サービス》」【訳注：serviceは「奉仕」とともに「礼拝」をも意味する】という理想を支えるものである一方で、血と葡萄酒は「成就」という永久の精神に対応する。それゆえ、精神的な聖杯探究とは、奉仕を与えまた受けることによって、成就を求めていくことだと言える。この〝聖杯のおきて（Grail Code）〟とも呼ぶべきものは、それ自体が人間のありさまを表している。なぜなら、奉仕を通して何かを達成するというのが、すべての人間にとっての人生の道であるからだ。問題は、このおきてが、「適者生存」という概念をふりかざす貪欲な社会組織によって、これまでないがしろにされてきたことだ。今日、社会的適者になるための手段は健康《ヘルス》ではなく富《ウェルス》だということは明白だ。だが一方で、法の遵守もひとつの条件になっている。

　ところが、これらの項目に加え、さらなる必要条件がある。神のごとき絶対的な権力者に敬意を表し、その政治路線に従うことだ。だがこの条件は、法の遵守や正しい行動とは別物で、波風を立てず反対意見を言わないこと、つまり長いものには巻かれろという態度だ。列を乱すような者は異端者、干渉屋、厄介者と呼ばれ、ときの支配権力から社会的落伍者の烙印を押される。かくして、当局の現状維持のために洗脳に甘んじ、個性をつぶす者にだけ、いわゆる社会への適応が達せられる。だがどう考えてもこれは、民主的な生きかたとは言えない。

　民主主義の理想とは、「人民による人民のための政治」という言葉で表される。その仕組みを簡略化するために、民主主義はたいてい、人民を少数の議員が代表するという選挙制度をもとに形成される。代表は人民のために統治をおこなう目的で、人民によって選ばれる——だが皮肉なことに、これが往々にして人民を統治する政府になってしまう。それは民主的なコミュニティーの概念とはまったく相容れないものであり、ましてや奉仕《サービス》の精神の入り込む余地はない。つまり、〝聖杯のおきて〟とはまったくの対極にあるということになる。

長い年月のあいだ、国家または地域で選ばれた代表者たちは、有権者の上に台座を築きそこに居座って、平和の理想を覆《くつがえ》してきた。個人の権利、自由、財産は政治的独裁者に支配され、それら独裁者によって、誰が社会的適者で誰が落伍者であるかが常に定められてきた。多くの場合それは、誰が生き残り誰が死に至らしめられるかを運命づけることになった。だからこそ、ただただ他人より抜きん出たいがために、権力を持とうとする者があとを絶たないのだ。自分の利益にばかり仕える彼らは、社会を我が物顔に操り、多数の人々の力を奪ってきた。その結果、本来仕えられるべき大多数の民衆が、奴隷の状態へと貶《おとし》められてきたのだ。

中世以降、「イッヒ・ディーン（わたしは仕える）」という言葉が、英国の代々皇太子《プリンス・オブ・ウェールズ》たちの座右の銘となってきたことは、偶然ではない。これは騎士道の時代に聖杯のおきてから生まれた銘なのだ。選挙によってでなく世襲によって王権を受け継ぐ彼らが、皇太子として奉仕の概念をきちんと身につけるのは大切なことだった。だが王たちは実際に、仕える者であっただろうか？　さらに言うなら、仮にそうであったとして、彼らは誰に仕えていたのか？　彼ら君主たちは概して（封建時代・帝国時代は特に）、重臣たちや教会と結託して「支配」をおこなってきた。支配とは奉仕でもなければ、民主主義の理想である正義、平等、寛容のどれにも当てはまらない。つまり、聖杯の金言とはまったく矛盾していたと言える。

本書『聖杯の血統』は、系譜学や政治的陰謀の話にとどまらず、〝聖杯のおきて〟の本質に迫る鍵、歴史の謎だけでなく人生のありかたへの道を開く鍵を、示す本である。さらには良い政府と悪い政府について説き、人々の家父長的な王政が、いかにして独断的な専制政治や独裁的な大領主政治にとって代わられたかを説き、未来をしっかりと見据えながら過去の時代を旅していく、探究の書物である。

コンピューター・テクノロジー、衛星によるテレコミュニケーション、国際宇宙産業のこの時代、科学はまさに日進月歩の勢いで発達している。個々の進歩のスピードがますます速まっているなかで、人民ではなく自己の野望にばかり仕えるせっかちな権力者たちによって、機能的に有能な者だけが「適者《サバイバー》」として認められ、その他の者は「落伍者」として切り捨てられていく。

では、これらの事柄と聖杯とは、どう結びつくのか？　答えは「すべてにおいて」だ。聖杯には多くの顔があり、性質がある——この先のページで見ていくように。けれどもどのような形で描かれるにせよ、聖杯探究とは、真の達成感を求めていく非常に重要な願望に支えられている。聖杯とは、すべての者が適者となって生き残るための道だ。なぜならそれは、すべての社会的・生得的地位の者にとって、調和と連帯を促す鍵であるからだ。〝聖杯のおきて〟は功績による昇進を認め、コミュニティーの構造をも認めているが、それにもまして、まずはことごとく民主的である。物理的にとらえようと精神的にとらえようと、聖杯は指導者にもそうでない者にも等しく臨み、すべての者に、あるひとつの共通の奉仕《サービス》によって、連帯することを命じている。

さて、適者のうちに加えられるためには、じゅうぶんな情報を得ることが不可欠だ。知っていてこそ、未来への備えができる。独裁的支配のなかには、情報への道はない。真実への自由な接近を阻むために仕組まれた、明確な制約があるからだ。だとすれば、聖杯はいったい誰に仕えるのか？　たとえ成功の可能性が低かろうと、迷わず探究に乗り出す者たちだ。なぜなら彼らこそが、啓示の擁護者であるからだ。

キリスト教世界の偶像

これからたどっていく旅の途上で、初めは荒唐無稽に思えるような多くの説に出くわすだろうが、それは、歴史をもとの土台に戻そうとする場合にはよくあることだ。なぜなら、われわれのほとんどは、あるひとつの歴史解釈を当然の事実として受け入れることに慣れっこになっているからだ。われわれは大概、教会や政府の仕組んだ戦略的な宣伝《プロパガンダ》を通して歴史を学んでいる。それはすべて支配プロセスの一環、つまり主人を僕《しもべ》から、適者を落伍者から区別するためのものなのだ。当然ながら、政治的な歴史はこれまでずっと主人たち、つまり大多数の人々の運命を勝手に決める少数の者たちによって書かれてきた。宗教の歴史も同様だ。未知なるものへの恐怖を利用して支配するのが目的なのだから。宗教の〝主人〟たちは、誠実に悟りや救いを求める信者たちを欺いて、その絶対的な権力を維持してきた。政治あるいは宗教の歴史に関して言えば、体制側の教えは往々にして空想物語と紙一重なのに、それに疑義が呈されることはめったにない。かりに空想でなかったにしても、その内実はあまりに曖昧で、きちんと調べてみると、意味をなさないことが多い。

聖書の文脈に従えば、われわれの聖杯探究は、創世記に描かれている天地創造に始まる。二百二十二年前の一七七九年、ロンドンの出版社が合同で、四十二巻から成る『普遍史』という大著を刊行した。その後大いに崇敬を集めることになったこの著作は、神の天地創造のわざは紀元前四〇〇四年八月二十一日から始まった、と大真面目で論じている。別に三月二十一日という計算結果を主張する神学者が現れ、正確な月をめぐっては論争が展開されたが、年についてはそれが正確であることに異議をはさむ者はなかった。宇宙が〝無〟の状態からアダムが誕生するまで、たったの六日しかかからなかったということを、当時はすべての人が受け入れていたのだ。

『普遍史』の発刊当時、英国はまさに産業革命の狂騒のさなかにあった。めまぐるしい変化と発達で不安定な時代だったが、発展速度の著しい今日と同様、社会的には大きな犠牲をともなった。往時には賞賛の的であった技術や技能も、大量生産という現実の前に廃退し、社会は経済を基盤としたコミュニティー構造に沿って再編成された。新手の勝者が出現する一方で、大多数の者はみずからの慣れ親しんだ習慣や価値基準とはかけ離れた不慣れな環境のなかで、右往左往するほかなかった。それが妥当であったかどうかはともかく、この現象は〝進歩〟と称され、情け容赦ないその基準を象徴していたのは、英国の自然科学者チャールズ・ダーウィンの提唱した〝適者生存〟という教訓だった。だが問題は、人々の「生存」の可能性が、彼らを無視し搾取する主人たちによって、縮められてしまうことだ。その主人たちも、もともとはみずからの生存を（保証するまでいかずとも）助けようと、進歩への道を切り開いてきた開拓者であったというのに。

今日のわれわれが、一七七九年の『普遍史』は間違っていると認めるのは、たやすいことだ。世界が創られたのが紀元前四〇〇四年でないことも、アダムが地球上最初の人間ではなかったことも、われわれは知っている。それらの古い概念はとっくに時代遅れになっているが、十八世紀末の人々にとっては、かの厳粛な歴史理論は尊敬すべき学者たちの研鑽《けんさん》の賜物であり、当然ながら正しいものとして受け入れられたのだ。だとすれば、ここでわれわれが次のような問いをみずからに投げかけることも、大いに意味があるはずだ——今日当然の真実として受け止められている科学的・歴史的事実のうち、いったいどれほどが、将来、新事実の発見によって、時代遅れになることだろう?

定説《ドグマ》とは、真実であるとは限らない。手の内にある事実をもとに組み立てられ、熱心に広められた、真実のひとつの〝解釈〟にすぎないのだ。新たに有力な事実が提示されると、科学の定説は当然のことながら修正されるが、宗教上の定説が修正されるのは稀だ。本書は特に、諸々の発見や新事実に目をつぶり、ほとんどつじつまの合っていない中世からの定説を、後生大事に掲げ続けるキリスト教会の態度や教えに、深い憂慮を抱くものである。H・G・ウェルズが二十世紀初頭に鋭く指摘したように、西洋諸国における信仰生活とは、「砂の上に築かれた、歴史という名の家のなかで営まれている」のだ。

『人間の由来』のなかで一八七一年にチャールズ・ダーウィンが論じた進化論は、アダムを個人攻撃したものではなかったが、アダムが地上に生きた最初の人間であるという考えには、当然ながら疑念が生じてきた。この惑星上のすべての生物同様、人間も、遺伝子の突然変異や自然淘汰を経て、何十万年もの年月をかけて進化してきたものだ。だがこの事実の発表は、宗教至上主義の社会を恐怖に陥れた。新説をただ拒絶する者もいたが、多くは絶望の淵に沈んだ。もしアダムとイヴが最初の夫婦でなかったのなら、〝原罪〟もなかったことになり、つまりは、〝キリストの贖《あがな》い〟の存在理由がまったく根拠のないものになってしまうではないか！

また、多くの人々は自然淘汰という概念を誤って理解した。もしも最適な人間だけが生き残るのだとしたら、成功とは、いかに隣人を出し抜くかにかかっている！ かくして、疑い深く無慈悲な集団が出現することになった。独善的な国粋主義が蔓延《まんえん》し、国産の神々が、かつての異教の神々のように崇拝された。英国を例にとれば、ブリタニアやヒベルニアといった国家アイデンティティーの象徴が、キリスト教世界の新たな偶像としてのしあがったのだ。

このような不健全な母体から帝国主義という病気が発生し、強大な先進諸国が、後進の国々を搾取する権利を主張し始めた。かくして、新たな帝国建設の時代は、見苦しい領土争奪戦によって幕を開ける。これまで別々だった国々を統合することで、一八七一年にドイツ帝国が誕生し、他の国々は連合してオーストリア＝ハンガリー帝国を形成した。ロシア帝国もすさまじく拡大し、一方大英帝国は、一八九〇年代までに地球上の陸地の実に五分の一の面積を領有するに至った。それはまた、おもにヴィクトリア女王の英国から派遣されたキリスト教宣教師たちが、堅い決意と篤い情熱をもって伝道に赴いた時代でもあった。国内では教会の屋台骨が激しく動揺していたため、教会は都合よく、海外に宣教することに神の義認を求めた。その活動は特にインドやアフリカなどの国々に対して熱心におこなわれたが、現地の住民はすでに独自の信仰を持っていたし、そもそもアダムの名前など誰も聞いたことがなかった。だがもっと大事なのは、彼らがチャールズ・ダーウィンの名も知らなかったことだ！

英国社会では、産業革命の時流に乗った者たちを中心に、新たな中間層が出現した。この急速に広まった中流階級の存在により、真の貴族や統治組織はかえって大多数の人々の手の届かないものとなり、事実上、明確な階級制度ができあがることになった――誰もがあらかじめ居場所を定められているという身分制度だ。指導者たちは優雅な田園生活に溺れ、日和見な商人たちは、派手な買いものをすることで地位を争い合った。労働者たちはその奴隷のような宿命を受け入れ、忠誠の心を歌い、〝希望と栄光〟の夢を見て、炉棚に国民的女祭司ブリタニアの肖像を飾ることで満足した。

歴史を学ぶ者はみな、近いうちに帝国が相互に照準を合わせあうことになると知っていたし、大国同士が激しく火花を散らす日がくることを予測した。果たして、フランスがアルザス＝ロレーヌ地方をドイツの占領から奪い返そうとして衝突が起こり、両者は当地の鉄・石炭資源をめぐって争った。ロシアとオーストリア＝ハンガリーもバルカン半島の領有権をめぐって角を突き合わせたし、そのほかにも、アフリカその他の植民地への野望から生まれたさまざまな論争が繰り広げられた。そして一九一四年六月、セルビアの国粋主義者によって、オーストリア皇太子フランツ・フェルディナントが暗殺されたことで、導火線に火がついた。ヨーロッパはドイツにけしかけられる形で、大戦争に突入した。セルビア、ロシア、フランス、ベルギーに対して宣戦が布告され、英国が反撃勢力の筆頭に立った。戦乱は四年以上に及び、ドイツ内部で革命が起こって皇帝《カイゼル》ヴィルヘルム二世がオランダに亡命したことで、ようやく終結した。

産業化社会の技術発達はあっても、社会的な意味では、歴史はほとんど進歩しなかった。技術の向上が史上最強の軍事力に貢献しただけで、一方キリスト教はといえば、あまりに細分化され、ほとんど人々の意識から薄れていった。英国のプライドは無傷のまま残ったが、ドイツ帝国は、被った損害をけっして軽視しなかった。旧体制が崩れ、今度は熱狂的な新党が勢力を伸ばす。独裁的な総統《フューラー》（指導者）アドルフ・ヒットラーが一九三七年にオーストリアを併合し、二年後にポーランドへ侵攻。第二の大戦——真の意味での世界大戦——が始まる。史上最も激しかった領土戦争だ。六年に及んだこの戦争も、実は、宗教的に非常に大切な理念に深くかかわっていた。「文明的な環境における、すべての人の権利」である。

突如として教会や人々は、宗教の本質とは、その開祖や奇跡物語のことではない、いやこれまでもけっしてそうではなかったのだ、ということに気がついた。宗教とは、隣人としてふさわしい生きかたを信奉することであり、信頼や思いやりといった道徳的基準や倫理的価値を実践することであり、自由と救済を常に探し求めることなのだ。ここにきてようやく、長らく続いてきた人類の進化論的側面をめぐる論争は脇へ追いやられた。それは科学者たちの領分であり、大多数の者たちは安心して事実を受け入れられるようになった。

教会がこれまでのように学者と激しく敵対するのをやめたことは、すべての関係者に歓迎された。多くの者が、聖書に書かれた文言を神聖な定説《ドグマ》としてそのまま崇拝することをやめた。宗教とは、その教えや方針でこそ体現されるべきであって、それが印刷された紙自体に意味があるわけではないのだ。

新しい視点で見始めると、それこそ限りなく疑問が湧いてくることになった。もしイヴがほんとうに世界でただひとりの女性だったのなら、そして彼女の産んだ子どもが三人の息子だけだったのなら、イスラエル民族の父となる息子のセトは、いったい誰と結婚して子をもうけたというのか？　もしアダムが地球上で最初の人間でなかったとしたら、いったい彼の物語にはどういう意味があるのか？　天使とはいったい誰（何）なのか？　新約聖書も謎だらけだ。十二使徒とはどんな人々だったのか？　奇跡はほんとうに起こったのか？　それにもっと重要なこと――処女懐胎とキリストの復活は、ほんとうに書かれているとおりに起こったのだろうか？

〝聖杯の血統〟をたどる旅を始める前に、まずはこれらの問いを検証していこうと思う。実際、イエスの歴史的背景や置かれていた環境を理解することは、彼が結婚していて子どもがいたという事実を理解するうえで必要不可欠だ。読み進むにつれ多くの読者は、これまでまったく知らなかった領域に足を踏み入れたような気になるだろう。だがその土地は昔から存在していて、ただ、支配力を維持したいがために真実をもみ消そうとした者たちによって、上から絨毯《じゅうたん》が敷かれて隠されていただけだったのだ。この巧妙な隠蔽《いんぺい》という絨毯を巻き上げてみて初めて、聖杯の探究に実りがもたらされる。

旧約聖書の冒頭数章の記述が、文中で示唆されているような世界の歴史の始まりなどではないことは、今日、衆目の一致するところだ。より正確に言うなら、それはある一族の物語である。さまざまな部族から成り、やがてヘブライ国家へと発展していくことになる、あるひとつの民族の、おおもととなった一族だ。アダムが最初のひとりだとするなら、それは、ヘブライ人やイスラエル十二部族のさきがけだったのだ。事実、本書の姉妹本『聖杯王たちの創世記(*Genesis of the Grail Kings*)』(仮題/小社より刊行予定)で述べているように、彼は、祭司的支配者の家系として運命づけられた、一族の最初のひとりだった。

旧約聖書のなかで特に興味深い人物をふたり挙げるなら、それはヨセフとモーセだろう。それぞれヘブライ国家の形成に重要な役割を果たした人物であり、なおかつ、聖書とは離れたところで検証できる歴史的人物でもある。創世記四十一章三十九~四十三節では、ヨセフがいかにしてエジプトの統治者になったかが語られている。

ヨセフのほうを向いてファラオは言った。……お前をわが宮廷の責任者とする。わが国民はみな、お前の命に従うであろう。ただ王位にあるということでだけ、わたしはお前の上に立つ。……ファラオはこうして、ヨセフをエジプト全国の上に立てた。

同様にモーセについて、出エジプト記十一章三節はこう告げている。

モーセその人もエジプトの国で、ファラオの家臣や民に大いに尊敬を受けていた。

だが高位にあり目立つべき存在であったわりには、ヨセフもモーセも、その聖書の呼び名のままではエジプトの記録には出てこない。

ラムセス二世（紀元前一三〇四～一二三七年）の年代記は、セム族の人々がゴシェンの地に定住したこと、さらには、彼らが食糧を求めてカナンの地からやってきたことを説明している。だがなぜラムセスの書記官らは、ナイル川のデルタ地帯ゴシェンの居留地のことにわざわざ言及しているのだろうか？　聖書の標準的な年代学においては、ヘブライ人たちがエジプトへ渡ったのはラムセスの時代より三世紀ほど昔のことで、出エジプトの出来事は紀元前一四九一年、つまり彼が王位に就くはるか以前に起こったとされている。つまり、このエジプトの書記官の直接的な記録によれば、一般に広まっている標準的な聖書の年代学は誤りだということになる。

伝統的な推測では、ヨセフがエジプトに奴隷として売られたのは紀元前一七二〇年ごろのことで、ファラオによって統治者に任ぜられたのはそれから約十年後とされている。その後、カナン地方の飢饉から逃れるために、彼の父ヤコブ（イスラエルと改名）と約七十名の家族が、ヨセフのいたエジプトへと移住した。ところが、創世記四十七章十一節、出エジプト記一章十一節、民数記三十三章三節には、「ラメセス」という地名（エジプト語で「ラメセスの家」）が出てくる。だがそこは、イスラエル人がラムセス二世のためにゴシェンで建てた穀物貯蔵庫群の名前であって、彼らがそこにいたとされる時代から三百年もあとに建てられたものなのだ！

そこで、この標準的な年代学よりも、別の〝ユダヤ式計算法〟のほうが、より正確であることがおのずと知れる。それによれば、ヨセフがエジプトにいたのは紀元前十八世紀ではなく前十五世紀であり、彼はトトメス四世（紀元前一四一三〜一四〇五年）によって宰相に任命された。ヨセフ（宰相ユスフ）はエジプト人から「ユヤ」として知られ、その話は非常に意味深い――聖書のヨセフ物語だけでなく、モーセの物語との関連からしても。カイロ生まれの歴史学者で言語学者でもあるアフメド・オスマンは、同時代のエジプトにおけるこれらの人物について深く研究しており、彼の発見は非常に大きな意味を持っている。

ファラオであるトトメスが死去すると、彼の息子は、アメンへテプ三世として王位を継ぐために（王家の伝統として）妹シタメンと結婚した。そのあとすぐに、彼は宰相（ヨセフ／ユヤ）の娘ティイとも結婚した。ところが、ティイの産んだ息子は王位を継いではならないという命が下された。ティイの父ヨセフの執政が長年に及んでいたため、イスラエル人たちがエジプトで力を持ちすぎているという一般的な懸念があったのだ。そのためティイが身ごもったとき、それが男の子だったら直ちに殺せという勅令が出された。ティイのイスラエル人の親戚たちがゴシェンに住んでおり、ティイはそこから少し上流のザルに夏用の別宮を持っていたので、彼女はそこへ行って出産した。生まれたのは男の子だったが、王宮の助産婦たちはティイに協力して、子どもを葦の籠に入れて川に流し、ティイの父の腹違いの兄弟レビの家へと送った。

少年アミナダブ（紀元前一三九四年ごろ誕生）は、デルタ地方東部でエジプトのラー神に仕える神官たちによってつつがなく教育された。それからテーベに移って十代の時期を過ごす。そのころには、産んだのが王位を継ぐべき息子ではなくネフェルティティという女の子だけだった第一王妃シタメンよりも、彼の母ティイのほうが力を持つようになっていた。テーベにいたアミナダブは、エジプトの神々や無数の偶像を受け入れることができず、姿形のない全能の神、〝アテン神〟という概念を作りだした。アテンとは、イスラエルの教えに登場する、ヘブライ語のアドン（フェニキア語から拝借した名称で「主」を意味する）と同等の言葉だ。このときアミナダブ（「アモンは喜ぶ」を意味するアメンヘテプと同等のヘブライ語）は、みずからの名前をアクエンアテン（「アテンの僕《しもべ》」の意）に改名した。

その後ファラオ・アメンヘテプが病に倒れたとき、王家にはほかに直系男子がいなかったため、アクエンアテンが、この難局でともに摂政を務める相手として、腹違いの妹ネフェルティティと結婚した。ところがやがてアメンヘテプ三世が没したため、アクエンアテンはファラオとして即位し、公式な称号としてアメンヘテプ四世を名乗った。彼とネフェルティティのあいだには、六人の娘とひとりの息子ツタンカーテンが生まれた。

アクエンアテン王はエジプトの神々の神殿をすべて閉鎖し、アテン神を祀《まつ》った神殿を新たに築く。同時に彼は非常に家庭的な王室を築いたが、これは古代エジプトの標準的な王に比べ、めずらしいことだった。アクエンアテンはさまざまな方面で信望を失い、特に、元来国の主神であったアモン（またはアメン）や太陽神ラー（またはレー）に仕える神官たちの反感を買ったため、彼の命を狙う謀略がめぐらされた。顔のないアテン神以外にも伝統的な神々を祀ることを許さぬのなら、武力蜂起も辞さないという脅しが日増しに強くなった。アクエンアテンはそれを拒んだため、ついに王位を追われることになる。王座には短期間、従兄弟であるスメンクカラーが就き、やがてアクエンアテンの息子ツタンカーテンが即位した。およそ十一歳で王位に就いたツタンカーテンは、みずからの名をツタンカーメンと変えることを余儀なくされたが、彼はその後九年か十年しか生きられず、まだ若いうちに死に至った。

一方そのあいだに、アクエンアテンはエジプトから姿を消した。青銅の蛇を頂く王の笏《しゃく》をたずさえ、わずかな従者とともに、シナイの安全地帯へ逃れたのだ。支持者たちにとって、彼はまだ正当な君主（剥奪された王位の継承者）であり、彼らにとってはいまなお、トトメス（トトから生まれた）やラムセス（ラーの形をした）などと同様に「世継ぎ」あるいは「子」を意味する〝モーセ〟、〝メス〟、または〝モシス〟だったのだ。

エジプトの文献には、モーセ（アクエンアテン）が人々を率いてピ＝ラメセス（現在のカンティール付近）から南下し、シナイを通ってティマシュ湖に向かったことが記されている。そこは非常に湿地の多い地域で、多少の困難をともなっても徒歩でならまだ進めるが、馬や戦車はたとえ追いかけてきたとしても、沼地にはまって悲惨な目に遭っただろう【訳注：モーセたちが海の底を歩いて渡り、追っ手は海水にのまれたという出エジプト記十四章の逸話を指している】。

モーセとともに亡命した従者のなかには、ヤコブ＝イスラエルの一族、すなわちイスラエルの民もいた。彼らはモーセの勧めにより、シナイ山のふもとで幕屋と〝契約の櫃《はこ》〟を建設し

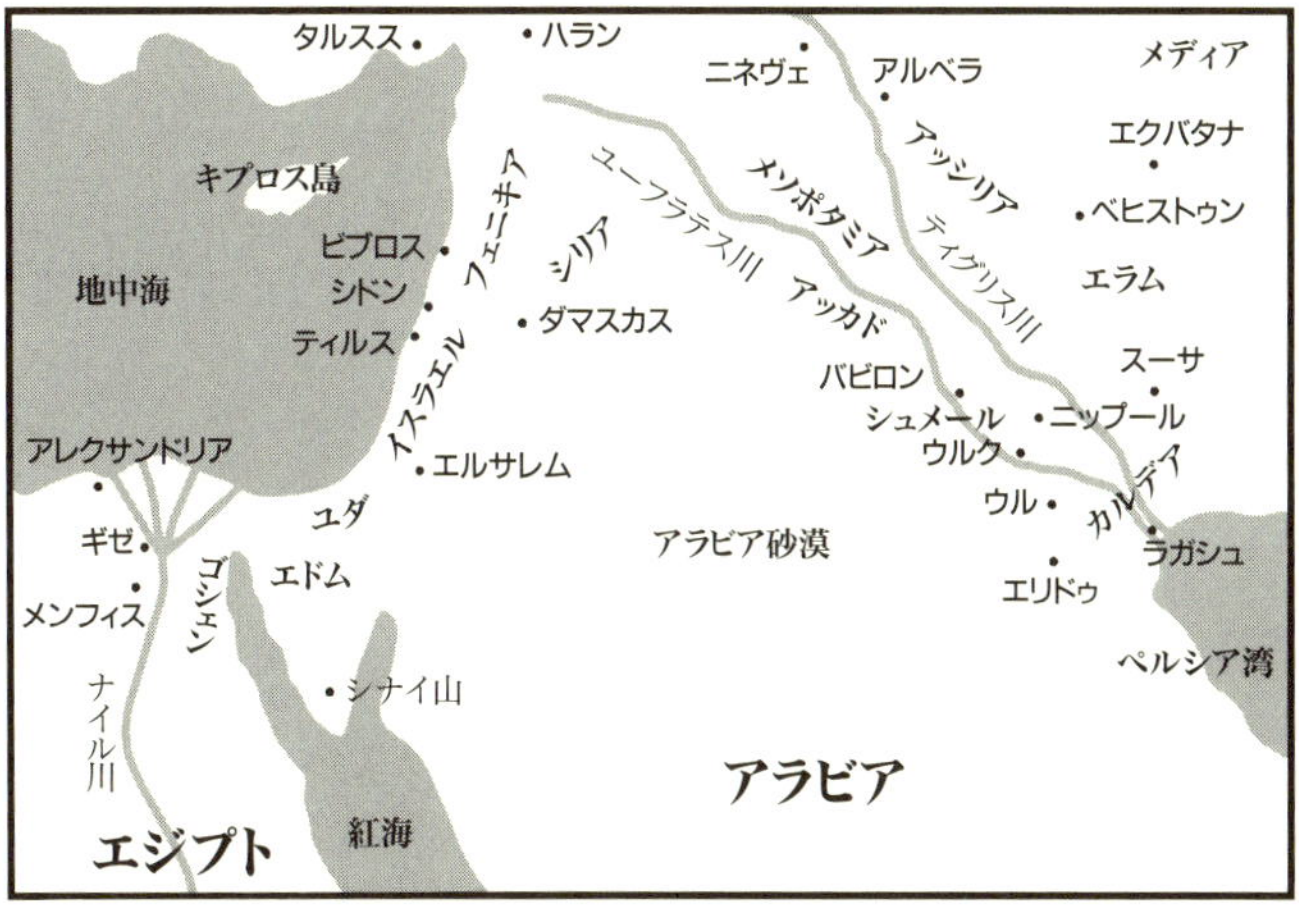

旧約聖書に登場する地名

た。モーセが死ぬとイスラエルの人々は、先祖たちがとうの昔に捨て去った土地に侵攻したが、すでにカナン（パレスチナ）にはペリシテ人やフェニキア人が入植しており、すっかり様変わりしていた。記録は、いくつもの激しい海戦や、戦地へと行進する大軍のことを伝えている。だがついにはイスラエルの民が（新しい指導者ヨシュアのもとで）勝利を収め、ヨルダン川を越えたところでカナン人からエリコを奪い、昔から伝え聞いていた〝約束の地〟に、実際の足場を固めたのだった。

　ヨシュアの死後、神に選ばれた士師らが統治した時代はまさに惨事の連続で、すでに異なる民族であったヘブライ族とイスラエル族が紀元前一〇四八年にサウル王のもとに統合されることで、事態はようやく収束した。その後、カナンをほぼ制圧し尽くしたところで、紀元前一〇〇八年ごろにベツレヘムのダビデがサウルの娘と結婚し、ユダ（パレスチナの約半分の領土に相当）の王となった。その後ダビデはイスラエル（領土の残り半分）を制圧し、ユダヤ人全体の王となった。

第二章　始まり

エホバと女神

旧約聖書の編集者たちは、イスラエルの軍事功績を描くとともに、アブラハムの時代からのユダヤの信仰的変遷をも書き記している。それはけっして、エホバの神に忠実であり続けた統一国家の話ではなく、イスラエルの主要宗教としてのし上がるために、苦難をものともせずに闘い続けた、頑固な一宗派の物語だ。彼らの考えに従えばエホバは男性神なのだが、偏狭なこの概念のせいで、非常に深刻な諸問題が引き起こされることになった。

その時代の世界観を俯瞰《ふかん》してみれば、生物の源は男性・女性両方によって産みだされるという考えかたが一般的だった。エジプト、メソポタミア、その他の地域の宗教に男女両性の神が存在するのは、そういうわけなのだ。男性主神はたいてい太陽や空と結びつけられ、女性主神は大地、海、豊饒のシンボルだった。太陽が大地や海に力を注ぎ、そこから生命が誕生する――きわめて自然で理にかなった解釈だ。

このような神々の概念について、聖書の登場人物のなかでも柔軟な考えを持っていたのは、ダビデ王の息子ソロモンだ。壮大で輝かしいその治世だけでなく、王自身のたぐい稀な英知が称えられる人物だ。ずっとのちの世に聖杯伝説が誕生したころ、ソロモンの功績は大いに注目された。なぜなら彼こそは、宗教的寛容を心底から説いた人物だったからだ。ソロモンが王位にあったのは、イスラエルの民のバビロニア捕囚時代【編注：紀元前六世紀】より何世紀も昔のことで、ゆえに彼は旧世界に属していたと言える。

ソロモンの時代、エホバはとても重要な神であったが、同時にほかの神々も存在を認められていた。宗教的にもまだ不安定な時代だったので、個人が複数の神々に願い事を分散することがめずらしくなかったのだ。近隣地域であれほど多様な神や女神が崇められているときに、ただひとりの神をのぞいてすべてを否定するというのは、あまり得策ではなかっただろう――敬《けい》虔《けん》であるというだけで、ヘブライ人が絶対正しいと証明することなどできないのだ。

その点、ソロモンは熟慮のうえで決断し、その誉れ高き英知を発揮した。彼自身はエホバという少数宗派の神を崇拝していたものの、臣民が各々の神々を礼拝することを禁じなかった（列王記上十一章四〜十節）。そればかりか、神聖な自然の力に対しても、それらを誰があるいは何が支配しているのかにかかわらず、信仰し続けた。

カナンの地においても、アシュトレトと呼ばれる原始の女神への崇敬は長いあいだの習慣であった。この女神はバビロニアの主要な女神イシュタルに相当する。イナンナという名でシュメール人が祀《まつ》ったこの女神の神殿は、メソポタミア南部のウルク（聖書ではエレクと呼ばれる。

現ワルカ）にあった。アシュトレトは、古代ギリシア人の記録によれば、近隣のシリアやフェニキアではアシュタルテと呼ばれていた。

ソロモン神殿の至聖所は、アシュトレト（旧約聖書に何度も登場するように、アシェラとも呼ばれた）の子宮を表していると考えられていた。イスラエルの民は紀元前六世紀まで、公然とアシュトレトを崇拝していたのだ。〝アシェラの女主人〟とも呼ばれたアシュトレトは、男性の最高神エルの妻とされ、ふたりは神の夫婦であった。彼らの娘は天の女神アナテ、息子は天の神ヘーと呼ばれた。長い年月のあいだにエルとヘーが合わさってエホバになり、アシェラとアナテも同様に合体し、シェキナーあるいはマトロニテと呼ばれるエホバの配偶神になった。

エホバという名は、ヤハウェ（Yahweh）をのちに英語的に音訳した形であり、ヤハウェ自体も、本来ヘブライ語の四つの子音から成る語幹ＹＨＷＨに、正否の定かでないふたつの母音が挿入されたものだ。これら四つの子音はのちに〝ひとつの神〟を表す頭辞語と理解されるようになったが、そもそもは、先述の天の家族ひとりひとりに対応していた。すなわち、Ｙは父エル、Ｈは母アシェラ、Ｗは息子ヘー、Ｈは娘アナテだ。その地域一帯における当時の王家の伝統に符合して、神の謎めいた花嫁シェキナーは、同時に神の妹であるとも認識されていた。

ユダヤ教の一派、カバラ主義（中世に最も栄えた神秘主義思想）では、男性・女性という神の二元論的イメージが生き続けた。他方、シェキナー（マトロニテ）を、神の地上での女性的臨在と考える宗派もあった。神の婚礼の間《ま》はエルサレム神殿の至聖所だったが、神殿が破壊されたときから、シェキナーは永遠に地上をさまよう宿命となり、一方エホバという男性相は、ひとりでさびしく天を支配することになったという。

　ヘブライ人たちのあいだで男性的な唯一神という観念が固まったのは、実際には、五十年に及ぶバビロニア捕囚時代（紀元前五八六〜五三六年）を経たあとだった。最初ネブカドネツァルによって連れ去られたときのイスラエルの民は、実質的に、おもにふたつの民族的潮流に属するばらばらの種族だったのだが、聖地《パレスチナ》に戻ったときには、「エホバに選ばれし民」という民族意識を共有するようになっていた。

　われわれが現在『旧約聖書』（ヘブライ語聖書）として知っている書物の大半は、もともとバビロンで書かれたものだ。よって、エデンの園（〝エリドゥの楽園〟）や大洪水、バベルの塔などをはじめとする、シュメールあるいはメソポタミアの物語が、ユダヤの初期の伝承に接《つ》ぎ木されていることは、驚くに値しない。族長アブラハムが（メソポタミアにあった）カルデアのウルからカナンへ移住した人なのだから、文化的に重なるのは当然のように思えるが、アダムとイヴの話に似た逸話は、ヘブライの伝承以外にも広く伝えられている。彼らの生涯や歴史的重要性などについては、拙著『聖杯王たちの創世記』に詳述してある。

　聖書に描かれたアダムとイヴ物語の別ヴァージョンは、ギリシア、シリア、エジプト、シュメール、アビシニア（古代エチオピア）の文献にも見ることができる。なかには、イヴに誘惑される前のアダムの最初の妻、リリスが登場する話もある。シェキナーの侍女であったリリスは、アダムが自分を支配しようとしたため彼のもとを去る。紅海に向かって逃げながら、彼女はこう叫んだ。「なぜわたしがあなたの下に横たわらなければならないの？　わたしとあなたは同等なのに！」シュメールの素焼きのレリーフ（紀元前二〇〇〇年ごろ）に描かれたリリスは、羽を生やした全裸の姿で二頭のライオンの背の上に立ち、神の支配と知恵を象徴する杖と輪を両手に掲げている。リリスは本来の意味での女神ではないが、その精神が肉体化し、ソロモンの愛人として名高いシエバの女王のなかに息づいたといわれている。リリスは、イラクの秘教マンダ教徒の文献に、黄泉《よみ》の世界の娘として描かれており、また今日まで変わらず、女性の機会をめぐる基本倫理の象徴とされている。

　イスラエルの民がバビロンからエルサレムに帰還したときに、最初の「モーセ五書」が集められ、ユダヤ教のトーラー（律法）になった。だが旧約聖書のそれ以外の書物はずっと別扱いだった。何世紀ものあいだ、それらは敬意と猜疑の入り混じった感情でとらえられていたが、そのうちに、ユダヤ教の伝統を確立するためにも、「預言書」の存在が重要になってきた。それまでユダヤ人のなかにためらいがあったのは、自分たちは神に選ばれし民であると理解はしていたものの、エホバからの扱われかたが、とうてい慈愛に満ちたものとは思えなかったからだ。イスラエル民族にとって全能の主であるエホバは、かつて族長アブラハムに対し、イスラエルをほかの民族より高く引きあげると約束してくれた。それなのに自分たちが直面してきたのは、戦争、飢饉、追放、捕囚といった災難ばかりではないか！　人心が幻滅し乖離《かいり》していくのを食い止めるために、預言書は、油を注がれし王または祭司、つまり救世主《メシア》が、人々の救いのために仕えに来るのだと告げることで、エホバの約束をよりいっそう強調しようとした。

　この預言はソロモン神殿とエルサレム城壁を再建するに足るだけの希望を与えたが、結局メシアが現れないまま、旧約聖書は紀元前四世紀の時点で終わってしまう。だがそのあいだにも、統治者の立場でなかったとはいえ、ダビデの血筋は脈々と受け継がれていった。そしてさらに三百年の歳月が流れたあと、急進的なユダの世継ぎが、世間に向けて大胆な一歩を踏み出し、ここにまったく新しい王の歴史が幕を開けた。その名はナザレのイエス、正真正銘のエルサレムの王であった。

メシアの伝統

紀元前の最後の数年から、新約聖書によって物語は再開される。だが、そのはざまで記述が抜け落ちている時代は非常に重要だ。待望のメシア登場の場面に向けて、政治的な状況が形づくられた時期だからだ。

その時期の始まりは、紀元前三三三年にペルシア皇帝ダレイオスを倒した、マケドニアのアレクサンドロス大王が権力の座に就いたことだった。大王はその後フェニキアのティルスを破壊し、エジプトに進軍してアレクサンドリアの砦を建設した。広大なペルシア帝国を完全に支配したアレクサンドロスは、バビロニアを経てさらに東へ軍を進め、ついにはパンジャブを征服する。紀元前三二三年に早世したあとは、将軍たちが権力を握った。プトレマイオス・ソテルはエジプト総督に、セレウコスはバビロニアを支配し、アンティゴノスはマケドニアとギリシアを統治した。紀元前四世紀が終わるころには、パレスチナもアレクサンドロスの領土に併合された。

同じころ、ヨーロッパで新しい力が勢いを増していた。ローマ共和国だ。ローマ人たちは、紀元前二六四年、シチリア島を支配していたカルタゴ人を追放し、コルシカ島とサルディーニャ島も攻略した。カルタゴの偉大な将軍ハンニバルはサグント（現在のスペインの一部）を奪取してこれに報復、アルプスを越えて進軍するが、ザマでローマ軍に阻止される。一方、シリアではアンティオコス三世（マケドニアの将軍セレウコスの子孫）が国王に即位し、紀元前一九八年には、エジプトの影響を排除して、パレスチナの支配者になろうとしていた。その息子、アンティオコス四世エピファネスはエルサレムを占領下に置くが、すぐにハスモン家の祭司マカバイのユダの指揮のもと、ユダヤ人の反乱が起こる。ユダは戦死するが、マカバイ一族は紀元前一四二年にイスラエルの独立を勝ちとった。

対立が続くなか、ローマ軍はカルタゴを滅ぼし、ローマ領北アフリカという新しい行政区分を形成する。さらなる軍事行動によって、マケドニア、ギリシア、小アジアもローマの支配下に入った。ところが、カルタゴ（ポエニ）戦争によってイタリア農民が零落し、一方では貴族が奴隷の労働力を利用してますます豊かになったことから、ローマでは争いが巻き起こった。護民官ティベリウス・グラックスは紀元前一三三年に農地改革を推し進めるものの、元老院保守派によって殺害されてしまう。農民運動を引き継いだ弟も殺害され、護民官の地位は軍の司令官ガイウス・マリウスに移る。

紀元前一〇七年、ガイウス・マリウスはローマの執政官に選ばれた。しかし議会はルキウス・コルネリウス・スッラに味方し、やがてスッラはマリウスを退陣させ、紀元前八二年に独裁官となる。人々を苦しめた恐怖政治が終わりを告げるのは、民衆派の政治家で将軍でもあるガイウス・ユリウス・カエサルが人気を得て、正式に最高神祇《じんぎ》官に選出された紀元前六三年のことだった。

　同じ年、ローマ軍は、すでに派閥争いの混乱のなかにあった聖地パレスチナに侵攻する。厳格な古代ユダヤ律法を遵守していたファリサイ人は、より自由なギリシア文化に対して抵抗運動を始めていた。そのことでサドカイ人ら祭司階級とも対立していたため、侵略を許す不安定な社会状況が生まれていたのだ。機に乗じたローマは、グナエウス・ポンペイウス・マグヌス（偉大なるポンペイウス）の指揮のもと、エルサレムを占拠してユダヤを支配下に置き、シリアと残りのパレスチナを併合した。

　そのころ、ローマの支配勢力のあいだにも大変動が起きていた。ユリウス・カエサル、ポンペイウス、クラッススは第一次三頭政治を始めたが、カエサルがガリアへ遠征し、クラッススがエルサレムの諸問題を監督することになると、合同政権は困難にぶつかった。ふたりがローマを留守にしているあいだに、ポンペイウスが政治陣営を鞍替えし、民衆派から閥族派へと寝返ったことから、カエサルの帰還とともにローマは内乱状態に陥った。カエサルはギリシアのファルサロスで勝利を収め、ポンペイウスがエジプトへ逃れると、帝国の行政区を完全に掌握した。

　当時はクレオパトラ七世が、弟のプトレマイオス十三世とともにエジプトを支配していた。しかしカエサルがアレクサンドリアを訪れたとき、クレオパトラはカエサルと共謀して弟を暗殺し、単独でエジプトを治めるようになる。引き続き小アジアと北アフリカで軍事行動を展開していたカエサルだが、ローマに戻った紀元前四四年三月十五日、閥族派に殺害されてしまう。カエサルの甥、ガイウス・オクタヴィアヌスは、将軍マルクス・アントニウスと政治家マルクス・レピドゥスとともに第二次三頭政治をおこなった。オクタヴィアヌスとマルクス・アントニウスは、マケドニアのフィリッピで、カエサル暗殺の首謀者ブルータスとカッシアスを討伐するが、その後、アントニウスは妻オクタヴィア（オクタヴィアヌスの姉）を捨て、クレオパトラと結婚してしまう。このためオクタヴィアヌスはエジプトに宣戦を布告し、アクティウムの海戦で勝利を収めた。そしてアントニウスとクレオパトラは自殺する。

そのような情勢のなかで、パレスチナは、北部のガリラヤ、南部のユダヤ、そのあいだにあるサマリアの、三つの行政区分から成っていた。ユリウス・カエサルはイドマヤ出身のアンティパトロスをユダヤの行政長官に、その息子ヘロデをガリラヤの知事に就任させるのだが、アンティパトロスはその後まもなく殺害され、ヘロデはローマへ召喚されて、ユダヤの王に任命された。

だが国民の大半にとって、ヘロデはアラブからの侵略者にほかならなかった。ユダヤ教徒に改宗したとはいえ、所詮ダビデ王家の出自ではない。実際、ヘロデの権威はガリラヤ地方だけに限られた。ユダヤでは、カエサレア在駐のローマの行政長官が実権を握っていたからだ。だが両者の統治は過酷を極め、強制的に民を服従させる目的で、三千人以上が即時磔刑《たっけい》に処せられた。重税が課され、拷問は日常茶飯事、ユダヤ人の自殺率は恐ろしいほど上昇した。

イエスが誕生した当時の状況は、このようにきびしいものだった。傀儡《かいらい》君主と高度に組織化された占領軍による圧政が敷かれていた。ユダヤ人たちは救世主《メシア》(「油を注がれた者」。ヘブライ語の動詞“maisach”〔油を注ぐ〕から派生)を待ち望んでいたが、このメシアが神であるなどとは考えもしなかった。ただ彼らが欲していたのは、ローマの大君主から自由を勝ちとってくれる、強力な解放者だったのだ。有名な「死海文書」に含まれる『戦いの書』という名の巻物には、最後の戦いへの戦略が記されているが、そこでイスラエル軍の最高司令官として名が挙がっているのが、メシアだった。

巻物と論文

「死海文書」は、福音書時代以前のユダヤ文化を知るうえで現在最も有益な文献だが、その発見は偶然の産物で、しかも一九四七年というかなり最近の出来事だった。ムハンマド・エッディーブという名のベドウィンの羊飼いの少年が、エリコ近郊クムランの石崖で迷った山羊を捜していたとき、ある洞穴のなかに多数の背の高い素焼きの壺を見つけた。考古学の専門家が呼ばれ、その後、クムランだけでなくユダヤ荒野にある周辺のムラバアトとミルドで発掘が始まった。最終的に十一の洞穴からさらに多くの壺が見つかり、合計で約五百のヘブライ語・アラム語の写本が日の目を見ることになった。旧約聖書の文書もあれば、共同体に関する多くの記録もあり、その伝統は、古いもので紀元前二五〇年にまでさかのぼる。これらの巻物は、ローマに対するユダヤ人の反乱(紀元六六~七〇年)の際に隠されて以来、一度もとり出されなか

クムラン：死海文書が発見された場所

ったのだ。旧約聖書エレミヤ書（三十二章十四節）は奇しくもこう預言している。「万軍の主はこう言われる。……これらの証書を取り、……素焼きの器に納めて長く保存せよ」。

重要な写本として、まず『銅の巻物』に、エルサレムおよびキドロンの谷の墓地に眠る財宝について、その品目と場所が記されている。『戦いの書』は兵法や戦略にまつわる詳しい解説だ。『宗規要覧』【訳注：『共同体の規則』とも呼ばれる】には法規定や罰則、慣習的儀礼が詳述され、国の信仰を守るために〝十二人会議〟を選任することの重要性が述べられている。興味深い『ハバクク書註解』には、当時の重要な人物や出来事についての注釈が語られている。また、巻物のなかにはイザヤ書の完全写本が含まれており、これは実に約九メートルの長さに及び、同書の写本としては、現在知られる最長かつ最古のものである。

これら死海文書の発見を補うかのように、福音書時代直後の諸文書が、クムランの二年前にエジプトで発見されている。一九四五年十二月、ムハンマドとハリファ・アリというある農民の兄弟が、ナグ・ハマディという名の町の近郊で、肥料を求めて墓地を掘り返していたときに、密封された大きな壺を見つけた。壺のなかには十三冊の革綴じの冊子が納められていた。これらパピルス写本のページには、のちに「グノーシス（霊知）」と呼ばれるようになる教えの、あらゆる聖典が含まれていた。本来キリスト教徒の聖典でありながら、ユダヤ教のような響きを持つこれらの写本は、総じて「ナグ・ハマディ文書」として知られることになる。

ナグ・ハマディ文書は、初期キリスト教の時代に、エジプトの古代コプト語で書かれたものだ。カイロのコプト博物館では、これらがもともとはギリシア語書物の写本であることを確認している。実際、一部のテキストの原型は非常に古く、紀元五〇年以前の伝承を編集したものであることがわかった。全部で五十二の論文には、さまざまな宗教的文書や、これまで知られていなかったいくつかの福音書も含まれていた。それらが描き出した世界は、聖書に記された世界とかなり趣を異にする。例えば邪悪と堕落の町として有名なソドムとゴモラは、優れた知恵と学びの町として描かれている。本書の趣旨に沿って見るなら、イエスみずからが十字架刑について述べていたり、イエスとマグダラのマリアの関係が、これまで認識されていた以上に親密であったことが、語られていたりするのだ。

暗号に秘められた真意

クムランの遺跡が発掘されたおかげで、紀元前三五〇〇年という古い時代の遺物も発見された。青銅器時代の当時、そこはベドウィンの宿営地だった。ユダヤ人による正式な入植は、紀元前一三〇年ごろから始まったらしい。ユダヤの年代記は、紀元前三一年にこの地方で大地震が起きたことを伝えているが、その事実もクムランの遺跡で確認できる。居住時期が明確にふたつに分断されているのだ。『銅の巻物』によれば、昔のクムランはセカーカと呼ばれていたらしい。

居住期間の第二期はヘロデ大王（紀元前三七～四年）の統治時代に始まっている。ヘロデはイドマヤ系アラブ人で、最初ユリウス・カエサルのもと、その地域を征服したローマの元老院によって、ユダヤの王に任命された。巻物に書かれた事実以外にも、大量の硬貨がクムランの居住地から出土したことで、ハスモン王朝の統治者ヨアンネス・ヒュルカノス（紀元前一三五～一〇四年）の時代から、紀元六六～七〇年のユダヤ人の反乱までの期間が、居住時期として確認された。

祭司の家系であったハスモン、すなわちマカバイ一族が指揮を執《と》った紀元前一六八年の反乱は、シリアのアンティオコス四世エピファネスがユダヤ人社会にギリシアの神々への信仰を強制したことが、大きな引き金となった。マカバイはのちに神殿をふたたび神聖なものとして奉献したが、アンティオコスを討ち破ったユダヤ勢にも、内部で社会的亀裂が走る。安息日にまで戦うことを強いられたからだ。「ハシディーム（敬虔な者）」の名で知られる超厳格なユダヤ教徒の一派はこれに強く反発し、凱旋したマカバイ一族が実権を握ってエルサレムの王と大祭司をみずから指名するに至っては、それに異議を唱えたばかりか、クムラン荒野の近くに「純粋な」共同体を建てるために、一斉に町を出ていった。その居住地建設が開始されたのが、紀元前一三〇年ごろのことだった。

この時代の遺物が多く発見されたのに続き、一九五〇年代には、一千基以上もの墓がクムランで発掘された。第二期居住地跡から現れた広大な僧院施設には、集会室、石膏の長椅子、複数の巨大な水槽に加え、地下水道網まで設えられていた。律法学者の部屋には、インク壺のほか、広げた巻物を置いておくための、優に五メートルを超える机の名残があった。最初の定住地が地震によって被害を受けたのち、ヘロデ王の時代にエッセネ派の手で再建されたことは、考古学者および古典学者によって確認されている。エッセネ派とは、ユダヤ教の三大宗派のひとつ（あとのふたつは、ファリサイ派とサドカイ派）だ。

クムランでは、創世記、出エジプト記、申命記、イザヤ書、ヨブ記など聖書の書物に関連する写本が多く見つかった。加えて、精選されたテキストへの注釈書や、あらゆる律法や記録文書のたぐいもあった。これらの古代文書のなかには、現存する最古の書物も含まれている。伝統的な聖書が翻訳される前の、どの原典よりも古い時代のものだ。特におもしろいのは、律法学者が書き残したいくつかの聖書註解において、旧約聖書のテキスト内容が、彼らの時代の歴史的出来事に結びつけられていることだ。それらの相関が特に多く見られるのが、詩編やナホム書、ハバクク書、ホセア書などの預言書に対する、律法学者の註解だ。旧約聖書の文書を新約聖書の時代に結びつける方法とは、「終末論的知識」の利用を基本においている。暗号表現の一形態で、伝統的な言葉や文に、当時の世界認識に通じる特別な意味を持たせるものだ。それらの意味は、暗号を知る者だけが理解できるよう仕組まれている。

エッセネ派が精通していたこの比喩的暗号は、福音書の文章においては特に、「耳のある者は聞きなさい」という言葉で始まるたとえ話に出てくる。例えば福音書記者たちは、ローマ人のことを指すときに〝キッテム〟という言葉を使う。それは表向きは地中海沿岸地方に住む人々の名前であり、また旧約聖書に「それは冷酷で剽悍《ひょうかん》な国民。地上の広い領域に軍を進め、自分のものでない領土を占領する」（ハバクク書一章六節）と書かれた、古代カルデア人を指す場合もある。エッセネ派の人々は、古い言葉を自分たちの時代に合わせて復活させ、賢明な読者は〝キッテム〟が必ずローマ人のことを指すと知っていたのだ。

ローマの監視を逃れるため、福音書はその大部分において二重の意味を持つように構成され（表向きは福音伝道を目的とした書物だが、その裏で政治的な情報を伝達する）、福音書記者らの定めた換字暗号をもとに、慎重に方向づけされたメッセージが伝えられた。しかし、近年死海文書の内容が公表されるまで、実際の暗号の解読法は知られていなかった。だがひとたびその解読法に正しい評価が下されると、福音書テキストに隠された政治情報が次々と明らかになった。この分野で最も徹底的な調査をおこなったのは、一九六七年からシドニー大学で教鞭を執る、神学者バーバラ・スィーリング博士である。

スィーリング博士はこの暗号を、非常にわかりやすい言葉で解説する。例えばイエスは「神の言葉」と呼ばれたという。表面上はありきたりな、テモテへの手紙II二章九節の「神の言葉はつながれていません」などという文も、見る人が見れば、イエスに関する記述であると察しがつく。この場合、「イエスは監禁されていない」と書かれているのだ。同様に、ローマ皇帝は「獅子」と呼ばれた。「獅子の口から救われた」などという記述は、皇帝あるいはその従臣の手から逃れたことを意味している。

死海文書――特に、『註解書《ペシャリム》』、『宗規要覧』(『共同体の規則』)、『天使の典礼』――の研究によって、これまで誤解されたり軽視されてきた言葉や敬称の多くが、実は暗号化された非常に重要な言葉だったことが明らかになった。例えば「貧しい者」とは恵まれない貧困層のことではなく、共同体のより高い階級に参入を許され、そのために、財産や世俗の所有物を放棄する義務を負った人々のことを指す。また「多くの人々(many)」とは禁欲生活者の共同体の長を指し、「群集(crowd)」とは属領主(総督)の称号であり、「一同(multitude)」とは議会のこと【訳注:欽定訳聖書にはcrowdという言葉は使われておらず、ほとんどはmultitudeと表現されている。なお、日本語の訳語はcrowdもmultitudeもその文脈によってさまざまに訳し分けられている】。さらに、宗団内の新参者は〝子ら〟と呼ばれた。共同体の教義原理は〝道〟と呼ばれ、その道の原則に従う者は〝光の子ら〟と呼ばれた。

また「重い皮膚病の人」とは、高位の共同体に入会を認められていない者、あるいはそこから追放された者を表す。「盲人」とは〝道〟を認めず、ゆえに〝光〟を見ることのできない者。そこから、「盲人が癒される」「重い皮膚病の人が癒される」という文脈は、具体的に〝道〟への回心の過程を指すことがわかる。破門を解かれることは「死者のなかからよみがえる（raised from the dead）」と描写される（この言い回しは特に重要なので、あとの章でさらに触れる）。「汚《けが》れた」という言葉は多くの場合、割礼を受けていない異教徒を形容し、「病人」とは、公にあるいは宗教的に面目を失った人のことを指す。

新約聖書に隠されたこれらの情報は、書かれた当時はもちろん、現在に至るまで非常に重要だ。寓話、象徴、隠喩、直喩、宗派の定義、仮名などのさまざまな方法で、真の意味が巧みに隠された。だが「聞く耳のある者」にとってはどれも明白だったのだ。

現代英語を例にとっても、似たような隠語が存在する。「スピーカー（Speaker）が棚（Cabinet）に話しかける」【訳注：議長が内閣に～】や「絹（silk）がブリーフ（brief）を準備する」【訳注：弁護士が弁論趣意書を～】、「椅子（chair）が板（board）に対抗する」【訳注：議長が理事会に～】など簡単な単語にもかかわらず、外国の人が聞いたらまったく要領を得ないであろう言い回しが、日常的に使われている。これと同様、新約聖書の時代にも秘密の言葉が存在し、雲、羊、魚、パン、烏《からす》、鳩、駱駝《らくだ》などはそのように使われた。だがこれらはすべて同じカテゴリーに属する。みな人を指す言葉だからだ――今日のねじ《スクリュー》（警官）、柵《フェンス》（盗品売買人）、鮫《シャーク》（詐欺師）、雄牛《ブル》（親分）、熊《ベア》（乱暴者）などと同じく。いまわれわれは売れっ子芸能人のことを「スター（星）」と呼び、演劇などの後援者を「エンジェル（天使）」と呼ぶ。二千年後、もしそんな事情を知らない読者が「エンジェルがスターと話している」などという一文を読んだら、何を想像するだろうか？

これらのことに加え、新約聖書に登場する秘語のなかには、人々の社会的地位の描写にとどまらず、旧約聖書の伝承と密接にかかわるいくつかの称号を示すものがある。共同体がその指針として掲げる教理は〝光〟と呼ばれ、それを説く者が、位の高い三つの権威（祭司、王、預言者に相当する）であり、それぞれが〝力（Power）〟〝王国（Kingdom）〟〝栄光（Glory）〟という象徴的な称号で呼ばれた。聖職者の家父長的社会においては、〝父（Father）〟が最高位にあり、そのすぐ下には彼の〝子（Son）〟と〝聖霊（Spirit）〟がおかれた。

ハルマゲドン

聖書以外で、新約聖書時代の記録が収められた最も価値ある資料は、フラウィウス・ヨセフスの著書『ユダヤ古代誌』と『ユダヤ戦記』であろう。紀元一世紀のユダヤ人の反乱において、ガリラヤ防衛の軍司令官だったヨセフスは、これらの書物を個人的な視点から著している。

ヨセフスによれば、エッセネ派は治療技術に長けていたが、植物の根や石に関するその医学的知識は先祖から受け継いだものらしい。たしかに、エッセネとはこの専門技術を意味する言葉なのかもしれない。というのも、ギリシア語のエセノイ（essenoi）に相当するアラム語のアッサヤ（asayya）は、医者を意味するからだ。

エッセネ派の基本的信仰の世界には、〝光〟と〝闇〟というふたつの主要な霊が登場する。光は真実と正義を、闇は堕落と邪悪を表す。宇宙における両者のバランスは天体の動きによって決まり、ひとりひとりの人間は、自分のなかにどちらの霊がどんな割合で存在するかを、誕生時の惑星の位置によって定められる。宇宙における光と闇の戦いは、こうして個々の人間のなかで、そして人間同士のあいだで、永遠に繰り返されることになる。人にもそれぞれ、比較的〝光〟の要素が勝る者、〝闇〟の要素が勝る者が存在するからだ。

　これらふたつの主要な霊は絶対者たる神が支配しているのだが、〝光〟への〝道〟を見つけるためには、長く険しい闘いの道筋を歩まなければならない。その闘いの果てにあるのが、それぞれの力が最後に秤《はかり》にかけられる「弁明のとき」で、これがのちに「最後の審判の日」と呼ばれるようになった。そのときが近づくと、闇の勢力は「誘惑（Temptation）の期間」のあいだに力を強める。〝光の道〟を歩む者は、差し迫った判定を避けるため、「われらを試み（Temptation）にあわせず、悪より救い出したまえ」【訳注：「主の祈り」の一節】と祈る。

　伝統的に、〝闇の霊〟はベリアル（よこしまな者）と同一視され、その子ら（申命記十三章十三節）【訳注：新共同訳聖書では「Children of Belial」が「ならず者」と訳されている】は、エホバ以外の神を崇める者とされている。〝光の霊〟は天使たち《ヒエラルキー》に支えられ、その象徴は七本枝の燭台「メノラー」だ。ダビデ家の王たちの時代、この光を最も堅固に守るのは、ツァドクの祭司たちであると考えられていた。

　だが、光の霊が地上に実体を持つのなら、闇の霊もまた同じく実体を持っていた。それは

「書記長」の役どころで、その目的は、階級《ヒエラルキー》組織のなかに公然と対立構造を作りだすことだった。この〝闇の王子〟に任ぜられた者の主たる任務は、女性入会者を禁欲生活のなかで試みることであり、そのため彼は、同時に「サタン（告発者）」というヘブライ語の尊称で呼ばれていた。これに相当するギリシア語は「ディアボロス（攻撃者）」で、これが英語の「悪魔《デヴィル》」の由来になった（サタンの任務は、ローマカトリック教会で列聖候補者の素姓を調査する「Devil's Advocate」【訳注：カトリック用語で「列聖調査審問検事」の意。直訳すれば「悪魔の代弁者」】のそれと似ていなくもない）。

ヨハネの黙示録（十六章十六節）に、ハルマゲドン（ハルメギド、すなわち「メギドの丘」）という場所で起きる、光と闇（善と悪）の最後の大戦争のことが預言されている。このハルメギドとは、パレスチナにある歴史的に重要な古戦場の名で、ガリラヤ丘陵南側のイズレル平野を守る軍事要塞が築かれていた場所だ。死海文書『戦いの書』は、〝光の子ら〟対〝闇の息子たち〟の来たるべき闘いを詳しく描きだす。一方にはイスラエルの諸部族が、他方にはキッテム（ローマ民族）その他のあらゆる勢力が、対峙《たいじ》するだろうというのだ。この激しい大決戦の文脈には、しかし強大な悪魔についての記述はない――そのような神話的なイメージは、共同体が描く〝最後の審判〟には出てこない。この対立はあくまで人間的なもので、光のイスラエルと闇のローマ帝国とのあいだの話なのだ。

それからずっとのちの世になって、この古代思想を支える大切な概念が、ローマ教会によって盗用され脚色された。象徴的なハルメギドの戦いは、その具体的な場所から切り離されて世界規模の話にすり替えられ、（これまで闇であった）ローマは、勝手に光の役回りを自任した。そしてカトリック司教たちの支配を徹底させるために、あえて、最後の審判の日はまだきていない、これからくるのだと定めたのだ。ローマカトリック教会版のこの改訂原理に従う者は、司教たちが神聖化した〝天の国〟に入る権利を約束された。かつてひとつの丘の砦にすぎなかったハルメギドには、こうして超自然的な意味が加えられ、「ハルマゲドン」という言葉がそのまま、黙示録的脅威を表す恐ろしい響きを帯びることになった。それはこの世のすべての終わりであり、そこから救われる唯一の道とは、ローマの支配への絶対服従なのだ、と暗に示していた。これは、歴史上最も巧妙に仕組まれた、政治的陰謀であった。

第三章　人の子イエス

処女降誕

新約聖書の四つの福音書は、他の文学とは形式を異にする。ただし、その成り立ちはけっして偶然の産物ではない。福音書はあるひとつの共通目的を持っており、単に歴史の叙述を目指したものではないからだ。福音書の目的とは、福音の（evangelical＝「良い知らせをもたらす」という意味のギリシア語「eu-aggelos」より）メッセージを伝えることだ。英語の「Gospel（福音書）」も、このギリシア語をアングロサクソン語に翻訳した言葉で、まったく同じ意味を持つ。

最も古いマルコによる福音書は、紀元六六年ごろにローマで執筆された。紀元二世紀の神学者アレクサンドリアのクレメンスによれば、ユダヤのユダヤ人たちがローマ占領軍に反乱を起こし、何千人もが磔刑《たっけい》に処せられた、まさにその時期だったという。それゆえ、この福音書の記者は自分の身の安全を図る必要があり、過度に反ローマ的な文書を発表するわけにはいかなかった。〝良い知らせ〟を伝える使命を持つのに、糾弾されては元も子もない。マルコ福音書のメッセージは兄弟愛であり、ローマの圧倒的支配下にある者たちへの自由なる救いの約束だ。救済への期待は人々の心を慰め、強大な帝国の隅々にまで及んだ圧政の過酷さを、和らげてくれるものだった。

　その後マルコによる福音書をもとに、独自にテーマをふくらませる形で、マタイとルカの両福音書が書かれた。そのためこれら三つの福音書は合わせて「共観（Synoptic＝「同じ目で（観る）」という意味のギリシア語「syn-optikos」より）福音書」と呼ばれるようになった。そうはいっても、多くの面で食い違いも見られるのだが。

　ヨハネによる福音書は、とある共同体の伝承から影響を受けており、内容、様式、思想のどれをとっても他の福音書と異なっている。だがそのイエス物語の記述はけっして単純ではなく、それゆえ、共観福音書と違う点が、独自に読者を惹《ひ》きつけてきた。またほかの福音書に見られない無数の細かい詳細が含まれていることから、多くの学者が、ヨハネ福音書の証言は福音書のなかで最も正確なものだと結論づけている。

　最初に世に出たマルコによる福音書では、処女降誕はひと言も語られない。マタイとルカの両福音書で多少重点を違えて登場するが、ヨハネでも完全に無視されている。昔もいまも、聖職者、学者、教師らは、四つの異なった資料をもとに分析するという難題に向き合わざるを得ず、そのため、ところどころ非常に曖昧なままの記録をひとくくりにして、そこから何を信じるかを取捨選択することになった。結果として、各福音書から少しずつつまみ食いすることで、まったく新しい擬似福音書ができあがったのだ。生徒は単純に「聖書にはこう書いてある」「聖書はああ言っている」などと教えられる。けれども実際には、処女降誕について学ぶとき、彼らはマタイとルカの福音書だけを選ばされ、別の事柄を教わるときは、それぞれ対応する福音書を選ばされている。まるで四つの福音書のそれぞれが、あるひとつの著作を構成する章単位にすぎないかのように――だがそれはもちろん、事実ではない。

何世紀も経つうちに、聖書の記述をめぐるさまざまな〝考察〟が、次第にある〝解釈〟へと変化し、やがて教会によって〝教義《ドグマ》〟に定められた。そうしてできあがった教理が、あたかも明確な事実であるかのように社会に組み込まれてきた。学校や教会の生徒たちが、「マタイ福音書はマリアが処女だったと述べているが、マルコ福音書はそうは述べていない」だの、「ルカ福音書には、イエスが寝かされたのは飼い葉桶だったと書かれてあるが、ほかの福音書にはそうは書かれていない」だの、クリスマスの伝統に欠かせない厩《うまや》という場所について「どの福音書も一切触れていない」だのと教えられることは、ほとんどない。ベツレヘムでの降誕物語だけでなく、記録されたイエスの生涯についてはことごとく、この手の恣意《しい》的な解釈が教えられている。いや、キリスト教徒の子どもたちは、すべてをきれいに打ち直した物語、各福音書からおもしろいエピソードを寄せ集めてひとつに脚色し直した、しかし実は誰も書いていない物語を、学ばされているのだ。

イエスの処女降誕の概念は、〝正統派〟キリスト教伝統の根幹を成すものだ。しかしそれは、四つの福音書のうちふたつで言及されているだけで、それ以外は新約聖書のどこを探しても見当たらない。マタイによる福音書一章十八～二十五節にはこうある。

イエス・キリストの誕生の次第は次のようであった。母マリアはヨセフと婚約していたが、ふたりがいっしょになる前に、聖霊によって身ごもっていることが明らかになった。夫ヨセフは正しい人であったので、マリアのことを表ざたにするのを望まず、ひそかに縁を切ろうと決心した。

このように考えていると、主の天使が夢に現れて言った。「ダビデの子ヨセフ、恐れず妻マリアを迎え入れなさい。マリアの胎の子は聖霊によって宿ったのである。マリアは男の子を産む。その子をイエスと名付けなさい。この子は自分の民を罪から救うからである」。

このすべてのことが起こったのは、主が預言者を通して言われていたことが実現するためであった。「見よ、おとめが身ごもって男の子を産む。その名はインマヌエルと呼ばれる」。この名は、「神は我々と共におられる」という意味である。

ここで引用されている預言者とはイザヤのことだ。紀元前七三五年、エルサレムがシリアからの侵略の危機にさらされたとき、困り果てたアハズ王に向かって、彼はこう宣言した。「ダビデの家よ聞け。……見よ、おとめが身ごもって男の子を産み、その名をインマヌエルと呼ぶ」（イザヤ書七章十三～十四節）。だがそこには、イザヤが七百年以上もあとのイエスの誕生を預言した証拠を示すものは何もない。しかもそんな悠長な啓示など与えられても、緊急事態にあったアハズには、実際なんの役にも立たなかったはずだ。新訳聖書のほかの多くの例に漏れず、福音書の出来事がしばしば都合よく、曖昧な昔の預言と合致したように解されたことが、このくだりにもよく表れている。

この件はひとまずおくとしても、マタイのこの箇所についての一般的な解釈は、さらなるあまたの勘違いからきている。「処女（おとめ）」と翻訳されることになったセム語「almah」には、実は「若い女性」以上の意味はない。より肉体的な処女性を表す言葉は「bethulah」のほうだ。ラテン語の場合、「virgo」は単に「未婚」を指しているだけなので、現代英語でいうところの「処女《ヴァージン》」という意味合いを持たせるためには、性体験の欠如を示す「intacta」という形容詞で、名詞を修飾する必要がある（virgo intacta）。

カトリック教会がマリアを「永遠の処女」と専断したことに限って言えば、マリアの肉体的な処女性は、さらに疑わしいものになる。マリアがイエス以外にも子どもをもうけたことは広く知られており、それぞれの福音書にも裏づけとなる記述がある。「この人は大工の息子ではないか？　母親はマリアといい、兄弟は、ヤコブ、ヨセフ、シモン、ユダではないか？」（マタイ福音書十三章五十五節）。ルカ福音書二章七節およびマタイ福音書一章二十五節はいずれも、マリアの「最初に生まれた息子」として、イエスの名を挙げている。さらに、前出のマタイ福音書はイエスを「大工の息子」（ヨセフの息子という意）であると述べているし、ルカ福音書二章二十七節は、ヨセフとマリアがイエスの「両親」であると明確に語っている。また、マタイ福音書十三章五十六節およびマルコ福音書六章三節を読むと、イエスには複数の妹がいたことがわかる。

「大工の息子」というイエスの描写もまた、後世の言語が当初の意味をとり違えたいい例だ。必ずしも故意の誤訳ではないが、ギリシア語のテキストに挿入されたヘブライ語とアラム語の原語について、直接的な訳語がほかの言語のなかに存在しなかったことが、如実に表れている。「大工（carpenter）」と翻訳されることになった言葉は、もっと守備範囲の広い古代ギリシア語「ho tekton」で、これは、アラム語「naggar」を訳したものだ。ユダヤ人学者ゲザ・ヴェルメシュ博士が指摘しているように、この記述語は、専門職人にも使われたであろうが、むしろ学者あるいは教師を指すことのほうが多く、けっしてヨセフを大工と位置づけるものではない。もっと正確にいうと、それは、ヨセフが卓越した技を有する者——学のある人物であり、自身の職業に秀でた者であることを示すものだった。実際、「ho tekton」のよりよい訳語は、「名匠《マスター・クラフツマン》」あるいは「親方《マスター》階級」であろう。近代フリーメーソンで、いまも使われている呼び名だ。

同様に、ルカ福音書の「嬰児《みどりご》イエスは飼い葉桶に寝かされていた」という一文によって、聖誕物語の舞台が、おなじみの、家畜が見守る厩《うまや》に設定されてしまった。だがこのイメージにはまったくもってなんの根拠もない。原典だろうが欽定訳だろうが、どの福音書にも「厩」という言葉はただの一度も出てこない。それどころか、マタイ福音書二章十一節は、明確に、嬰児イエスは家のなかに寝かされていたと述べている。「(占星術の学者たちが) 家に入ってみると、幼子は母マリアと共におられた。彼らはひれ伏して幼子を拝んだ」。

さらに注目すべきなのは、ルカ福音書二章七節の言葉遣いを正しく読み解くならば、イエスが飼い葉桶に寝かされていた理由が、「inn【訳注：新共同訳聖書では「宿屋」と訳されている】に」場所がなかったためではなく、わざわざ「innのなかに」場所がなかったためといっていることだ。当時、その地域に宿屋なるものは存在しなかったのに、これは引用の際非常によく混同される。伝記作家A・N・ウィルソンが指摘しているように、もともとのギリシア語聖書（これをもとに英語版が作られた）では、「カタルマ（kataluma）のなかにはトポス（topos）がなかった」――つまり「部屋のなかには場所がなかった」と書かれている。実際問題として、飼い葉桶（家畜の飼料箱）をゆりかごの代用品として使用することは、当時めずらしくない習慣だった。

王家の結婚生活

ヘブライ人への手紙七章十四節は、イエスがユダ族出身だと述べている。つまり、彼がダビデ王家の出であることは明白だ。聖書にはイエスが「ナザレン（Nazarene【訳注：日本語ではナザレ人ともナザレ派とも訳される】）」だったとも書かれているが、それがすなわちナザレの町出身だと意味するわけではない。たしかに、ルカ福音書二章三十九節はヨセフの故郷がナザレであることを示しているが、ナザレン（またはナザライト＝ナジル人《びと》）とは厳密には宗派を指す言葉で、居住地とは関係がない。

使徒言行録二十四章五節に、聖パウロが、カエサレア総督の前に引きずり出され、宗教的扇動のかどで訴えられる場面がある。「実は、この男は疫病のような人間で、世界中のユダヤ人のあいだに騒動を引き起こしている者、ナザレン分派【訳注：新共同訳では『ナザレ人の分派』】の首謀者であります」。キリスト教徒のことをアラビア語では「ナスラニ」と呼び、イスラム教コーランのなかでは「ナサラ」あるいは「ナザラ」と呼んでいる。これら異形語はみな、ヘブライ語の「ノズリム（Nozrim）」から派生したもので、この言葉自体が「ナズリ・ハ＝ブリット（Nazrie ha-Brit）」（契約の守護者）、すなわち死海のほとりクムランのエッセネ派共同体の呼称を、複数名詞化したものだった。

実のところ、そもそもイエスの生前にナザレという名の集落が存在したのかどうかさえ、疑わしい。というのも、ローマあるいはユダヤで編集された当時の書物、書類、年代記、戦記などの地図にも、この地名は見当たらないからだ。イエスの活動が事細かに綴られた聖パウロの書簡においてさえ、ナザレへの言及は皆無だ。このことから、福音書の英語訳で「ナザレ」と書かれた箇所は、すべて誤りだと言っていいだろう――ナザレンという言葉を誤解したために起きたことだ。少なくとも現時点で確認されているのは、イエスの磔刑からずっとあとの、ローマがエルサレムを破壊した紀元七〇年以前、ナザレ（ヘブライ語のタルムードにも出てこない）はまったく重要視されていなかったということだ。

バプテスマのヨハネとイエスの弟ヤコブはどちらもナザレンだったが、この宗派を示す古い同義語ナザライト（＝ナジル人）は、旧約聖書の登場人物サムソンとサムエルにまでさかのぼることができる。ナジル人とは、民数記六章二～二十一節に説明があるように、ある一定期間のあいだ、誓願を立ててきびしい規定に従う修行者のことだ。福音書時代、ナジル人はクムランのエッセネ派共同体――ヨセフとマリアの置かれた環境――と深いつながりがあった。共同体は、王家の婚約と結婚に関して非常にきびしい規律を守っていた。というわけで、マリアのいわゆる処女性の問題については、この切り口から考えてみよう。

マタイによる福音書一章十八節とルカによる福音書二章五節はともに、マリアはヨセフに「嫁いでいた（espoused）【訳注：新共同訳聖書では、それぞれ「婚約していた」「いいなずけであった」と訳されている】」と表現しており、そこから先はマリアをヨセフの「妻」と呼んでいる。このことからもわかるように、「espoused」という言葉は婚約中でもいいなずけでもなく、立派に婚姻が成立していたことを指す。だが、既婚女性が処女であるとは、いったいどういう状況なのか？　この問いに答えるためには、セム語の原語「almah」を吟味する必要がある――「virgin（ラテン語のvirgoから）」と翻訳され、性交渉の体験を持たない「処女（virgo intacta）」と誤解されてしまった言葉である。

先述したように、「almah」がほんとうに意味するところは（性的な意味を含まない）単なる「若い女性」だ。ならば、マリアがalmahであって、かつヨセフの妻であったというのはなんら不自然ではない。ここでふたたびマタイ福音書の描写に戻り、ヨセフがマリアの妊娠を知って、彼女を世間の目から隠すべきか否か悩んだ場面を思い起こしてほしい。人妻が身重になったところで、何も恥じることはないはずだ。ところがマリアの場合、そうではなかった。

王家の出自である夫に嫁いだことにより、マリアには、ダビデ王や祭司ツァドク同様、メシアの（油を注がれた）血筋に特有の規制が課せられた。マリアは実は、王家階層の既婚女性として、法に定められた試みの期間（結婚生活の一時期、性交渉が禁じられる期間）にあり、マリアの懐妊が明らかになったとき、ヨセフがそれをわが身の恥だと考えるじゅうぶんな理由があったのだ。この事態は、上級のアビアタル祭司（尊称ガブリエル）が出産を認めたことで、ようやく収束する。

　ダビデ王の時代以来、アビアタル（サムエル記上二十章二十五節参照）という家系が、上級祭司の職を代々受け継ぐことになっていた。ツァドクの一族が最上級の祭司を継承し、アビアタル家にはそれに次ぐ地位が与えられた。この伝統的な祭司職の肩書きに加えて、エッセネ派は、旧約聖書に登場する大天使たちの名を、その役職制度のなかに採り入れていた。そのため、ツァドクの祭司は同時に大天使ミカエルであり、アビアタルの祭司は（個人の名がなんであれ）同時に天使ガブリエルと呼ばれた。ツァドク／ミカエル（主、すなわち「神のような者」）に仕えるので、アビアタル／ガブリエルは〝主の御使《みつか》い〟（ミカエル＝ツァドクの使節）であるとされた。この天使のシステムは、死海文書の『第一エノク書』四章九節に詳述されており、一方で『戦いの書』九章十五～十七節には、福音書時代の祭司階級における天使の序列が記載されている。

　ルカ福音書の記述によれば、天使ガブリエルが聖なる力の働きによるものであるととりなしたことで、マリアの妊娠はお墨付きを与えられる。この出来事は一般に〝受胎告知〟と呼ばれているが、実態はむしろ告知というより許可に近かったのだ。

イエスの誕生前、上級祭司ツァドク（ミカエル）はザカリアだった。妻はマリアの従姉エリサベトで、彼の次級祭司アビアタル（ガブリエル）はエッセネのシメオンだった。マリアとヨセフが王家婚姻制度の規則を破ったにもかかわらず、シメオンはマリアの出産を正式に許可した。

この王家の規則は明らかに常軌を逸しており、ユダヤ人の通常の婚姻習慣とはかけ離れたものだった。夫婦生活の条件が明確に定められ、基本的には禁欲生活を強いるもので、子を宿すという目的を果たすためだけに性行為が許されたが、それすら、定められた間隔をおかねばならなかった。婚約の儀式の三カ月後、九月に第一の結婚式がおこなわれ、正式に結婚生活が開始される。しばらくして肉体的な関係を持つことが許されるのだが、それも十二月の前半だけに限られる。来たるべき〝メシア〟が、贖罪月である九月に生まれるようにするためだ。そこで花嫁が妊娠しなかった場合、親密な夫婦関係は翌年の十二月までお預けとなり、以降も同じことが繰り返される。

この試行期間中の妻がめでたく身ごもった場合、婚姻を正式なものにするために第二の結婚式がおこなわれた。花嫁は、この第二の結婚式が完了するまでは、まだ「almah」のままである。フラウィウス・ヨセフスによれば、流産の可能性を排除するために、その式は妊娠三カ月に達して初めて執りおこなわれたという。よって、第二の結婚式の挙行は必ず三月と決まっていた。このように妊娠が確実になるまで正式な婚姻を成立させないのは、王位継承者である夫が、最初の妻が不妊であった場合に合法的に妻を変えられるようにするためだった。

ヨセフとマリアの場合、イエスが生まれたのが違法な時期（紀元前七年三月一日の日曜日）だったことから、王家の婚姻規定に違反していたのは明らかだ。性交渉がおこなわれたのは規定の十二月より半年早い、紀元前八年の六月——婚約期間の初期——、つまり九月の第一結婚式の三カ月前という計算になる。こうしてマリアは「almah」として身ごもっただけでなく、第二結婚式を終えぬまま、「almah」として出産した。

違法な妊娠であるとわかったからには、ヨセフは第二の結婚式をとりやめることもできた。恥をかかないためにも、マリアを修道院に監禁し（マタイ福音書一章十九節にあるように「ひそかに縁を切り」）、生まれる子どもは祭司たちが育てるという道だ。

だがもし子どもが男の子だった場合、彼こそは、ダビデ王家に連なるヨセフの長男だ。その子を名もなき孤児として育て、次にいつ生まれるかわからない弟が王家の血筋を受け継ぐのを待つのは、あまり理にかなっているとは言えない。生まれ来る子はなんといっても大切な世継ぎであり、例外としての特別な計らいを必要としていた。そこで〝天使ガブリエル〟がこう諭す。神聖な伝統がかかっているのだから、ヨセフは第二結婚式を予定通り執りおこなうべし、なぜなら「マリアの胎の子は聖霊によって宿った」のだから（マタイ福音書一章二十節）。

このような許しが与えられたあとは、ふたたび通常の規則が課せられた——そのひとつは、子どもが生まれるまで、夫と妻のあいだに肉体的接触があってはならないというものだ。「ヨセフは眠りから覚めると、主の天使が命じたとおり、妻を迎え入れ、男の子が生まれるまでマリアと関係することはなかった。そして、その子をイエスと名付けた」（マタイ福音書一章二十四〜二十五節)。福音書記者に残された課題は、いかにこの一連の出来事を謎めいたベールで包むかであり、それができたのも、旧約聖書イザヤ書の預言が存在したおかげだった。

ダビデ王の血統

奇妙なことに、(マタイ福音書とルカ福音書のもとになった) マルコによる福音書には、降誕についての記述がない。ヨハネによる福音書七章四十二節にベツレヘムでの誕生をほのめかす言葉はあるものの、そこにことさら神秘的な響きはなく、マリアの妊娠が処女懐胎であったとも言っていない。ただイエスがダビデの系譜であるという記述だけだ。「メシアはダビデの子孫で、ダビデのいた村ベツレヘムから出ると、聖書に書いてあるではないか」。他方、処女降誕を語るマタイ福音書でさえ、冒頭から次の一節で始まっている。「アブラハムの子ダビデの子、イエス・キリストの系図」。

パウロによるローマの信徒への手紙一章三〜四節はこう記す。「御子は、肉によればダビデの子孫から生まれ、……神の子と定められたのです。このかたが、わたしたちの主イエス・キリストです」。マルコ福音書十章四十七節やマタイ福音書二十二章四十二節などでも、イエスは「ダビデの子」と呼ばれている。また、使徒言行録二章三十節でペトロは、ダビデ王について触れ、イエスを「肉によればダビデの子孫」と呼んでいる【訳注：新共同訳聖書では「彼から生まれる子孫のひとり」】。

すべてを鑑みるに、イエスの神性が比喩的に描かれるのと対照的に、彼が(肉によれば)ダビデの子孫であったことは、厳然たる事実として繰り返し語られる。実際、イエスは自分のことを〝人の子〟と呼んでいる（例えばマタイ十六章十三節）。大祭司にお前はほんとうに神の子なのかと問われ、イエスは「それはあなたが言ったことです」と応じる――あくまで大祭司が口にした言葉であって、彼本人が自称しているわけではないというのだ（マタイ福音書二十六章六十三〜六十四節）。ルカ福音書二十二章七十節でもイエスはほぼ同じ受け答えをしている。「そこでみなの者が、『では、お前は神の子か』と言うと、イエスは言われた。『わたしがそうだとは、あなたたちが言っている』」。

メシア論争

イエスの最大の問題は、生まれながらにして、彼自身が正当な跡継ぎであるか否かの議論の渦中にあったことだ。マリアとヨセフがイエスを〝ガブリエル〟ことシメオンのところへ連れて行ったのも、まさにそのためであり、律法のもとで嫡出子であると認めてもらおうとしたのだ（ルカ二章二十五〜三十五節）。だがこのような両親の努力もむなしく、イエスの出生はさまざまな反応を呼び、ユダヤ人は彼の王位継承権の合法性をめぐって真っぷたつに分裂した。イエスが生を受けたのは一年のうちの間違った時期であり、ヨセフとマリアが第二結婚式を経て正式な婚姻生活に入る前だった。六年後、今度は王家の婚姻規定を遵守する形で弟ヤコブが生まれる。彼の出生にはなんら問題もなかった。かように両陣営とも、支持すべきメシア候補を擁していたのだ。

ヘレニスト（西欧化したユダヤ人）はイエスこそが正しいキリスト（「王」を意味するギリシア語「Christos」より）であると主張し、一方正統派ヘブライ人は、王位継承権はヤコブにあるとしてゆずらなかった。論争は何年も続いたが、紀元二三年にヨセフ（候補者両人の父）が死んだため、どちらかに決めざるを得なくなった。

長年の習慣として、ダビデ家の王たちはツァドク一門の祭司たちと緊密な関係にあった。当時実権を持っていたツァドクは、イエス自身の縁者、バプテスマのヨハネだった。彼は紀元二六年、ローマ人ポンティウス・ピラトの総督就任と同時期に頭角を表す。バプテスマのヨハネは多分にヘブライ重視派で、かたやイエスはヘレニストだ。ヨハネはイエスの正統性を認め、ヨルダン川で彼に洗礼を授けはしたが、やはりヤコブ支持であった。そんなバプテスマのヨハネの態度を見て、イエスは防護を固めねばならないと悟る。ユダヤ人の王国再建熱が高まったりすれば弟ヤコブが有利になり、自分に勝ち目はないからだ。そのため、彼はみずから支持者グループを組織することを考えた。従来の社会的政治組織とは一線を画す党派だ。ユダヤの国が分裂したままでは強大なローマにかなうはずがないと主張している点で、イエスの理想はまっすぐであった。だが彼はまた、ユダヤ人が異邦人（生得的な非ユダヤ人）をこれまでのように排除し続けるかぎり、神から与えられた使命をまっとうすることはできないことも見抜いていた。イエスの抱く理想のイスラエル王国とは、調和と平等を重んじる社会だったが、厳格なヘブライ原理を頑《かたく》なに守ろうとするユダヤ人たちが、その実現の前に立ちはだかっていた。

イエスは、ユダヤの伝承が、民を救いに導くひとりのメシアを預言していること、そして

ガリラヤ
・ベトサイダ
カファルナウム・
ゲネサレト・
地中海
・ハイファ
ガリラヤ湖
・カナ
イズレルの谷
・ガダラ
メギド・
・ペラ
・カエサレア
・サマリア
シャロン平原
サマリア
ヨルダン川
・リダ
エリコ・
ペレア
エルサレム・
クムラン・
ユダヤ
ベツレヘム・
・マカエラス
ヘブロン・
死海
マサダ・
イドマヤ

福音書に登場する土地

人々がそのメシアの到来を待ち焦がれてきたことを重々承知していた。バプテスマのヨハネはその役を担うにはあまりに隠者然としている。一方ヤコブは、自身の将来のためにさえ何も行動せず、大祭司カイアファとバプテスマのヨハネの庇護のもとで安閑としているばかり。そこでついにイエスは、人々の待望のメシアとなるべく、これまで控えめだった立場から公の場へと歩を踏み出した。たとえ祭司や政治家が正統性についてとやかく言おうと、彼はまぎれもなく父にとっての最初の息子なのだ。まもなくイエスは弟子を集め、十二人の使徒（代表）を指名して、活動を開始した。そして、階級にも信念にも財産にも左右されない世界で、認められるよう模索した――やがて世界に大きな影響を与えることになる、気高い奉仕の精神を謳いあげたのだ。

第四章　初期の使命

使徒とはいったい誰だったのか？

　イエスは一見謙虚なようだが、その実、臆病者や平和主義者といった描写とは無縁の人だった。みずからの使命を実行すれば、ときの実力者たちの不興を買うことは重々承知していた。ローマ人だけでなく、同胞ユダヤ人の最高法院、サンヘドリンの面々からも追われることになるだろう。にもかかわらず、イエスは敢然と表舞台へと登場した。のっけから、「わたしが来たのは地上に平和をもたらすためだ、と思ってはならない。平和ではなく、剣をもたらすために来たのだ」（マタイ福音書十章三十四節）と啖呵を切って。

　そのような状況を考えると、平凡な労働者の一団が、「わたしの名のために、あなたがたはすべての人に憎まれる」（マタイ福音書十章二十二節）などと言いわたすような指導者に、生活を捨てて従ったというのは、少々不可解なことに思える。当時はまだ公式なキリスト教は存在せず、イエスが収入や社会的地位を保証してくれたわけでもない。ところが福音書によれば、イエスの使節たちはみな各々の職を捨て、「人をとる漁師」となるべく、盲目的に未知の世界へ飛び込んだというのだ。では、これらの不可思議な使徒たちとは、いったい誰だったのだろう？　クムランの筆記者たちの暗号を聖書のテキストに当てはめることで、彼らの身元や意図をもっと詳しく理解できないものだろうか？

ルカ福音書（六章十三節および十章一節）は、イエスが全部で八十二名の弟子を指名したと伝えている。うち七十名【訳注：写本によって、七十名と七十二名の二説がある】を宣教に送り出し、残りの十二名は側近、すなわち〝使徒〟としてそばに置いた。日曜学校で教わることとは正反対だが、聖書が包み隠さず書いているように、使徒たちは武器を持っていた。それどころか、イエスは活動開始の当初から「剣のない者は、服を売ってそれを買いなさい」（ルカ二十二章三十六節）と言って、武装することを勧めているのだ。

四つの福音書は、シモンが最初の弟子であったことで一致している。またそのうち三つでシモンの兄弟アンデレが言及されている。だがヨハネ福音書と共観福音書では、この弟子採用の場面がどこで起きたかについて記述が食い違う。かたや彼らが網の手入れをしていたガリラヤ湖（またの名をゲネサレト湖）のほとり、かたやヨルダン川の対岸、洗礼の儀式がおこなわれたベタバラ（ベタニア）だ。さらには、当時そこに立ち会った人物についても齟齬《そご》が見られる。ヨハネ福音書一章二十八節〜四十三節では、洗礼者《バプテスマの》ヨハネがそこにいたことになっているが、マルコ福音書一章十四〜十八節は、それは洗礼者ヨハネが獄中にあったときの出来事だとしている。

ヨハネ福音書のほうが正確であることに疑いの余地はない。最初の弟子たちが採用されたのは紀元二九年三月のことだからだ。『ユダヤ古代誌』のなかで、ガリラヤ出身のフラウィウス・ヨセフス（紀元三七年生まれ）が、イエスが宣教を始めたのはティベリウス・カエサルの治世の十五年目、すなわち紀元二九年だったと記している。洗礼者ヨハネは翌年三〇年の三月までは、（ヨハネ福音書三章二十四節にあるように）投獄されていなかったのだ。彼は紀元三一年の九月に、ヘロデ大王の後継者、ガリラヤ領主ヘロデ＝アンティパスによって処刑された。

ルカ福音書五章十一節でシモンが弟子になった話はマルコ福音書の説明と同じだが、ルカ福音書にはアンデレが登場しない。次に登場するのはゼベダイの子ヤコブとヨハネだ。さらにその次の弟子は、マルコとルカの福音書ではレビになっている。ところがマタイ福音書では、次なる弟子はレビではなくマタイと呼ばれている。ヨハネ福音書にいたっては、シモン、アンデレの次が、彼らと同郷ベトサイダ出身のフィリポである。フィリポがその後、カナのナタナエルを群れに招き入れたとあるが、それきり、個々の弟子の任命についての記述はない。

ところが次に、イエスが弟子をすべて呼び集め、そのなかから特に信頼する十二名の代表を選んだことが語られる。ここで奇妙に思えることがある。レビが消え、ナタナエルも消え、代わりに、四福音書すべてのリストにマタイが登場しているのだ。マタイとマルコによる福音書は、十二人のひとりとしてレバイ・タダイ【訳注：新共同訳では「タダイ」。】を挙げるが他の二福音書では言及がなく、一方でルカ福音書と使徒言行録にはヤコブの兄弟【訳注：新共同訳では「ヤコブの子」】ユダを十二人に含めているが、彼の名はほかの場所には見当たらない。マタイとマルコ福音書ではカナン人シモンという名前を目にするが、ルカ福音書と使徒言行録では熱心党のシモンとして描かれる【訳注：新共同訳では、いずれも「熱心党のシモン」で統一されている】。

マルコ福音書では、アンデレの兄弟シモンは、イエスに出会ったのちにペトロという名を授かったと述べているが、マタイとルカでは、この別名は前から存在したかのようだ【訳注：新共同訳・欽定訳ともに、ルカでは、イエスがペトロと名づけたことになっている】。ヨハネ福音書によれば、シモンとアンデレはヨナの子【訳注：新共同訳では「ヨハネの子」】であり、また、イエスがヤコブとヨハネ（ゼベダイの子ら）を「ボアネルゲス」（「雷の子」の意）と呼んだことがわかる。マルコとルカ福音書では【訳注：新共同訳・欽定訳ともに、マルコ福音書のみ】、徴税人レビは「アルファイの子」と形容されているが、最終的にリストに残ったヤコブもまた、アルファイの子なのだ。また全福音書に登場するトマスは、ヨハネ福音書と使徒言行録ではディディモ（双子）と呼ばれている。これらをのぞけば、すべての福音書記者が共通して書き記しているのは、フィリポ、バルトロマイ、イスカリオテのユダの三名だけということになる。

使徒たちが、（王家の血筋とはいえ）ひとりのカリスマ信仰治療師にすべてを賭けて従った、羊のような博愛主義者の一団ではなかったことは明白だ。イエスの将来性は未知のものだったし、当時はまだ聖なる人物としての評判は立っていなかった。となると、福音書には何か重要な情報が欠けているに違いない。しかしローマの大君らの目を欺くべく編集されたのだから、福音書の内容の多くは、行間を読める読者に向けて、秘密の言語を語っているはずだ。

われわれの注意を何度も引くのが、「聞く耳のある者は聞きなさい」（例えばマルコ四章九節）という特別な一節だ。その言葉に従い、新約聖書における筆記者の暗号という、まったく新しい世界へ足を踏み入れてみよう。使徒たちへと通じるドアを開けると同時に、われわれは、ダビデ王の子孫のメシアとして、イエスの抱えていた政治的に甚大な役割について、新たな視野を得ることができるだろう。

ヤコブとヨハネ

イエスはヤコブとヨハネ（ゼベダイの子ら）のことを、「雷の子」という意味を持つ「ボアネルゲス」というギリシア語名で呼んだ（マルコ三章十七節）。奥義を知る者への暗号情報として、はっきりわかる一例だ。〝雷鳴〟と〝稲妻〟とは「聖所《サンクチュアリ》」の二大上級聖職者の肩書きである。この象徴的な称号は、出エジプト記十九章十六節に描かれた、雷鳴と稲妻が山を包むなか、モーセが宿営からエホバに会うために登って行ったという、シナイ山での出来事にちなんでつけられている。聖所とは幕屋（出エジプト記二十五章八節）の象徴で、エッセネ派の聖所はミルドの修道院に置かれていた。エルサレムから南東へ約十五キロ、かつてハスモン家の砦が築かれていた場所だ。

イエスに〝雷鳴〟と呼ばれた人物とは、紀元六年から一五年まで大祭司を務めたサドカイ派アナヌスの息子、ヨナタン・アンナスだった。ヨナタン（「エホバが与えた」の意）はときにナタナエル（「神の贈り物」の意）とも呼ばれたが、両者は基本的に同じ名前だ。彼の同僚かつ政治的好敵手で、〝稲妻〟として知られていたのは、シモン・マゴス（またの名を、「すでにエホバが与えた」を意味するゼベダイあるいはゼバドヤ）。サマリアのマギの重鎮だ。福音書ではむしろ、カナン人シモンあるいはシモン・ゼロテ（熱心党のシモン）という名で知られている。

では、ヤコブとヨハネは、雷鳴（ヨナタン・アンナス）の息子たちだったのだろうか、それとも、稲妻／ゼベダイ（シモン・マゴス）の息子たちだったのだろうか？　答えは、その両方だ——ただし生物学的な意味ではなく、呼び名のうえで。「ボアネルゲス」として、ヤコブとヨハネは、アナヌス祭司の宗教上の息子（部下）たちであったし、また同時に、長老として最高の職位——つまり共同体の〝父〟の座を得ることになっていた、シモンからも指示を受けていたからだ。

こうしていきなりわれわれには、使徒たちの社会的特権について、これまでとはまったく違う視界が開けることになる。「漁師」と表現されているヤコブとヨハネでさえ、ヘレニスト社会では有名人だったらしい。だが彼らはなぜ、（シモン＝ペトロやアンデレとともに）漁船などという事物とともに描かれているのか？　ここでこそ、ほかと違うヨハネ福音書の記述が、意味を持ってくる。象徴的な〝漁〟という行為は、伝統的に、洗礼の儀式の一部だったからだ。

ユダヤの共同体に入ろうとする異教徒たちは、洗礼の儀式に参列することはできたが、水中で洗礼を受けることは許されていなかった。ユダヤ人の洗礼拝受候補者とともに湖に入るが、そこから先は、大きな網で船に引き揚げられたのちに、祭司の祝福を受けるにとどまる。洗礼を授ける祭司たちは「漁夫《フィッシャー》」と呼ばれていた。ヤコブとヨハネはふたりとも叙任された〝漁夫〟だったが、シモン＝ペトロとアンデレは、平信徒の網引き（漁師《フィッシャーマン》）だった。イエスが「あなたがたを人間をとる漁夫《フィッシャー》にしよう」（マルコ福音書一章十七節）と言ってふたりの聖職者としての昇進を約束したのは、彼の比較的リベラルな方針を暗に示していると言えよう。

使徒たちとは、単なる義心に燃えた帰依者の寄せ集めではなく、最高指導者キリスト・イエスを頭《かしら》にいただく、有力な十二人指導者会議の面々であった。王家の尊称「イエス・キリスト（イエス王）」が、あたかもそれ自体が固有名詞であるかのように誤解されるようになったのは、ずっと時代が下ってからの話である。ここでもう一度思い出しておきたいのが、クムランの『宗規要覧』に、国の信仰を守るための、この十二人指導者会議の重要性が詳述されていることだ。

シモン・ゼロテ

シモン・マゴス（またはゼベダイ）は、西マナセのマギ派、つまりイエスの正統性を支持したサマリア賢人たちから成る祭司階級の長であった。ベツレヘムで幼子イエスにぬかずいたのも、彼らの使節たち（〝マギ〟すなわち〝賢者たち〟）だ。シモンは一流の見世物師で、彼の伝記には、宇宙論、自然磁気学、空中浮揚、念力などが扱われている。彼はまたローマとの開戦をおおっぴらに叫んでおり、そのため、シモン・カナナイト（Kananites:「狂信者」を意味するギリシア語）とも呼ばれた。これがのちに誤訳されて、カナン人《カナナイト》（Canaanite）シモンという呼び名に転じた。

イエスの使徒のなかで、シモンは間違いなく社会的地位の最も高い人物だったが、同時に熱心党《ゼロテ》の幹部としても名高く、しばしばシモン・ゼロテ（熱狂者）と呼ばれた。熱心党とは、先祖伝来の遺産と領土を強奪したローマに対して復讐心をたぎらせる、反体制派武装闘士の集団だ。だがローマ当局にしてみれば、熱心党員はただの暴力集団（lestai）にすぎなかった。

ここまで見てきただけでも、使徒とは、おなじみのイメージよりもはるかに威権ある人々だったことがわかるが、それでも、ただエリート階級層に立場が変わるだけで、祖国の抑圧された人々を支え守るというその目的は変わらない。大半が熟練の祭司、治療師、教師だった使徒たちは、その治癒の技を惜しげもなく示し、深遠なる知恵と慈悲深さを雄弁に語ったことだろう。

イスカリオテのユダ

もうひとり、名門出身の民族主義者だったのが、書記長ユダだ。死海文書は、彼と、その前任者で熱心党運動の創始者でもあったガリラヤのユダの監督のもとで、書き進められた。使徒のほうのユダは、学者である以前に、東マナセの族長かつクムランの軍司令官でもあった。またローマ人からはユダ・シカリウス（シカとは、必殺武器の湾曲短剣を指す）というあだ名をつけられていた。この異名がギリシア語化したのがシカリオテ（〝短剣男〟）で、これがのちにさらに変化して「イスカリオテ」になった。使徒の序列では常に最後に挙げられるが、ユダ・シカリオテはシモン・ゼロテに次ぐ老練の士であった。

タダイ、ヤコブ、マタイ

レバイ・タダイは「アルファイの子」と形容され、また、ふたつの福音書でユダ（テウダ）とも呼ばれている。彼は共同体の有力人物で、かつ熱心党の司令官でもあった。さらには、かつてクムラン入植のエジプト人によって発展した、禁欲的な信仰集団〝テラペウタイ派〟を、紀元前九年から五十年以上にわたって率いてきた人物だった。タダイはイエスの父ヨセフの盟友でもあり、紀元三二年のポンティウス・ピラトに対する民衆蜂起にも加わっている。

もうひとり「アルファイの子」と呼ばれているヤコブは、実は〝雷鳴〟派のヨナタン・アンナスである。ヤコブという名前は、ヨナタンの族長としての肩書きであった。天使や大天使の名が上級祭司に付与されるのと同様、ユダヤ民族の始祖の名が、共同体の長老たちによって受け継がれていた。共同体は指名された三人の指導者に率いられていたが、彼らの称号がアブラハム、イサク、ヤコブだった。ヨナタン・アンナスは一時期、族長〝ヤコブ〟でもあったのだ。

マタイ（レビとも呼ばれた人物）も、やはり「アルファイの子」と書かれている。この人は実はマタイ・アンナス（ヨナタンの兄弟）で、のちの紀元四二年からヘロデ＝アグリッパ一世に失脚させられるまで、大祭司の座に就いた人物である。マタイは個人的にイエスの業績を世に広めることに心を砕き、彼自身の名で発行された福音書の執筆を積極的に支援した。ヨナタンの後継者としてレビ家祭司の長であったマタイは、ずばり〝レビ〟という名の称号を持っていた。彼はまた徴税吏（エルサレム徴税人）を任ぜられ、祖国から離れていながらも納税義務を負うディアスポラのユダヤ人たちから、税金をとり立てる職に就いていた。小アジアからの税収はレビ人たちが集め、エルサレムの税務所に入金した。マタイ福音書九章九節に「イエスはそこをたち、通りがかりに、マタイという人が収税所に座っているのを見かけた」とあるとおりだ。この同じ出来事は、ルカ福音書五章二十七節にも記述がある。「その後、イエスは出て行って、レビという徴税人が収税所に座っているのを見た」。

タダイ、ヤコブ、マタイ（レビ）はみな「アルファイの子」と呼ばれたが、兄弟だったわけではない。ほかの場合同様、「子」という言葉は、「次席」という位置を指す言葉だからだ。「アルファイの」という形容もまた、特定の人物や場所とのつながりを指すのではなく、ただ単純に「継承順位として」を意味する言葉だった。

フィリポ、バルトロマイ、トマス

ヨハネによる福音書一章四十五〜四十九節に示されているように、フィリポはヨナタン・アンナス（別名ナタナエル）の友人であった。無割礼の異邦人改宗者だったフィリポは、セム宗団の長を務めていた。コプト語の『フィリポによる福音書』は、彼の名で書かれている。バルトロマイ（別名ヨハネ・マルコ）は、伝道活動においてもまた政治的にもフィリポの相棒だった。彼はまた、改宗者集団の長であり、また、クムランにおける有力なエジプト・テラペウタイ派(治癒共同体)の幹部でもあった。

トマスは、福音書でこそ多くは語られないものの、キリスト教伝道者としては大いに活躍した人物で、シリア、ペルシア、インドにまで宣教したといわれている。その最期はマドラス近郊のマイラポールで槍突きの刑により殉教したと伝えられる。トマス(元皇太子フィリポ)はヘロデ一族の出だったが、母のマリアンメ二世がヘロデ大王に暗殺を企てて離縁させられたときに、相続権を失った。一方、異母兄弟のヘロデ=アンティパスは、のちにガリラヤ領主の地位を得る。人々はこのことであざ笑い、フィリポ元王子をエサウ——イサクの息子で、長子権と父からの祝福の両方を、双子の弟ヤコブにとられた人物(創世記二十五~二十七章)——になぞらえ、アラム語で「双子」を表す「Teoma」と呼んだ。これがギリシア語化してトマスになり、またときに、同じく「双子」という意味の「ディディモ」とも呼ばれるようになったのだ。

シモン=ペトロとアンデレ

このふたりは一般に、使徒のなかで最も著名だと思われているが、本書の序列では最後にくる。いやそもそも、ここに掲げるリストは、福音書の使徒リストとほぼ逆の順序になっている。シモン・ゼロテやユダ・シカリオテ、タダイといった人物のほうが、従来のリストの登場順位が示すよりも、はるかに重要な地位にあったからだ。しかし、福音書記者たちが無作為にそのような順序で列挙したわけではなく、そうすることで、要職にある使徒たちを、ローマの注意から遠ざけるという意図があった。

だからこそ使徒の名簿は、ただのエッセネ派信徒でなんの公職にも就かない、最も地位の低いメンバーだったシモン＝ペトロとアンデレから始まっているのだ。彼らが「漁夫《フィッシャー》」ではなく、ただの「漁師《フィッシャーマン》」だったことに関していうなら、洗礼の儀式の場における彼らの役割も、厳密に平信徒の扱いだった。〝網〟の担当ではあったが、任命を受けた「漁夫《フィッシャー》」ヤコブやヨハネのように、祝禱《しゅくとう》を唱えるなどの祭儀的な行為は許されていなかった。

けれども、シモン＝ペトロとアンデレが公職を持たなかったことは、かえってイエスにとって都合が良かった。祭儀や律法の仕事に追われるほかのメンバーよりも、この兄弟はいつも彼のそばに待機していられたからだ。その結果シモン＝ペトロはイエスの右腕となった。しかも「ケファ（岩の意）」とあだ名されるぐらいだから、おそらく堅固な性格の持ち主だったはずだ。ナグ・ハマディ文書の『トマスによる福音書』のなかには、イエスがシモン＝ペトロを「守護者《ガーディアン》」と呼ぶくだりがあるが、おそらくイエスの護衛隊長といった役回りだったのだろう。妻を亡くしてからのシモン＝ペトロは精力的な伝道者になり、イエスとときに対立することはあったが、ローマに福音を根付かせた点で大いに貢献した。そしてその最期は、皇帝ネロのキリスト教徒への迫害に遭って、十字架につけられ殉教した。

祭司と天使

クムラン共同体の祭司階級組織に、天使の名が当てられていた事実については、すでに述べた。最高位の祭司はツァドク家の世襲であると同時に大天使ミカエルでもあり、つまり、ミカエル＝ツァドク（メルキゼデク）だった。第二位の祭司はアビアタルで、同時に天使ガブリエルでもあった。この天使の位階についてここで詳細に見ていくことは、使徒たちの社会的な地位に、より強い光を当てることになるだろう。そうすることで、さまざまな儀礼習慣（祭司によるもの、族長によるものの両方）が明らかになり、その過程で、イエスの奇跡についてのまったく新たな理解が、おのずともたらされることになるはずだ。

　第一に知っておきたいのが、本来「angel（天使）」という言葉自体には、「超自然の」あるいは「天上の」という意味は含まれないという点だ。もとのギリシア語「aggelos」（「angelos」と綴られることも多い。ラテン語では「angelus」）に「使者」以上の意味はない。現代英語の「angel」は教会で使われたラテン語から派生したものだが、アングロ＝サクソン語の「engel」は、古いフランス語の「angele」に由来する。このように、「主の天使（angel of the Lord）」とは、「主の使い（messenger）」、あるいは、より正確を期すなら「主の特使（ambassador）」のことなのだ。よって、大天使（Archangel）とは、最高位にある祭司兼特使だということになる（「arch」という接頭辞は「最高位の」という意味で、「archduke〔大公〕」や「archbishop〔大司教〕」などに使われる）。

　旧約聖書に描かれる天使には二種類あるが、その大多数は普通の人間のように振る舞っている。例えば創世記十九章一～三節には、ふたりの天使がロトの家を訪ねてきたので、「ロトは、酵母を入れないパンを焼いて食事を供し、彼らをもてなした」と記されている。旧約聖書の天使のほとんどは、このように単純な部類に入る——泉のほとりでアブラハムの妻（側女）ハガルに出会った天使（創世記十六章七節）、路上でバラムのろばの前に立ちふさがった天使（民数記二十二章二十一～三十五節）、マノアとその妻【訳注：サムソンの両親】に語りかけた天使（士師記十三章三～十九節）、ギデオンとともにテレビン（樫）の木の下に座った天使（士師記六章十一～二十二節）などだ。

もう一種類の天使は、使者という役目以上に、恐ろしい破壊力を持つ者のようだ。歴代誌上二十一章十四～十六節には、そのような天使が登場する。「神は御使《みつか》いをエルサレムに遣《つか》わし、これを滅ぼしてしまおうとされた……（御使いは）剣を抜いて手に持ち、エルサレムに向けた」。剣を振り回す天使もかなり多く登場するが、聖書のなかでは、絵画によく描かれるような、神聖な存在あるいは優雅な翼を持つ姿として表現されることは皆無だ。いまや天使のイメージにつきものの翼は、俗世を超越した霊的存在としての天使の象徴として、画家や彫刻家が創作したものにすぎない。

飛行する存在としては、また別のカテゴリーとして旧約聖書に登場する、地上から宙に浮かびあがる恐ろしい機械仕掛けの事象が挙げられる。「天使」と呼ばれることはなく、たいていの場合、その光り輝く巨大装置には車輪がついているという。ダニエル書七章九節では「その王座は燃える炎、その車輪は燃える火」と描かれ、またイザヤ書六章一～二節には似たような天空の玉座の描写があって、「上のほうにはセラフィムがいて、それぞれ六つの翼を持っていた」と記されている。そのような装置の記述はエゼキエル書一章にも見られ、詳しく語られるその光景全体が、炎、車輪、騒がしく回転する輪に至るまで、聖書のほかの箇所とことごとく一致するのだ。

聖書から離れたところでは、三世紀のアレクサンドリアの論文『起源』に、女神ソフィアやサボアトなる支配者が登場し、サボアトが「四つの顔を持つ、ケルビムと呼ばれる戦車の上に、偉大なる玉座を造った……そしてその玉座の上に、竜の姿をしたセラフィムを何体か造った」とある。面白いことに、創世記三章二十四節には、主がエデンの園を守るため、ケルビム（戦車あるいは動く玉座）と、回転する【訳注：新共同訳では「きらめく」】炎の剣を置いたと書かれている。

万物の支配者とアダムの創造を扱った古代ギリシアの文書『アルコンの礎』にも、ケルビムが登場する。ここでもサボアトと、彼の天翔《かけ》る戦車ケルビムについて語られるのだ。似たような乗り物としては、列王記下二章十一節のエリヤが昇天の際に乗った火の戦車の描写があり、さらには、古代メソポタミアの聖書の地（現イラク）に伝わる、シュメールの『ギルガメシュ叙事詩』にも、同様の乗り物が描かれている。

これらの事象の理由や根拠を検証するのが本書の目的ではない――ただ、古代の文書にどう表現されているかを提示するまでだ。だがひとつだけ確かなことは、これら浮遊する戦車（ケルビム）と、ともに登場するセラフィム（竜の形をした燃える補助装置）が、現代的通念における天使、つまり人間のような姿で記されることはけっしてない、ということだ。ケルビムやセラフィムがかわいらしい天のキューピッドのイメージをまとうように仕向けたのは、後世のローマ教会の、有無を言わさぬ教義だった。

旧約聖書にはこのような瞠目《どうもく》ものの描写があるが、新約聖書に登場する天使は例外なく人間だ。この天使的な身分への任職は、厳密に世襲によるものだった。紀元前二世紀に書かれた書物に、アダムの六代あとの族長エノクを主人公とする『エノク書』がある。そこにはメシア王家の再興が予言され、祭司階級制度の構造についての基本原則が語られる。そして前提として、名家の代々の当主は、その階級や地位を示すものとして、伝統的な天使や大天使の名を冠することが定められている、とある。

旧約のダビデ王の時代、上級祭司は上位から順にツァドク、アビアタル、レビだった。クムランのエッセネ派もそのままこれら祭司の伝統を保持して、前述のようにツァドク、アビアタル、レビという肩書きを使っていた。さらに『エノク書』の記述に従えば、大天使の名が祭司の階級を示すしるしとして、誓いのもとで使用されていた。ツァドク家当主はミカエル、アビアタル家当主はガブリエル、レビ家当主はサリエルというように。

つまり、ヨハネの黙示録十二章七節に書かれた大天使ミカエルと竜の戦いは、ツァドク一門と「瀆神《とくしん》の獣」すなわちローマ帝国との対立をなぞらえたものだと理解しなくてはならない。また同様に「第二の獣」は、厳格主義のファリサイ派を指す。ユダヤ人と異教徒を厳格に区別することで、ヘレニストであるユダヤ人たちの望みを阻んだ者たちのことだ。この獣には数字の六百六十六があてがわれている（ヨハネの黙示録十三章八節）。これは、太陽力《フォース》のなかで、水の霊的エネルギーの対極にあるものを、数字で表したものだ。

これらの世襲家系（血筋を絶やさないために特別に結婚する義務があった、王や祭司家系の当主たち）以外の高い地位にあった者は、基本的に独身を守ることになっていたことが、『神殿の巻物』で述べられている。必然的に祭司見習いの数は少なかったので、その調達のために共同体のなかの庶子が集められ、修道院で養育された。もし天使ガブリエルのよくよく考えた介入がなかったら、イエスも母親とともに父から離縁され、そのような祭司見習いになるべく育てられていたかもしれないのだ。

祭司家系の当主（ツァドク本人など）は、子づくりの作業に着手する際、規定の職務をいったん退き、別の者に代行させることが義務づけられていた。そして妻との肉体的接触が終わると、ふたたび妻から離れて独身生活に戻るのだ。

福音書時代の初期、ツァドク／ミカエルだったのはザカリア（マリアの従姉妹エリサベトの夫）だった。彼の直近の次席祭司アビアタル／ガブリエルは、シメオンだった。ザカリアの子づくり休職期の話は、かなり曖昧な色づけをされてルカ福音書一章十五〜二十三節で語られるが、彼が「聖所で口が利けなくなった」というくだりは、通常の務めにおいて語るのを禁じられたことを意味している。老境に入りつつあったツァドク祭司ザカリアは、アビアタル祭司シメオンにその権限を委ね、エリサベトが息子を生めるようにしたのだ。生まれたその息子が洗礼者ヨハネで、やがてツァドクの当主を継ぐことになる。

イエスが宣教を始めたころ、レビ祭司の当主はヨナタン・アンナスだった。レビ一族の長として、彼は第三大天使サリエルの階級にあり、そのため〝王の祭司〟に指名されていた。これら最高位の三大天使（使節長）であるミカエル（ツァドク）、ガブリエル（アビアタル）、サリエル（レビ）のほかにも、重要な肩書きを持つ者たちがいた。その任命は世襲によるものではなく、〝父〟〝子〟〝霊〟という象徴的な尊称が与えられた。〝父〟とは後世のローマ教皇《ポープ》に通じる（ポープ＝パパ＝父）が、そもそもローマ教会におけるこの称号は、本来ユダヤ教に伝わっていたものを、そっくり借用したものだ。基本的に、〝子〟と〝霊〟とは〝父〟の物理的・精神的な副官だった。〝父〟の地位は選挙によって備えられるもので、その職にある者は別の職務を辞さなければならなかった。例えばヨナタン・アンナスが〝父〟の職に就いたとき、彼の兄弟マタイ（使徒のひとり）が、「世襲による（＝アルファイの）」レビ祭司の長を継いだ。このため、マタイは〝アルファイの子レビ〟とも呼ばれるようになったのだ。

レビ家の祭司たち（レビ人たち）は、大天使の下で働いた。レビ家の当主よりは一段低いものの、レビ祭司たちの頂点にあったのが、「祭司長」（「大祭司」とは別）だ。この人は天使の称号で言えば〝ラファエル〟だった。彼のもとにいる上級祭司たちは、元祖レビ（創世記二十九章三十四節）の息子たちの名をとって、ケハト、ゲルション、メラリと呼ばれた。その下はアムラム（旧約聖書のケハトの息子）で、さらにアロン、モーセ、女祭司ミリアムと続く。そのさらに下の祭司たちには、ナダブ、アビフ、エレアザル、イタマルという、アロンの息子たちの名前が当てられた。

ここに来て、〝聖杯のおきて〟の重要な側面が浮かび上がってくる。というのも、ダビデ王家の子孫たちは天使の称号を持たず、祭司の職にも就いていなかった。王の義務とは民衆に仕えることであり、その筆頭に挙げられるべきは、体制の不正義に立ち向かう人々を擁護することだった。「ダビデ」という名の「愛される者」という本来の意味からしても、この称号の保持者であるイエスは良い王になれたはずだった。王の持つこの謙虚な奉仕の精神は、イエスを救世主《メシア》的指導者と仰ぐ平信徒の弟子たちには、なかなか理解できるものではなかった。それが端的に表れているのがヨハネ福音書十三章四〜十一節の、イエスが使徒たちの足を洗う場面だ。ペトロはその行為を不思議に思って「わたしの足など、けっして洗わないでください」と固辞しようとするが、イエスは耳を貸さず、最後にこう説く。「わたしがあなたがたにしたとおりに、あなたがたもするようにと、わたしは模範を示したのである」。このような慈愛のおこないは、イエスが権威を振りかざす君主ではなく、〝聖杯王〟だったからこそ本質的に有していた、気どらない父性の表れだったのだ。

第五章　メシア

水と葡萄酒

従来の意味での「歴史」というとらえかたはされていないものの、福音書はイエスの物語を、時系列に沿って語っている。福音書は互いに、ときに同調し、ときに食い違うが、その目的は一貫して、イエスが変革者であるという切実な社会的メッセージを伝えることにあった。しかしそのメッセージは、すべてが公然と語られたわけではない。イエスはしばしばたとえ話を用いて語り、寓話によってその主張をわかりやすくした。教訓めいたそれらの話は一見表層的だが、その奥には、実在の人物や現実の状況をもとにした、政治的メッセージが隠されていることが多い。

福音書自体も同じように組み立てられたもので、大事なのは、イエス自身に関する物語の多くも、「聞く耳のある者」のための寓話と同じだったということだ。そのため、非常に単純明快な出来事が、しばしば超自然的な響きを帯びることになった。その好例が、ヨハネによる福音書二章一〜十節の、カナの婚礼の宴において、イエスが水を葡萄酒に変えたという逸話だ。この有名な出来事を皮切りに、旧来のしきたりを打破するという自身の目論見《もくろみ》を世に知らしめるための、イエスの一連の大胆な行動が始まる。

古いしきたりや律法に縛られた厳格な体制のもとで育ったイエスだったが、ユダヤ人共同体の内部に、極度に排他的な教義が存在しているうちは、ローマに打ち克つのは無理だと悟っていた。当時〝キリスト教〟というものは存在せず、イエス自身もユダヤ教徒だった。唯一神を礼拝するユダヤ人たちもさまざまな教派に分かれ、それぞれが独自の共同体として規則を持っていたが、「エホバはユダヤ人だけのもの」という認識では共通していた。だがイエスは、このエホバを異教徒たちとも共有したいと考えていた。しかも、正統派ユダヤ教徒が身に着けなければならない、あらゆる祭具を不要とする形で。

イエスはファリサイ派などきびしい信条を掲げるユダヤ人のグループに我慢がならず、民衆みずからが頑《かたく》なな党派心を放棄しないかぎり、抑圧から救われることはないと考えていた。彼はまた、メシア、すなわち新たな救済の時代をもたらすといわれる救世主が、長らく待たれていることに気づいていた。ならば、自分こそが革命の思想をかかげ、儀礼的な習慣から足を洗おう。ダビデ王家の世継ぎとして、自分にはメシアの資格がじゅうぶんにある。もしメシアとして出現したとしても、誰も驚きはしないだろう。

そう考えたイエスだったが、社会的な権威を正式に持っていたわけではない。世を治める王でも大祭司でもなかったからだ。だがそんな手続き上の些事《さじ》などものともしなかったイエスは、肩書きがないにもかかわらず、儀礼主義の変革に踏み切った。最初の機会であったカナの婚礼においては、「わたしの時はまだ来ていません」としり込みする。しかし彼の母親は資格の有無など無関係だとばかりに、召使いたちに「この人が何か言いつけたら、そのとおりにしてください」と命じた。

これはイエスのおこなった最初の奇跡として水と葡萄酒の出来事を語る記事で、ヨハネによる福音書にのみ登場する。だが、よく誤って引用されるように「葡萄酒がなくなった」とは書かれていない。テキストには実際には「彼らが葡萄酒を欲した（wanted wine）【訳注：「want」とは、「欲する」のほかに、「欠乏する」の意味がある】ので、母がイエスに、葡萄酒がなくなりました、と告げた」とある。死海文書に描かれた儀式にもとづくなら、その関連性は明白だ。聖餐《せいさん》に相当する儀式の場で葡萄酒を受けることができたのは、厳密に認定された独身信者だけだった。その場にいたそれ以外の者、つまり既婚者、新たな改宗者、異教徒、ユダヤ人平信徒などはすべて不浄とされ、水による清めの儀式しか許されていなかった。

福音書テキストはこう続く。「そこには、ユダヤ人が清めに用いる石の水がめが六つ置いてあった」。イエスの行為の意味とは、「不浄な」客らに水の代わりに聖なる葡萄酒を与えることで、彼があえてしきたりを犯したことにある。「宴会の世話役」（ギリシア語でArchitri-clinos）は、「葡萄酒がどこから来たのか知らなかった（だが水をくんだ召使いたちは知っていた）」。世話役は、驚くべき物質変化についてなどひとことも触れず、ただ、宴のこの段階でよい葡萄酒が出されたことに感心している。イエスに従うよう召使いに命じたときにマリアが宣言したように、この逸話によって「彼の栄光が現され、弟子たちはイエスを信じた」。

　聖別されたパンと葡萄酒による聖餐は、古くからのエッセネ派の伝統であって、のちのキリスト教が生み出したものではない。キリスト教会は早々に、この古来の慣習を「聖体拝領の秘蹟」と名づけ、独自の儀礼として扱った。最後の晩餐でのいわゆる聖餐の制定を述べた福音書記事（たとえばマタイ福音書二十六章二十六〜二十八節）にもとづき、パンと葡萄酒をイエスの肉体と血の象徴であると定めたのだ。

　福音書において似たような寓話で記されているものに、「五千人に食べ物を与える」というエピソードがある。ユダヤの律法はきびしかったが、イエスの斬新な伝道方針は非常に寛大だった。通常、異教徒がユダヤ教の儀式に参列を許されるためには、ユダヤ人の慣習（男性なら割礼など）を守ることを誓って改宗するしかなかった。だがイエスの関心は、無割礼の異教徒に向けられていた。彼らも同じように、エホバに近づくことが許されてもよいではないか？カナにおいてすでに、不浄とされる異教徒に聖なる葡萄酒を与えたイエスが、こう考えるのは当然だった。

　ユダヤ人も異教徒も平等に神に近づくことができるという考えかたは、イエスの使命の根幹を成すものになった。だが、がちがちの正統派ユダヤ教徒にとって、これは革命を通り越して横暴な論理だった。イエスが個人的な力で由緒正しい彼らの特権を脅かしていたからだ。イエスはエホバ（選ばれし民の神）を、誰であろうとほとんど無条件で、近づくことができるものにしてしまっていた。

前述したように、ユダヤ教の洗礼を受けたいと願う異教徒は、〝魚〟として〝漁師《フィッシャーマン》〟に舟へと引き上げられ、〝漁夫《フィッシャー》〟の祭司から祝福を受けるという儀式を通ることになっていた。似たようなイメージの転換によって、聖所をつかさどるレビ人たちは〝パン〟と呼ばれた。聖職拝受の儀礼（祭司職を任職するための儀式）において、司式者であるレビ人祭司は、祭司たちに七つのパンを供す一方で、独身信者である祭司候補者たちには、五つのパンと二匹の魚を与えた。ここには律法に沿った重要なシンボリズムが表れている。すなわち、異教徒が〝魚〟として洗礼を授けられるのに対し、きびしい律法のもとでは、ユダヤ人だけが〝パン〟になることができるということだ。

イエスはいま一度、古い因習をあざ笑うかのように、通常は祭司候補のユダヤ人だけに限定されるものを、不浄な異教徒にも分け与えようとした。つまりイエスは、無割礼の非ユダヤ人であるハム族（〝五千人〟という比喩で呼ばれていた）の代表を、容認したのだ。こうしてイエスは彼ら「一同」（Multitude＝暗号で、ここでは「議会」を指す）にユダヤ人祭司候補が受けるべき五つのパンと二匹の魚を与えることで、祭司職に近づくことを、象徴的に許可したのだ（マルコ福音書六章三十四〜四十四節）。

べつの「四千人に食べ物を与える」というエピソードでは、上級祭司の七つのパンが、イエスによって、無割礼のセム族一同に供される。

洗礼の儀式においては、異教徒〝魚〟をすくいあげる〝漁師《フィッシャーマン》〟が、まず舟を岸から少し沖へ出す。洗礼志願者は水のなかに入って舟まで歩く。そしてすべて整ったところで祭司である〝漁夫《フィッシャー》〟が、岸から停泊中の舟のところまで、桟橋を通って——つまり、水の上を歩いて——進む。ユダ族出身でレビ人ではなかったイエスは、洗礼を授ける祭司の資格を持っていなかったにもかかわらず、あえて規定を破って水上を歩き、弟子たちの舟に近づくことで（マタイ福音書十四章二十五～二十六節）、祭司の特権をわが物にした。また彼はペトロにまで同じように不当な権利を行使するようそそのかした。だがペトロは律法に背いて非難の海に溺れることを恐れ、それに従うことができなかった（マタイ福音書十四章二十八～三十一節）。

福音書の言葉遣いの裏の意味についても、またイエス自身の政治的動機についても、このように新たな知識が明らかになったが、だからといって、イエスに治癒者としての力が備わっていたことを否定するものではない。クムランのテラペウタイ派に属していたイエスは、けっしてユニークな存在ではなかった。だが「カリスマ的治療者」というのは、ローマの圧政から民衆を救う解放者メシアに期待されたイメージではなかった。この急進的なリーダーについて特に驚異だったのは、彼がその医療の専門技術を、俗に無価値で不浄だと思われていた異教徒にまで使ったことだ。ファリサイ派やその他の人々が望んだように、救助の手を差し伸べる相手をユダヤ人社会だけに限らなかったのだ。このような形の社会的な務め——新たな〝聖杯のおきて〟が勧める、気高い奉仕の務め——は、イエスが人々をいかに一致させようとしたかというメシアとしての理想を、如実に示すものであった。

イエスが伝道活動を始めてまもなく、洗礼者ヨハネが逮捕された。ガリラヤ領主ヘロデ＝アンティパスの怒りを買ったからだ。アンティパスが腹違いの兄弟フィリポの元妻ヘロディアと結婚したことを、ヨハネは何度も罪であると非難していた。その結果、一年間牢につながれたあげく、首を斬られてしまう。師がみじめな最期を遂げたことで、ヨハネの弟子たちは、イエスに忠誠を傾けるようになる。一部にはヨハネこそが待ち望んだメシアだと考えた者もいたが、彼の預言の多くは成就されず、その点で失望を招いていた。ヨハネの預言が正確さを欠いた原因は、ひとつには一般に使われていた太陽暦と太陰暦の違いであり、また、ローマが導入したユリウス暦によってますます混乱したせいであった。

エッセネ派の人々は、ギリシアの哲学者ピタゴラス（紀元前五七〇～五〇〇年）の流れを汲んでいた。ピタゴラスとは、その偉大な比例の研究を通して、物理的世界・形而上的世界の両方に意味を見いだそうとした人である。何世紀ものあいだ、彼の方法論を用いて、驚くべき正確さで世界の出来事が予言されていた。そのように予言されたことのひとつが新しい世界秩序の始まりであり、それは救世主メシアの到来であると多くの者が確信していた。

現在われわれが「紀元前（BC）」と呼んでいる年代は、イエスの生まれるかなり前からすでに、あらかじめ定められたカウントダウン方式で数えられていた。その後明らかになったように、このメシアの予言は実際イエスに当てはめてみると七年ほどずれていて、彼が名目上の零年（ローマ紀元七五四年）ではなく、（われわれの知る限り）紀元前七年に誕生したことはそれで説明がつく。ところが、イエスの弟ヤコブはまさにその年に生まれており、その結果、多くの者がヤコブを正統な世継ぎだと考えるようになった。のちにローマの新しい暦法により、名目上の零年は「紀元（AD）一年」と定められた。

洗礼者ヨハネの厳格なヘブライ主義から人心が離れた結果、ヘロデ＝アグリッパ王【編注：ヘロデ大王の孫】でさえ、イエスを正規のダビデの世継ぎと考え始めており、ヤコブの支持者は激減する。これに乗じてイエスはさらに運動を推し進めようとするが、その行動はあまりに性急に過ぎ、律法に触れたため、統治者や長老たちを憤慨させることになった。

ユダヤには古くから〝贖罪の日（ヨム・キプール）〟という伝統祭事があり、この日に人々の罪が赦《ゆる》されることになっていた。いまの九月に相当する月に厳粛な儀式が執りおこなわれていたが、エッセネ派の儀礼は〝父〟によって、ミルドの修道神殿の至聖所にて非公開でおこなわれた。贖罪を見届けるために、〝父〟は共同司式者をともなうことが許されており、象徴的な〝息子〟がその役に当たっていた。紀元三二年、〝父〟はシモン・ゼロテで、〝息子〟は彼の補佐役ユダ・シカリオテであった（ヨハネ福音書十三章二節にはユダがシモンの子であったと書かれているが、その正確な関係や祭儀的な意義は明らかにされていない）。

贖罪のわざが完了すると、三人の補佐役がその事実を神殿西側の高所から宣言し、象徴的に他国に住む（ディアスポラの）ユダヤ人へ言葉を広めることになっていた。このときの補佐役はイエス（ダビデ王役）、ヨナタン・アンナス（偉大なる霊能者エリヤ役）、タダイ（モーセ役）の三人で、それぞれ、王、祭司、預言者という象徴的な任務に相当した。ところがイエスが宣言をおこなう番がきたとき、彼は王ではなく大祭司の装束で現れる。「イエスの姿が彼らの目の前で変わり、服は真っ白に輝き、この世のどんなさらし職人の腕も及ばぬほど白くなった。エリヤがモーセとともに現れて、イエスと語り合っていた」（マルコによる福音書九章二～四節）。

紀元三二年、シモン・ゼロテは当局と対立する。無謀にも、ユダヤ総督ポンティウス・ピラトに反旗を翻したのだ。きっかけは、ピラトが私有の水道を改良するのに公的資金を使ったことだった。法廷で正式な異議申し立てがおこなわれたが、そこでピラトの傭兵が、原告を殺害した。ただちにシモン・ゼロテ、ユダ・シカリオテ、タダイに率いられた熱心党員たちが武装蜂起を起こす。だがおそらく不可避的に反乱は失敗に終わり、シモンはヘロデ＝アグリッパ王の勅令によって破門された。これにより、シモンの政敵ヨナタン・アンナスが、最高権威〝父〟の座に就任することになる。

律法のもとでは、破門（精神的な死刑、または神意による死と目されていた）の手続きが完了するのに四日を要した。その間、破門される者は埋葬布をかぶせられ、隔離された場所で「死の病」に臥《ふ》せることになっていた。直前までの族長の地位が考慮され、シモンは〝アブラハムの懐〟と呼ばれたクムランの先祖伝来の埋葬室に閉じ込められた。献身的なシモンの「姉《シス》妹《ター》たち」マルタとマリアは、三日目までに彼の処刑が猶予（「蘇生」）されなければ、彼の魂は永遠に死を言い渡されることを知っていたので、イエスに使いをやり、シモンが「病気」であ

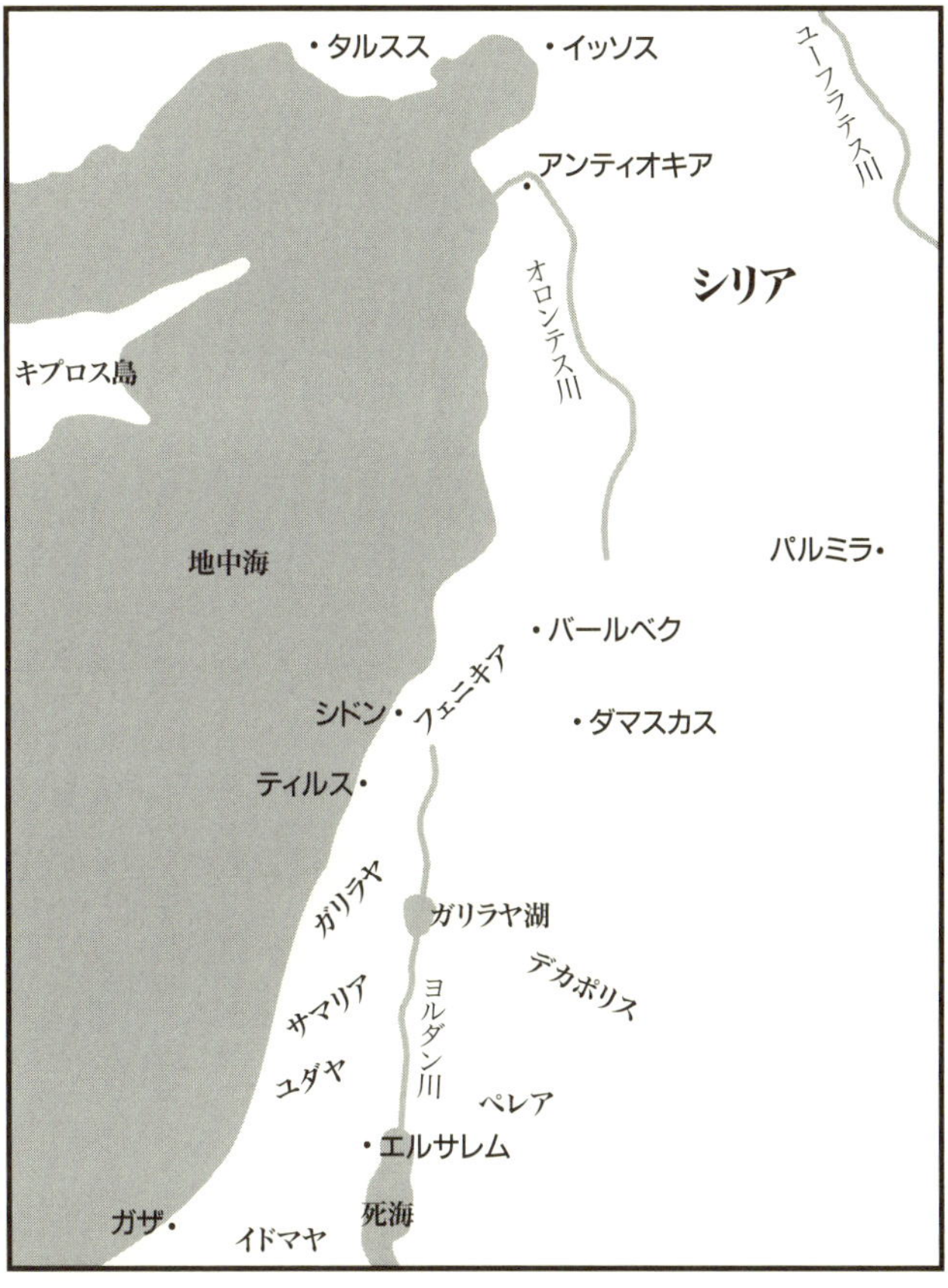
・タルスス
・イッソス
ユーフラテス川
アンティオキア
オロンテス川
シリア
キプロス島
地中海
パルミラ・
・バールベク
フェニキア
シドン・
・ダマスカス
ティルス・
ガリラヤ
ガリラヤ湖
デカポリス
サマリア
ヨルダン川
ユダヤ
ペレア
・エルサレム
死海
ガザ・
イドマヤ

新約聖書の舞台（広域図）

ることを告げた（ヨハネ福音書十一章三節）。

そのような〝蘇生（復活）〟をおこなう権限は〝父〟または大祭司に限られており、祭司の立場にないイエスにはなすすべがなかった。ところが、ちょうどヘロデ＝アグリッパがローマの統治者たちと仲たがいをし、司法権を短期間のあいだ、叔父のヘロデ＝アンティパスに明け渡すことになった。ヘロデ＝アンティパスはピラトに対する熱心党員の反乱を支持していたため、この機に乗じて破門の勅令を撤回し、シモンを「死人のうちからよみがえらせる」よう命じた。イエスは苦境に陥っていた。彼は王の世継ぎでありながら現実的にはなんの肩書きも持たなかったが、それでも友人であり忠実な弟子であった人物の助けになりたいと願っていた。そこで、そのとおりにしたのだ。シモンにとっての精神的な死のとき（破門から四日目）はすでに過ぎていたが、イエスは祭司の権限を不当に行使して、シモンを釈放した。その際、精神的な死者であったシモンの地位をアブラハムの僕《しもべ》エリエゼル（福音書では変形して「ラザロ」になった）と定め、彼をその気高い名で呼んで、アブラハムの懐から出てくるように招いた。

かように、ラザロは新任の〝父〟、大祭司、最高法院議会《サンヘドリン》のいずれの許可もなしに、死人のなかから蘇生された。イエスは露骨に規則を破ったのだが、ヘロデ＝アンティパスはこの事態を受け、ヨナタン・アンナスに既成事実を黙認するよう要求した。一般の民衆にとって、この前代未聞の出来事は、まさに奇跡だったのだ。

すべてイエスの思惑通りに事が運んだ。この印象的な出来事を武器に、あとは正式に聖別され、議論の余地のない正統なメシアとして人々の前に姿を現せばよいだけであった。救世主メシアがいかにその地位を獲得するかは、昔から決まっていた。旧約聖書のゼカリヤ書九章九節に次のように預言されていたのだ。「娘シオンよ、大いに踊れ。娘エルサレムよ、歓呼の声をあげよ。見よ、あなたの王が来る。彼は神に従い、勝利を与えられた者、高ぶることなく、ろばに乗って来る」。

イエスと弟子たちがベタニアにいた、紀元三三年三月の過越祭《すぎこし》直前の一週間に、手はずは調えられた。まず最初に(マタイ福音書二十六章六〜七節、マルコ福音書十四章三節にあるように)、ベタニアのマリアが高価なナルドの香油を頭に注ぐことで、イエスを聖別する。次にふさわしい家畜が調達されて、ゼカリヤの預言どおり、イエスはろばに乗ってエルサレムへと入っていく。これは自分を貶《おとし》める謙虚さの表れであると一般に思われてきたが——そしてまさにその通りなのだが——そこにはもう少し深い意味もある。ソロモン王の時代から、紀元前五八六年のエルサレム陥落に続くバビロン捕囚の時代まで、ダビデ家の王たちはみな、らばの背に乗って即位の儀式に臨んだのだ。この習慣は、君主が臣民のうち最も身分の低い者にも手を差しのべる態度を表している——メシアの奉仕のおきてのまたひとつの例である。

メシアの妃

新約聖書のどこにもイエスが結婚していたとは書かれていない、とはよくいわれることだ。だが同様に、いやもっと重要なことに、イエスが独身であったとも、ひとことも書かれていない。実際、福音書には彼が既婚者であったことを示す多くの事例が含まれているし、王家の規定がはっきりしている以上、彼が独身を通したと考えるほうがむしろ不自然だ。

前述したように、王家の婚姻規定は尋常ならぬものだった。明確な条件で独身生活が規定され、例外は、厳格に決められた子づくりの期間のみ。長い婚約期間の末、九月に第一結婚式がおこなわれ、その後は十二月になって初めて、肉体的な関係が許される。そこでもし懐妊すれば、三月に第二の結婚式がおこなわれて婚姻が正式に認められる。この試行期間中、第二の結婚式に至るまでは、妊娠しているか否かにかかわらず、花嫁は「almah」(「若い娘」あるいは誤って「処女」と引用される)と呼ばれることが律法で定められていた。

旧約聖書の美しい文書のひとつである雅歌は、王家の花嫁と花婿が交わす愛の賛歌だ。そのなかに、婚礼を象徴する液体としてナルドの香油が登場する。これはベタニアのマリアがラザロ(シモン・ゼロテ)の家でイエスの頭に注いだとされる、高価なナルドと同じものだ。さらにその出来事より前にも、ひとりの女性がイエスの足に香油を塗り、自分の髪でぬぐったという似たような出来事が描かれている(ルカ福音書七章三十七~三十八節)。

ヨハネ福音書は十一章一~二節でこの以前の出来事に触れたうえで、イエスの足に香油を注ぐという同じ儀式が、ベタニアのこの同じ女性によって再び繰り返されたことを述べている。イエスが食卓に着いているとき、マリアが「非常に高価なナルドの香油を一リトラ持って来て、イエスの足に塗り、自分の髪でその足をぬぐった。家は香油の香りでいっぱいになった」(ヨハネ十二章三節)とあるとおりだ。

雅歌一編十二節には、「おとめの歌」として「王様を宴の座にいざなうほど、わたしのナルドは香りました」とある。マリアはシモンの家でイエスの頭に聖油を注ぐのみならず（マタイ二十六章六〜七節およびマルコ十四章三節）、紀元三三年三月に、彼の足に香油を注いで髪でぬぐった。そして二年半さかのぼる紀元三〇年の九月、カナでの結婚披露宴の三カ月後に、同じ儀式をおこなっているのだ。

どちらのときも、聖なる油を注ぐ儀式は、（雅歌に描かれたように）イエスが食卓に着いている最中におこなわれている。これは、王の花嫁が花婿のために食卓を用意する古来の儀礼を暗示している。ナルドの香油を使ったこの儀礼を執りおこなうのはメシアの花嫁だけに認められた特権で、第一および第二の結婚式のときに限っておこなわれた。イエスの妻として、そして女祭司として、マリアは彼の頭と足に聖なる香油を注いだのだ。

詩篇二十三編に登場する神は、当時の男性・女性のイメージにもとづいて、羊飼いと花嫁として描かれる。花嫁についてはこうだ。「あなたはわたしに食卓を整えてくださる。わたしの頭に香油を注ぐ」。古代メソポタミア（ノアとアブラハムの出身地）における聖なる結婚の儀を見てみると、偉大なる女神イナンナが羊飼いドゥムジー（またの名をタンムーズ）を夫とした。この結婚により、アシェラとエル・エロヒムを媒介として、カナンでシェキナー＝エホバという概念が生まれることになる。

一方エジプトでは、王を聖別するのは、半神であるファラオの姉妹妻の特権的任務だった。聖別に用いられたのは勇猛な生殖能力を象徴する鰐《わに》の脂肪だ。エジプトの聖なる鰐は「Messeh」と呼ばれており、これはヘブライ語の「Messiah」、すなわち「聖別された者」に相当する。古代メソポタミアにおいては、勇猛で気高い獣（四本足の大蜥蜴《モニター・ドラゴン》）が、「Mûs-hûs」と呼ばれていた。

ファラオたちは、姉妹（特に異父姉妹）と結婚するのが好ましいとされた。真の王位継承権は女性によって受け継がれたからだ。姉妹でない場合は、母方の従姉妹が優先された。ユダヤの王たちはこの慣習を全面的に採用したわけではなかったが、王やそのほか重要な世襲の職務は女系によって受け継がれるものと考えていた（今日でも、ユダヤ人の母親から生まれた者が、ほんとうのユダヤ人だといわれる）。例えばダビデが王位を得たのはサウル王の娘ミカルと結婚したからだ。ずっとあとの時代にヘロデ大王が王座に就くことができたのも、ハスモン王家のマリアンメとの結婚によるものだった。

族長のさまざまな地位に任じられた男性たちが、イサク、ヤコブ、ヨセフといった先祖の名前で呼ばれたのと同じように、女性たちにも、その家系や地位によってさまざまな尊称が与えられた。そのような尊称にはラケル、リベカ、サラなどがある。ツァドクとダビデの男系当主たちの妻はそれぞれ、〝エリシェバ（エリサベト）〟、〝ミリアム（マリア）〟という地位を与えられた。バプテスマのヨハネの母がエリサベト、イエスの母がマリアと呼ばれていたのはこのためだ。そしてイエス自身の妻もまた、マリアだった。これらの女性は、妊娠三カ月に達して初めて、第二の結婚式をおこなうことができた。花嫁はその時点で「almah」ではなく「母《マザー》」という尊称で呼ばれた。

前述したように、性交渉が許されるのは十二月だけで、それ以外の月には、夫婦は別々に暮らさなければならない。別居期間の始まりに妻は〝やもめ（未亡人）〟と呼ばれ、夫のために涙を流さなければならない。そのようすが記されているのが、ルカによる福音書七章三十八節だ。ベタニアのマリアが最初に「後ろからイエスの足もとに近寄り、泣きながらその足を涙でぬらし始めた」という記述だ。象徴的なやもめ暮らしの時期が始まると、この長い別居期間のあいだ、妻には今日の尼僧と同じような修道女の尊称〝姉妹《シスター》〟が与えられる。では、ベタニアのマリアとは、メシアの伝統にのっとってイエスをナルドの香油で二度も聖別したこの女性とは、いったい誰だったのだろうか。

正確にいえば、聖書のなかでこの女性が「ベタニアのマリア」と呼ばれたことは一度もない。彼女とマルタは、ベタニアのラザロの家で「姉妹たち」と呼ばれていただけである。マリアの正式名称はシスター・ミリアム・マグダラで、一般にマグダラのマリアと呼ばれている。ローマ司教（五九〇〜六〇四年）のグレゴリウス一世も、シトー会クレルヴォー大修道院長（一〇九〇〜一一五三年）の聖ベルナールも、ベタニアのマリアとマグダラのマリアは同一人物だったと認めている。

二度目にイエスがナルドで聖別されたとき、ユダ・シカリオテはその成り行きに不満を訴えた。彼は敵対心を表明し（ヨハネ福音書十二章四〜五節）、のちにイエスを裏切る道筋を整えていく。ピラトに対する熱心党の反乱が失敗に終わり、ユダは逃げ腰になっていた。最高法院《サンヘドリン》議会に影響力を持たないイエスは、ユダにとって政治的な利用価値がなかったため、ユダはイエスの弟で王位継承権に問題がなく、またサンヘドリンのメンバーでもあったヤコブに、みずからの命運を賭けた。ユダはこれまでも、イエスがメシアとして聖別されることに関心がなかったが、ヤコブ側についたいま、その儀式は不愉快きわまりないものになった。だがイエスは、マリアによって聖別されることの重要性については譲らなかった(マルコ福音書十四章九節)。「はっきり言っておく。世界中どこでも、福音が宣べ伝えられる所では、この人のしたことも記念として語り伝えられるだろう」。

イエスはマグダラのマリアを愛していたとされているにもかかわらず、福音書のなかでは、彼らの親密さを示すものはほとんどなく、十字架刑の場面にマリアがイエスの母とサロメ(シモン・ゼロテの妻)とともに登場するぐらいだ。だがナグ・ハマディ文書の『フィリポによる福音書』では、イエスとマリアの関係が公然と議論されている。

そして救い主の伴侶はマグダラのマリアであった。だがキリストはほかの弟子たちより彼女を愛され、しばしば口に接吻をされた。残りの弟子たちはこれに腹を立て、不満を述べた。彼らは言った。なぜわれわれよりも彼女を愛するのです、と。救い主は答えて言われた。なぜわたしが彼女を愛するようにあなたがたを愛していないと言うのか。(中略)結婚とはかくも不思議なものである。それなくして世は存在しなかったからだ。世界の存在は人にかかっているのであり、人の存在は結婚にかかっているのである。

ここでは結婚の重要性がことさらに指摘されているが、それ以上に、口への接吻に言及されていることは非常に意味がある。なぜなら、これは神聖な新郎新婦のおこなうべき行為であって、婚外の関係や単なる親愛の情を示すものではないからだ。王家の婚礼の歌として、そのような接吻は雅歌の冒頭から扱われている。「どうかあのかたが、その口のくちづけをもって、わたしにくちづけしてくださるように。葡萄酒にもましてあなたの愛は快い……」。

ヨハネによる福音書のカナの出来事のくだりには、婚礼の儀式についてはー切言及がなく、あるのは結婚の宴と水と葡萄酒の話だけだ。弟子たちもそこにいたし、異教徒を含む、厳密には不浄とされるさまざまな客も出席していた。ということは、これは結婚式ではなく、婚約に先立つ神聖な晩餐であったと見ていいだろう。話に登場する正式な主人がいて、彼が世話役として宴をとり仕切っている。次に権威があるのは花婿とその母親で、このことは非常に重要だ。なぜなら、聖餐の葡萄酒の問題が持ち上がった際、イエスの母が召使いたちに向かって「この人が何か言いつけたら、そのとおりにしてください」と言っているからだ（ヨハネ福音書二章五節）。招待客にはそのような命令を下す権限などあるはずがなく、したがって、イエスと花婿は同一人物だったということになる。

この婚約の晩餐（紀元三〇年六月六日）は、マリアが最初にシモンの家でイエスの足に香油を塗ったとき（紀元三〇年九月三日）より三カ月前の出来事だ。ここには厳格な規定が定められていた。つまり、イエスの花嫁であったからこそ、マリアにはこのような行為が許されたのだ。第一の結婚式が無事に九月におこなわれ、その後、法に定められた別居期間に入るときに、マリアは夫のために涙を流した（ルカ福音書七章三十八節）。これまでは婚約中の〝almah〟として〝罪深き女〟に分類され、〝手足の不自由な女〟という地位におかれていたはずだ。夫婦はこれ以降、翌十二月まで、肉体的な結びつきを得ることはなかった。

結婚の証拠隠滅

イエスが結婚していたことが新約聖書に明言されていない理由のひとつは、教会の命によって、その証拠が故意に削除されたからである。そのことはつい最近の一九五八年、コンスタンティノープル総大主教の写本が、米国コロンビア大学古代史教授モートン・スミスにより、エルサレムの東にあるマルサバ修道院から発見されたことで明らかになった。このあとの引用文は、その後彼が記した著書からの抜粋だ。

発見されたアンティオキアの聖イグナティオスの著書のなかに、アレクサンドリアのクレメンス司教（紀元一五〇～二一五年）からの手紙が転写されていた。それは同僚のテオドロスに宛てたもので、マルコによる福音書のうち、一般には知られていない部分が含まれていた。クレメンスの手紙は、マルコ福音書の原本のうち一部は、教会の教えと相容れないため、抹消するようにと命じている。手紙は次のように述べている。

たとえ彼らがほんとうのことを語っていたとしても、真実を愛する者は、けっして賛同すべきではない。ほんとうのことがすべて真実とは限らないからであり、人間の考えでは真実に見えるものを、信仰によるほんとうの真実より優先させてはならないからだ。
彼らに屈してはならない。また彼らが偽りだと主張してきても、この秘密の福音書がマルコの手になるものだと認めてはならない。神に誓って、そうではないと言うべきである。なぜなら、ほんとうのことをすべての人間に知らせるべきではないからだ。

福音書の削られた部分とはラザロの復活の場面なのだが、ラザロがまだ墓のなかにいて石がとり除かれる前に、ラザロ（シモン・ゼロテ）がイエスに呼びかけたと語っている。つまり、この男は物理的な意味での死者だったわけではないことがはっきりするのだが、これは当然ながら、〝蘇生〟を超自然的な奇跡として字義どおり受け入れよという教会の主張を、くじくものだった。さらにマルコ福音書の原本には、キリスト復活とその後の出来事の詳細は含まれておらず、女たちが墓から逃げ出す場面で終わっている。現行マルコ福音書十六章の最後の十二節分は、後世になって加筆された偽文なのだ。
このことが重要なのは、ラザロにまつわる話が、マグダラのマリアがベタニアでイエスに香油を注ぐ場面へと展開する、あの一連の出来事に含まれることになるからだ。共観福音書では、ラザロの復活は別の話とされているため、イエスがシモンの家に着いたときに何が起きたかを語っていないが、ヨハネ福音書十一章二十〜二十九節にはこう記されている。

マルタは、イエスが来られたと聞いて、迎えに行ったが、マリアは家のなかに座っていた。

（中略）マルタは、こう言ってから、家に帰って姉妹のマリアを呼び、「先生がいらして、あなたをお呼びです」と耳打ちした。マリアはこれを聞くと、すぐに立ち上がり、イエスのもとに行った。

マリアがなぜためらう素振りを見せたのか、あえて説明されてはいないが、その点を除けば、このくだりも特に含みのある文章には思えない。ところがマルコ福音書原本のうち当局に削除された部分には、この出来事がさらに詳しく描かれている。それによれば、マリアは最初マルタとともに家の外まで出てきたのだが、弟子に叱責されて、家のなかで主人の指示を待つことになるのだ。実際のところ、イエスの妻であったマリアはきびしい結婚のおきてに縛られており、主人から明らかな承諾を与えられない限り、家を離れて夫を出迎えることは禁じられていた。ヨハネの記述では、説明抜きに、マリアが正しいおこないをしたことになっているが、詳細を語ったマルコ福音書の文章は、意図的に差し止められてしまったのだ。

ラザロの話が削除されたため、マルコとマタイ福音書では、香油を注ぐ場面が、ヨハネ福音書のようにラザロの家ではなく、重い皮膚病の人シモンの家で起きたことになった。けれども、「重い皮膚病の人シモン」とは、シモン・ゼロテ（ラザロ）のさらに慎重に隠された呼び名だった。彼は破門によって恐ろしく不浄なものと見なされたため、「重い皮膚病の人」と呼ばれたのだ。重い皮膚病の人が、豪華な住居で名の通った友人をもてなすという、一見不自然な記述にも、これで納得がいく。だが、その結果浮かび上がる事実はこうである。彼の妻が妊娠三カ月になろうとしていたということは、イエスがエルサレムにろばに乗って入城したとき、彼はただ、救世主キリストとして正式に聖別されただけでなく、もうすぐ父親になる男だったのである。

第六章　裏切り

政治と過越祭《すぎこし》

イエスは華々しくエルサレムに乗り込んだ。行く手には衣服と棕櫚《シュロ》の枝葉が敷かれ、群衆からは「ダビデの子にホサナ」（マタイ福音書二十一章九節）との歓声があがった。ここで断っておくが、この熱烈な歓迎の輪の中心にいたのは（ルカ福音書十九章三十六〜三十九節に記されているように）弟子たちであった。棕櫚の葉を敷くという行為も、紀元前一四二年にシリア人のくびきからパレスチナを解放し凱旋したシモン・マカバイ同様、イエスが勝利者としてエルサレムに入城していることを人々に思い起こさせようとの意図に則したものだった。しかしガリラヤやその周辺とは違い、この街にはイエスの顔を知る者は多くはなかった。実際、マタイ福音書二十一章十節にも「イエスがエルサレムに入られると、街中のものが、『いったい、これはどういう人だ』と言って騒いだ」と記されている。

洗礼者《バプテスマ》のヨハネは、紀元三三年三月には〃救世主メシア〃を宣言する者が現れ、真の王として復権を遂げるであろうと預言した。来たるその時期に備えて、聖油やろばや椰子《やし》の葉などさまざまな支度が念入りに整えられてきたが、預言は現実のものとはならなかった。マルコ福音書十一章十一節では、イエスが神殿に入り、「辺りのようすを見てまわった後、もはや夕方になったのでベタニアへ出て行かれた」と述べられているし、ルカ福音書十九章四十節の記述でも、弟子たちは騒ぎを引き起こしたことに対する責任をとるようファリサイ派から命じられたとなっている。さらにマタイ福音書二十一章十二節では、「イエスは神殿の境内に入り、そこで売り買いをしていた人々をみな追い出し、両替人の台や鳩を売る者の腰掛けを倒された」との描写に続き、それからイエスはベタニアに戻ったとある。一歩踏み込んだ見かたをしているのはヨハネで、福音書十二章三十七節には、イエスが沿道の数人と話をし、「多くのしるしを彼らの目の前でおこなわれたが、彼らはイエスを信じなかった」と述べられている。

すべてを鑑みるに、エルサレム訪問は残念ながら当てはずれに終わった。歓迎ぶりが期待していたほどではなかったことで、イエスは命運が尽きかけていることを悟る――ローマ総督ピラトに弓引くシモン・ゼロテやユダ・シカリオテ、それにタダイといった熱心党《ゼロテ》の闘士たちに与《くみ》していることが知れわたってしまっている以上、万事休すだと。律法学者も祭司も「なんとか計略を用いてイエスを捕らえて殺そうと考えていた」(マルコ福音書十四章一節)。ローマの圧政から抜け出してユダヤ人の理想郷を築くというイエスの筋書きは霧消する。民をひとつにまとめあげるというその夢が、宗派主義を曲げない同郷の民――とりわけ強硬だったのはファリサイ派とサドカイ派だ――の共感を勝ち得ずに終わった。

加えて当時使徒たちのあいだには、ただならぬ亀裂が生じていた。長いあいだ反目しあってきたシモン・ゼロテとヨナタン・アンナス（アルファイの子ヤコブ）の政争が顕在化したのだ。ライバル同士であるふたりは、かたや〝稲妻〟、かたや〝雷鳴〟と呼ばれ、〝父《ファーザー》〟という最高位の座をめぐってしのぎを削っていた。状況が動き始めたのは、紀元三一年三月以来その地位にあったシモンが破門に処され、務めを全うできなくなったため権限をヨナタンに明け渡したことがきっかけだった。シモン（ラザロ）の〝蘇生〟（これによって彼の生命は、政治的にも社会的にも永らえることになった）問題が浮上した際には不本意ながらも従ったヨナタンだったが、シモンが定法を曲げるかたちで復活を遂げたとあっては、手にしたばかりの権力を手放すつもりなどさらさらなかった。

また、改宗した異教徒男性が洗礼を受ける場合に割礼を義務づけるか否かをめぐって、ヨナタンとイエスとのあいだにも意見の食い違いが見られた。イエスは本人の選択に任せたいとの立場をとっていたが、ヨナタンは割礼を義務づけたいとする立場だった。やがて熱心党がローマに対し戦端を開くという計画を明らかにするに及んで、ついにイエスの心は、異議を唱えたヨナタン側にではなく、武力行使推進派で（言葉も行動も激しやすい）シモンにつくことに傾いていく。これはイエスが武力による解決をとりわけ望んだからというよりも、ヨナタンの独善的な態度を嫌ったからだった。

こういった成り行きにともなって、のっぴきならない状況に追い込まれたのが、何をおいても最高の政治力を持つ人物につくことを信条とするユダ・シカリオテだった。熱心党の指導的立場にあった責を咎《とが》められ訴えられていたユダは、新任の教父たるヨナタンに自分の信仰的な復権を願い出て、自分に代わってローマ総督ポンティウス・ピラトに話をつけてもらえるよう期待するよりほかなかったのだ。ユダヤ教への改宗者の割礼問題についても、ユダはイエスに真っ向から反対しヨナタンの支持に回った。それにユダには、シモンの立場が弱いこともお見通しだった――シモンは（ユダやタダイとともに）熱心党の蜂起をもたらしたとして刑事罰に問われるかもしれない状況に陥っていたからだ。またイエスといえども、推進派の積極的な支援者であることがわかれば、ともに罰せられる可能性があった。ユダはイエスの思いやりに背いてタダイの居場所を明かしさえすれば、活路が開けるかもしれないと考えたのではないか。

まもなくユダヤは、出エジプト記十二章三〜十一節にある〝過越祭〟を迎え、巡礼者の群れがエルサレムの住民たちといっしょになって、神の子羊の儀式を執りおこなった。われわれの知るかぎりでは、この祭りの最中にイエスと使徒たちはあの名高い二階の部屋へ上り、聖なる〝最後の晩餐〟を囲んだとなっている。しかしこの説には不可解な点がいくつもある。街中の短期宿泊施設がどこも溢れかえっているこの時期に、使徒たちはどうやって、かなりの人数を収容できる部屋を易々と確保できたのだろうか？　それに、先ごろの反乱を招いたかどでお尋ね者になっていたシモン、ユダ、タダイといった熱心党員が、どうすればエルサレム市内を堂々と歩き回れたのだろう？

これらの疑問にはどうやら「死海文書」が答えてくれそうだ。そこには最後の晩餐がおこなわれた場所はエルサレムなどではなく、クムランだったとはっきり述べられている。実際にヨセフス（フラウィウス）作の『ユダヤ古代誌』にも、エッセネ派はエルサレムの地でこのユダヤの伝統的な祭りを祝うことはなく、したがって〝神の子羊の儀式〟も執りおこなわれなかったとの記述が見られる。

そこから百六十年以上さかのぼった紀元前一三〇年ごろ、敬虔主義者《ハシディーム》と呼ばれる一派がエルサレムを立ち退きクムランに落ち着くと、その地は〝聖地〟の役割を果たすようになる。のちにエッセネ派と呼ばれるこの一派は慣習を受け継ぎ、その際にクムランを「エルサレム」（「ユル＝サレム〔Yuru-salem〕」――平和の都）と呼ぶことが多かった。「死海文書」のひとつとして名高い『宗規要覧』からもわかるように、あの有名な最後の晩餐は〝メシアの饗宴（主の晩餐）〟に当たる。エルサレムでの過越祭の時期と重なったのはまったくの偶然であって、メシアの饗宴が帯びている意味合いは、まるで違うものだ。この宴でおもだった饗応役を務めたのは大祭司とイスラエルのメシアであり、共同体の人々を代表する役目は〝十二人指導者会議〟を形成する任命幹事たちが負っていた。先の『宗規要覧』は宴の正確な席次と食事の際の儀式を事細かに規定したうえで、次のように締めくくっている。

そして全員が共同の食卓につき……葡萄酒が注がれるとき、誰も大祭司より先にパンと葡萄酒に手を伸ばしてはならない。パンと葡萄酒の最初の実りを祝福するのはまず大祭司であり……続いて、イスラエルのメシアがパンに手を伸ばす。その後、共同体の会衆たちそれぞれが、地位の高い順に祝禱を唱える。

聖餐の時間になると、ユダは貧しい者たちに施しを与えるという名目で部屋を離れる（ヨハネ福音書十三章二十八～三十節）。ほんとうはイエスを裏切るための最後の手筈を整えに行ったのであり、一方ユダの意図を見抜いていたイエスは、「しようとしていることを、今すぐしなさい」と言った（ヨハネ福音書十三章二十七節）。バプテスマのヨハネが預言した（万民の主としての）真のキリストの復権が成就するには機が熟していなかったとはいえ、しかしまさにその夜――紀元三三年、春分に当たる三月二十日が最終刻限に当たっていた。こちらに有利な声明がこの刻限までに出されなければ、野望が潰《つい》えることをイエスは承知していた。その夜が過ぎてしまえば、預言上の救世主だと認めさせる望みは失われ、ペテン師の烙印を押されるだろう。ユダが部屋を出て行ったのは、まもなく午前零時を迎えようかというころだった。

宴が終わるとイエスは残っていた使徒らをともなって、クムランにある古い僧院、通称〝オリーブ山〟に赴《おもむ》く。この顚末《てんまつ》についての記述を見ると、ヨハネ福音書と共観福音書とではその内容に食い違いが見られるものの、イエスがみずからの運命をまず予告し、その後弟子たちが示すであろう反応を語ったという点では一致している。そして預言が成就しないと悟れば、ペトロでさえイエスという者など知らぬと言うに違いないとはっきり告げたのだ。イエスは救世主メシアとして認知してもらうという企てはやはり失敗に終わったのかと苦悩しつつ、僧院の庭で眠りこける弟子たちのあいだを歩き回る（マタイ福音書二十六章三十六～四十五節）。午前零時が過ぎ、やがてユダ・シカリオテが兵士たちとともに〝油の谷（ゲッセマネ）〟として知られるオリーブ山の庭に現れた。

ユダの計画が成功裡に終わったのは、ひとえに教父ヨナタン・アンナスの後押しがあったおかげだった。ユダが賭けに出たのか、それとも事前にヨナタンと示し合わせたうえでの行動なのかははっきりしない。しかしいよいよ捕縛のときを迎えると、ヨナタンは確かにユダの側についた。このことはとりたてて驚くことではない。ヨナタンはファリサイ派の大祭司ヨセフ・カイアファに娘を嫁がせていたし、ユダ同様、イエスの盟友シモン・ゼロテを政敵とする立場をとっていたからだ。「ユダヤ人の千人隊長と兵士たちはイエスを捕らえて縛り、アンナスのところへ連れて行った。彼がその年の大祭司カイアファのしゅうとだったからである」（ヨハネ福音書十八章十二〜十三節）とあるように、ゲッセマネの捕縛はしかるべくおこなわれた。

なんとなく腑に落ちないものを感じるとすれば、むしろシモン・ゼロテの扱いについてだろう。彼がこういった一連の場に立ち会っていることは間違いないはずなのに、どの福音書もそのことに言及していないのだ。ただマルコ福音書十四章五十一〜五十二節には、十中八九シモンに間違いないと思われる人物について、遠回しに述べた箇所がある――「ひとりの若者が、素肌に亜麻布をまとってイエスについて来ており……亜麻布を捨てて裸で逃げてしまった」。裸で逃走したという記述は、シモンが高位の聖職の座を剝奪されたことを象徴していると考えられ、また「若者」とすることで、破門された結果〝共同体〟の新参者に降格されたことを表している。

十字架につけろ！

イエスの裁判は名ばかりの代物だったうえに、その内容を伝える福音書の記述についても曖昧の域を出るものは見当たらない。マタイ福音書二十六章五十七～五十九節には次のように記されている――「人々はイエスを捕らえると、大祭司カイアファのところへ連れて行った。そこには律法学者たちや長老たちが集まっていた……さて、祭司長たちと最高法院の全員は、死刑にしようとしてイエスにとって不利な偽証を求めた」。

このように祭司をはじめ律法学者や長老たち全員が即刻、夜も明けきらぬ間に顔を揃えたとしても、夜間にユダヤ人会議を開くことが律法に背く行為であるという事実は残る。ルカ福音書は二十二章六十六節で、イエスがまずカイアファのところへ連れて行かれたものの、最高法院《サンヘドリン》議会が開かれたのは夜が明けてからだったと示している。だがたとえそうだったとしても、過越祭の期間中に会議を開いたということになれば、やはり律法に反していることに変わりはないのだ。

ペトロがイエスに従ってカイアファの屋敷に行き、イエスの言葉どおり三度《みたび》イエスを知らないと言ったことはどの福音書も記すところだ。だがそこはエルサレムの街にあった屋敷ではなく、クムランにあった〝礼拝所〟を指している。大祭司の座にあって実権を握るカイアファは（『宗規要覧』に規定されているように）〝メシアの饗宴〟に必ず参列していたはずだから、サンヘドリンのほかの高官たちとともに〝過越祭の金曜日〟の前の晩にはクムラン共同体にいたはずだ。
カイアファがイエスをローマ総督ポンティウス・ピラトに引き渡し、その面前ですぐさま尋問がおこなわれたことは、どの福音書も認めている。この点についてはヨハネ福音書十八章二十八～三十一節で裏づけられているが、読み進むうちに増えていくのは矛盾点ばかりだ。

人々は、イエスをカイアファのところから総督官邸に連れて行った。明け方であった。しかし彼らは、自分では官邸に入らなかった。汚《けが》れないで過越の食事をするためである。そこでピラトが彼らのところへ出て来て、「どういう罪でこの男を訴えるのか」と言った。彼らは答えて、「この男が悪いことをしていなかったら、あなたに引き渡しはしなかったでしょう」と言った。ピラトが、「あなたたちが引き取って、自分たちの律法に従って裁け」と言うと、ユダヤ人たちは、「わたしたちには、人を死刑にする権限がありません」と言った。

この件に関しては、最高法院《サンヘドリン》には罪人を糾弾するにとどまらず、必要とあれば死刑を言い渡し執行するだけの権限が与えられていたと見るのが真相だろう。またいずれの福音書にも、ピラトがイエスの刑の執行を延期すると申し出た理由は、「過越祭のあいだは、罪人に対し総督が特赦を施す習わしとなっている」からだと記されてもいる。これもまたまったくのでたらめだ。そんな慣習など存在しなかったのだから。
イエスが捕縛されるまでの数々の場面には、シモン（ラザロ）やユダといった熱心党員たちの顔ぶれは見受けられるものの、（第三の大物革命家である）タダイについては最後の晩餐のあとまで触れられていないようだ。だが実際には、タダイは裁判の場面にかかわっていた。（アルファイの）二番目の〝跡継ぎ〟であると同時に教父代理を務めているタダイは、いわば献身的な〝父の子〟と言ってもいい。ヘブライ語で言う「父の子」は「バール（Bar＝子）」と「アッバ（Abba＝父）」を合体させたものであり、そうなるとタダイが「バール＝アッバ（Bar-Abba）」として描かれている可能性も出てくる。それにバラバという男は、ピラトがイエスへ特赦を施すかどうかの鍵をにぎる人物でもある。

バラバの描かれかたはさまざまだ。マタイ福音書二十七章十六節では「評判の囚人」、マルコ福音書十五章七節では「暴動のとき人殺しをした男」、ルカ福音書二十三章十九節では「殺人のかどで投獄されていた男」、そしてヨハネ福音書十八章四十節では「強盗（robber）」だと記されている。ヨハネの記述はいささか曖昧模糊に過ぎる。盗みというありふれた罪で磔刑《たっけい》を言い渡されるなどとは、普通では考えられないからだ。しかしながらこの英語には、もともとのギリシア語が有していた意味が反映されていない。つまりマルコの記述のほうが、先の反乱に加わっていたバラバの役回りをはるかに具体的に写しとっていると言える。「lestes」は、「強盗」というより「反逆者」という意味合いのほうが強いからだ。

ほんとうのところはどうだったのだろう――シモン、タダイ、イエスの三人の囚人がピラトの面前に引っ張り出された際、シモンとタダイに対する罪状に疑いの余地はなかった。ふたりは熱心党の幹部であり、反乱を起こしたかどで死刑判決を下されていたからだ。逆にイエスの犯した罪を立証することは、ピラトにとって困難を極めた――そんなところではないだろうか。事実イエスがその場にいたのは、ほかの者たちに混じって判決を受けるため、ユダヤ人代表団によってピラトに引き渡されたからにすぎない。ピラトはユダヤの支配層に対し、「どういう罪でこの男を訴えるのか？」と尋ねて、名目だけでも示すよう求めたが、満足のいく答えは得られなかった。困り果てたピラトがユダヤ人たちに向かって、自分たちで引きとり、「自分たちの律法に従って裁いたらどうだ」と言うと、「われわれが人に死刑を命じることは律法に反しますから」とのでたらめな言い訳が返ってきた。

そこでピラトは次にイエス本人に「お前がユダヤ人の王なのか？」と尋ねた。イエスは答えた。「あなたは自分の考えでそう言うのですか。それとも、ほかの者がわたしについて、あなたにそう言ったのですか？」。混乱したピラトはさらに言った。「お前の同胞や祭司長たちが、お前をわたしに引き渡したのだ。いったい何をしたのか？」。やりとりは続き、やがてピラトがもう一度ユダヤ人たちの前に出てきて、「わたしはあの男になんの罪も見いだせない」（ヨハネ福音書十八章三十八節）と言うまで続いた。

ここに至って、ガリラヤの領主ヘロデ＝アンティパスが登場する（ルカ福音書二十三章七～十二節）。彼はアンナスの息のかかった祭司たちとは距離をおいていたし、また甥のヘロデ＝アグリッパ王を挑発するという目的を叶えるのに、イエスを解き放つことは願ってもない策だった。そこでアンティパスはイエスの釈放を確約する旨をピラトと申し合わせたのだった。

こうして、ヘロデ家の小君主とローマ総督が手を結んだことにより、ユダ・シカリオテとヨナタン・アンナスの協定は、本人たちのあずかり知らぬところで反古にされる。これをもってユダの熱心党員としての活動が不問に付される機会は失われ、その命は風前の灯火《ともしび》となった。ピラトは新たな申し合わせに従い、ユダヤ人長老たちに言った（ルカ福音書二十三章十四〜十六節）。

あなたたちは、この男を民衆を惑わす者としてわたしのところに連れてきた。わたしはあなたたちの前でとり調べたが、訴えているような犯罪はこの男には何も見つからなかった。ヘロデとても同じであった。それで、われわれのもとに送り返してきたのだが、この男は死刑に当たるようなことは何もしていない。だから鞭で懲らしめて釈放しよう。

過越祭が終わるまで待っていれば、議員たちはみずからの手で、きちんと律法に則った形でイエスの裁判を進めることができたはずだ。しかしイエスの罪を立証できないと承知していた彼らは一計を案じ、その責をピラトに回すことにした。予想外だったのは、ピラトが正義感を示し、ヘロデ＝アンティパスからも介入がなされたことだった。ピラトはしかし、どうにか己の方針を封じ込めた。イエスを無理に釈放するのではなく、越祭の特赦という形で解き放つほうが良策だと考え直し、ユダヤ人たちに選択の機会を与えることにしたのだ——イエスか、それともバラバか？　このとき、「人々はいっせいに、その男を殺せ。バラバを釈放しろ」と叫んだ（ルカ福音書二十三章十八節）。

イエスに有利な方向に話を進めようとするピラトに対し、ユダヤ人たちは「十字架につけろ！」と叫ぶ。重ねてピラトが訊く。「いったい、どんな悪事を働いたというのか？　この男には死刑に当たる犯罪は何も見つからなかった」。しかし死刑を求める圧倒的な声を前にして、ピラトはこれ以上の肩入れは筋が通らぬとあきらめざるを得ず、バラバ（タダイ）を釈放した。ローマ兵がイエスの頭に茨《いばら》の冠をかぶせ、体に紫色の衣を巻きつける。そのあとでピラトはイエスの身柄をふたたび祭司たちに引き渡して言った。「見よ、あの男をあなたたちのところへ引き出そう。そうすればわたしが彼になんの罪も見いだせないわけがわかるだろう（ヨハネ福音書十九章四節）」。

ゴルゴタへ

いまのところ、エルサレムの長老たちからすると都合のいい状況に向かいつつあり、その計画はすべて成功したも同然だった。高齢のタダイは縄を解かれる可能性が高かったものの、シモンとイエスはどちらもユダ・シカリオテとともに拘留されていた。もちろん最大の裏切り者は、かつてアルファイの子ヤコブ（またはナタナエル）の使徒名で知られた教父ヨナタン・アンナスそのひとだった。こうして〝髑髏《されこうべ》の場所（ゴルゴタ）〟に立てられた三本の十字架は、イエスと、熱心党の幹部テロリスト、シモン・ゼロテおよびユダ・シカリオテのふたりを抱くそのときを待っていた。

刑場となるゴルゴタへ向かう途中で、ある重要な出来事が起こる。シモンと名乗る謎のキレネ人《びと》がイエスの十字架を担がせてもらいたいと申し出たのだ（マタイ福音書二十七章三十二節）。このキレネ人が誰であった可能性が高いかについては諸説が飛び交っているが、その正体を知ることはさほど重要ではない。重要なのは、ともかくそこにいたということだ。コプト語で書かれた古い論文に、彼に言及した興味深い箇所がある。この『偉大なるセツの第二文書』と呼ばれる論文は、「ナグ・ハマディ書」のなかから見つかった。そこには磔刑に処せられた三人のうち、少なくともひとりについては替え玉が送り込まれたとあり、この件にかかわりのあるとされるキレネ人に触れているのだ。論文が、一般の理解とは裏腹に、イエスは十字架の上では死んでいないとはっきり記していることから見て、どうやら替え玉は首尾良く役目を果たしたらしい。事が終わったのちのイエス自身の言葉が引用されている――「わたしが死んだと――人々には死んだと映ったが――疑わなかったのは、その者たちがみずからの頭で考えることをせず、みずからの目で見ることをしないからだ」。

イスラム教の聖典コーランは（「女たち」と題された第四章で）、イエスが十字架の上で死ななかったことをとりあげて述べている――「とはいえ、イエスは彼らに殺されたのでも、磔刑に処せられたのでもなく、良く似た人物がその身代わりをつとめたのであって……彼らがほんとうに殺したのはイエスではなかった」。また、二世紀にはアレクサンドリアの歴史家バシレイデスが、磔刑は（キレネ人シモンとすり替わるよう）仕組まれたものであると記しているし、（紀元二一四年、バグダッド近郊に生まれた）グノーシス派の指導者マニも、まったく同じ説を唱えている。

ところが結局、キレネ人シモンが身代わりを務めたのはどうやらイエスではなく、シモン・ゼロテのほうだったようだ。イエスとシモンの処刑に対し、イエス救出派側としても、ただ手をこまぬいていたわけではない。そこで編みだされたのが、十字架上で偽の死を演出して救出するという策だった。その成否は、意識障害を引き起こす毒物を用いて、いかに巧妙に死んだふりをしてのけられるかにかかっていた。

影で糸を引きそんな幻覚を見せられる人物がいるとすれば、それは当代きっての魔術師と謳われた〝サマリアのマギ〟すなわちシモン・ゼロテだろう。『ペトロ行伝（新約聖書外典）』だけでなく教会の『使徒教憲』も、数年後にシモンが古代ローマの中央広場《フォルム・ロマヌム》で空中浮揚をして見せた話を詳しく語っている。しかしゴルゴタでは、状況はまったく違っていたはずだ。シモンは護送兵に囲まれて刑場に向かっていたのだから。

まずなんといってもシモンを窮地から救い出さねばならなかった——そこで、釈放されたタダイ（バラバ）と組んでいたキレネ人が、身代わりに仕立てられる。カムフラージュはゴルゴタへ向かう途中でイエスに代わり十字架を背負ったときから始まっており、キレネ人は群れの輪に入り込むことができた。入れ替わりそのものは刑場に着いてから、執行の準備の混乱に乗じておこなわれた。十字架を立てる際の騒ぎに紛れ、このキレネ人は姿を消している。しかし実際はシモンの位置に身を移したのだ。どの福音書を見ても、刑の執行の流れは慎重に隠されていて、イエスとともに磔《はりつけ》にされた男たちについては「盗人」と記された以外に詳しく触れられてはいない。

かくして場面は整った——シモン・（ゼロテ）マゴスは自由を勝ち取り、それ以降の進行を操ることに成功したのだった。

第七章　磔刑

髑髏《されこうべ》の場所

通常、公の事件としてとらえられることの多いイエスの磔刑《たっけい》だが、福音書には（例えばルカ福音書二十三章四十九節）見物人たちは「はるか遠くから」刑の執行を見守るしかなかったとされている。その処刑地の名も、マタイ、マルコ、およびヨハネ福音書ではゴルゴタ、一方のルカ福音書ではカルヴァリになっている。いずれにせよどちらも（ヘブライ語のGulgoleth、アラム語のGulgolta、ラテン語のCalvaria）「髑髏」という意味の単語から派生した言葉であることに変わりはない。ちなみにゴルゴタとは福音書にあるとおり、ずばり「髑髏の場所」という意味だ。

三百年後、キリスト教の教義が広まるにつれ、エルサレム市内および周辺の幾多の地には、新約聖書のおもだった舞台とおぼしき名前がつけられるようになった。その多くは理想的な場所を選んで名を冠しただけの代物で、巡礼者や観光客の求めに応じただけの話だ。例えばカルヴァリならイエスが十字架を背負って歩いた道沿いに当たりをつけ、手頃な墳墓を伝説の墓だと定めるといった具合に決められた。

このように独創性が大いに発揮された結果、ゴルゴタ（カルヴァリ）はエルサレムの北西、ヘロデの壁の外側に位置するとされた。そこは不毛の丘であり、髑髏の形に見えなくもないというのが選定の理由だ。この地はその後西欧において、「はるかなる緑の丘」と美化して伝えられ、多くの芸術家にさまざまなヴァリエーションを生みださせるテーマであり続けてきた。けれどもこの夢のように美化された情景がまかりとおっているわりに、丘について触れている福音書はひとつもない。ヨハネによる福音書十九章四十一節によると、そこは「庭」で、アリマタヤのヨセフが（個人で）所有する墓があった（マタイ福音書二十七章五十九～六十節）。通俗的な言い伝えを鵜呑みにせず、福音書という証跡に従えば、イエスの磔刑が丘の頂でおこなわれた見世物ではないこと、またそこには地平線を背にそびえ立つ巨大な十字架も、ひしめく見物人も存在しなかったことは明らかだ。それどころか、磔刑は管理地のなかで目立たぬように執行された――いずれにせよ、立ち入り制限の敷かれたその庭こそ「髑髏の場所」だった（ヨハネ福音書十九章十七節）。

この件について福音書はこれ以上触れていないが、ヘブライ人の手紙十三章十一～十三節に、その場所を特定するうえで鍵となる手がかりがいくつか見受けられる。

なぜなら、罪を贖《あがな》うための動物の血は、大祭司によって聖所に運び入れられますが、その体は宿営の外で焼かれるからです。それで、イエスもまた、御自分の血で民を聖なる者とするために、門の外で苦難に遭われたのです。だから、わたしたちは、イエスが受けられた辱めを担い、宿営の外に出て、そのみもとに赴こうではありませんか。

ここで注目したいのは、イエスが「門の外で」および「宿営の外で」苦難に遭《あ》われた、という点だ。さらに、生け贄《にえ》にされた動物たちが焼かれる場所となんらかの関係があるという記述についても。この言及は、動物の死骸が燃やされる場所を不浄だと見なしていたという点で、とりわけ重要な意味を持っている。申命記二十三章十～十四節で説明されているように、「宿営の外」に置かれたのは、健康という観点からも儀式という観点からも不浄とされる、汚物溜めやごみ捨て場、公衆トイレといったものだった。同じ理由から、「門の外」というのは、不浄とされるほかのさまざまな場所を明確に示す言葉であって、ここには通常の墓地も含まれる。また死海文書にも、死人をまたぐという穢《けが》れる行為をともなう場所であるという理由で、人間の墓地には髑髏の形の目印がつけられている、とはっきり記されている。とすれば、「髑髏の場所」（ゴルゴタ／カルヴァリ）は墓地――立ち入りが制限され、アリマタヤのヨセフの手によって空っぽの墓が用意されていた霊園――と見るのが、きわめて自然ということになる。

さらなる手がかりとしては、ヨハネの黙示録十一章八節の、イエスの磔刑が「たとえてソドムとかエジプトとか呼ばれる大きな都」のなかでおこなわれたというくだりだ。これでは墓地がクムランにあったと断言しているようなものだ。クムランといえば、テラペウタイ派がエジプトと称した場所であり、また旧約聖書との関連で考えた場合、地理的に見ればソドムの中心地でもあった。

　ではアリマタヤのヨセフとは誰か？　福音書には「身分の高い議員で、神の国を待ち望んでいた者のひとり（マルコ福音書十五章四十三節）」であり、「イエスの弟子だったが、ユダヤ人たちを怖れてそのことを隠していた（ヨハネ福音書十九章三十八節）」とある。しかし、その忠誠はユダヤの長老たちには伏せられていたにもかかわらず、ポンティウス・ピラトは彼がイエスの事件に首を突っ込んだことを、至極当然なことと認めている。そして、イエスの母マリアやマグダラのマリア、マリア・ヤコベ＝クロパ、マリア・サロメ＝ヘレナも、ヨセフの関与をもっともなことだと受けとった。いずれもその計らいにはきわめて満足しており、意見や異議を差し挟んだりすることなく全幅の信頼を寄せているのだ。

　ときにゲネサレト平野のアリマという村と関係があるともされているが、実はこの「アリマタヤ」とは、新約聖書でほかにも多く登場するような、肩書きを表す名称である。それもかなり高い地位を指す。ヨセフが「アリマタヤの」と呼ばれたのは、マタイ・アンナスが「アルファイの（＝継承順位としての）レビ」という聖職上の等級で呼ばれたのと同じだ。だが（マタイの場合のレビと同様）、ヨセフというのは正式な洗礼名ではなかった。アリマタヤは（アルファイのように）ヘブライ語とギリシア語が組み合わさった言葉から派生している――ヘブライ語「ha ram」もしくは「ha rama」（高み、あるいは頂）と、ギリシア語「Theo（神につながる）」を組み合わせた「神に最も近い（ha Rama Theo＝ハ・ラマ・テオ）」という意味の言葉であり、個人の等級では〝神聖なる殿下〟という意味になる。

ところで、イエスがダビデの継承者であることは知ってのとおりだ。家長制というもので考えると、ヨセフとは次（二番目）の後継者にあてがわれる肩書きであり、イエスが「ダビデ」なら、イエスの長弟ヤコブは「ヨセフ」ということになる。これで、アリマタヤのヨセフが、イエスの実弟ヤコブだということがはっきりする。それゆえ、イエスが王家一族の墓に埋葬されたのは当然のことだった。ピラトがイエスの弟に埋葬の任を与えたのも、イエス一族の女性たちがヨセフ（ヤコブ）の決めた段どりに黙って従ったのも、当然の成り行きだったのだ。自分がイエスの支持者であることをヨセフが議会には内密にしていた理由も、言わずと知れている。ヨセフにはヨセフ支持派がいたからだ。

一九四七年、クムランで死海文書が初めて見つかったのを機に、一九五〇年代にも発掘が相次いだ。この時期には各地のさまざまな洞穴で、いくつもの重要な発見があった。とりわけ考古学者が見つけたある洞穴にはふたつの洞があり、それらの入り口はかなり離れた場所に別々についていたという。広いほうの洞には天井に穿《うが》たれた穴を伝って到達するようになっていた一方で、隣り合わせになった狭いほうの洞には横から入れるようになっていた。天井の入り口からは洞に下りる階段がしつらえられ、また雨が降ったときは巨大な石を転がしてきて入り口の穴を塞ぐ仕組みだった。『銅の巻物』によると、この墓穴は金庫として使われ、〝金持ちの洞穴〟と呼ばれていた。このヨセフ皇太子の墓は、〝アブラハムの懐〟の真正面にあった。

旧約聖書のゼカリヤ書には、〝メシア（救世主）〟がろばにまたがってエルサレムに入城するというくだり以外にも、〝メシア〟に関連した預言が存在する。ほかの二カ所――同書十二章十節および十三章六節――には、メシアは刺し貫かれ、エルサレムじゅうがその死を悼むこと、また、友の裏切りのせいで、手に傷を負うことが記されている。イエスは磔《はりつけ》になることで、こういった条件すべてを満たせると気づいた。バプテスマのヨハネの預言を叶えることはできなかったかもしれないが、磔刑によってもう一度チャンスを得たのだ。そういうわけで、ゼカリヤ書と関連しているヨハネ福音書十九章三十六節には、「聖書の言葉を実現するために、これらのことは起こった」と記されている。

磔刑は懲罰と処刑の両面を合わせ持ち、数日間かけて拷問の苦しみを与えた末に死に至らせる刑だ。まず磔にされる者の両腕を大きく広げ、手首のところで横木にくくりつける。それから、その横木を持ち上げて、柱に対し直角に、地面に対して水平になるように渡す。場合によっては両手も釘で打ちつけることもあるが、釘だけでは用をなさない。木にかけられたときに全体重が腕にかかってしまうと、肺が圧迫されてさほどときを経ずに窒息死してしまう恐れがあるのだ。苦悶を長引かせるためには、足を柱に固定して肺にかかる圧力を軽くすればいい。このように体を支えると、何日も、場合によっては一週間かそれ以上も永らえることがある。しばらくして、十字架を空ける必要に迫られたら、処刑人が両脚を折って肺への圧迫を強め、死を早めるのだ。

あの金曜日、すなわち紀元三三年三月二十日、磔刑に処せられた三人の男たちが、その日のうちに死を迎えたとする理由はどこにもない。にもかかわらず、イエスは葡萄酒を少々与えられ、それを口にして、「息を引き取られた（ヨハネ福音書十九章三十節）」とある。すかさず百人隊長がイエスの脇腹に槍を突き刺したところ、血（血と水と書かれている）が流れ出てきたことをもって、イエスの死（ヨハネ福音書十九章三十四節）を示す論拠とされてきた。実際には、血管から出血したということは、まだ死んではおらず、生きているしるしだと言える。A・R・キターマスター博士は一九七九年に『カルヴァリーの医学的考察』と題した報告書を発表し、「死んでいたにせよ生きていたにせよ、水が流れ出たことは説明がつかない。しかし、血に関して言えば、それは死後に加えられた刺し傷から出たものではない。死体から出血させるには、大きな裂け目をつける必要があるからだ」と認めている。その段階では、ユダとキレネ人はまだ死ぬ気配がなかったので、ふたりの脚は折られた。

十字架にかけられたイエスに葡萄酒を与えたのが誰かということにはどの福音書も触れていないが、ヨハネ福音書十九章二十九節は、器が用意され出番を待っていたと指摘している。同じ場面の少し前（マタイ福音書二十七章三十四節）では、その薬（一服）は「苦いものをまぜた葡萄酒」――酸っぱくなったワインに蛇の毒を混ぜたもの――だといわれている。比率によっては、そのような混ぜものは意識をなくさせたり、死に追いやることさえある。ここでイエスは、毒を杯からではなく、葦の先につけた海綿から与えられた。毒を飲ませようとした者、それは紛れもなく、自身が十字架にかけられているはずのシモン・ゼロテだった。

この間、アリマタヤのヨセフはピラトにかけ合って、安息日が始まる前にイエスの遺体を引きとり、墓に納める段どりをつけた。ピラトはイエスがこれほど早く死んだことに驚きを隠せず（マルコ福音書十五章四十四節）、「ピラトは、イエスがもう死んでしまったのかと不思議に思い、百人隊長を呼び寄せて、すでに死んだかどうかを尋ねた」。事後処理を迅速に進めるため、ヨセフはピラトに対し、申命記二十一章二十二〜二十三節にもとづき、クムランの『神殿の巻物』も認めているユダヤのおきてを引いて言った。「ある人が死刑に当たる罪を犯して処刑され、あなたがその人を木にかけるならば、死体を木にかけたまま夜を過ごすことなく、必ずその日のうちに埋めねばならない」。よってピラトは木にかけること（すなわち磔刑）から、古式にのっとった生き埋めへと手続きを変更することを認めた。そしてあとの処理をヨセフに一任すると、エルサレムへ戻って行った（使徒言行録五章三十節、十章三十九節、および十三章二十九節に記されているイエスの拷問のくだりは、いずれも「木にかけられた」ことに関係しており、重要だと思われる）。

昏睡状態で虫の息のイエス、そして脚を折られたばかりのユダとキレネ人の三人が下ろされた。十字架にかけられてから半日も経っていなかった。記述を見るかぎり、これらの男たちが死んでいたとは書かれていない。ただ、彼らの体が下ろされたことに触れているだけだ――生きていたのか、それとも死体だったのだろうか。

暗闇の三時間

翌日は安息日だった。このことについてはどの福音書もほとんど触れていない。この土曜日について触れているとすればマタイ福音書二十七章六十二節だけであり、それもただ、エルサレムでピラトとユダヤ人長老らとのあいだで会話が交わされ、その結果イエスの墓に番兵をふたりつけることになったとあるにすぎない。ともあれ、四つの福音書はいずれも、翌日曜の朝から始まる物語を紡いでいる。

けれども、いまだ進行中のことの経緯にとって重要な日があるとするなら、それは土曜日、われわれがほとんど知らされていないこの安息日だ。この尊ぶべき休息と礼拝の日こそ、すべての出来事の鍵を握っている。日曜日の明け方に石が転がされていることに気づいた際、女性たちをあんなに驚かせた出来事は、この土曜日に起こった。有り体に言えば、石が動かされていたこと自体はなんら驚くべきことではない――誰にでも動かすことは可能だったのだし、当の女性たちが動かしたのだとも考えられる。まさかなかに入るのを邪魔されるなどとは予想していなかっただろうから。どうあっても考えられないのは、けっして荷を移動してはならないとされるこの聖なる安息日に石が動かされていたということだ。謎は、どかした行為にではなく、どかした日にあるのだ。石が安息日に動かされたなどということは、絶対にあり得ない！

三日めに当たる日曜日に実際に起こったことについては、各福音書のあいだでもばらつきが見られる。マタイ福音書二十八章一節の場合、マリアおよびマグダラのマリアが墓へ出向いたとあるが、マルコ福音書十六章一節にはふたりに加えてサロメの名も見える。ルカ福音書二十四章十節ではヨハナの名が出てくる代わりにサロメの名は見当たらず、ヨハネ福音書二十章一節では、墓に出向いたのはマグダラのマリアひとりだったという具合だ。マルコ、ルカ、ヨハネの各福音書は、女性（たち）が墓に到着したときには、石がすでに動かされたあとだったと述べている。しかしマタイによる福音書では、番兵がふたりおり、石にも動かされた形跡はなかったとされている。それから女性たちと番兵が驚いたことには、「主の天使が天降り……石を転がした」となっているのだ。

その後、その墓のなかにイエスの遺体がないことが明らかになる。マタイ福音書二十八章五～六節によれば、天使が女性たちを洞穴のなかへ導いている。マルコ福音書十六章四～五節には、女性たちだけでなかへ入り、白い外衣をまとった若者と対面したとあるが、ルカ福音書二十四章三～四節では、なかにいたのは男性ふたりだと記されている。そしてヨハネ福音書二十章二～十二節は、マグダラのマリアが初めにペトロともうひとりの弟子を呼びに行ってから、連れだって墓へ出向いたと述べている。そしてふたりと別れたマグダラのマリアは、墓のなかで座っているふたりの天使に出くわすことになる。

結局、番兵がいたのかどうか、そして女性たちの数も、ひとりかふたりか、それとも三人だったのか、はっきりしない。ペトロはいたのかもしれないし、いなかったのかもしれない。外にひとりの天使がいたのか、なかにひとりの若者がいたのかにしても同じことで、逆になかにいたふたりの天使は、座っていたのかもしれないし、立っていたのかもしれない。石に言及するなら、夜が明けたときには動かされていなかった可能性もあるし、すでに動かされたあとだったとも考えられる。

これらすべてに共通する部分がひとつだけあるとすれば、それはイエスがすでにそこにはいなかったということなのだが、これとて定かではない。ヨハネ福音書二十章十四～十五節では、天使のほうを向いていたマグダラのマリアが振り向くと、イエスが立っていたのだが、園丁だと思いこんで近づいていったマリアをイエスはさえぎって言った。「わたしにすがりつくのはよしなさい」(ヨハネ福音書二十章十七節)。

ここまで、〝復活〟伝承の根拠となってきた四福音書を見てきたわけだが、細部においては矛盾点ばかりだと言っていい。このせいで、何世紀ものあいだ、再現したイエスを最初に見た人物がマグダラのマリアだったのか、それともペトロだったのかをめぐり、論争が続くことになった。けれども、前日の金曜日にヨセフ(ヤコブ)がイエスを墓に納めたあと、ほんとうは何があったのか突きとめることは可能だろうか?

まず、(脚は折られていたものの、死に至るにはほど遠かった)キレネ人とユダ・シカリオテは、くだんの墓の狭いほうの洞に入れられていた。広いほうの洞にはイエスの体が置かれた。このときすでにシモン・ゼロテは、松明《たいまつ》をいくつも燃やし、手術に必要なものすべてをとり揃えたうえで、ふたつの洞を持つこの墓のなかに陣どっていたのだった(興味深いことに、一九五〇年代にこの洞穴から出土した品々のなかに、松明が含まれていた)。

次に、ヨハネ福音書十九章三十九節にあるように、ニコデモがもつやく《ミルラ》と沈香《アロエ》を混ぜたものをおよそ百リトラ(約三十三キロ)運び込む。もつやく《ミルラ》のエキスは当時の医療現場で鎮静剤としてよく使われていたものだ。しかしそれほど莫大な量のアロエを何に使ったのか? 現代の薬局方の解釈によれば、アロエの汁は強力で効き目の早い下剤であり、これこそシモンがイエスの体内から苦い毒(蛇毒)を排出させるために必要としていたものだった。

磔刑の翌日が安息日だったことは、非常に重要な意味を持っていた。事実、「イエスを死（破門）からよみがえらせる」ための手術をどの時点でおこなうかは、正確にどの時刻に安息日が始まるかという、重要なタイミングにかかっていた。当時は、何時間とか何分といった持続性についての固定概念は一切なかった。時間の記録や計測はレビ人の正式な職務のひとつであり、彼らが計測区域に映った影にもとづいて時間の経過を決めていた。また紀元前六世紀ごろから、日時計を活用することができるようにもなっていた。しかし影がないことには、地面の印も日時計も役に立たない。よって、十二の「昼の時間」（光）と、同じく十二の「夜の時間」（闇）が指定された。後者はレビの祈禱時（今日カトリック教会でおこなわれ聖務日課の祈禱時に似ている。実際、広く知られた熱心な「お告げの祈り《アンジェラス》」――朝、正午、そして日没時――は、初期レビ人の〝天使〟たちの慣行に由来している）によって計られた。しかしながら、昼や夜が長くなったり短くなったりする場合に、重なり合う時間を調整しなくてはならないという問題があった。

　磔刑のあったこの金曜日は、時間をまる三時間進めて調整する必要があったことから、この日の出来事が起こった時刻をめぐるマルコおよびヨハネの両福音書の記述には、明らかに食い違いが見られる。前書十五章二十四節では、イエスは「第三の時」【訳注：新共同訳では午前九時】に十字架にかけられたとされているのに対し、ヨハネ福音書十九章十四〜十六節は、イエスは「第六の時」【正午】ごろに磔刑のために移されたと主張している。このずれは、マルコ福音書がギリシア式で算定した時刻に拠っていたのに対し、ヨハネ福音書はユダヤ（ヘブライ）式を用いたことから起きている。時間変更の結果は（マルコ福音書十五章三十三節に記されているように）、「第六の時になると、全地は暗くなり、それが第九の時（午後三時）まで続いた」。ここでいう暗闇の三時間は象徴にすぎない。実際は（今日われわれが標準時間帯を超えるときや、夏時間の開始・終了にともなって時計の針を進めたり戻したりする場合と同様）瞬時の出来事だ。つまりこの場合、第五の時の終わりの直後は第九の時ということになる。

復活物語の鍵は、それら消えた三時間（昼の時間が夜の時間になった）が握っている。というのも、新たな規定によって安息日はもとの第十二の時の三時間前から始まることになったからだ——それはもともとの時間でいえば第九の時、変更後の第十二の時に当たる。しかしシモン・ゼロテことサマリアのマギは星の位置にもとづいた時間枠で動いており、もともとの第十二の時がくるまで正式に三時間を進めずにおいた。これでほかの者たちが聖なる休息の時間に入っていたにもかかわらず、シモンは安息日の労働という規則違反を犯すことなく、この三時間を使ってなすべきことをなすことができた。これだけの時間があれば、イエスに薬物を投与し、キレネ人に骨折の手当を施せたに違いない。慈悲深いことに、ユダ・シカリオテに対してはそういった処置をなんら施すことなく、崖から突き落とし死に至らしめた（使徒言行録一章十六〜十八節にそれとなく語られている）。これに先だって書かれたマタイ福音書二十七章五節には、ユダが首をくくったと示されていて、こちらの言及のほうが、みずから滅亡の道を選んだという事実に近い。

からっぽの墓

マギ時間による安息日は（通常の安息日開始から三時間遅れて）、マグダラのマリアがやってきて新たな週の初日が明けるまであと三時間と迫った、夜の時間に始まった。その夜、番兵がその場にいたかどうかは関係ない。シモンやその仲間たちが出入りしたいと思えば、少し離れた第二の入り口を使えばいいだけの話だ。同様に、石が動かされていたかどうかも関係ない。重要なのは、イエスが元気で生きている姿を見せたことだ。

女性たちのために石を動かした天使について、マタイ福音書二十八章三節には、「その姿は稲妻のように輝き、衣は雪のように白かった」とある。前に触れたように、「稲妻」の尊称で知られたシモン・（マゴス・）ゼロテは、白い外衣をまとい、天使の位を持っていた。したがってこの文はとりもなおさず、「聖職服を着たシモン・ゼロテのようだった」という文字どおりの意味だと解釈できるだろう。だが、女性たちがこのことに驚きを隠せなかったのはなぜか？ それはシモンが磔刑に処せられ、両脚を折られて埋葬されたはずだと思っていたからだ。

シモンだけではない。タダイまでもが姿を現した。「大きな地震が起こって、天使が現れた」（マタイ福音書二十八章二節）。シモン・ゼロテが〝稲妻〟（ヨナタン・アンナスは〝雷鳴〟）だとすると、タダイは〝地震〟（シナイ山に関する似たような比喩。士師記五章五節参照）だった。よってシモンとタダイこそ、マグダラのマリアが出会ったふたりの天使だということになる（ヨハネ福音書二十章十一〜十二節）。またシモンは白衣に身を包んだ「若者」（マルコ福音書十六章五節）である。この若者という記述は、ラザロ（シモン）が破門を受け格下げとなった結果与えられた修練者（若輩者）の地位を示している。

　イエスが十字架にかけられた庭園を管轄していたのはアリマタヤのヨセフ（イエスの弟ヤコブ）だった。そこは〝エデンの園〟を象《かたど》った聖地であり、ヤコブはエデンの住人アダムと同一視されていた。つまり、マグダラのマリアが最初にイエスを見た際に「園丁だと思った」というのは、ヤコブを見ているのだと思い込んだからではないか。マリアが触れようとするのをイエスがさえぎったのも、マリアが身ごもっていたという理由のためであり、王家のおきてによれば、妊娠中の花嫁は夫の身体に触れてはならないとされていたからだ。

　マグダラのマリアおよび弟子のほとんどが、この金曜日と土曜日の芝居に与《くみ》していなかったことは明らかだ。実際、シモンにしてみれば、謎めいたままでいるほうが得策だった。両脚には折られた形跡もなく、墓穴から逃走してのけたことで、ますます名を揚げることになったのだから。イエスにしても、シモンが人々の度肝を抜く形でもう一度姿を見せることは好都合だった。ついに、ふたりの共同事業――タダイやキレネ人、それに弟ヤコブ（ヨセフ）の手も借りて――は、失敗寸前まで追い込まれながらも、ともにその使命を守り抜き、使徒たちに務めを果たさせることに成功した。イエスがほんとうに死んでしまっていたら、弟子たちは恐れと落胆のうちに散り散りになっていただろうし、その結果、その大義もイエスとともに死んでいたはずだ。そうならなかったおかげで使命は生き延び、キリスト教の誕生という形で結実したのだった。

死からよみがえって

死者の復活がなければ、キリストも復活しなかったはずです。そして、キリストが復活しなかったのなら、わたしたちの宣教は無駄であるし、あなたがたの信仰も無駄……死者が復活しないのなら、キリストも復活しなかったはず……

〝キリストの復活〟が拠っているのは、聖パウロが信仰の一例として示したこのコリントの信徒への手紙I十五章十三〜十六節だ。だがそれを、キリスト教徒の信仰の根幹ともいうべきことがらの論拠とするのは、とうてい無理というものだ。それどころか、自滅的な発言だとすら言える。もっと霊的な（形而上の）言葉で語りかけていたなら、当時の人々にもたやすく主張を受け入れてもらえたかもしれなかったが、パウロはそうしなかった。死体にふたたび命が宿ると述べ、イザヤ書（二十六章十九節）に記された預言「あなたの死者が命を得、わたしの屍《しかばね》が立ち上がりますように」に従って、字義どおりに語ったのだ。

（肉体のではなく）霊魂の不滅という概念は、イエスの時代のはるか以前から存在していた。古代ギリシア時代には、アテネ人哲学者ソクラテス（紀元前四六九〜三九九）の門人らによって広められている。紀元前四世紀のプラトンは、物質ではなく精神こそ実在の根源だという説をとり続けた。それ以前にも、ピタゴラス（紀元前五七〇〜五〇〇）によって、霊魂再来説が詳説されている。これは、ひとつの命において死を迎えても、霊魂は別の肉体に宿って新たな命が始まるという考えだ。実際のところこういった考えは、この時期あるいはこれ以降のヒンズー教や仏教といった多くの宗教に共通するものとなっていく。

けれどもパウロの言及は、霊魂が生まれ変わることに対しておこなわれたのではなかった。彼が表明したのは、主要宗教のなかでもキリスト教だけの固有の信仰——死んだ人間が「肉体を持って」生き返るという信念だった。信徒信条では、イエスが「十字架にかけられて死に、葬られて……三日後に死からふたたびよみがえった」と述べられている。この記述の解釈については長らく学者たちが挑み続けてきたが、最近では、聖職者たちのあいだでも疑問を投げかける向きが広がっている。しかし旧説を払拭することは容易ではなく、多くの人間が、この考えを廃することはキリスト教固有の倫理を廃することになるのだと感じているのだ。だが、もしキリスト教に立派な礎があるとするならば（もちろんある）、その礎は、道徳律とイエス自身の教えの上に築かれねばならない。福音とはこれら社会規範およびそれらにちなんだ教えを指す。〝喜ばしい知らせ〟の真髄を成すのは、まさにそういった教えなのだ。

たびたび指摘されているように、それからおよそ二千年後、世界の全人口の四分の三かそこらの人間が、肉体上の生まれ変わりという考えには同意していない。現にその考えについては、多くの人間が励ましよりも困惑を感じるとしており、結果的にキリストのメッセージがひどく押さえつけられてしまっている。本人の宗教がなんであれ、隣人を元気づけるイエスの理想——調和の理想、友愛社会における協調と奉仕——に異議を差しはさむ人はごくわずかか、まったくないだろう。実際、宗教にとってこれほど優れた礎はない。だが窮屈な教義による制約が幅をきかせ、解釈や儀式の問題をめぐって言い争いが絶えずおこなわれているのが実情だ。そういった論争が続くあいだは真の調和というものはあり得ず、分断された教会社会は、みずからにも他者に対しても、限られた奉仕をおこなうことしかできない。

イエスが物理的な死から肉体上の復活を遂げたと容認する場合に立ちはだかる問題は、その前提が、どう見ても福音書ではほとんど支持されていないことだ。すでに見てきたとおり、マルコ福音書十六章九～二十節は福音書が完結し出版されてしばらくしてから、もっともらしく加えられたものだ。さらにもしこれが、共観福音書の最初を飾り、残りの二書の土台となるべきものだったとしたら、マタイおよびルカ福音書の最終節の内容には真正かどうかの疑いがかけられることになる。しかし、こういったことすべてに目をつぶり、四福音書を呈示されたとおりに受け入れたとしても、紛らわしいし矛盾する点が数多く出てきて、非常にぼんやりとした絵しか描けないという問題にぶつかる。マグダラのマリアは最初、イエスを別の人物だと思い、次にペトロとクロパがイエスと何時間も話していたにもかかわらず、まったく本人だとはわからなかったという。そしてほかの使徒たちも座っていっしょに食事をするまで、イエスだとは気づかなかったと言い、気づいた時点で彼は目の前から姿を消すのだ。

浮かび上がるのは、今日われわれが知っている〝復活〟の概念が、当時の人間にはまったく知られていなかったということだ。磔刑全般の筋書きに直接かかわらなかった弟子たちには隠されていたからだ。彼らは師が死んだと思い込んでいたから、再現した姿を目の当たりにして面食らった。この者たちはシモンやレビ、タダイといった高位の聖職者ではなく、ペトロやアンデレのような教養という点で劣る使徒たちだった。それでも彼らには、神殿を三日で建て直して（raise）みせると言ったイエスの予言（ヨハネ福音書二章十九節）が、のちのヨーロッパで広まった〝死の象徴性〟をめぐるピントのずれた解釈とは、なんの関係もなかったことが容易にわかったはずだ。

ラザロの物語からは、破門された場合、その人間は死んだと見なされることがわかる――破門は霊的な〝死〟と定められていたのだ。破門が実際に履行されるには四日間を要し、その間、破門される人間は死に至る病にあるという形に付される。イエスの場合は、最高法院《サンヘドリン》議会の長老たち、つまり大祭司ヨセフ・カイアファと、新たに〝父〟の座に就いたヨナタン・アンナスによって正式に告発されたのだった。破門は絶対であり、十字架にかけられる金曜日早朝から、表向きイエスは〝病〟だとされた。四日目に〝死〟から逃げ延びるには、その前に〝父〟もしくは大祭司によって弾劾をとり下げて（解いて）もらうほかなく、イエスがあえて三日目によみがえるとした理由もここにある。そうでなければ、三日間という期間にはなんの意味も見られない。しかし、体制側があれほどきびしい態度で臨むなか、誰がイエスの弾劾を解いてくれたというのか？

その儀式を執りおこなったと思われる唯一の人物は、忠実な弟子であり、〝父〟の座を追われたシモン・ゼロテだろう。エルサレムの陰謀に関係なく、いまだ多くの者たちから〝父〟と崇められていたシモンだが、イエスとともに十字架にかけられたはずではなかったのか？　少なくとも弟子たちの大半がそう思っていた。しかし、事が明らかになり、シモンは元気な姿を見せた。傍らには、日曜日の早朝、彼が「死からよみがえらせた」イエスも立っている。この計略に与していなかった者たちにとって、イエスの蘇生はまさに奇跡であったし、福音書にもそう記されている。「イエスが死者の中から復活されたとき、弟子たちは……聖書とイエスの語られた言葉を信じた」（ヨハネ福音書二章二十二節）。

血と骨という〝復活〟の教義を打ち立てたのはパウロ（元ユダヤ教徒でのちに改宗し、ヘレニズムに感化）だが、その情熱も長続きしなかった。しかし彼は復活について自分の考えを躍起になって述べ、先にとりあげたとおり（「死者の復活がなければ、キリストも復活しなかったはずです」等々）の有無を言わせぬ勢いでごり押ししたため、イエスの弟ヤコブからは狂信者と呼ばれた。ヤコブの属するナザレ派は、復活を説かない主義だった。事実、当初はキリストの復活を声高に叫んだパウロだったが、根本的な関心事はここから移っていく。このことは、後半のパウロ書簡や新約聖書のほかの部分からも明らかで、復活をとりあげているくだりはほとんど見当たらない。

もっと重要なことは、イエスがみずからの理想のためならば苦しもうと決めたことであり、パウロも最終的には、かつての自分の主張についてもっと説得力のある根拠を探った。

自然の体の命があるのですから、霊の体もあるわけです。肉と血は神の国を受け継ぐことはできず、朽ちるものが朽ちないものを受け継ぐことはできません。わたしはあなたがたに神秘を告げます（コリントの信徒への手紙Ｉ十五章四十四節および五十～五十一節）。

忘れてはならないのは、イエスが異邦人でもキリスト教徒でもなかったということだ。彼はヘレニズムの影響を受けたユダヤ人であり、急進的なユダヤ教を信奉していた。しかしやがてイエスの元来の使命は、真の後継者を覆い隠すために彼の名を冠した宗教運動に、強奪され乗っとられた。その動きはローマを中心に展開し、権威をみずから主張するため、マタイ福音書十六章十八〜十九節の宣言を引いた——「あなたはペトロ。わたしはこの岩の上にわたしの教会を建てる」。イエスが言ったとされる言葉だ。残念ながら、「イスラエルの岩」を指したはずの「ペトラ (petra＝岩)」が、「ペトロス (petros＝石)」と誤訳され、ペトロ (実際にケファ〔岩〕と呼ばれたとヨハネ福音書一章四十二節にある) を指すと思われてしまった。ほんとうは、ペトロ自身ではなく、「イスラエルの岩」の上に教会を建てるのがイエスとペトロの使命という意味で、イエスは言ったのだった。それなのにその後この新しい動きは、ペトロからじかに権限を授けられた者だけがキリスト教会の指導者になれると定められるに至る。それは全体を統括する権限を、みずから選任した同胞に限定するために組まれた、巧妙な概念だった。シモン・(マゴス・) ゼロテの流れを汲むグノーシス派の弟子たちは、これを「馬鹿者の信条」と呼んだ。

『マグダラのマリアによる福音書』によると、イエスが死からよみがえったのち、しばらくのあいだ、使徒たちのなかには何も知らないまま、キリストが十字架にかけられたと信じて疑わない者たちが存在した。彼らは「〝人の子〟の王国の福音を宣べるために異邦人のところへ行くなど、どうしてわれわれにできようか？　もし彼らがあのかたを容赦しなかったとすれば、このわれわれを容赦することなどどうしてありえよう」と言ってさめざめと泣いた。マグダラのマリアはすでにイエスと墓で話をしていたので、答えて言った。「泣かないで下さい。悲しんだりしないで下さい。勇気を出すのです。あのかたの恵みがあなたがたとともにあり、あなたがたを護ってくれるのですから」。

するとペトロがマリアに言った。「われわれは救い主がほかの女性たちにまさってあなたを愛したことを知っています。あなたの思い起こす主の言葉をわれわれに話して下さい。あなたが知っていてわれわれの知らない、それらの言葉を」。

マリアはイエスから聞いたことを語る。「『あなたは祝された者だ、わたしを見ていても、動じないから』。というのは英知のあるその場所に宝があるのである』」。するとアンデレが答えて仲間たちに言った。「なんと言われたのか好きなように言うがいい。救い主がこれらのことを言ったとは、このわたしは信じない」。相づちを打ちながら、ペトロが言い添える。「あのかたがほんとうにわれわれに隠れて、女性とふたりきりで語ったりしたのだろうか。」これを聞いて、

マリアは泣き、ペトロに向かって言う……それではこのわたしがすべて心のなかで考え出したことだと言いたいのですか？　〝救い主〟について嘘をついているとでも？

レビがペトロに向かって言った……あなたはいつだって気が短い。まるで、この女性と敵

同士であるかのような口ぶりではないか。しかし、もし〝救い主〟が彼女をふさわしいものとしたなら、あなたに彼女を拒否する権利はあるのだろうか？　あのかたは確かに彼女をよく知っている。

知ってのとおり、レビことマタイ・アンナスは聖職者でありアルファイの後継者であり、その思慮深い意見は知性と教育の賜物だった。一方のペトロとアンデレは田舎者で大した教育を受けていなかった。ふたりとも長きにわたってイエスとともに過ごし、多くを学んだ使徒だったにもかかわらず、女性に対しては旧態依然とした見識を変えていなかった。本書でこれから見ていくように、ペトロの性差別主義的態度は、みずからの教えの一端を織り込んだローマ・カトリック教義において、抜きんでた地位を獲得していく。

キリスト教会の初期の司教たちは、みずからをペトロの後継者たる使徒だと主張した——按《あん》手《しゅ》を施してもらい、司教としての地位を授けられたのだと。しかしグノーシス派の『ペトロの黙示録』では、その同じ司教たちを「干上がった運河」として描いており、

彼らはまるで神からじかに権限を与えられたかのごとく、司教や助祭と称しており……その神秘を理解していないにもかかわらず、〝真実〟の秘密が彼らだけのものだと自慢しているのだ。

〝復活〟についていうなら、それは矛盾をはらんだままであり、必要以上に、とてつもなく重要なものと見なされている。とはいえ大半の人間は、それが表している意味についてまったく知らずにいるのだ。『トマスの福音書』は次のようなイエスの言葉を引用している。「霊が肉体のゆえに生じたのなら、それは奇跡の奇跡である」。

第八章　受け継がれる血統

復元期

イエスが磔刑《たっけい》に処せられたとき、マグダラのマリアが妊娠三カ月目に入っていたことはすでに触れた。ふたりは紀元三三年三月、ベタニアで〝第二結婚式〟に臨み、夫婦としての絆《きずな》を確固たるものにした。この情報から読みとれるのは、この儀式が福音書に記されているだけでなく、計算からいっても妥当だったということだ。王朝を継ぐ男性にとって、長男をもうけるのは、四十歳、もしくはその年齢に近いことが望ましいとされていた（王家では四十年を一代と数えるのが習わしだった）。王位を継ぐ男子は、必ず（当時の）九月――ユダヤ暦で最も神聖な月――に生まれることが望ましいと定められており、これこそが、性交渉を十二月にしか認めない理由だった。

〝第一結婚式〟もまた、〝贖罪の日〟のあるこの神聖な九月に執りおこなわれた。したがって王家の結婚も、理論的には新郎が三十九歳を迎える九月に、そして性行為は直後の十二月に解禁されることになっていた。しかし実際問題として、第一子が女児である可能性は常についてまわるので、万一に備えて第一結婚式を前倒しし、新郎が三十六歳になる九月に執りおこなう措置がとられた。この場合、第一子が誕生するのは、新郎が三十七歳の九月となる。その年の十二月に妊娠しなければ、夫婦は一年後の十二月にふたたび子づくりに励み、それが駄目ならまた翌年、と繰り返していくのだ。父親が世代の基準年数に収まる四十歳前後で男子をもうけることは、大いにあり得ることだった。

生まれたのが男子の場合、夫婦は六年のあいだ性交渉を禁じられる。逆に、生まれたのが女子ならば、その後の禁欲期間は半分の三年間とされ、(夫婦の状態に戻るという意味の) 復元期まで続く。すでに述べたとおり、第二結婚式に臨むのは、新婦が受胎後、つまり妊娠三カ月目を迎える三月だった。

こういった慣習および宗規に則り、イエスの第一結婚式は紀元三〇年 (イエス三十六歳の九月) におこなわれた。マグダラのマリアが初めてイエスの足に聖油を塗ったのは、このときだ(ルカ福音書七章三十七~三十八節)。しかし、その年の十二月も、そして翌年の十二月も、身ごもらずに終わった。紀元三二年十二月、ようやく懐妊したマリアが、翌三三年三月に、ベタニアでイエスの頭と足に聖油を塗るに及んで (マタイ福音書二十六章六~七節、マルコ福音書十四章三節、ヨハネ福音書十二章一~三節)、ふたりの第二結婚式は正式に認められることとなった。

イエス自身は、宗規に反する形で紀元前七年三月一日に生まれているが、その地位を正式なものとするため、九月十五日という公式な誕生日をあてがわれて、メシアの資格を満たしたのだった（王室によっては、実際の誕生日とそれとは別に公式な誕生日を祝う習わしを続けているところがある。今日の英国女王もそうだ）。イエスの公式な誕生日が、恣《し》意《い》的に十二月二十五日と定められたのは、ローマ皇帝コンスタンティヌスの治世、紀元三一四年になってからのことであり、この日を祝う習わしがいまもって続いているだけでなく、イエスが実際に生まれた日だと思い込んでいる者も少なくない。

　コンスタンティヌス帝がそのような変更をおこなった理由には、ふたつの側面があった。第一に、キリスト教の祝い事をいかなるユダヤ教の祝い事からも切り離し、イエスその人はキリスト教徒でありユダヤ教徒ではないと示すこと。第二に、イエスの公式な誕生日を、異教徒が太陽の祭りと呼ぶ〝ソル・インヴィクトゥス〟と重なるように調整することだ。しかしながら、当のイエスの時代では、（磔刑の六カ月後にあたる）紀元三三年九月十五日は、イエスの三十九回目の公式な誕生日にあたり、その同じ月にマグダラのマリアは女児を産んでいる。女児はタマル（松の木の意――ギリシア語ではダマリスに相当）という、ダビデ家に伝わる名を授けられた。そののちイエスは、三年間の禁欲生活に身を置いて、「復元期」を待つことを求められた。この「復元期」について、使徒言行録三章二十～二十一節は、次のように記している。

　こうして、主のもとから慰めの時が訪れ、主はあなたがたのために前もって決めておられたメシアであるイエスを遣わしてくださるのです。このイエスは、神が聖なる預言者たちの口を通して昔から語られた、万物が新しくなるその時まで、必ず天にとどまることになっています。

この、紀元三三年九月は、偶然にもシモン・ゼロテが公に〝共同体の父〟として復権した月というだけでなく、イエスがようやく祭司として認められ、その象徴である「天にのぼる」儀式に臨んだ時期とも重なる。

ダビデの血を引く王として大勢の承認は得ていたが、イエスは祭司職、それも長老祭司たちがつかさどる至聖所――〝天の国〟として知られる高僧院――へ入る道を長いこと模索してきた。ひとたびシモン・ゼロテが復権するや、その望みは叶えられることとなった。イエスは高僧院の一員に任ぜられ、〝巡礼者の長〟、すなわち自身の弟ヤコブによって〝天の国〟へと導かれた。この兄弟同士の関係において、ヤコブは、旧約聖書からの連想で〝雲〟と呼ばれていた。古《いにしえ》のユダヤの民を約束の地へと導いた（出エジプト記十三章二十一～二十二節）のは雲であり、シナイ山でモーセの前に神が姿を見せた際に、雷と稲妻とともにつき従っていたのも雲であった（出エジプト記十九章十六節）。このことから、（〝雷〟〝稲妻〟〝地震〟同様）、〝雲〟もまた、エッセネ派共同体内で象徴的な称号として用いられていたのだった。

イエスが祭司職の地位に就いたことについて、新約聖書では一般に、「昇天」の出来事として記されている。イエス自身がたとえ話を用いただけでなく、福音書の書き手もまた、「聞く耳のある者たち」には理解できる寓意や対比を駆使している。つまり、率直に語っているように見える福音書の記述（文脈がどれほど超自然的に思えたとしても）もまた、たとえ話だというこことになる。イエスは次のように弟子たちに述べている（マルコ福音書四章十一〜十二節）。

あなたがたには神の国の秘密が打ち明けられているが、外の人々には、すべてがたとえで示される。それは、『彼らが見るには見るが、認めず、聞くには聞くが、理解できず、こうして立ち帰って赦されることがない』ようになるためである。

であれば、使徒言行録一章九節で「こう話し終えると、イエスは彼らが見ているうちに天に上げられたが、雲に覆われて彼らの目から見えなくなった」と描かれている〝昇天〟もまた、たとえ話ということになる。イエスが〝天上〟の高僧院へ向かった際、天使の肩書きを持つふたりの祭司は、イエスがやがては同じように戻ってくると宣言している。

イエスが離れ去って行かれるとき、彼らは天を見つめていた。すると、白い服を着た二人の人がそばに立って、言った。「ガリラヤの人たち、なぜ天を見上げて立っているのか。あなたがたから離れて天に上げられたイエスは、天に行かれるのをあなたがたが見たのと同じ有様で、またおいでになる」（使徒言行録一章十〜十一節）。

こうしてイエスが三年にわたって日常の世界を離れているあいだ、身ごもっていたマグダラのマリアはイエスと身体的接触を断つこととなった。妊娠六カ月目に入ったマリアには、〝母〟と称する権利があったものの、娘が生まれ、三年間の禁欲生活に入れば、〝未亡人〟に位置づけられることになっていた。王家の子どもたちは、母たち（〝未亡人〟あるいは〝体の不自由な女性〟と呼ばれた、禁欲生活を送る妻たち）も暮らす修道院のコミュニティーセンターで、養育を施された。というのも、イエス自身が、俗界との接触を断ったそういう環境で育てられたからだったが、その子ども時代については、いずれの福音書でもほとんど触れられていない。

神の子イエスへ

紀元三六年九月、イエスは三年に及ぶ修道生活を解かれ、その年の十二月にふたたび夫婦の営みを許された。

新約聖書で用いられている言葉には、きわめて明快なある属性が見られる。それは、単語、名前、肩書きには秘された意味があり、一貫して同じ意味で用いられているということだ。毎回、同じ意味で使われているというだけでなく、同じ意味を求められるところでは、毎回必ず使われているのだ。バーバラ・スィーリング博士は、誰もが認めるように、『死海文書』の旧約聖書註解に書かれた情報にもとづいて、この分野で徹底した研究をおこなっている当代の第一人者だ。これらの註解書は〝ペシャリム（需要な手がかりへの道筋）〟の秘密を保持しており、クムランの博識な律法学者によって作られたものだ。

なかには、暗号化された名前や肩書きの個々の由来が複雑だったり、曖昧だったりすることもあるが、たいていはそのものずばりのケースが多い。ただ、ひと目でそれとわかることが稀《まれ》にしかないだけだ。福音書でしきりに目につくのは、「聞く耳のある者たち」に対して述べられる表現だ。決まって用いられるこの前置きのフレーズに続いて、秘意を含んだくだりが、暗号を知る者たちに向かって語られている。暗号をつかさどる法則が確立され、その符号が終始一貫していることは、イエス自身の例からわかる。

聖書の〝ペシェル（ペシャリムの単数形で、「説明」または「解決策」の意）〟を後世に伝えるため、イエスに〝神の言葉〟という定義が定着していたことは、ヨハネの福音書の冒頭からも明らかだ。

初めに言《ことば》があった。言は神とともにあった。言は神であった……言は肉となって、わたしたちの間に宿られた。わたしたちはその栄光を見た（ヨハネによる福音書一章一節および十四節）。

福音書での表現は一様に統一されていて、「神の言葉」というフレーズが使われるのは、イエスがそこにいるか、イエスについて語られるときと決まっている。例えば、ルカ福音書五章一節には、「神の言葉」が湖畔に立っていたと記されている。

またこのフレーズは使徒言行録でも用いられていて、そこでは、イエスが〝昇天〟後、どこにいたのかを示している。つまり、「エルサレムにいた使徒たちは、サマリアの人々が神の言葉を受け入れたと聞いた」(使徒言行録八章十四節)のくだりを読めば、イエスがサマリアにいたということがたちどころにわかる。

よって、「神の言葉はますます広がり(increased)」(使徒言行録六章七節)と出てきたら、「種をまく人」のたとえ話「またほかの種は良い土地に落ち、芽生え、育って実を結んだ(increased)」(マルコ福音書四章八節)に込められたペシェルを通じての象徴として、イエスが「(実を結んで)広がった(increased)」と瞬時にわからなくてはいけない。使徒言行録が言わんとしているのは、つまりイエスに息子が生まれたということだ。驚くことではないが、イエスの長男もまたイエスと名づけられた。この子については、おいおい触れることにする。

この長男はメシアのおきての求めどおりに、紀元三七年に誕生した。これはイエスが妻マリアとの夫婦生活に戻り「復元期」を再開した一年後のことだ。しかし、長男の誕生のあとは、六年間もの修道生活が待っていた。

エルサレムに建つロシア正教会「マグダラのマリア教会」には、マリアの美しい肖像画がかかっている。絵のなかのマリアは、赤い卵を抱いて見物人に見せているのだが、これは豊饒《ほうじょう》と誕生を表す究極のシンボルだ。同じような手法のものに、ジャン・プロヴォスト作(十五世紀の奥義画)《聖なる寓話》がある。この絵には、剣を手にしたイエスが、王冠をかむりナザレ派の黒衣をまとったマリアとともに、聖霊の鳩を放っている姿が描かれている。

パウロ作「イエス神話」

イエスが（〝天上〟と呼ばれる）修道生活を送っていたあいだも、使徒たちは伝道を続けていた。だが彼らには新しい宗教を立ち上げるという考えは一切なかった。いかに伝道の内容が過激であれ、彼らはやはりユダヤ人であり、ユダヤ教の枠内で改革者になる道を求めていたにすぎず、その先頭に立って伝道をおこなったのがペトロだった。

展開しつつあったこの動きに真っ向から反対したのが、サウロ（パウロのもとの名）だ。筋金入りの正統派ヘブライ人であるサウロは、ヘロデ＝アグリッパ王の家庭教師を務めていた。彼はリベラルなヘレニストたちのようにイエスを見てはいなかった。ユダヤ人に優る民族なしと信じていたし、また、〝メシア〟と呼ばれるべきはヤコブのほうだとも考えていた。

紀元三七年は、ローマ帝国史全体から見ても行政に変化のあった年であり、とりわけパレスチナでは、ティベリウス帝の死去にともなって即位した新帝ガイウス・カリグラが、ポンティウス・ピラトを解任して、自分の息のかかった人物フェリックスをユダヤ総督に据えた。また大祭司たるヨセフ・カイアファ、〝父〟たるシモン・ゼロテも、その職を解かれた。代わってヨナタン・アンナスの弟テオフィロスが大祭司の地位に就き、こうして打ち立てられた新行政府は、かつてないほどローマの意に適うものとなった。

紀元四〇年、イエスがいたダマスカスでは、ローマとの関係でどういう立ち位置をとるのかをめぐって、ユダヤ人指導者たちが会議を開いていた。イエスが、ユダヤは非ユダヤ人と手を結ばないうちは、けっしてローマを打ち負かせないと悟っていたのと同様、タルススのサウロも、キリスト教徒と手を結ぶことは弱みを見せることであり、つけ込まれて危険にさらされることを確信していた。カリグラの像がエルサレム神殿内に置かれるに至って激怒したサウロは、これをイエスとヘレニストたちのせいだと頭から決めつけて、彼らこそユダヤの国を引き裂いた張本人だと決めつけた。こうしてサウロもまた、みずからの言い分の正当性を明らかにするため、ダマスカスに向かった。

使徒言行録では、サウロがシリアのダマスカスに赴いた理由を、エルサレムの大祭司の命を受けたからだとにおわせているが、事実は異なる。ユダヤの高等法院《サンヘドリン》はシリアに対し、一切の管轄権を持っていない。むしろヘロデ家とゆかりの深いサウロが、ローマ行政府のために、ナザレ派の活動を押さえ込もうとしてとった行動と考えるほうが自然だろう。しかし、会議の場でみずからの力を印象づけようと機会を狙っていたサウロの前に、イエスが立ちはだかった。ときは正午、サウロが天窓から陽の光のまっすぐ差し込む礼拝堂に入っていくと、そこにはイエスが告発者と対峙せんと待ちかまえていた。やがて、イエスの説得力ある教えを聞かされたサウロは、これまで宗派の教義にとらわれ過ぎて、何も見えなくなっていたことに気づく（使徒言行録九章八節）。

突然、天からの光が彼の周りを照らした。サウロは地に倒れ、「サウル、サウル、なぜわたしを迫害するのか」と呼びかける声を聞いた（使徒言行録九章三〜四節）。

続いてイエスは弟子アナニアに対し、サウロをさらに教え導くよう命じたが、アナニアはためらう。サウロのことを敵のスパイに違いないと思っていたからだ。「主よ、わたしは、その人がエルサレムで、あなたの聖なる者たちに対して、どんな悪事を働いたか、大勢の人から聞きました」（使徒言行録九章十三節）。それでも弟子はイエスの命を容れて、言った。「兄弟サウル、あなたがここに来る途中に現れてくださった主イエスは、あなたが元どおり目が見えるようになるようにと、わたしをお遣わしになったのです」（使徒言行録九章十七節）。

ここで使われている「目が見える（sight）」と「途中（the way）」という言葉もまた符号であり、前述の部分との関連で言えば、共同体の教義のテーマは〝道（the way）〟と呼ばれる。ヘレニスト思想に関する教えをひととおり受けたのち、イニシエーションを経たサウロは、キリスト教徒と協力しつつ救われる道をはっきりと見とおせるようになった。「すると目からうろこのようなものが落ち、サウロは元どおり見えるようになった。そこで身を起こして洗礼を受けた」（使徒言行録九章十八節）。

この体験を機に、サウロは骨の髄までヘレニストに変貌を遂げた。そしてすぐさまダマスカスで教えを説き始める。けれども、ひとつ問題があった。これまでメシア批判の急先鋒だった男が、今度はメシアの教えを説く側にまわっているのだ。信じろというほうが無理な話だった。ユダヤの民は混乱し、不信の念を抱いた。やがて、怒りを買ったサウロが命を狙われるようになったため、弟子たちは彼を街の外へひそかに連れ出さざるを得なくなった。それでも紀元四三年には、パウロと改名した熱烈な伝道者として広く知られるまでになり、ペトロとともに人心を掌握した。ところが知らないあいだに、さらなる問題が起きていた。改宗の際の出来事と心変わりの程度があまりにも強烈だったせいで、パウロはイエスのことを、現世にあって社会を鼓舞するメッセージの発信者メシアにとどまらず、天上の王である〝神の子〟の現《うつ》し身だと見なすようになったのだ。

伝道の旅に出たパウロはアナトリア（小アジア）へ、そして地中海東部のギリシア語圏へと足をのばした。だが、その口から語られる〝良き知らせ〟は、大幅に修正を施されたものだった。すなわち、すばらしい救い主がまもなく現れ、一点の曇りもない正しい統治がおこなわれる、といったように。そしてこの解釈のよりどころとされたのが、ダニエル書七章十三〜十四節のような、曖昧な旧約聖書の記述だった。記されたときにはイエスとはなんの関係もなかったが、パウロを感化し、激しい言葉を吐かせるにはじゅうぶんの内容だった。興奮さめやらぬパウロは、旧約聖書に登場する熱狂的な預言者を総動員して、〝主の怒り〟だと宣言し、結果、この恥知らずな主張によって、未曾有の注目を得ることに成功したのだった。

夜の幻をなお見ていると、見よ、「人の子」のような者が天の雲に乗り……　そのもとに進み、権威、威光、王権を受けた。諸国、諸侯、諸言語の民はみな、彼に仕え……。

テサロニケの信徒への手紙Ｉ四章十六〜十七節において、パウロはこう述べている。

大天使の声が聞こえて、神のラッパが鳴り響くと、主御自身が天から降って来られます。するとキリストに結ばれて死んだ人たちが、まず最初に復活し、それから、わたしたち生き残っている者が、空中で主と出会うために、彼らといっしょに雲に包まれて引き上げられます。このようにして、わたしたちはいつまでも主とともにいることになります。

パウロの創意あふれる教えによって、イエスはまったく新しい対象に生まれ変わった。もはや、〝油を注がれた者（古代イスラエルの王の意）〟や、ダビデの血統を復活させ、圧政に苦しむパレスチナのユダヤの民を解放するメシアにはとどまらない。いまや天から遣わされた〝全世界の救世主〟となったのだ！

……見えない神の姿であり、すべてのものが造られる前に生まれたかたです。天にあるものも地にあるものも、見えるものも見えないものも、……万物は御子によって、御子のために造られたからです……。

また、御子はその体である教会の頭です……こうしてすべてのことにおいて第一の者となられたのです。神は、御心のままに、満ちあふれるものを余すところなく御子の内に宿らせ……（コロサイの信徒への手紙一章十五～十九節）。

ヤコブとペトロが地道な布教活動をおこなっていたのに対し、パウロは幻想という底知れぬ領域に迷い込んでしまっていた。狂熱にとりつかれたパウロは、でたらめな神話を創りあげ、けっして実現することのない自称「お告げ」を次々に口にした。根拠があるとも思えないこんな教えにもかかわらず、福音書をはるかに凌いで新約聖書の大半を牛耳っているのは、ペトロでもヤコブでもなく、パウロの文章だ。パウロの教えにはそれほどの力があった。福音書に登場する、聖務を果たす福音書のイエスが〝全能の神〟の一部に変えられただけでなく、（ユダ王家を継承者を意味する）「キリスト」を名乗ったイエスとしての姿までも、宗史に消されてしまうほどの力が。

本来パウロに課された役目は、地中海沿岸地方の異教徒にヘレニスト的ユダヤ教の教えを広めることと、外地で暮らすユダヤの民にイエスの言葉を届けることだった。しかしパウロはそうするどころか、基幹の目的をないがしろにして、（おそらくは避けられなかったのだろうが）彼自身のとり巻きを作りあげた。パウロから見れば、イエスを敬い無条件に崇めれば、救いと〝神の国〟への入場にはこと足りた。イエスが教え促した社会的に価値のあることは、さまざまな他宗教とのせめぎあいのなかですべて横に押しやられた。

古の地中海世界では終始、多くの宗教が存在し、それらの神あるいは預言者は、処女懐胎によって生まれたか、不死だということになっていた。いずれも生い立ちは超自然的で、普通の人間が持ち得ない驚くべき力を持っていた。公平を期していうなら、確かにパウロは、ペトロやヤコブがユダヤで遭遇することのなかった問題にぶち当たった。そういう不利な状況を覆す道筋が、先に述べたとおりの超常的な偶像を凌ぐ存在として、イエスを呈示することだった。しかしそうすることで、パウロは現実からあまりにも遠いイエス像を創りあげてしまったため、ユダヤ人社会からはペテン師呼ばわりされた。それなのに、後年キリスト教から承認を与えられるのは、パウロが創りあげたこの超常的イエスなのだ。

聖杯の子

紀元四〇年初め、シリアのアンティオキアで、ペトロは改宗したばかりのパウロと連携する。一方、ヤコブとナザレ派はいままでどおり、エルサレムで活動をおこなっていた。その後、シモン・（マゴス・）ゼロテがグノーシス派の新たな拠点をひそかにキプロスに置くに至って、またしても幹部同士の不和が表面化する。

ペトロはこれまでイエスの右腕を務めてきた人物であり、右腕というからには、別居期間中（象徴としての寡婦生活）のマグダラのマリアを守護する立場にあったはずだ。しかし、みずからも妻帯者だったにもかかわらず、ペトロは女性を男性よりも劣ると見なしていたから、女性祭司のいいなりになる心づもりはなかった。一方パウロの女性観も、お世辞にも好意的とはいえず、女性が宗教問題に首を突っ込むことに強く反対していた。というわけで、このふたりは意図的に、マリアを新たな運動におけるいかなる立場からも除外すると同時に、孤立を決定づけるために、シモン・ゼロテの妻ヘレナ＝サロメと近しいという理由をつけて、彼女は異端者だと触れまわった。

ローマ帝国

そんななか、イエスとマリアは、息子の誕生から六年後の紀元四三年十二月、ふたたび夫婦生活に戻った。イエスがマリアに対するペトロとパウロの態度にさほど懸念を示していたようすはない。なぜならイエスは、ペトロという人物を知り抜いていたし、好き嫌いは別として、パウロの心酔ぶりに満足を覚えていたからだろう。実際のところ、イエスは妻が、このふたりによって新たに推し進められている性差別主義連合よりも、シモンやヘレナのグノーシス派（あるいは弟ヤコブのナザレ派）側と見なされることを、心底喜んでいるようだった。なんといってもマリアは（マルタ同様）、ベタニアのシモン（ラザロ）の敬虔な妹であり、旧知の仲間だったのだから。マリアがふたたび身ごもったのはこのときだ。紀元四四年の春が訪れるころ、イエスは、改宗者集団の長でありバルトロマイの名で知られるヨハネ・マルコとともに、(小アジア中央に位置する)ガラテヤへと旅立った。

このあいだに、ヤコブ率いるナザレ派は、エルサレムのローマ当局をますます脅かす存在となっていった。必然の結果として、紀元四四年には使徒ヤコブ・ボアネルゲスが、ヘロデ＝カルキスによって処刑される。シモン・ゼロテはすぐさま報復に出てヘロデ＝アグリッパに毒を盛ったが、追われる身となった。しかし、タダイはそんな幸運には恵まれなかった。ヨルダン川を横断して逃げようとしたところをヘロデ＝カルキスに捕らえられ、即座に処刑されてしまう。この一件で、身重のマリアは危うい状況に追い込まれた。マリアがシモンの友人であることは、ヘロデ＝カルキスの知るところだったからだ。マリアはかつてパウロの教えを受けた若きヘロデ＝アグリッパ二世(当時十七歳)に保護を求める。アグリッパ二世はしかるべき手を講じて、かつてヘロデ＝アンティパスとアルケラス兄弟が流刑に処されたガリアへと、マリアを落ち延びさせた。

その年遅く、マリアはプロヴァンスで次男となる息子を産んだ。この出来事について、はっきりと記された箇所が新約聖書に見られる。「神の言葉はますます栄え、広がって行った」(使徒言行録十二章二十四節)。祖父の名をとってヨセフと呼ばれたこの嬰児こそ、かけがえのない〝聖杯の子〟だった。

隠された記録と主の後継者

ふたりの息子をもうけ、王家の血筋を残すという義務を果たしたことで、晴れて制約を解かれたイエスは、いま一度普通の暮らしに戻ることができた。紀元四六年、九歳になった長男のイエス二世は、カエサレアで教育を受け始めた。三年後、十二歳（新参者《イニシエート》としての〝最初の年〟）を迎えると、習わしに従って、プロヴァンスで第二生誕式に臨んだ。これは、母の胎内からふたたび生まれ出ることを象徴する儀式だ。式に参列したのは叔父のヤコブ（アリマタヤのヨセフ・ハ・ラマ・テオ）で、後年、甥であるこのイエス二世を連れて、いっときのあいだ、イングランド西部へ赴くことになる。

紀元五三年、コリントの教会堂において、イエス二世は正式に〝皇太子〟に宣せられ、ダビデ王家の皇太子の称号〝ユストゥス（正当なる者——使徒言行録十八章七節）〟を授けられた。ここに王家の後継者として、公式に叔父ヤコブ・ユスト（義人ヤコブ）を継承したことになる。十六歳で成年に達すると、イエス・ユストゥスは「ナザレ派の長」の座に就き、黒衣——母なる女神イシスの祭司たちが身に着けたとされる——をまとう資格を得た。

紀元六〇年、父のイエス・キリストはクレタ島およびマルタ島を経てローマに赴く。その一方で、医師ルカとともに永らく伝道の旅を続けてきたパウロがエルサレムに帰ってきた。しかしここでパウロは、ヨナタン・アンナス殺害に加担した咎《とが》を糾弾される。実際に手を下した総督フェリックスが、皇帝ネロの面前で裁きを受けるため、ローマに送られると決まったことで、パウロも同行を余儀なくされた。それからしばらくしてフェリックスは放免されたものの、パウロの拘留は依然として続く。それというのも、皇帝ネロが忌み嫌ったヘロデ＝アグリッパ二世と師弟関係にあったからだった。この間、イエス・ユストゥスもまたローマにとどまっていた（コロサイの信徒への手紙四章十一節）。

ちょうどそのころ、ローマでの危機的状況をよそに、イエス・ユストゥスの弟ヨセフはドルイドの大学で学問を修め終えると、母とともにガリアに落ち着いた。のちにふたりのもとには、紀元六二年にエルサレムから追放された若きヨセフの叔父ヤコブが合流して、そのまま西欧に住み着くことになる。ヤコブ率いるナザレ派は、ローマ帝国から執拗な嫌がらせを受け続け、ヤコブ自身も最高法院《サンヘドリン》議会から不法な布教活動の嫌疑をかけられていた。結果としてヤコブは公開石打ちの刑を言い渡されるとともに、ユダヤの長老たちから破門、つまり霊的に〝死んでいる〟と断じられることになった。かつての最高法院《サンヘドリン》の「身分の高い議員」であり、ヘブライの民にとってのメシアの継承者は、こうして社会および宗教界の頂《いただき》から転がり落ちた。この出来事は、実際にヤコブ自身が神殿の屋根から転がり落ちたかのように描かれてきた。

法的見地から見て、聖職者としての威信を一切失ってしまったヤコブは、世襲のヨセフ・ハ・ラマ・テオの称号をふたたび背負って西へと向かい、ガリアのマグダラのマリアとその仲間に合流したのだった。一方ネロの治めるローマにはペトロが合流し、「キリスト教徒」と呼ばれるようになったパウロの派閥について、責任を負う立場になっていた。ネロはキリスト教徒に対して激しい憎悪の念をかき立てており、その数を減らそうと狂気じみた迫害制度を導入する。ネロのお気に入りの拷問刑は、宮殿の庭に穿《うが》った杭《くい》にキリスト教徒を縛りつけ、火をつけて松明《たいまつ》がわりにすることだった。この出来事が原因で紀元六四年にキリスト教徒による大反乱が起きるのだが、その過程で今度はローマが炎に包まれることになる。錯乱した皇帝が扇動したとの疑いが持たれたが、皇帝はキリスト教徒の非だとしてペトロとパウロをふたりとも死刑に処した。

パウロは死ぬ前に、テモテになんとかイエスの無事を伝えたものの、その所在については口をつぐんだ。なかには、イエスが使徒トマスのあとをたどってインドに至り、カシミール地方スリナガルで死んだと結論づける者もいて、イエスのものとされる墓まであるという。これは一九八四年にあるカシミール人が、イエスとはイサと呼ばれる預言者のことだと言いだしたのが発端であり、くだんの墓はもともとイサが祀られたものだった。なかなか興味深い説ではあるが、決定的な証拠と呼ぶにはほど遠い。

ヤコブ(アリマタヤのヨセフ)がいったん西欧に落ち着いてほどない紀元六五年、シモン・ゼロテはナザレ派の大半を率いてエルサレムを離れた。向かった先はヨルダン川の東側で、一派は古代メソポタミア(現在のイラク)一帯に散らばった。

ネロの敷いた体制は聖地に著しい政治的緊張をもたらし、その度合いは危険な高さにまで達していた。紀元六六年初め、カエサレアにおいて、ゼロテ党とローマ軍のあいだで散発的な戦いが勃発した。紛争はすぐさまエルサレムへと広がり、ゼロテ党が戦略上の要所要所を押さえる。そして四年間にわたって守り抜いたものの、紀元七〇年、フラウィウス・ティトゥス率いるローマの大軍が押し寄せるに至り、エルサレムの街は蹂躙《じゅうりん》されつくす。何年も前にイエスがずばり予言したとおり、神殿は倒壊し、すべてがもろともに崩落した。住民の大半が殺され、生き延びた者も奴隷として売り払われて、聖地はその後六十年ものあいだ、廃墟と化した。

エルサレムの街が破壊されたことで、ユダヤの国は騒乱状態に陥った。エルサレムに続いてクムランも落ち、一千人にも満たないユダヤの民は、ついに死海の南西に位置する、要衝として名高いマサダの砦に立てこもった。そしてそこで、強大なローマ軍によるたび重なる包囲攻撃に抵抗を見せたものの、次第に軍事物資も食料も事欠くに至る。紀元七四年には、もはや目的を果たす望みは消えたとして、指揮官のエレアザル・ベン・ヤイルは集団自決を決行した。生き残ったのは女性ふたりと、子ども五人だけだった。

難民となったナザレ派は、次々に聖地を出て、メソポタミアの北端やシリア、トルコ南部へと押し寄せ、そこで伝統を永らえさせた。紀元二〇〇年ごろ、エデッサの街（ギリシアのエデッサではなく、現トルコのウルファ）に住み、執筆をおこなっていた年代記編者、ユリウス・アフリカヌスは、この脱出劇の模様を記録している。ユダヤで蜂起が起こったのを受けて、ローマの総督府はエルサレムに保管されていたすべての公文書を焼却させ、のちのちイエス一家の系譜に関する詳細を入手できないようにした。蜂起のあいだ、あらゆる記録は、ローマ軍にとって恰好の餌食だった。彼らはまた私的な記録——実際、関連がうかがえる証拠書類なら、手に入る限りどんなものでも——についても破棄するよう命じられていたのだ。にもかかわらず、すべてを破棄することは叶わず、いくつかの書類は幸運にも隠しおおされた。

ローマがこのように、救世主に関する資料を明確な意図を持って根絶やしにしようとしたことについて、アフリカヌスは次のように述べている。「何人かの用心深い者たちは、みずからの私的な記録を保有していた。名前を記憶にとどめ続けたり、あるいは書き写したものを見つけ出した彼らは、高貴な出自の記憶を保全することに誇りを抱いていた」。アフリカヌスは、こういった王家の血筋を継承する者たちを、〝デスポシニ（主［または家長］の後継者［あるいは属する者］）〟と表現した。紀元後の最初の何世紀かを通じて、デスポシニの分流たちはローマの独裁者につけ狙われた。初めはローマ帝国から、次にローマ教会から。エウセビオスがはっきりと認めているように、帝政時代においてデスポシニの指導者たちは、「王朝の厳格な継続」を目指す派閥の領袖となった。しかし彼らは、機会あるごとに死に追いやられた。まるで反逆者でもあるかのように追いつめられ、皇帝の命によりローマ兵の刃に倒れたのだった。

この恣意的な異端者弾圧についての真実は当然のことながら隠蔽《いんぺい》されたが、その伝承と習わしは生き永らえた――聖杯の言い伝えをはじめ、タロットカード、アーサー王物語、トルバドゥールの詩歌、一角獣《ユニコーン》のタペストリー、秘儀的な絵画、そしてマグダラのマリア伝承への止むことのない崇拝という形で。伝統はあまりに強く、今日でさえも聖杯は、探求すべき究極の遺物となっている。けれどもこういったものすべてが、「正当」とされる聖職体制派からは、異端と見なされているのだ。なぜか？　救世主の後継者を放逐し「我にこそ聖職権あり」と主張している教会にとっては、飽くことなき探求（Quest）の究極の目的物が、いまだに恐るべき脅威だと目されているからにほかならない。

第九章　イエスの妻マグダラのマリア

王の花嫁として、母として

マグダラのマリアは紀元六三年、フランス南部の現サント・ボームの地で六十年の生涯を閉じた。新約聖書のルカによる福音書ではまず「罪深い女」と記され、その後八章二節では「七つの悪霊を追い出していただいた」女と記された女性だ。ところがこれに加え、すべての福音書において、マリアは好感度の高い、イエスに忠実に寄り添う伴侶として描かれている。だがルカの記すマリア像には、またしても暗号的な形容が用いられているのだ。

マリアという名の女性は、結婚前に書記長の庇護下に置かれることになっていたが、当時その地位にあったのはユダ・シカリオテだった。この書記長はまた、〝悪魔の祭司〟の七番目の地位にあった。悪魔の祭司とは七つの〝燭台〟と呼ばれる祭司たちに対して、形式的に相対する集団として設けられたものだ。彼らの務めは、共同体で暮らす独身女性を監視することだった。当然ながら、結婚後はこのとり決めから解放される。よって、「七人の悪魔の祭司は、マグダラのマリアの前から消え去り」、マリアは先に述べたとおり定期的に性交渉を持つことを許された。

すでに触れたが、マリアの結婚は一般的な結婚とは異なり、長期間にわたる別居生活を前提としていた――この期間中は、妻ではなく「姉妹《シスター》（献身を意味する象徴としての尼僧）」に位置づけられる。〝姉妹〟の役割でいえば、マリアは〝父《ファーザー》〟なるシモン・ゼロテ（ラザロ）に属していた。また、同じくその〝父〟の〝姉妹〟だったのはマルタで、このマルタという名もまたひとつの肩書きだった。マルタとは「婦人」という意味であり、マリアと違う点はというと、マルタには自身の財産を持つことが許されていたのに対し、マリアには許されなかったことだ。社会的に見て〝姉妹〟は、共同体でいう〝未亡人〟（体の不自由な女性）の地位に相当する。これは〝若い女性（almah）〟のひとつ下の位だ。〝若い女性（おとめ）〟は結婚することで〝母《マザー》〟という地位に上がっていくが、別居期間中は、かつての未婚女性の地位に格下げされることになるのだ。

マグダラのマリアの父は祭司長（大祭司に次ぐ地位）、〝ヤイラス〟のサイラスだ。ヤイラス祭司は、カファルナウムにそびえる大理石の大礼拝堂で祭司を務める立場にあり、ツアドクおよびアビアタル祭司とは一線を画していた。それはダビデ王の時代から引き継がれてきた地位であり、（民数記三十二章四十一節にあるように）ヤイルの子孫による世襲に限定されていた。サムエル記下二十章二十五～六節には、「シェワは書記官、ツアドクとアビアタルは祭司。ヤイル人イラもダビデの祭司」とはっきり記されている。

新約聖書においてマグダラのマリアが初めて登場した場面は、紀元一七年にヤイラスの娘として死から〝よみがえる〟物語だ。永遠の暗黒からの象徴的な蘇生（よみがえり）がかかわってくるのは、〝道〟のなかでの地位の向上か、あるいは先に触れたように、破門による霊的な死からの解放かのどちらかだ。しかし女性は破門されないので、このマリアの一件は単に入門（入会）という意味の蘇生ということになる。最初の蘇生の時期は、男子が十二歳、女子が十四歳と定められている。この最初の蘇生が紀元一七年におこなわれたとすれば、マリアの生年は紀元三年で、イエスより九歳年下となり、婚姻を結んだ紀元三〇年には、二十七歳だったとわかる。

紀元三二年の十二月に身ごもったマリアは、翌三三年に〝第二結婚式〟に臨んだ。そして同年、三十歳で娘タマルを産む。四年後、長男イエスを出産し、さらに紀元四四年（四十一歳のとき）には、次男ヨセフを産んだ。このころには、すでにマリアは、五世紀までギリシア語を公用語としていた（当時マシラと呼ばれた）マルセイユに移っていた。広く認識されてはいないものの、イエス、使徒たち、それにヘレニズム的ユダヤ教にかかわっていた人々が用いたアラム風言語が、ギリシア語の強い影響を受けているという事実は、重要視されてしかるべきだ。ヘブライ人が自分たちのセム系言語を使っていたことは言うまでもない。「アルファイの」や「ハ・ラマ・テオ」といった、ギリシア語とヘブライ語両方の要素が組み合わさった言葉が見うけられるのは、こうした理由による。加えて、長期間にわたってローマの占領下に置かれたことで、ローマの言語文化も多少とり入れられた。（ユダヤ人以外の）異教徒と（ユダヤ教徒に改宗した異教徒である）改宗者についても順応がおこなわれたので、さまざまな言語集団同士でも、互いに理解し合うことが可能だった。

グノーシス派の言い伝えでは、マグダラのマリアは、太陽、月、それに星々の光輪によって表される〝智（ソフィア）〟と結びつけられる。知恵の女神ソフィアは聖霊と見なされ、イエスの子を産むために亡命したマグダラのマリアによって、地上に示された。ヨハネは黙示録十二章一～十七節のなかでマリアと息子について触れ、迫害に遭って異国へ逃れてからも、ローマ当局が「子孫の残りの者たち」を追い続けたようすを語っている。

また、大いなるしるしが天に現れた。ひとりの女が太陽を着て、足の下に月を踏み、その頭に十二の星の冠をかぶっていた。

この女は子を宿しており、産みの苦しみと悩みとのために、泣き叫んでいた。また、もう一つのしるしが天に現れた。見よ、大きな、赤い龍がいた。それに七つの頭と十の角とがあり、その頭に七つの冠をかぶっていた。

そして……龍は子を産もうとしている女の前に立ち、生まれたなら、その子を食い尽くそうとかまえていた。

女は男の子を産んだ……。

女は荒野へ逃げて行った。そこには、神の用意された場所があった。

さて天では戦いが起こった。ミカエルとその御使《みつかい》たちとが、龍と戦ったのである……。

この巨大な龍、年を経たへびは投げ落とされ……。

兄弟たちは、子羊の血と彼らのあかしの言葉とによって彼にうち勝ち……。

龍は、自分が地上に投げ落とされたと知ると、男子を産んだ女を追いかけた。その女は自分の場所である荒野に飛んで行くために、大きなわしの二つの翼を与えられた……。

龍は、女に対して怒りを発し、女の残りの子ら、すなわち、神の戒めを守り、イエスのあかしを持っている者たちに対して、戦いをいどむために、出て行った。


紀元四四年にマリアとともにガリアへ渡った者のなかには、マルタとその身の回りの世話をするマルチェラが加わっていた。そのほか、使徒フィリポ、マリア・ヤコベ＝クロパ、マリア・サロメ＝ヘレナの姿もあった。一行が上陸したのはプロヴァンスのラティス、のちにサントマリー・ド・ラ・メールの名で知られるようになる地だ。福音書では突出して登場回数の多いマリアとマルタだが、紀元四四年に西方へ向かってからは、使徒言行録でも聖パウロの書簡でも、まったく触れられていない。

マヤンス（マインツ）大司教およびフルダ大修道院長を務めたラバン・マール（七七六〜八五六年）による『マグダラのマリアの生涯』には、五世紀をはるかにさかのぼる時代からのマリアにまつわる伝承が盛り込まれている。マールの原稿は一四〇〇年代初めにオックスフォード大学で見つかったもので、一一九〇年ごろには、マシュー・パリスの『大年代記』にも引用されている。また、オックスフォード大学の『バシレイオスによる教会歴史』にもその名が見うけられる。フランスのルイ十一世（一四六一～一四八三）は、フランス王家がマリアの血統を汲んでいると強く主張していた。わけても、ドミニコ会のラコルデール師の手による『聖マグダラのマリア』（フランス革命後に出版）は、ジェノアの大司教ヤコブス・デ・ヴォラギネ（一二二八生）による『聖マグダラのマリア伝説』と並ぶ有益な研究だ。デ・ヴォラギネもマールも、マリアの母ユーカリアがイスラエルの王家（ユダヤのダビデ家ではなく、むしろハスモン王家）の縁者だと明確に述べている。

デ・ヴォラギネのもうひとつの重要な研究である有名な『黄金伝説』は、一四八三年にウィリアム・カクストンがロンドンのウェストミンスターで印刷したもののなかでも、最も初期の書籍にあたる。すでにフランス語およびラテン語で出版されていたが、アルンデル伯爵ウィリアムの説得を受けたカクストンが、欧州版の手書きの原稿をもとに、この英語版を出版した。主要な聖人の伝記を集めた年代集として大いなる崇敬を集めたこの書物は、中世の修道院や教会で、定期的に公開朗読された。ここには、ベタニアの聖マルタとその妹姉マグダラのマリアについて述べた箇所が見うけられる。

主イエス・キリストをもてなした聖マルタは、王家に生まれた。父の名はサイロ、母の名はユーカリア。父はシリアの出身だった。妹とともに母の遺産を受け継いだマルタは、三つの財産を所有することになった――マグダラ、ベタニア、それにエルサレムの一部にかかる城を。

主が昇天され、使徒らが去ると、兄弟のラザロと姉妹のマリア、そして聖マクシムをともなって、船で旅立った。わが主がお守りくださったおかげで、全員無事にマルセイユにたどり着いた。そののちはエクスの地に向かい、そこで住民たちを改宗させた。

マグダラという名前は、ヘブライ語で「塔」を指す名詞「ミグダル」から派生している。実は、姉妹が三つの城を所有したという記述は、誤解を招きかねない。というのも、マリア（別名ミリアム）という名を持つ女性には、財産の所有が許されていなかったからだ。実際には、共同で受け継いだ遺産とは、個人の地位のことを指す。姉妹が引き継いだのは、ミカ書四章八節に「羊の群れを見張る塔（マグダル＝エデル）」と記されたような、共同体内の高い地位である後見職（城や塔）だった。

マグダラのマリアを崇拝する集団は、やがてラングドック地方のレンヌ＝ル＝シャトーを中心に、活発な活動を展開する。そのほかのフランス各地でも、聖マグダラのマリアを祀《まつ》る聖堂が建てられた。サン・マキシマンにあるマリアの墓もそのひとつで、墓所と雪花石膏でできた墓碑は、四〇〇年代初めから、カシアヌス派の修道士によって護られている。この、レンヌ＝ル＝シャトーという謎めいた地域は、一九八二年に、マイケル・ベイジェント、ヘンリー・リンカーン、リチャード・リーの共著『レンヌ・ル・シャトーの謎――イエスの血脈と聖杯伝説』、およびヘンリー・リンカーン著『隠された聖地』によって脚光をあびてからというもの、多くの人々を惹きつけてきた。けれども、この地域の驚くべき事実を伝えるという点では、勲爵士デイヴィッド・ウッドの画期的な地図製作本『ジェニシス』以上のものはない。

カシアヌス修道会には、興味深い歴史がある。西洋の修道院制度の父は通常、聖ベネディクトゥスだと思われているが、実際には、（トゥールの司教マルティヌスと、アルルの大司教オノラティウスによる共同体形成の努力を下敷きに）ヨハネ・カシアヌスが先んじるかたちで、紀元四一〇年ごろに、カシアヌス修道院を設立した。カシアヌスが（続いてベネディクトゥスやほかの者たちが）作りあげた修道院の規律は、監督制のローマ教会という組織からの分離・独立という点で、著しく進んでいた。カシアヌスは聖職に就くことを「危険な習わし」だと糾弾し、修道僧は「いかなる理由であれ、司教になるべきではない」と言明した。当初ベツレヘムで苦行をおこなう修道士だったカシアヌスは、マルセイユ近くに一対の学校を設立する――ひとつは男性のための、もうひとつは女性のための学校だった。以来、マルセイユは修道院の中心地として知られるようになった――かつての冥府のペルセポネの松明《たいまつ》行列を引き継いだ聖燭節の儀式は、ここで生まれた。同様に聖母祭りも、マルセイユの聖ヴィクトル聖堂で始まったものだ。

マグダラのマリア崇拝はまた、ジェローヌを中心とする地域でも活発であり、そこでは九世紀にかけて、ユダヤ人学院が栄えた。レンヌ＝ル＝シャトーの教会は、一〇五九年にマグダラのマリアを祀ることとし、一〇九六年（第一回十字軍遠征の年）には、ヴェズレーに聖マグダラのマリア大聖堂が創立された。この地には、一二一七年、アッシジの聖フランチェスコがフランシスコ修道会を設立した。また一一四六年、シトー会の大修道院長クレルヴォーの聖ベルナールが、国王ルイ七世をはじめ王妃エレアノール、王の騎士団、それに集まった信徒団十万人の前で、第二回十字軍の派遣を呼びかけたのも、このヴェズレーだった。十字軍への熱狂は、まさにマグダラのマリアへの崇敬と、密接に結びついていた。

このように、当時、シトー会、ドミニコ会、フランシスコ会をはじめとするさまざまな修道会は、いずれもローマ教会の監督制度とは別の生活様式をとっていた。だが、マグダラのマリアに対しては、共通の関心を抱いていたことになる。一一二八年、テンプル騎士団の規約を草案する際に、クレルヴォーの聖ベルナールは、「ベタニアに、つまりマリアとマルタの城に従うこと」をはっきりと要求した。こういったことから考えると、欧州に点在するノートル・ダム大聖堂――ひとえにシトー会＝テンプル騎士団によって建設が進められた――が、イエスの母マリアではなく、マグダラのマリアに捧げられたものであることは明白だ。

緋色の淫婦―黒衣の聖母

初期のキリスト教の書物は、マグダラのマリアを「すべてを知る女性」として描いている。彼女は「キリストがどの弟子にもまして愛した」者であり、「ペトロをはるかに凌ぐ知識と展望と洞察」を備えた使徒であり、ベタニアでの〝聖なる結婚〟で、イエスを聖油で清めた花嫁だった。

これらすべてを度外視するかたちで、ローマ教会は、義母であるイエスの母マリアの地位を高めるために、マグダラのマリアの威信を貶《おとし》める道を選ぶ。この目的を果たすために教会が利用したのが、新約聖書に記されている曖昧な見解――未婚のマグダラのマリアを「罪深い女」(実際には、婚約期間中につき、共同体の監視のもと禁欲生活に置かれていた〝若い女性〟だった)とした見解だ。しかし、ふたごころある司教が、罪深い女とは売春婦のことに違いないと決めつけたことから、以後マリアにはその烙印がついてまわることになった。

マリアと、マリアの仲間ヘレナ＝サロメとのあいだには、興味深い類似点がある。女性(とりわけ教養のある女性)への反感から、ペトロは常にヘレナ＝サロメのことを魔女だと見なしていた。そして彼女がイエスの母と近しく、イエスの磔刑《たっけい》の際にも傍らにつき添っていたという事実を、顧みることすらなかった。シモン・ゼロテの妻であるヘレナは、尼僧として、使徒ヤコブとヨハネ・ボアネルゲスの〝母《マザー》〟でもあった。地方主義的なダン族に属するマグダラのマリアとは違い、ヘレナは、仲間意識が強く、女性にも財産の所有を認めるアセル族に属していた。

また、ヘレナはエフェソス派の高位の女性祭司を務め、〝ヒエロドゥライ(ギリシア語で「聖なる女性」の意)〟の深紅の法衣をまとうことを許されていた。ペトロがそういった身分の高い女性を大いに恐れたのは、みずからの地位がヘレナのような女性に脅かされ続けるという理由からだった。同様にローマ教会も、女性がそういった枢要な地位につくことを認めなかっただけでなく、売春婦や魔法使いのレッテルを貼った。このように、かつて崇拝の対象だった〝ヒエロドゥライ〟のイメージは(中世のフランス語を介して英語の)「淫売婦《ハーロット》」へと一変させられ、「緋色の淫婦」と呼ばれて蔑《さげす》まれることになった。

一方のマグダラのマリアは、「ナザレ派教団女信徒の長」（上位の司教と同程度の地位）を務め、黒衣をまとうことを許されていた。マグダラのマリアを崇敬する当初からの動きと肩を並べるように、「黒衣の聖母」への熱狂は、紀元四四年にフェリエールの地から広まった。現存する数多くの「黒衣の聖母」像のなかでも、リージュの東の街ヴェルヴィエに飾られている彫像は、全身に黒衣をまとい黄金の笏《しゃく》と王冠を身につけ、ソフィアの星々の光輪をいただいた、とりわけ見事なものだ。マリアの幼子もまた王冠をかぶっている。

「黒衣の聖母」の姿とは対照的に、しばしば緑のドレス（豊饒の象徴）の上に赤いマントをまとったマグダラのマリアの肖像画もよく見うけられる。有名なものには、フィレンツェ近郊アレッツォに建つゴシック聖堂のフレスコ画がある。ピエロ・デラ・フランチェスカの手による、一四六五年ごろの作品だ。ボッティチェリの《十字架のたもとのマリア》も、似かよった衣装をまとっている。赤い衣装には（ヒエロドゥライの緋色と同じように）、マリアが聖職者として高い位階にあったことを示す意図がある。しかし、赤いケープをまとったふたりの女性が、宗教上の要職に就くという概念に激怒したヴァチカンの権力者集団は、別格として崇めてきたイエスの母マリアについても、赤いケープで威厳をもたせるべきでないという結論を下す。一六四九年、司教たちはあまつさえ、イエスの母の肖像画をすべて青と白のみをもって描くべしとの教令を出す。その目的は、たとえ教会が尊ぶ聖マリアであっても、権力機構においては、聖職者としていかなる位も認めないことにあった。

カトリック教会において女性が無条件に叙階から締め出されていた背景に加え、通常（イエスの母以外の）女性が高位に就くことが認められなかった事実は、マグダラのマリアを表舞台から一層遠ざける結果になった。イエスの血を分けた子孫が完全に影に隠れたことで、司教たちは聖なる権力を男性継嗣《けいし》に固定するという主張を強めることができた。これは、本来あるべきイエスを祖とする救世主の血統でもなければ、〝ハ・ラマ・テオ〟王子、すなわち（イエスの弟）義人ヤコブの血統でもなく、エッセネ派に属し、粗野で自分本位で女性を蔑視していたペトロを礎とする、人工的な継承だった。

ちょうどそのころ、初期の教会は（特に地中海地方に見られた）〝万有の女神〟崇拝の広がりと競わざるを得ない状況にあった。このことは実際、女性に聖職権を認めるか否かの論争が起きていた期間に高まることとなる。〝女神〟は有史以前から多くの姿に形を変えて登場し、キュベレ、ディアナ、デメテル、ユノといった多くの名前で知られている。しかしどれほど人格化されようとも、女神は必ず、「万有の母であり、あらゆる元素の所有者であり、時間の初めから存在する子であり、万物の所有者であるとともに万物の顕現」とされる〝イシス〟だと見なされた。

古代エジプトの民にとってイシスは、文明の創始者および冥界の王オシリスの妹であり妻でもあった。とりわけ母性の守護者としてあまねく礼賛を集めており、子どものホルスを抱く姿で広く知られている。ちなみにこのホルスの化身がファラオなのだといわれている。有名な〝白衣の聖母〟の肖像が母乳を与えるイシスの姿にもとづいて作られたことは、揺るぎない事実だ。謎めいた〝黒衣の聖母〟も、これまたイシスに着想を得て生まれたものだとされており、十六世紀にはフランス国内で二百近くの像を数えるに至った。いまでは世界中で四百五十ほど見つかっている。フランスで慈しまれている守護女神〝ノートルダム・ドゥ・リュミエール（光の女神）〟も、万有の女神を起源としている。

黒衣の聖母と幼子の像、特にヨーロッパ大陸の有名な教会や寺院に置かれた彫像は、教会にとっては常にジレンマの対象だった。全身が黒ずくめのものもあるが、たいていは顔や手足だけが黒い。かといって黒色人種というわけではない。なかには白衣の聖母の基準に合致するよう、身体を淡い白色に塗り替えられたものまである一方で、多くの彫像は人目につかないよう、一切合切撤去させられた。控えめな装飾のものも見られるが、それ以外のものは、威信や権力の度合いを示すように、豪華な衣装と王冠で飾られている。

黒衣の聖母の口伝は女王イシスを祖とするとともに、族長時代以前の〝リリス〟をも祖としている。このように黒衣の聖母は、女性の強さと平等性――誇り高く、毅然とした指揮官像――の象徴であり、教会内でイエスの母が象徴するような、きわめて従属的な従来の白衣の聖母像とは対極をなしている。イシスもリリスも、神の秘められた名前を知っていたとされる（この秘密は「すべてを知る女性」であったマグダラのマリアも知っていた）。かくして黒衣の聖母とは、アレクサンドリア神学派によれば、「イエスの真の秘密を伝え残した」マグダラのマリアの象徴でもあるのだ。現に、長年にわたるマグダラのマリア崇拝は、黒衣の聖母像が見つかった場所と密接に結びついている。聖母が黒い色をしているのは、天地創造以前の暗黒の混乱期に存在した〝英知（ソフィア）〟が、黒色だったという理由からだ。シモン・ゼロテの流れをくむグノーシス主義者から見れば、英知とは、聖霊——原始の父ヤルダバオトを深みから生みだした、偉大な不死神ソフィア——だった。ソフィアは王妃マグダラのマリアのなかで聖霊の化身となったのであり、究極の〝信仰〟を護る責を担うとされている。

マグダラのマリアとローマ教会

正統派のキリスト教運動が芽生えたころから、女性の指導者を崇拝する者はすべて異端者だと見なされることとなった。コンスタンティヌス帝のはるか以前から、クイントゥス・テルトゥリアンといった教会の神父たちが女性の関与を拒んでいたことは、以下の記述からも明らかだ。

女性が教会で話すことは認められないし、洗礼を授けることも認められない。また、聖体を授けることも、男性の役割を担うこと、わけても聖職に就く権利を主張することは認められない。

とはいえテルトゥリアンは、著名なペトロおよびパウロら先達の意見に従ったまでだ。マリアによる福音書では、ペトロがマグダラのマリアとイエスとの関係を問いただしている。「彼がほんとうにわれわれに隠れて、女性とふたりきりで語ったりするだろうか？　なぜわれわれは考えを改めて、彼女の言うことを聞かねばならないのだろうか？」また、『ピスティス・ソフィア（信仰と英知）』と呼ばれるコプト語の論文でも、ペトロはマリアの説教について不満をもらすとともに、マリアの口を閉じさせ、イエスの威信に傷をつける活動をやめさせるよう求めているのだ。イエスが逆にペトロを叱責したことを、のちにマリアはこう語っている。「ペトロはわたしを逡巡させたいのです。彼には恐ろしさを感じます。女性を憎んでいるのですから」。マリアには警戒心を抱くだけの理由があった。トマスによる福音書で述べられているとおり、ペトロがたびたびこういう態度を示したからだ。マリアが使徒たちと同席することを嫌ったシモン・ペトロは彼らに言った。「マリアは私たちのもとから去ったほうがよい。女たちは命に値しないからである」。

フィリポによる福音書では、マグダラのマリアは「神の英知の象徴」だと見なされているが、そういった類の文書は、男性原理にもとづく聖職制度を害するという理由で、司教らの手で根こそぎ削除された。パウロは逆に新約聖書のなかで、教えの主旨を語っている。

婦人は、静かに、まったく従順に学ぶべきです。婦人が教えたり、男の上に立ったりするのを、わたしは許しません。むしろ、静かにしているべきです（テモテへの手紙I二章十一～十二節）。

こういった権柄《けんぺい》ずくの宣言は、核心を覆い隠してしまったという点できわめて有効だった。ほんとうの目的は、どんなことをしてでも女性を排除することにあった。そうしなければ、マグダラのマリアの存在感は消えるどころか、優勢になるだろう。イエスの妻マリアは、メシアの妃であるばかりでなく、真の跡継ぎの母でもあった。福音書には、日常的にイエスにつき従っていた女性の名前が七回にわたって羅列されているが、そのうちの六回において、マリアの名前はイエスの実母に先立ち、第一番目に記されているのだ。その死から何世紀ののちも、マグダラのマリアの遺産は、メシアの家系をさしおいて自称使徒による継承を選んだ教会にとって、最大の脅威であり続けた。

マグダラのマリアを大いなる脅威とみなす教会側は、新たな文書を作り、司教たちが組織内でのマリアの立場をどう審判するかを公表した。『使徒組織』と題されたそれは、最後の晩餐ののちに使徒たちが持ったとされる話し合いの記録で、(福音書ではそうなっていないが)マリアとマルタの両名も出席していたと主張しており、そうすることによって目的の相手を打破したのだった。存在したとされるその議論の抜粋にはこう記されている。

ヨハネは言った。「主がパンと杯を聖別され、これはわたしの肉であり血であると言われたとき、主はそれらをわれわれとともにいた女性たちには差し出されなかった」。マルタは言った。「主はマリアが笑っているのをご覧になったので、差し出されませんでした」。

このありもしない作り話を根拠に教会は、女性が不真面目だという理由で(!)聖職に就くことを禁ずるとした、最初の使徒たちの決定を、認める教令を出した。捏造《ねつぞう》されたこのやりとりりはその後、正式に教会の見解として採用されるに至り、マグダラのマリアは不信心で反抗的だと宣告された。

女性と福音書の選別

新約聖書がその形を成し始めたのは、知ってのとおり、紀元三六七年、アレクサンドリアの司教アタナシオスによって、数ある文書が初めて精選され照合されたのがきっかけだった。このリストにもとづき、紀元三九三年のヒッポ公会議および紀元三九七年のカルタゴ公会議において、特定の文献が承認され、正典とされた。選別の決定にはいくつかの基準が存在した――第一に、正典となるためには、イエス自身の使徒の名で記された福音書でなくてはならない。しかしこの規則は、最初からなおざりにされてきたように思える。マタイとヨハネはどちらもイエスの使徒だったが、マルコとルカはのちに使徒言行録で聖パウロの仲間として登場するものの、使徒ではなかった。そのいっぽうで、トマスとフィリポは十二使徒の一員であったにもかかわらず、ふたりの手による福音書は除外されているのだ！　そればかりか、ふたりの福音書は破壊すべしと言い渡され、五世紀には地中海地方全域で、これらを含めた複数の書物が地中に埋められ隠された。その後、幾たびもの編集を経た新約聖書が、現在われわれが慣れ親しんでいる形になったのは、一五四五～六三年、北イタリアのトレントで開かれた公会議によって承認されてからのことだ。

ごく最近になって、初期の写本のいくつかが発掘されているが、なかでも一九四五年にエジプトのナグ・ハマディで見つかったものは、最大の発見となった。近年まで再発見されなかったとはいえ、これらの書物が存在することは、歴史家のあいだでは公然の事実となっていた。実際、『トマスによる福音書』、『エジプト人の福音書』、『真理の福音』などいくつかは、二世紀に記されたアレクサンドリアのクレメンスやリヨンの聖エイレナイオス、それにアレクサンドリアのオリゲネスの著作で触れられている。

では、福音書の選別を真につかさどる基準とはいったいなんだったのだろうか？　それはひとえに、教会や共同体社会において、女性の地位を是認する内容のものはすべて締め出せという、性差別主義的な規定だった。すでに述べたように、ペトロとパウロによる明らかな女性蔑視は、男性優位の状況を設定するのに戦略的に使われた。しかもふたりの言葉が引用される場合も、まったく的外れではないものの、細心の注意が払われ巧妙に選ばれたことは間違いない。ローマの信徒への手紙のなかで聖パウロは、自身の援助者としてフェベという女性を例に挙げ、「教会の奉仕者」（十六章一～二節）として紹介しているほか、ユリア（十六章十五節）と命がけでパウロを守ったプリスカの名前も出しているのだ（十六章三～四節）。実際には、（たとえ戦略的に選別された形であっても）新約聖書は女性信徒であふれているのだが、ローマ教会の司教たちは彼女たちを一切無視することを選んだ。

教会当局は女性を恐れるあまり、聖職者に対して独身主義を導入したほどだった。この規則は一一三八年に法令化され、現在に至るまで貫かれている。しかし、司教たちの気をそこまで揉ませたのは、女性自体でも、さらには一般的な意味での性行動でもなく、聖職者が女性と親密になることで将来的に生じる問題だったのだ。なぜか？　それは女性が母になるからであり、母性こそは「血統の永続」にほかならないからだ――このテーマはタブーであり、どうあってもイエス像から切り離しておく必要があった。

だからといって、聖書がそういった事情を少しでも示唆しているかといえば、そんなことはない。実際は、まったく逆だといっていいだろう。現に聖パウロはテモテへの手紙Ｉ（三章二～五節）のなかで、司教（監督）は妻をめとり、子どもを持ち、家庭をきちんと治めてこそ、教会でよい地位を築くことができると述べている。司教たちはパウロの教えをことさら支持することにしたといわれているが、この明白な方向性については完全に無視する態度に出たことで、イエス自身も妻帯者だったという事実が黙殺されるよう仕向けたのだった。

湖の貴婦人

六三三年、不可思議な小舟が北フランスのブーローニュ＝シュル＝メールの港に流れ着いた。乗員は誰もおらず、乗っていたのは高さ一メートルほどの、幼子を抱いた黒衣の聖母像と、シリア語で書かれた福音書の写本だった。小舟がどこからやってきたのか知る者はなかったが、このことは人々の心に強く刻まれ、その謎めいた乗船者（聖なる血統の貴婦人）はブーローニュのノートルダム・マグダラ大聖堂の徽章《きしょう》となった――そして、フランス革命で破壊されるまで、多大な崇拝の対象であり続けた。

ブーローニュの〝黒衣の聖母〟は、人々の心にマリアと海（ラテン語ではmare、フランス

エジンバラのリース港の徽章、「海の聖母」の図

語では mer）をいっそう強く結びつける結果となり、（聖堂の徽章に由来する）「海のマリア」の標章は、カール大帝の時代に入るまで、巡礼者の名札に刻印されていた。実際この徽章の別バージョンは、英国で紋章印を使った封蠟《ふうろう》が普及する以前から、すでにスコットランドに入り込んでいた。十一世紀、スコットランドのエジンバラにあるリース港《ポート・オブ・リース》は、これを商標として公式にとり入れた。「海のマリアと聖杯の幼子」が、雲に守られ小舟で進むようすを写し取った図柄で、この雲とは、かつて〝雲〟すなわち「巡礼者の長」であったヤコブ（アリマタヤのヨセフ）を指している。

どういうわけか、紋章学の学者たちは概して、女性を象《かたど》った徽章の重要性を無視するという姿勢をとり続けてきた。このことは、家系図の編集者や爵位の登記人が、女性の血統をはねつけるという罪を犯してきたことと重なる。こういった風潮は、ジョージ王朝とヴィクトリア朝においてとりわけ顕著であり、これらの時代に記された年代誌のせいで、不十分な情報ばかりが出回ることとなった。つい先頃幕を開けた〝水瓶座の時代〟ではきっと、男性原理の歴史にピリオドが打たれるところを見られるだろうが、当分のあいだは、古めかしい文体と形式で出版された文献で我慢するしかない。しかし、大がかりな調査をしなくとも、暗黒および中世時代を通して、〝ノブリース・ユーテリン（貴族階級の母系相続）〟を理想とする考えが信奉されていたことは明白だ。

紋章学（紋章と家紋の盾）の概念は一般に、十二世紀に起こったといわれている。英国ではそのとおりだったかもしれないが、われわれが信じ込まされたものに反し、その概念が生まれたのは英国ではない。この分野の権威として名高い紋章院は、紋章の登記を管理するために、十三世紀後半に設立された。当時、頭からつま先まで鎖帷子《かたびら》と鎧《よろい》で固めていた騎士にとって、見分けがつくように装飾を施した盾を持つことは欠かせなかったからだ。家系および出身地を示す旗やそれ以外の記章は、早い時期にフランダースや北フランスから広まった。

にもかかわらず、十二世紀より前の英国では徽章、特に領地に由来しないものは、ほとんど見られなかった。そういった意味で「リース港」の徽章は、年代の点でも、領地に由来しない点でも、また女性との関連という点でも、きわめてめずらしい存在だ。

ラバン・マール大司教が著わした、五十の章、全六巻からなる『マグダラのマリアの生涯』には、マリアとマルタが同行者たちとともにアジアを離れるくだりが描かれている。

……そして東からの風にのって、一行はヨーロッパとアフリカを隔てる［地中］海に漕ぎ出し、ローマの街とイタリア半島を右手（北）に見ながら進んだ。やがて首尾よく進路を北へと変えた船は、ガリアのビエンヌ地方、ローヌ川河口の街マルセイユにたどり着いた。そこで――全世界の偉大なる王、神の名を唱えたのち――、一行は別れた。

パリの図書館のなかには、マールが書いたものよりも古い、プロヴァンスでのマリアの任務を証明する書類が残っている。六〇〇年代の賛歌（十七世紀のイエズス会士ジャン・ボランが集成・刊行した『カトリック聖人伝』に収蔵というかたちで、再出版された）に、そういった内容が特記されているのだ。マリアの仲間であるマリア＝サロメ（ヘレナ）とマリア・ヤコベ（クロパの妻）は、カマルグ地方サントマリーの地下聖堂に埋葬されたといわれている。九世紀に建設されたこの教会の前身は、はるか以前から「ラティスの聖マリア」と呼ばれていたもので、現在の身廊《ネイヴ》横に、海を行くマリアたち一行像の一片が置かれている。

マグダラのマリアとガリアとの組み合わせを芸術的に表現するには、ふたつのきわだった方法が用いられた。ひとつは具象主義。そしてもうひとつは神秘主義だ。マリアは、記録上の解釈どおり、マルセイユを目指す姿で現れることがある。この種の姿で最も重要な例は、サントマリーの教会に飾られてきたアンリ・ド・ガルデルマリの絵画だろう。舟でプロヴァンス地方の海岸にたどり着いたマリアを描いたこの絵は、一八八六年にサロン・ド・パリで公開された。

似たような絵柄でもうひとつ有名なものに、ルーカス・モーザーの《航海》がある。これは南ドイツ、ティーフェンブロンの聖マグダラのマリアカトリック司教館が所蔵する、金箔と銀箔をあしらった祭壇装飾「マグダレーナ祭壇」の一部を成している。

マリアはまた、（出所の怪しい冒険譚のなかで常態化していたように）大地の上を進んで天上からの教えを受ける姿や、黙示録のなかでの西方へ運ばれていく姿で現れることもある。その美しい例が、《天使たちによって運ばれるマグダラのマリア》だ。ナポリのカポディモンテ国立美術館に収蔵されているこの作品は、一六〇六年ごろにジョバンニ・ランフランコが手がけたもので、裸のマリアが同じく裸のキューピッド三人とともに、ヨーロッパの荒野を天へと舞い上がる構図で描かれている。

マルタの遺骸《いがい》は、フランス、ヴィエンヌ地方のタラスコンに埋葬された。一四八二年にルイ十一世が書いた手紙には、五世紀後半に、メロヴィング王朝の始祖クローヴィス一世がこの墓を訪れたことが言及されている。マグダラのマリアの遺骸は、マルセイユから四十八キロほど離れたサン・マキシマンの大修道院に保存された。シチリア王にしてプロヴァンス伯でもあったシャルル二世の命により、一二七九年に掘り出されたマリアの頭蓋骨および上腕骨は、金と銀で覆われて陳列され、現在に至っている。それ以外の骨や灰は墓に納められたが、フランス革命のさなかに破壊された。

マリアが隠士生活を送った洞窟は、サント・ボームの近くで見つかっている。ルイ九世とともに第七回十字軍に参加したサイル・ド・ジョアンヴィルが一二五四年に訪れたのがこの洞窟

だった。のちにジョアンヴィルが記したところによれば、一行は、
　聖マグダラのマリアに敬意を表するため、プロヴァンスのエクスの街にやってきた。マグダラのマリアが眠る場所はここから一日ほどの距離にある。われわれはボームと呼ばれるその場所へ赴いた。その険しい岩山の上にある洞窟で、聖マグダラのマリアは長らく隠遁《いんとん》生活を送ったのだといわれている。

　それより三世紀前、プロヴァンス侯爵ウィレルムス・ゲラルドゥスがこの洞窟へ詣でた。サント・ボームに建つ（祭壇やマグダラのマリアの彫像がいくつも置かれた）この高い岩屋の洞窟の教会は、大勢の巡礼客がやってくる聖地として、長年注目を集めている。

　紀元六三年にマグダラのマリアが亡くなった地、エクサン・プロヴァンスは、古くは「アクアエ・セクスティアエ」と呼ばれた町だ。その名の由来となったのはエクス（Acqs）の温泉だった――「acqs」とは古代ラテン語「aquae（水域）」から、中世になって派生した言葉だ。ラングドックの言い伝えによると、マリアは〝水の女王〟として記憶されている。グノーシス派の人々にとって（またケルトの人々にとっても）信仰の対象となった女性たちは、湖、井戸、泉、湧き水と結びつけられることが多かった。実際、グノーシス（知識）と英知は、「水の面を動いていた」（創世記一章二節）とあるとおり、女性の聖霊に帰属するものだった。

　以前に触れたとおり、福音書の時代に洗礼をおこなう司祭は「漁夫」として描かれた。そし

てイエスもまた、メルキゼデクの位階において祭司職に就いたときから、「漁夫」と呼ばれるようになった。こうしてユダの王家の血統は、「祭司王」、あるいはイエスの末裔《まつえい》が聖杯伝承のなかで知られるようになった「漁夫の王」として、独自の家を築いていった。イエスとマグダラのマリアの血筋は「漁夫王」を通して姿を現し、母から引き継いだ「水の霊」を保って「水の《デラック》（del Acqs）家」になった。

この一族は、アキテーヌ地方で繁栄した。アキテーヌという名もまた、「水（acquae あるいは acqs）」を語源としており、事実、トゥールーズの西方にある町の名ダクスも「水（d'Acqs）」から派生した言葉だ。ここでは、漁夫王たちから発したメロヴィング朝の分家が、それぞれトゥールーズ伯爵、ナルボンヌ伯爵、（フランスとスペインに挟まれた地域である）南部フランスのセプティマニア公へとつながっていった。

母系を通じた別の分家はアヴァロンのケルト教会の伝承を授かり、六世紀初頭にはヴィヴィアン・デラックが世襲の高妃（high queen）として認められた。ブルターニュではその後、男系の分家であるプロヴァンスのデラック家が、ヴィヴィアン一世の孫娘モルガインの血を引くクレオン・ダック伯爵家となった。

クレティアン・ド・トロワが『イウェインと水源の婦人（この「婦人」は「水の女王《ドンプナ・デラクアエ》」のこと）』を書いた十二世紀から、「水（Acqs）」の伝承はアーサー王の物語のなかで生き続けてきた。聖杯のテーマの根幹であり続ける「水の《デラック》（del Acqs）」家の遺産は、必ず聖なる水と直接の関係があり、また必ずマグダラのマリアと結びついている。「デュラック（du Lac）」

という名前でも呼ばれることがあるのは、ペンドラゴンの血（「lac」または「lake」は東洋のリュウケツジュからとった赤い色素で、絵の具の「スカーレット・レイク」という名にも用いられている）と関係があることを示すためだ。一四八四年にトーマス・マロリー卿が著した『アーサー王の死』では後者（レイク）の称号を用いており、そのためヴィヴィアン二世（「水源の女王」でありランスロット・デラックの母）には、「湖《レイク》の女王」という地位が与えられている。

第十章　アリマタヤのヨセフ

グラストンベリー礼拝堂

ヴァチカンの司書であったバロニウス枢機卿が著した、一六〇一年の『教会年代記』によれば、アリマタヤのヨセフがマルセイユに最初に到着したのは紀元三五年のことだった。そこから一行は、福音を宣教するためにブリテンへ渡ったという。バロニウスよりずっと以前、年代記編者の聖ギルダス三世（五一六〜五七〇年）が『ブリテン衰亡記』のなかで、キリスト教の教えは、紀元三七年に死去した皇帝ティベリウス・カエサルの晩年にブリテンに伝えられたと述べている。ギルダスよりもっと前にも、カエサレア司教エウセビオス（二六〇〜三四〇年）やポワティエの聖ヒラリウス（三〇〇〜三六七年）といった著名な聖職者たちが、初期のころから使徒がブリテンを訪れていたと記している。紀元三五〜三七年という年代は、キリスト教福音伝道の記録としては、最も古いもののひとつだろう。これはキリストの磔刑直後の時期にあたる――ペトロとパウロがローマにいた時期、あるいは福音書が世に出た時期よりも前の時代だ。

一世紀のガリアで重要な人物は、聖フィリポだ。ギルダスや、マームズベリーのウィリアムによれば、彼こそは、ヨセフがイングランドへ赴くきっかけを与えた人物だという。『聖アリマタヤのヨセフ』によれば、「聖母被昇天から十五年後（つまり紀元六三年）、彼（ヨセフ）はガリアに使徒フィリポを訪ねた」とある。九世紀のリジュー司教フレクルフスの記録によれば、フィリポはその後「かの地へ命の世の福音をもたらし、イエス・キリストの托身を説く」ために、ガリアからイングランドへ宣教師を派遣した。

イングランド西部に到着したヨセフと十二名の宣教師たちは、当地のブリトン人から懐疑の目を向けられたが、ペンドラゴンであったカラクタカスの兄弟、シルリアのアルヴィラグス王からは、温かく迎えられた。アルヴィラグスはほかの首長たちと協議したうえで、ヨセフにグラストンベリーの土地十二ハイドを与えた。ハイドとは、一年間ひとつの鋤《すき》で耕し、だいたい一家族が食べるだけの作物が収穫できる広さの土地のこと――サマセット（グラストンベリー州）では約百二十エーカー（約四十八・五ヘクタール）に相当する。ここで彼らは古代へブライ人たちの幕屋を模した、独自の小さな教会を建てた。この下賜地がその後何世紀にもわたって免税地であり続けたことは、一〇八六年の『ドゥームズデーブック』でも確認できる。「グラストンベリーの教会は、独自に十二ハイドの土地を保有していたが、税を払ったことは一度もない」とある。ヨセフの時代、キリスト教徒の礼拝堂といえばローマの地下墓地《カタコンベ》に隠されていたが、編み垣細工の聖マリア礼拝堂がグラストンベリーに建てられたことで、ブリテンは、世界初の地上に建てられたキリスト教会を、誇れるようになった。

礼拝堂にはのちに修道院が併設され、八世紀には建物全体をサクソン人が再建した。一一八四年の大火災のあと、イングランドのヘンリー二世がここに修繕許可状を与えた。勅許状は、グラストンベリーを「聖人たちの生みの母、かつ墓地で、われらが主の弟子らがみずから創設した教会」と謳っている。石造りの〝貴婦人《レディー》の礼拝堂《チャペル》〟はこのとき建てられたものだ。その後、敷地全体に建物が増えてベネディクト会大修道院に変わり、ロンドンのウェストミンスター大寺院に次ぐ、規模と重要性を誇る施設へと発展した。グラストンベリーゆかりの名士には、聖パトリック（五世紀の初代大修道院長）と聖ダンスタン（九四〇～九四六年の大修道院長）がいる。

アリマタヤのヨセフとグラストンベリーに関する記事とは別に、ガリア、あるいは地中海錫交易とのつながりを語る者もある。グラストンベリーのジョン（十四世紀『グラストンベリー年代記』の編者）とジョン・カプグレーヴ（アウグスティノ修道会イングランド支部長。一三九三～一四六四）は両者ともに、エルサレム総督公邸で皇帝テオドシウスによって発見された、ある書物を引用している。カプグレーヴの『聖アリマタヤのヨセフ』は、キリストの磔刑《たっけい》後、ヨセフがユダヤの長老たちに捕らえられたいきさつを語っており、そのことは外典『ピラト行伝』にも描かれている。同様に、歴史家でもあったトゥールの司教グレゴリウス（五四四～五九五年）も、磔刑後のヨセフの投獄について著書『フランク史』で言及しており、また十二世紀にも、ブルゴーニュの聖杯年代記編者ロベール・ド・ボロンの『アリマタヤのヨセフ』で、同じことが語られている。

『グラストンベリー大写本』やその他の写本が伝えるところによれば、ヨセフはその後脱走し、特赦を受けたという。数年後、彼は甥のヨセフをともなってガリアに現れる。甥はその地で使徒フィリポから洗礼を授けられた。若いほうのヨセフ（イエスとマリアの次男）は伝統的に「ヨセフェス」と呼ばれることが多いが、本書でも、叔父のアリマタヤのヨセフと区別するために、そちらの呼び名を使うことにしよう。

　貴重な資料や遺物の相当数が、一一八四年のグラストンベリー大火災で焼失し、のちのチューダー王朝による修道院解体という暴挙のせいでさらに失われた。後者の破壊行為の最中であった一五三九年には、グラストンベリー大修道院長のリチャード・ホワイティングが、ヘンリー八世の部下に殺された。幸い重要な写本のいくつかは救出され、そのなかのひとつ（ギルダス三世の手によるものとされる）が、アリマタヤのヨセフのことを「気高き十人隊長《ノーブル・デクリオ》」と呼んでいる。九世紀の大司教ラバン・マールも同様に、彼のことを「高貴な十人隊長《ノブリス・デクリオン》」であったと書いている。デクリオとは鉱山地区の監督を指す言葉で、その言葉が発祥したスペインでは、紀元前六世紀から、ユダヤ人金属工たちがトレドの鋳造所で働いていたという。ヨセフが鉱業に造詣が深かったことが、あるいは、アルヴィラグス王が寛大に土地所有を認めた最大の理由だったかもしれない。なんといってもヨセフは有名な金属商人であり、金属職人だった。父や旧約聖書の登場人物トバル・カインやヒラム・アビフ（両者とも近代フリーメーソンにおいて記憶されている）同様、「名　匠《マスター・クラフツマン》（ho-tekton）」だったのだ。

『聖ヨセフ』が伝えるところによれば、アリマタヤのヨセフが建立した編み垣細工の聖マリア教会は、「我らが主の受難より数えて三十一年目」〔つまり紀元六四年〕に献堂されたという。これは、マームズベリーのウィリアムが伝える、紀元六三年着工という記録と合致する。しかしこの教会が聖マリア（イエスの母と目されている）に捧げられたという事実は、長いあいだ論争の種になってきた。マリアの被昇天から教会が献堂されるまで実に十五年も経っており、しかも処女マリア崇拝が興ったのはそれから何世紀もあとの話だ。しかし、十二～十三世紀のマシュー・パリスによる『年代記』で確認できるように、紀元六三年とは、別のマリア――マグダラのマリア――がサント・ボームで永眠した、まさにその年なのだ。

ヨセフの訪英旅行のうち二回は教会にとって非常に重要で、のちに数多くの聖職者や宗教記者が言及している。その一回目は（バロニウス枢機卿の描写によれば）、キリスト磔刑後、ヨセフが最初に最高法院《サンヘドリン》に捕まったあとのことだ。紀元三五年のこの訪英は、ヨーロッパに義人聖ヤコブがいたという話と完全に一致するが、アリマタヤのヨセフとこの聖ヤコブが同一人物であることを考えれば、不思議でもなんでもない。ライオネル・S・ルイス司祭（一九二〇年代のグラストンベリー司教代理）も、年代記から、聖ヤコブが紀元三五年にグラストンベリーに滞在したことを確認している。二番目は、紀元六二年のエルサレムにおける義人ヤコブの石打ちの刑と破門（精神的な死）のあととされている。宗教改革の直後に生きたベネディクト会修道士クレシーは、次のように書いている。

キリストの年四一年（つまり紀元三五年）、スペインから戻った聖ヤコブは、ガリア、ブルターニュ、ヴェネチアの町々を訪れて福音を語ったのちに、聖処女と聖ペトロとともに重大な事柄について話し合うために、エルサレムへと帰還した。

クレシーのいう「重大な事柄」とは、無割礼の異邦人をナザレン教団に受け入れるか否かを決める必要性についてであった。エルサレムの最初の司教として、イエスの弟ヤコブは、この議論をとり扱う評議会の議長を務めていたのだ。

多くの古い伝承が、サルデーニャとスペインに滞在した聖ヤコブについて語っているが、それらは別の聖ヤコブに誤って関連づけられることが多い。使徒「ボアネルゲスのヤコブ」（「アルファイの子ヤコブ」すなわち「小ヤコブ」と区別するために「大ヤコブ」とも称される）が、新約聖書の記述から、長期間にわたって姿を消しているからだ。

アリマタヤのヨセフと義人聖ヤコブをめぐる、見かけ上の奇妙さと記録の二重性から生じた誤解が、一四三四年のバーゼル公会議において、司教たちのあいだに議論を引き起こした。その結果、個々の国々はそのまま独自の伝承を引き継ぐことに決めた。イギリスの教会史については「聖ヨセフ」が最もよく覚えられ、スペインで崇敬される場合は「聖ヤコブ」になった。それでもイングランドの当局は、彼を君主と結びつけるときは譲歩したようで、ロンドンにある王宮は「聖ヤコブ宮殿」と呼ばれた。

司教たちのこの議論のもとになったのは、それ以前の一四〇九年ピサ教会会議で論争になった、ヨーロッパ諸国の国教会はどれが最も古いかという序列問題だった。張り合っていたのはおもにイングランド、フランス、スペインの三カ国だったが、最後はイングランドに軍配があがって決着した。グラストンベリーの教会が、〝スタティム・ポスト・パッショネム・クリスティ（イエス受難の直後に）〟ヨセフ／ヤコブによって建てられたからだ。それ以降、フランス国王は「至高のキリスト教陛下」と呼ばれ、一方スペイン王の呼称は「至高のカトリック陛下」に定められた。そして激しく争われた称号「至高の聖なる陛下」は、イングランドの王が名乗ることになった。この論争の記録——『コンスタンツ公会議英仏地位論争』——は、イングランドが係争に勝利したのは、この聖人がアルヴィラグスから西部の土地を下賜されたのみならず、グラストンベリーに埋葬されたからであると述べている。別の聖ヤコブ（ボアネルゲス、または大ヤコブ）がどこかの時点でスペインを訪れていたかもしれないことは、この論争では触れられなかった。

ヨセフ／ヤコブがグラストンベリーで埋葬されたと確認できたところで、シトー修道会の『聖杯の由来』が、彼はスコットランドのグライス大修道院に埋葬されたと主張していることについても考察するべきだろう。だがこれはあながち食い違いとも言い切れない。というのも、ヨセフが死亡した時期にはスコットランド・ゲール人はまだ西部ハイランド（ダルリアダ）に定着しておらず、ブリテン島南西部に侵入した北部アイルランド（アルスター）在住の一部族にすぎなかったからだ。初期のスコット人が定住した西部地方はしばしば「スコットランド」（スコット人の国）と呼ばれ、一方、ブリテン島極北部は当時はまだカレドニアと呼ばれてい

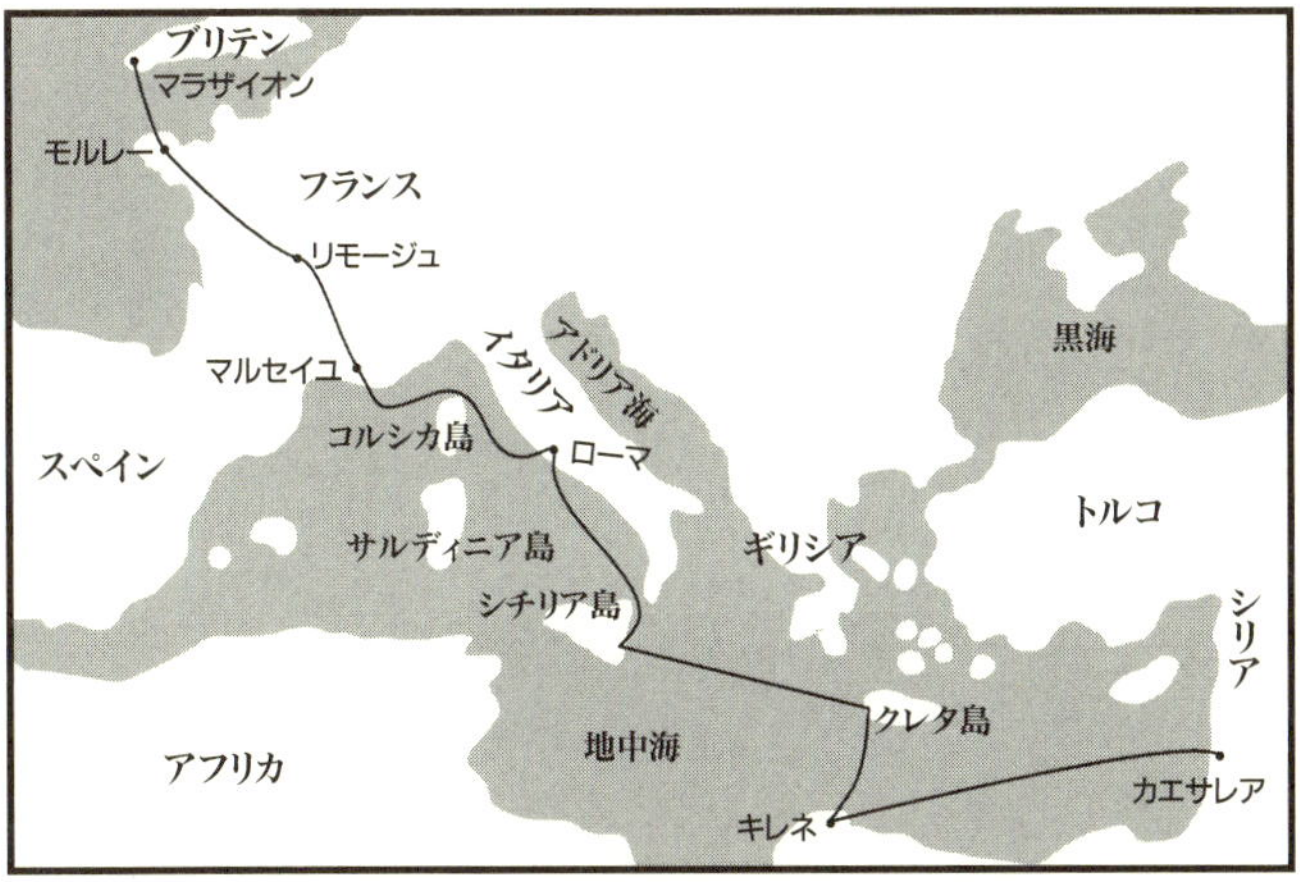

一世紀の金属商人の交易路

た。さらに、「グライス」（古いスコット人によくある名前）は、アイルランドのゴイデル語から派生した「河」あるいは「小川」という意味を持つ言葉だ。例えば「ダグラス（Douglas）」とは「dubh glais（黒い河）」から来た言葉だ。初期のグラストンベリーは湿地のただなかに建てられ、「河《グライス》の島（Isle of Glais）」とも呼ばれた。つまり、ヨセフが葬られたというグライス大修道院とは、ほかならぬグラストンベリー大修道院のことなのだ。

紀元一世紀、ブリテン本土（イングランド、ウェールズ、スコットランド）は、一般には「アルビオン」という名で知られていた。アイルランド人からは「アルバ」と呼ばれていたが、のちにアイルランド系スコット人がダルリアダの西部高地《ハイランズ》に定住したあと、それはスコットランド北部に限られた呼称となった。九〇〇年代に入るころには、アルバはオールバニーに変化し、別の呼称「スコットランド」（あるいはスコティア）が登場したのは、それからさらに一世紀ほど経ってからのことだった。

聖杯による支配

ヨセフ（Joseph）（ヘブライ語で「Yosef」＝「彼はつけ加える」の意）とは、ダビデの家系の長男に代々授けられてきた称号だ。ユダ王家の嫡男が（その個人名はなんであれ）ダビデの称号を継ぐときに、その長男（皇太子）がヨセフになる。ダビデ即位の時点で息子がいない場合（あるいは息子が十六歳未満の場合）は、ダビデの長弟が一時的にヨセフの称号を受け継ぐが、ダビデの息子が成人に達すれば、称号は長男の系統へ戻される。これにさらに、〝神聖なる殿下〟を意味する「ハ・ラマ・テオ（アリマタヤ）」という称号が加わる――今日でいう「皇太子殿下」に相当する尊称だ。

ユダヤの王、祭司、天使、族長などの継承制度のなかには、さまざまな職務・任務の肩書きとともに、数多くの世襲の称号が存在した。そのため、地位の高い個人が、場面によってはいくつもの別の名で呼ばれることは不思議ではなかったのだ。これまで見てきたように、マタイはその任務上レビでもあった。ザカリアはツァドクであり、そのため、天使としてはミカエルであった。ヨナタン・アンナス（ときにナタナエルとも呼ばれた）はアルファイのヤコブ（＝継承順位としてのヤコブ）であり、しかもエリヤでもあった。つまり、このような階級制あるいは族長制のために、イエスの弟である義人ヤコブは、アリマタヤ（ハ・ラマ・テオ）のヨセフ、すなわち「神聖なるヨセフ殿下」としても知られることになったのだ。時代が違えば、当然別の「アリマタヤのヨセフ」が存在することになる。というわけで、これらの事実をもとに、当時の状況をまた別の角度から見てみよう——純粋に時系列という観点から。

漠然としたわずかな説明をのぞけば、新約聖書は、アリマタヤのヨセフがイエスの家族とどうかかわりがあったのか、なんの手掛かりも述べていない。福音書ではヨセフの年齢もわからない。だが聖書以外のところでは、イエスの母の伯父であると目されることが多い。その結果、絵画や挿絵などでは、紀元三〇年代の時点ですでにかなりの高齢者として描かれることになった。だが、出典がまちまちな数多くの資料が、それから三十年後の紀元六三年に彼がグラストンベリーを訪れたことを記録している。さらに、クレシーの『教会史』（グラストンベリー修道院の記録を編入している）の記述では、アリマタヤのヨセフが死んだのは紀元八二年七月二十七日ということになっている。

もしイエスの母マリアが通説どおり紀元前一六年生まれだとすれば、イエス誕生のころは十九歳かそこらだったはずだ。磔刑のころには五十代半ばだったろう。もしヨセフが彼女の伯父ならば、おそらくマリアより二十歳ほど年長であったはず——つまり、その時点ですでに七十代半ばである。けれども、それからさらに三十年後（百歳以上）に、福音宣教師かつ十人隊長《デクリオ》として、まったく新しい生活を西欧で始めたとされているのだ！　そればかりか、それからさらに二十年後まで生きたと記録は語っている。

これらは明らかに筋が通らないので、「アリマタヤのヨセフ」という称号が世襲であるという点を考慮しなければならない。つまり、さきほど見たように、キリスト磔刑当時のヨセフとは、紀元一年に生まれた義人ヤコブのことなのだ。彼が死んだのは紀元八二年。エルサレムにおいて公式に破門されてから二十年後のことだった。

イエスの母の家柄や家族についても、聖書には説明が見当たらない。マリアの出自については〝無原罪の宿り〟であったと教会が解釈している以上、それは当然かもしれない。マリアに関する主要な資料は正典聖書ではなく、『マリアによる福音書』や『原福音』といった外典だ。アルブレヒト・デューラーの有名な《アンナとヨアキム（マリアの両親）の出会い》をはじめ、マリアの生涯や家族を描いた名画の多くはこれらの資料にもとづいている。このテーマをめぐる包括的な作品が、『清き処女マリアの母聖アンナと聖ヨアキムの物語』という通称で知られるものだ。この物語はマリアの両親をイスラエル王家に結びつけているが、ここには伯父としてのアリマタヤのヨセフの名は出てこない。

事実、教会が最初にヨセフをマリアの伯父であると言い始めたのは、九世紀のビザンティンの考えかたによるものだ。それまではヨセフがそのような立場で語られることはなかった。このアイデアが編み出されたのは、疑心暗鬼となった教会公会議が、新約聖書の内容認定を議論していた時代だ。アリマタヤのヨセフが、ダビデ王家体系において脇役に徹していてくれる限り、そして主要なメシアの家系と無関係である限り、彼の王族子孫が、いわば自称にすぎないローマ司教の〝使徒〟継承構造を脅かす恐れはないからだ。

この戦略により、イエスとマリアの息子ヨセフェスの存在も、西欧では都合よく隠蔽された。

ヨセフェスは通常アリマタヤのヨセフの息子、あるいは甥（実際にそうであったのだが）として描かれる。いずれにせよ正教会の組織にとって脅威ではなかったが、実は、ヨセフェスのヨセフとの関係（息子あるいは甥）は、どちらも真の根拠があった。彼は「ハ・ラマ・テオ」という称号を継ぐ者であったからだ。

イエスが〝ダビデ〟になったとき、その弟ヤコブは〝ヨセフ〟となった。これが変化したのは、イエスの息子のイエスが〝ヨセフ〟の称号を受け継ぐ成人になったときだ。イエス・キリストの死後、その長男イエス・ユストゥスは〝ダビデ〟になる。そして次男のヨセフェス（新ダビデの弟）が、〝ヨセフ〟になった――皇太子ハ・ラマ・テオである。けれどもそれより以前、イエス・ユストゥス（聖杯伝説においてはガイスまたはゲスと呼ばれる）が異国ローマとエルサレムに滞在していたあいだ、ヨセフェスの養父であり法的保護者であったのは、叔父のヤコブ、すなわち当時のアリマタヤのヨセフであった。

のちに、イエス・ユストゥスの長男ガレインズ（聖杯伝説ではアラン）が生まれる。王家の婚姻制度にのっとり、イエス・ユストゥスは紀元七三年九月に最初の結婚をした。妻はニコデモの孫娘だった。ダビデ王家の継承権（〝聖杯による支配〟として表されることになる）はガレインズに約束され、やがて彼の叔父で保護者であったヨセフェスから正式に受け継がれた。けれどもガレインズは独身を通し、子孫を残さずに死んだ。そのため聖杯の血筋はヨセフェスの子孫の系統へと移され、ヨセフェスの息子ヨスエから、ガリアの漁夫王たちへと受け継がれていくことになる。

前に述べたように、アリマタヤのヨセフはマリアの長男、十二歳のイエス・ユストゥスをともなって、紀元四九年にブリテンへと渡った。この出来事は西部地方の伝承としてよく記憶され、ウィリアム・ブレイクの名作『エルサレム』のなかでも詠われている。言い伝えでは、若いイエスがエクスムアの海岸を歩き、メンディップのプリディ村まで行ったことになっている。その王の足はたしかに「イングランドの緑の山々を歩いた」（もっとも、父ではなく息子のほうの足だったが）ため、彼の両親イエスとマグダラのマリアを記念する石が、グラストンベリー聖マリア礼拝堂の南側の壁にはめ込まれることになった。紀元一世紀に建てられた編み垣細工の旧礼拝堂跡地に残されたこの石には、「イエスとマリア」の文字が刻まれていたため、（グラストンベリー修道院の最も貴重な遺物として）、中世には巡礼者の祈りの場となった。もとの礼拝堂は紀元六三年（マグダラのマリアの死後すぐ）に着工され、古い年代記には、イエスみずからが、母を記念してこの礼拝堂を献堂したと書かれている。つまり、グラストンベリー礼拝堂は、（イエスの母マリアではなく）マグダラのマリアに対して、その長男イエス・ユストゥスが、紀元六四年に捧げたものなのだ。

最も価値ある者の盾

紀元六三年にマグダラのマリアが死んだとき、息子のヨセフェスはサラズの司教になっていた。マロリーの『アーサー王の死』のなかで、サラズ（サラス）はイーヴレイク王の領地として、ランスロットの息子ガラハッドの話に登場する。物語は、ガラハッドが不思議なキリストの盾を授かり、謎の白い騎士と出会う場面から始まる。

そしてしばらくするとガラハッドが、庵《いおり》にて待ち受けていた白騎士のもとに来て、互いに丁重な挨拶を交わした。「騎士殿」とガラハッド卿が言った。「この盾により、多くの武人が倒れたと聞きましたが」。

「騎士殿」と白騎士が応える。「御盾が生じたのは、我らが主イエス・キリストの受難より数えて三十二年後のこと。我らが主を聖なる十字架より引き降ろしたもうた高貴なる騎士アリマタヤのヨセフが、一族をあげてエルサレムより出立し、苦労の末、みなをサラスと呼ばれる町に導いたのです。ヨセフがサラスに到着したちょうどそのころ、イーヴレイクという名の王がいて、サラセン人と激しく戦ったばかりでした。サラセン人のなかには、イーヴレイクの従兄弟にして裕福かつ強力な王がおりました。この地のそばを進軍した、その名もトロメ・ラ・フェインティスです。さてふたりが闘いにあいまみえたその日……」。

サラズとは、地中海沿岸のサール＝アッザーのことで、おそらくガザという名のほうが知られている、サムソンがその最期を遂げた（士師記十六章）ペリシテ人の都市のことだ。イーヴレイク（Evelake）王なる者についてはまったく記録がないが、この名は「アヴァラック（Avallach）」という称号の文学的異形であり、多くの君主や聖人の家系に見られるものだ。多種多様な形（アバレック、アラバック、アマラックなど）に変化しているが、すべてはエジプト＝ギリシア語の「アラバーク（Alabarch）」の変形である。これもまた、名前ではなく、称号を表すものだ。聖書をラテン語に翻訳した聖ヒエロニムス（紀元三四〇～四二〇ごろ）によれば、紀元四六年からユダヤの行政長官であったティベリウス・アレグザンダーの父が、アレグザンダー・リュシマコスという名の「アレクサンドリアのアラバーク」であったという。要するに（ユダヤ人のなかで司法をつかさどる政務官という政治的な用法もあったが）、「アラバーク」とは、共同体の首長を意味する言葉だったのだ。

白騎士の物語は（前述のように）、イーヴレイクのサラセン人の敵将はトロメ・ラ・フェインティス（偽りの、または偽者トロミー）であると述べているが、この人物はフラウィウス・ヨセフスの『ユダヤ古代誌』にも登場する。

アーチ盗人トロミーは、のちのち捕らえられて殺されたが、それは、イドマヤ人とアラビア人に対し、世界中の悪事を働いたあとであった。

捕らえられたトロミーは、ユダヤの行政長官クスピウス・ファドゥス（ティベリウス・アレグザンダーの前任者）の前に引きずり出され、紀元四五年ごろに処刑された。

白騎士が続けて語ったことには、ヨセフェス司教はイーヴレイク王に、古い戒律への信仰を捨て新たな戒律を信じなければ、やがてトロメ・ラ・フェインティスの手にかかって死ぬだろうと忠告した。「そして、司教は王に聖三位一体《みたい》のまことの信仰を示したのです」。イーヴレイクはただちに改宗したので、〝最も価値ある者の盾〟を授けられ、それによってトロメを打ち破った。ヨセフェスはのちにイーヴレイク王に洗礼を授け、ブリテンに福音を宣べ伝えるために旅立った。

不思議な白い盾の力は、その赤い十字模様と、その前を覆った神秘のヴェールが映し出すイエスの似姿に宿っていた。それは皇帝ウェスパシアヌスの息子が回心したときの名残だ。『救世主の復讐』で語られるように、彼のハンセン病は、メシアの肖像が描かれた霊妙な経帷子《きょうかたびら》に包まれることで、癒されたという。

白騎士が最後に語ったことには、ヨセフェスの指示を受け、盾は聖なる隠者ネイシアンのもとで保管された。ネイシアンの死後も修道院で彼とともに安置され、将来ガラハッド卿に用いられる日がくるのを待つことになる。ヨセフェス司教がいまわの際に、「わたしの血筋の最後の者が来てこれを首にかけ、多くのすばらしいおこないをなすであろう」と予言したように。『聖ヨセフ』や他の文献では、ネイシアンは隠者ではなく、メダスの王子として描かれている。

歴史的に見れば、ミディ地域にあったセプティマニア王国のネイシエン王子（五世紀）は、フランク人メロヴィング王朝の祖先であり、彼の子孫にはまた、ブルターニュ地方ドルとディナンの執事《セネシャル》（スチュワード）たちがいる。ランスロットの母である〝湖のヴィヴィアン二世〟、すなわちアヴァロンの女王を祖先とするこれらの強力な宮宰《メイジャードモ》らからは、デスポシニ血族のうち最も栄えた血脈――スコット人スチュワート王家が生まれることになったのだ。

プロヴァンスでマグダラのマリアに最も協力的だったのは、友人のシモン・ゼロテであった。もはや〝父〟としての力はなかったが、復活に際してイエスが与えた称号――アブラハムの家来エリエゼル、またはラザロを名乗っていた。その名でマルセイユの初代司教となった彼の彫像が、サン・ヴィクトール教会に立てられている。教会の身廊の入り口は地下の礼拝堂（ラザロの住居跡に位置する）に通じており、そこは初期には僧侶たちによってきびしく護衛されていたという。紀元六三年にサン・マキシマンで、マグダラのマリアの遺体をもともとの雪花石膏《アラバスター》の墳墓に納めたのも、このラザロ（またの名を〝偉大なる者《マキシマス》〟）だった。それ以前、彼は一時エルサレムとアンティオキアに滞在しており、マリアの死後もふたたびエルサレムとヨルダンを訪れ、それからアリマタヤのヨセフと合流している。

しかしブリテンにおいては、ラザロはもともとの使徒名シモン・ゼロテの名のほうでよく知られた。コンスタンティノープル大主教でありビザンティンの歴史家であったニケフォロス（紀元七五八〜八二九年）はこう記している。

ゼロテと呼ばれた聖シモンは……エジプトとアフリカを旅し、モーリタニアとリビア全土を通って福音を宣べ伝えた。そして同じ教えを西方の海やブリタニアと呼ばれる島々の住人たちに伝えた。

それから五世紀さかのぼった紀元三〇三年、ティルスの司教ドロテウスが記した『使徒要綱』には「シモン・ゼロテはモーリタニアと小アフリカでキリストの教えを説いた。そして最後はブリタニアで十字架刑に処せられ葬られた」とある。バロニウス枢機卿による一六〇一年の教会史も、シモンがブリテンで殉教したと確認している。ケイタス・デシアヌス配下のローマ人たちの手によって、リンカンシャー州ケースターで磔にされたのだ。しかし聖人本人の希望により、彼の遺体はのちに、プロヴァンスのマグダラのマリアの遺体とともに安置された。

もうひとり、ブリテンでアリマタヤのヨセフと関係があったのが、ヘロデ・アグリッパの叔父アリストブルスだ。リヨン郊外のヴィエンヌでヘロデ家の屋敷に庇護されていたマグダラのマリアと、特に親しかった人物だ。注釈者のなかには、若いほうのアリストブルス（残忍な踊り手サロメの二番目の夫）をマリアの仲間と位置づける者もあるが、彼は当時、レッサーアルメニアで王の摂政を務めていた。いくつかの文献中、ブリテンにいたと書かれているほうが、正しいアリストブルスだ。人々からアルウィストリ・ヘン（年長のアリストブルス）と呼ばれていたため、ポーイズのある町は、その名をとってアルウィストリと名づけられた。彼のきょうだいにはヘロデ＝アグリッパ一世、カルキスのヘロデ、ヘロディアス（サロメの母）がいる。

ローマの聖職者ヒッポリュトス（紀元一六〇年ごろ生）の記録では、アリストブルスはブリトン人たちの司教のひとりに挙げられている。クレシーは、アリストブルスは聖パウロ本人から拝命したブリテンの司教であったと述べている。ギリシア正教の『殉教者列伝』は、アリストブルスがブリテンで「島のために教会を建て、輔祭や司祭を叙階したのちに」ブリテンで殉教したと主張している。このことはさらに、ヴィエンヌ大司教の聖アド（八〇〇～八七四）の『主の殉教者』でも確認されている。それより前の紀元三〇三年、ティルスの司教聖ドロテウスが記すには、聖パウロがローマの自宅に挨拶を送ったとき、アリストブルスはブリテンにいたという。「アリストブロ家の人々によろしく」（ローマの信徒への手紙十六章十節）。イエズス会の『レジア・フィデス』の補足によれば、「聖パウロがローマに到着する前に、アリストブルスがブリテンに旅立っていたことは確実である」。実際、彼は紀元五九年に、ウェルラミウム（セントオールバンズ）でローマ人によって処刑された。

　義人聖ヤコブは「アリマタヤのヨセフ」という呼び名のほかに、ウェールズの年代記ではイリドとも呼ばれた。コル＝ユールゲンに伝道所を建てたことから、グウェントのラン・イリドの守護聖人になったのだ。ゲスティン・ケリオグの『聖マグダラのマリアに倒れる』はヨセフのことをイリドと呼んでおり、『賢者の格言』の写本も同様だ。イリドという名前は、ヘブライ語のエリ（「わが神」または「立てられた者」の意）の異形であると考えられている。『アカン・サント・プリデイン』（ブリテン聖者系図）には、「祝福されたブラン《ブラン・ザ・ブレシッド》とともにローマからブリテンへやってきたのは、アルウィストリ・ヘン、イリド、シンダフ（〝イスラエルの男たち〟）と、モーまたはマワンという名のシンダフの息子だった」と記されている。また『イオロ写本』は、イリドは、カムロッドのカラクタカス王の妻ユールゲンによってブリテンに招かれたと説明したうえで、こう記す。「彼の生涯を語った異文のなかで、このイリドはヨセフとも呼ばれた」。

シルリアの大ドルイド僧、祝福されたブランは、アリマタヤのヨセフの娘アンナ（エニゲウス）と結婚した。ときに大雑把に〝祝福されたマリア〟（つまりイエスの母マリア）の「コンサブリナ」と呼ばれた女性だ。ヨセフがときに誤ってマリアの叔父として描かれるため、「コンサブリナ」という言葉は従姉妹を意味すると思われがちであった。けれども実はこの言葉は非常に曖昧で、「年下の親戚女性」という意味しか持たない。つまり、血縁関係が特定できない場合、あるいは関係を隠しておく必要がある場合には、たいへん便利な言葉だった。

紀元五一年、ブランは、ペンドラゴンのカラクタカスとともに、ローマに人質として連行される。ローマの住民となったカラクタカスの末娘グラディスは、ローマ元老院議員ルフス・プデンスと結婚し、クラウディア・ルフィナ・ブリタニカとなった（ローマ人詩人マルティアリスが、紀元六八年ごろ確認）。カラクタカスの別の娘はラン・イリドの聖ユールゲン（ソールズベリーの領主、サログの妻）だ。有名な息子リヌス王子は、ローマ司教として最初に任命された人物だ。テモテへの手紙II四章二十一節（新約聖書）で、パウロがこう書いている。「エウブロ、プデンス、リノス、クラウディア、およびすべての兄弟があなたによろしくと言っています」。エウブロ（eu-boulos「慎重な」あるいは「思慮深い」の意）とは、アリストブルス（aristo-boulos「最も分別のある」「最も智に長けた」）の変形だ。

ブリテン滞在中、アリマタヤのヨセフの活動は、十二名の独身隠遁者という緊密な集団によって維持された。誰かひとりが死んでも、別の者が補充された。聖杯伝説ではこれらの隠遁者は、彼らの仲間のひとりであるアラン（ガラン）の「同志たち」と呼ばれた。つまり、彼らは「族長」（「ローマ司教」という新しい肩書きに対し、古い序列における〝父〟）ブランの象徴的な息子であった。このために、文献によっては、アランはブラン（ブロン）の息子と定義される。しかし、紀元八二年のヨセフの死後、この集団は解散した――主に、ローマの支配がイングランドの状況を永遠に変えてしまったためだ。

ヨセフが持つさまざまな呼び名（アリマタヤのヨセフ、義人聖ヤコブ、イリドなどなど）が引き起こした混乱についてはすでに見てきたとおりだが、大衆向け物語の数々もまた、ヨセフ以後の子孫の系統について、さらなる混乱を加えたことは明らかだ。それらの作品とは、『ブルート』『三題歌』『マビノギオン』『王の伝説群』などだ。これらは完全な創作ではなく、すべての伝承はおのずと古代の事実にもとづいているものであるから、歴史的にみな重要な資料だ。しかし、これらの物語は意図的に冒険譚らしく構成され、その結果、多くの懐疑的な歴史家たちからは容赦なく非難されることになった。同じぐらい残念なのは、別の著者たちがむしろ、故意にこれら擬似空想的作品に追随したことだ。結果的に、権威ある資料をもとにしているはずの著作に、系図上不可能な情報が数多く含まれることになってしまった。

さらに不幸なことに、冒険譚の多くが時系列の正確さを重視しなかったため、登場人物は冒険物語のあらゆる場面に、行き当たりばったりに登場することになった。『聖杯の高貴な歴史』（一二二〇年ごろ）などはそのいい例で、パーシヴァル（六世紀のアーサー王の支持者）を、一世紀に生きたアリマタヤのヨセフの姪の息子として扱っている。「彼は正しく善良なる騎士、なぜなら、彼こそはアリマタヤのヨセフの血統であり、このヨセフとは、彼の母の叔父であった」。

第十一章　新生キリスト教

善王ルシウス

二世紀半ば、アルヴィラグスの曾孫であるルシウス王は、初期の弟子たちが持っていた精神をブリテンによみがえらせた。そうすることで、アリマタヤのヨセフの最初の伝道師たちの「光を増し加えた」とされ、〝レイフェル・モー（大いなる光明）〟と呼ばれるようになった。ルシウスの娘ユールゲンは、ダビデ王家のふたつの系譜──かたやイエスの系譜、かたやヤコブ（アリマタヤのヨセフ）の系譜──を結ぶ、最初の環になる。イエスとマグダラのマリアの息子ヨセフェスの孫で、ナザレ派教会のサラス（ガザ）司教となったアミナダブと結婚したからだ。

ルシウスは紀元一五六年、ウィンチェスターでみずからのキリスト教信仰を公言したが、その信念をますます強めることになったのは、一七七年にガリアで起きた、ローマ人によるキリスト教徒の大量迫害だった。かつてヘロデの統治領であったリヨンとヴィエンヌでは特に迫害が激しく、三十年後には聖エイレナイオスをはじめ一万九千人ものキリスト教徒が死に追いやられた。当時ガリアからはおびただしい数のキリスト教徒が、迫害を逃れてブリテン、とりわけグラストンベリーに流入し、善王ルシウスの庇護を仰いだ。そこで王は、ローマ司教エレウテルスに助言を請うことにした（これは無論、帝国によるローマ教会成立以前の話である）。ルシウスはエレウテルスに親書を送り、キリスト教徒をいかに統治すべきかを熱心に問うた。『聖なる公会議全集』に収録された返信書簡は、いまもローマに保存されている。エレウテルスは、善良なる王はいかなるときでもローマの法を拒む自由を有するが、神の法を拒んではならない、と諭す。以下は現代語訳の抜粋だ。

キリストの信者たちも、すべての臣民同様、王の子どもとわきまえよ。信者らは貴下の庇護下にある。（中略）王とはその治世によって名を残すものであって、領土に力が及ぶか否かによるのではない。民をよく治めるなら、貴下は王たるにふさわしい。さもなくば、王の名は廃れ、忘れ去られるであろう。

アウグスティノ会修道士のなかでも博識だったジョン・カプグレーヴ（一三九三〜一四六四）も、また著書『ブリテン教会事始め』のなかでアッシャー大司教も、それぞれ、ルシウスがメドウェイとエルファンという名の使者をローマへ送り、助言を求めたという史実を伝えている。彼らが司教の使節ファガヌスとデュヴァヌス（ウェールズの年代記によればフェイガンとディファン）をともなって帰国したことは、六世紀の歴史家聖ギルダスが確認している。ジャロウの尊者ベーダ（六七三〜七三五年）もまた、王のこの嘆願について記しており、『アングロ＝サクソン年代記』にも同様の記述がある。

フェイガンとディファンはグラストンベリーの古い隠者階級を復活させ、ブリテンのキリスト教に第二の基礎を築いたといわれている。その後、ルシウスの名声は広く知れ渡った。紀元一六七年、聖ミカエルの丘に最初のグラストンベリー塔を建てたことですでに称賛を得ていたルシウスに、「大王ルウグ」として、今度はランダフの教会が献堂された。

ルシウスの貢献はこれにとどまらず、ロンドン初のキリスト教会大司教職の設置にも尽力した。ロンドンの旧市街コーンヒルにある聖ペトロ教会の聖具室には、暖炉の上に、次の文章を綴ったラテン語のプレートが掲げられている。

主の年（西暦）一七九年、現在ブリテンと呼ばれるこの島国の王で初のキリスト者となったルシウスは、ロンドンに最初の教会、すなわちその名も高きコーンヒルの聖ペトロ教会を建て、ここに大司教座を据え、ロンドンおよび王国随一の教会となした。それは四百年もの長きにわたって続いたが、聖アウグスティヌスが世に出たとき（中略）、大司教の座と肩衣《パリウム》は、前記コーンヒルの聖ペトロ教会よりドロベルニア、現在のカンタベリーへと移された。

善王ルシウスの嘆願に応えたエレウテルス司教の助言がすばらしいのは、〝メシアの聖杯のおきて〟に貫かれた奉仕の精神を、そのまま示しているからだ。ブリテンとフランスの聖杯王たちは、代々、常にこの一線を守ってきた。彼らは民にとっての共通の父であって、けっして領土の支配者ではない（後者の「領主」という考えは、かの聖杯のおきてを完全に無視した封建的・帝国主義的概念だ）。そして「フランク人の王」と「フランスの王」の違い、あるいは「スコット人の王」と「スコットランドの王」の違いの重要性をわきまえていた。だからこそ、聖杯の君主たちは、聖職者や政治家を守るのではなく、国そのものを守ることができたのだ。

国家の君主が議会法や教会令に規制されるようになった瞬間に、王や女王といった称号は無に等しくなる。そのような状況下では、教会や議会に対等に物申す者、国民だけのために働く者がいなくなるからだ。聖杯王たちは〝王国の守護者〟と定義されていたのであり、その意味でも、「王国のすべての民は、王の子どもとわきまえよ。彼らは貴下の庇護下にある」と説くエレウテルス司教からルシウスに伝えられた言葉は、深遠かつ賢明な助言だったのだ。

聖ミカエル

グラストンベリーの聖ミカエル塔礼拝堂は、古代の異教徒の祭礼所跡に、ルシウス王が建てたものだ。ここに向かって聖ミカエルのレイライン【訳注：「光の筋」の意。古代遺跡を結んでいる直線】が、マラザイオンのセントマイケル（聖ミカエル）島から、ブレントルの聖ミカエル教会、バロウブリッジマンプの聖ミカエル教会、オーテリーの聖ミカエル教会を経て伸び、さらにストーク・セントマイケルへと続いている。また近年、ポール・ブロードハーストとへーミッシュ・ミラーが『竜の踊り』と題する魅惑的な書物を出版し、そのなかで、アイルランドから南西イングランド、フランス、イタリア、ギリシア、イスラエルを通る聖ミカエル／アポロ軸をたどっている。

　これほど多くの教会がその名を冠する聖ミカエルだが、それはいわゆる聖職者や殉教者の名ではなく、新約聖書に一度だけ登場する大天使ミカエルのことだ（ヨハネの黙示録十二章七節）。紀元一世紀に書かれた『ユダヤ戦記』のなかで、フラウィウス・ヨセフスは、クムランのエッセネ派信徒たちが、天使の名を聖職者の階級名として捧げていたと述べている。ミカエルという天使の称号を持っていたのは、ツァドクの祭司たちだった。ダビデ王時代のツァドク本人から続く直系子孫として、イエスの時代にミカエルと称されたのはバプテスマのヨハネで、彼もその称号を父のザカリアから受け継いでいた。

　その時点まで、正式なダビデ王は、ミカエル、ガブリエル、サリエル、ラファエルといった天使名を持つ祭司たちとは常に切り離されていた。ところが、ツァドクとダビデの家系は純然たる世襲であったのに、バプテスマのヨハネは、後継者となるべき息子をもうけずに死んだ。イエスは再三、祭司として認知されるべく試みており、のちに〝山上の変容〟と呼ばれるようになった出来事では、目に見える形でみずからを昇格させようとした。だが彼の祭司の地位は〝昇天〟のときまで承認されず、〝天の国（高位修道院）〟へと召されて初めて、メルキゼデクと同格の大祭司（ヘブライ人への手紙三章一節、五章六節）になれた。そしてイエスの血統の役目は二重の意味でのメシアとなった——つまり、〝祭司王〟（聖杯伝説との関係でいえば、

〝漁夫王〟）である。ダビデとツァドクの時代以来初めて、王と天使の称号が、ダビデでありミカエルであるイエスにおいて、結合したのだ。

イエスは、わたしたちのために先駆者としてそこへ入って行き、永遠にメルキゼデクと同じような大祭司となられたのです（ヘブライ人への手紙六章二十節）。

死海文書の一部として発見された『メルキゼデク王子文書』の断片は、メルキゼデクとミカエルが同一であることを示している。これと同じ表現で描かれているのが、ヨハネの黙示録でローマ圧政の象徴である竜に戦いを挑む、大天使ミカエル（メシアとしてのツァドクに受け継がれてきた力）なのだ。同様に、クムランのダマスコ文書にも、ツァドクとメルキゼデクは、同等かつ相互補完的な称号であると記されている。要するに、ツァドクが根本的に大祭司の称号であり、メルキ（またはマルコス）には王という意味があることから、メルキゼデクが「祭司王」を意味していることは明白なのだ。

ヘブライ書七章十四節は、イエスの真の父親がヨセフであることを確認するため、福音書に端を発する処女降誕の概念をきっぱり切り捨て、以下のように記す。「というのは、わたしたちの主がユダ族出身であることは明らかですが、この部族についてはモーセは、祭司に関することを何ひとつ述べていないからです」。また、イエスが新たに授かった大天使の栄誉に合わせ、祭司制度に関する律法も変更したことが説明されている（ヘブライ書七章十二節）。

そのとき以来、世襲であるメルキゼデク（メルキ＝ツアドク）の地位は、イエス自身の男系子孫に、漁夫王を通して受け継がれた。これがダビデの王家の血筋《サングレアル》――ユダの王族、より神秘的な呼び名でいえば〝聖杯一族〟――である。正当な祭司王ではあったものの、初期のころは、事実上の君主ではなかった。五世紀に入って初めて（漁夫王のファラモンが、シカンブリ系フランク族の王女アルゴッタと結婚したとき）、キリストの血筋は華々しく表舞台へ返り咲くことになる。

紀元四九五年ごろのコーンウォールと五八〇年ごろのガリアで、聖ミカエルの存在が記録されているのも、偶然ではない。聖杯一族の子孫の筆頭は、それぞれが世襲の〝ミカエル〟であったし、コーンウォール人の町マラザイオンはユダヤ的背景を持つ――その名（「シオンの市場」の意）はまさに、エルサレムの同義語なのだ。マラザイオンから干潮時にのみ現れる道を渡ったところにあるセントマイケル（聖ミカエル）島は、初期のケルト修道院があった場所だ。八世紀にベネディクト修道会の小修道院になり、一時期ブルターニュの聖ミカエル大修道院（モン・サン・ミッシェル）の付属修道院に指定されていた。

ローマ教会の台頭

紀元六六年、ハスモン家の末裔フラウィウス・ヨセフスは、ガリラヤ防衛の指揮官を任ぜられた。もともとはファリサイ派の祭司になるべく教育を受けていたが、ローマ人支配者に対するユダヤ人蜂起を受け、軍務に服することになったのだ。ヨセフスはその後、当代随一の歴史家となり、その著書『ユダヤ戦記』と『ユダヤ古代誌』は、古くは族長の時代からローマによる弾圧の時代に至るまでの、壮大かつ込み入ったユダヤの歴史に、包括的な光を当てることになった。その著書のなかで、ヨセフスがどのようにイエスに言及しているかに注目するとおもしろい。イエスは完全に当時の歴史の織物に織り込まれており、そこにはイエスの神性や聖書的意図などの側面が介入する余地はない。

さて、イエスが世に現れたのはこのころである――賢い人間であった。もし人間と呼んでもよいならば。というのも、奇跡をおこなう者だったからだ。真実を喜んで受け入れる人々を教えていたので、ユダヤ人・非ユダヤ人の別なく、大勢の者を惹きつけていた。彼はキリストであり、ピラトが――我々の同胞ユダヤ人重鎮らの勧めによって――彼を十字架刑に処したとき、最初からイエスを慕っていた者たちは逃げ去りはしなかった。三日目に生きて現れたからだ――神の預言者たちが、イエス自身や、彼にまつわる幾万ものすばらしい出来事を預言したように。そうして、その名をとってキリスト者と呼ばれるようになった人々の一派は、今日も数多く存在している。

ヨセフスの全長六万行にも及ぶ学究的著作は、紀元八〇年代、ローマ滞在中に書かれている。少し前にマルコによる福音書が世に出た土地だ。ペトロとパウロは皇帝ネロの支配下で処刑されたが、当時の福音書は、表向きは反ローマ的ではない。それどころか、初期のキリスト教徒たちは、イエスの処刑について（ピラトよりも）ユダヤ人たちを責める傾向にあり、紀元六六～七〇年のユダヤ人蜂起が失敗に終わったことで、神はユダヤ人ではなく、彼らキリスト者自身に陣営を変えたのだと固く信じていた。

にもかかわらず、拡大するローマ帝国のなかで、キリスト教徒の立場は非常に危ういものだった。なんら法的身分を持たない少数者集団だったからだ。ネロによるペトロの磔刑《たっけい》から三一三年のミラノ勅令（これによりキリスト教信仰が公に認められた）に至るまでの期間、ローマでは三十人を下らないキリスト教司教が任命されている。ペトロの存命中の紀元五八年にパウロによって立てられた最初の司教は、ブリテンの王カラクタカスの息子、リヌス王子だった（リヌスは元奴隷であったと伝える文章もあるが、これは後世の教会によるプロパガンダである。この件については重要なので、後章でふたたび触れる）。

紀元一二〇年ごろまでには、ローマ司教の任命は特定集団に選挙の特権が与えられるようになり、また候補者はローマ市民に限られた。ヒギヌス司教の時代（紀元一三六年～）になると、パウロに始まったキリスト教徒たちと、イエス本人のユダヤ主義ナザレ派の信奉者たちとのつながりは、もはや皆無に近かった。後者は、すでに定着していたブリテンやガリアのほかに、おもにメソポタミア、シリア、南トルコ、エジプトなどに広がった。一方、ローマのキリスト教徒たちは、その信仰が旧来のカエサル（皇帝）の神性を脅かすものと考えられたため、常に弾圧の対象になってきた。ときがたつにつれ、ますます弾圧は激しくなり、ネロの時代に匹敵するほどの徹底的な迫害へとエスカレートした。

帝国ローマの主要宗教は多神教で、その起源は、森林や海に宿る自然神崇拝だった。ローマが国家として発展するに従い、天神ユピテルや軍神マルスなど、隣国エトルリアやサビニの神々がとり入れられた。ギリシアの崇拝対象も組み込まれ、紀元前二〇四年には、キュベレー(狂乱的な大地母神)の饗宴がおこなわれた記録もあり、すぐにディオニュソス/バッカス(葡萄酒の神)による享楽的儀式が肩を並べた。ローマ帝国が東へと拡大するにつれ、秘儀的なイシス(最高母神)信仰が導入され、ペルシアのミトラ(光、真実、正義の神)崇拝も入ってきた。最終的には、シリアの太陽信仰ソル・インヴィクトゥス(不滅の太陽)が、すべてを包み込んだ。生命の根源は太陽であると考える概念が、ほかの神々への信仰すべてを包括することになり、皇帝はこの主神のこの世における化身と見なされた。

二世紀半ばになると、原始のナザレ派(イエスとヤコブの教えに従った者たち)はローマ当局から疎んじられただけでなく、パウロ派のキリスト教徒からも激しく排斥されていた。特に新リヨン司教エイレナイオス(紀元一二〇年ごろ生)は手きびしく、「イエスは人間であり、新しい〝キリスト信仰〟が標榜するような神の子ではない」というナザレ派の主張を、異端であると糾弾したのだ。さらには、あろうことか、イエス自身が実践した宗教は間違っていて、その信仰は誤りだったとさえ言い放ったのだ! エイレナイオスはみずから「エビオン(貧しい者)派」と呼んで軽蔑したナザレ派信徒について、こう記している。

彼らはイエス自身や二世紀前のエッセネ派、ツァドク一族同様、旧約聖書の預言書ばかりを研究している。パウロの書簡を否定するばかりか、使徒パウロを「律法への背信者」呼ばわりして、はねつけている。

これに対抗して、デスポシニの教会であるナザレ派はパウロを「背教者」「偽使徒」と糾弾し、彼の偶像崇拝的な書物はまったく受け入れられない、と主張した。

紀元一三五年、エルサレムはふたたび、今度はハドリアヌス帝の命を受けたローマ軍に攻め込まれ、生き残ったユダヤ人たちも散りぢりになった。パレスチナに残った者たちも、(徹底的な軍事侵攻に絶望し)、律法学者の説く律法と信仰だけに専心し、それに甘んじた。一方、パウロ派(ユダヤ教源流からは相当乖離《かいり》していた)は当局にとってますます頭の痛い問題になっていた。

ハドリアヌス帝の治世(紀元一一七〜一三八年)に栄華の頂点を極めたローマ帝国主義は、コンモドゥスの時代に翳《かげ》りを見せ始める。彼の悪政(一八〇〜一九二年)は帝国内の分裂を招き、将官同士あるいは将官と中央政府が対立して、何十年にも及ぶ内紛へと発展した。やがて帝位をめぐる争いが起こり、それぞれの陣営が勝手に自分たちの君主を選び始めた。皇帝ルキウス・セウェルス(一九三〜二一一年)が側近の近衛兵《プレトリアンガード》をうまく使い、事態を収拾させたが、その賢政も長くは続かなかった。紀元三世紀の終わりまで、内乱のために国境警備がおろそかになり、ペルシアからはササン人、黒海地方からはゴート人がそれぞれ攻め入る隙を与えた。

紀元二三五年、皇帝マクシミヌスは、すべてのキリスト教司教と祭司を逮捕し、財産を没収し教会を焼き払うよう命令した。囚人たちにはあらゆる懲罰と奴隷労働が科せられた。なかでもサルデーニャ鉛鉱山で懲役に服した者たちは、まず到着すると片目をくり抜かれ、左足と右膝を折られて動きが制限される。男は去勢され、それでも足りないとばかりに、胴回りと足首をつなぐ鎖で直立不可能な状態にされ、足鎖は、はずれないように溶接された。当然ながら、大半の者は数カ月で命を落とす。当時、キリスト教徒でいることはそれ自体が危険行為であり、ましてや指導者として名が知れるのは、みずからの死刑執行書に署名するようなものだった。

デキウス帝が帝位にあった紀元二四九年には、キリスト教徒たちの抵抗が激しさを増したため、彼らは罪人呼ばわりされ、国家的な大量迫害が始まった。これは二八四年に即位したディオクレティアヌス帝の時代まで続く。皇帝は民主的手続きに不可欠な証拠さえ不要にし、絶対的な独裁政治をおこなった。キリスト教徒は神聖なる皇帝閣下にいけにえを捧げるよう強要され、従わなければ、世にも残酷な刑罰に処せられた。キリスト教徒の集会所はすべてとり壊され、別の場所で集会を持った信徒たちは死刑にされた。教会所有の財産はことごとく司法当局に没収され、すべての書物、聖書、宗教経典は公然と焼却された。名家・旧家出身のキリスト教徒は役所への出入りを禁じられ、キリストを信じる奴隷たちは、自由人になる道を断たれた。ローマ法による保護は受けられず、これらの勅令に異議を申す者は、弱い炎で火あぶりにされるか、公共の闘技場で獣の餌食になった。

ディオクレティアヌスは絶え間なく攻撃してくる蛮族の侵入を防ぐために、帝国を二分割して、権力を分散させた。二九三年以降、西側はガリアから支配し、東側は現在の北西トルコにあったビザンティウムが管轄した。それでも襲撃はやまず、特に、これまでライン川の向こうにとどまっていたゲルマン系のフランク族とアラマン族により、西からの侵攻が続いた。ローマ民族はもはや侵略者ではなく、いまや、あらゆる方面から常に反乱をこうむる被害者であった。

ディオクレティアヌス帝のもとで最も残忍な迫害者だったのが、東側を治めたガレリウスだった。何にもまして皇帝を崇拝しない者は、苦痛をともなう死刑に処すとの命令を下した。ところが死の床にあった紀元三一一年、ガレリウスは突然緩和策を発令し、キリスト教徒に「妨害の恐れなく、秘密礼拝所にて集会を持つこと」を許可したのだ。二世紀半に及ぶ恐怖と弾圧の末に、キリスト教徒は、条件つきの自由を得るという新たな時代に入った。

紀元三一二年にコンスタンティヌスが西ローマの皇帝になり、東のリキニウスとともに統治した。そのころまでにキリスト教は信徒数を飛躍的に伸ばし、イングランド、ドイツ、フランス、ポルトガル、ギリシア、トルコなどローマ領の隅々まで浸透していた。実のところ、キリスト教伝道者たちは、ペルシアや中央アジアといった遠隔地においてさえ、ローマの軍隊よりも上手に蛮族を鎮圧していた。コンスタンティヌスにとって、帝国が随所でほころびかけているいま、キリスト教をうまく操ればむしろプラスの効果が期待できると悟るのに、たいした発想の飛躍も必要なかった。キリスト教には国を束ねる力があり、必ずやそれは己の戦略にとって有利に働くだろう。

コンスタンティヌスは父の跡を継いでいたのだが、義兄弟のマクセンティウスと帝国最高位の座を争わねばならなかった。三一二年、両者の軍隊はミルウィウス橋（ローマ近郊）で衝突し、コンスタンティヌスが勝利した。この作戦をキリスト教との関係を築く絶好機と見たコンスタンティヌスは、空に十字架と「汝これにて勝て」という文字が浮かぶ幻を見たのだと喧伝した。キリスト教指導者たちは、ローマ皇帝が彼らの旗印のもとに勝利を収めたと聞き、感涙にむせんだ。

コンスタンティヌスはまず、老齢のミルティアデス司教を呼び出した。皇帝の目的は、ローマ司教の下で〝信仰〟の道に入ることではなく、キリスト教会をまるごと乗っとることだった。最初に命じた項目のひとつは、イエス磔刑に使用された十字架の釘をとり寄せることだった——ひとつを王冠にはめ込むために。戸惑うミルティアデスに対しさらに宣告した内容は、以後永久に、キリスト教の構造を変えてしまうことになる。「今後、朕はキリストの使徒として、ローマ司教選出の手助けをなすこととする」。みずからを使徒と呼んだコンスタンティヌスは、さらに、壮麗なラテラノ宮殿を司教の住居に定めることを宣言した。

紀元三一四年に死去したミルティアデスは、その後長く続くことになる歴史のなかで、自然に死を迎えた最初のローマ司教となった。突如としてキリスト教は敬意をもって扱われ、帝国の宗教として（いや、帝国随一の宗教として）認められたのだ。コンスタンティヌスはのちの三二四年にローマ帝国全土を束ねる皇帝《カエサル》となり、以降、コンスタンティヌス大帝と呼ばれるようになった。

ミルティアデスの後任に、コンスタンティヌスは（それまでの慣習を破り）、友人シルヴェステルを選び、最初の〝帝国司教〟に据えた。華々しくとりおこなわれた戴冠式のようすは、以前のキリスト教徒たちが陰気な裏部屋でひっそりと手続きをおこなっていた日々からすれば、天と地ほどの違いだった。恐怖と迫害の時代は去ったが、自由を得るのに支払った高い代償、「皇帝崇拝」こそは、まさにキリスト教先達者たちが、命に代えても阻止しようと闘ってきたものだった。一般信徒に選択の余地はなく、既存の司祭たちも単純に、教会はこれから正式に帝国所属になるのだと言い渡された。教会はいまや〝ローマの教会〟になったのだ。

シルヴェステルは完全に皇帝のいいなりだったため、自分が聖ペトロの弟子たちを罠に誘い込んでいることに気づいていなかった。見えていたのはコンスタンティヌスが差し出してくれた救いの手だけ。たしかにこの画期的な一歩によって、キリスト教徒は公然と社会のなかで動き回れるようになったが、一方で聖職者たちは、キリスト自身が忌み嫌った、金銀宝石や高級毛皮で身を包むようになった。指導者たちが、先祖を死に追いやっていたのとまさに同じ体制によって、今度は誘惑され堕落させられていることに、〝信仰〟の徒の多くは憤った。社会的認知を得た新たな地位も、けっして皇帝を改宗させたことによる勝利ではない。いやむしろ絶対的敗北の邪悪な雲であり、長年聖なるものとして守ってきたすべての原理への冒瀆《ぼうとく》である——彼らはそう断言した。

その時点ですでに、キリスト教徒の語る言葉は、いたるところで支持を得ていた。教会がじわりじわりと勢力を伸ばしている現状に、コンスタンティヌスやその前任者たちが大きな痛手を受けていることを、福音宣教者たちは知っていた。コンスタンティヌスの父が、キリスト教徒であったブリテンの王女エレイン（聖ヘレナ）と結婚したのも、つまるところそれが理由のひとつだったはずだ。シルヴェステルと在ローマの同僚たちにとっては、この新たな友好関係も政治的に堅実な策に思えたかもしれないが、外でようすを探る者たちにははっきりと内実が見えていた。敵方による戦略的買収なのだ、と。帝国滅亡を回避せんとする偶像崇拝主義者の自衛手段の前に、聖ペトロによる霊に満ちたメッセージも地に貶《おとし》められたのだ、と彼らは言った。実質、キリスト教の真の目的が、新たな体制によって無に帰した。三世紀近くに及んだ闘争の末、イエス自身の理想は完全に隅に追いやられた――敵の手でむさぼり食われるために、ご丁寧に盆に載せて運ばれたのだ。

さまざまな崇拝信仰のほかに、ローマ人は代々の皇帝を、ネプトゥヌスやユピテルといった神々の子孫として崇拝してきた。三一四年のアルル公会議において、コンスタンティヌスはみずからの神性を強調するために、キリスト教の絶対神が彼自身の後援者であることを宣言した。そのうえ、キリスト教儀式の一部を、異教徒になじみ深い太陽崇拝の伝統や、シリアやペルシア起源の教えと入れ替えることで、教義の特殊性をやわらげようとした。要するに、ローマ教会という新しい宗教は、すべての勢力を丸く収めるために作られた混成信仰だったと言える。これにより、コンスタンティヌスは、みずからを頭に戴く、共通の世界的統一宗教（「カトリック」とは、「普遍的な」の意）を目指したのだ。

一九九六年に本書『聖杯の血統』の初版が刊行されて以来、数多くの読者から、聖ヘレナがブリテン王家の血筋だとする本書の見解は、教会で通常習うことと食い違っているという指摘が寄せられた。事実その通りであり、実のところこの一件は、個人の生涯がいかに司教たちの戦略的関心に沿うよう改ざんされてきたかを示す、好例なのだ。良い機会なので、布教者《プロパガンディスト》たちの教えがいかに捏造《ねつぞう》されるかを見てみよう。

「プロパガンディスト」という言葉を、ここでは軽々しく使っているわけではない。聖ヘレナにまつわる教会の教えは、「コングリガティオ・プロパガンダ・ファイデ」の戦略の一部だったからだ。この特殊機関「枢機卿プロパガンダ大学」は、一六六二年に教皇グレゴリウス十五世によって設立され、その唯一の目的とは、従来の史実あるいは記録された事実との食い違いが生じた際、教師や認可を受けた歴史学者を通じて、教会の教義を「強要する」ことだった。

それ以前、ヘレナ皇妃の生得権をめぐる公情報は、いつでもイギリスの公文書から入手することができた。イギリス国内に限っていえば、イギリス人歴史学者エドワード・ギボンが、自著『ローマ帝国衰亡史』のなかでヘレナの出生をめぐるローマ教会の作り話を喧伝したのは、ようやく一七七六年になってからの話だ。初期キリスト教会の発展をめぐる彼の解説は虚偽であるとの有識者からの批判を受け、一七七九年には弁明が出されたが、ギボンは一七五三年にカトリック信者に改宗しており、ヘレナを公式見解に沿った形で描くしかなかったのだ。ギボンによれば、ヘレナはバルカン半島の小さな町ネイサスの宿屋一家に生まれた。後年ギボンは、これが憶測にすぎなかったことを告白せずにいられなかったが、この最初の主張がひとり歩きして、のちの歴史書や百科事典に踏襲されることになってしまった。

ギボン以前のイギリスの記録によれば、王女エレイン（ギリシア＝ローマ語でヘレン、ローマ語でヘレナ）はコルチェスターで生まれ育ち、その秀でた行政手腕で名が通るようになった。夫のコンスタンティウスはヨーク（カエル・エヴロック）で皇帝に即位した。これに先立つ紀元二九〇年、彼はヘレナの要請に応じてヨークの大司教管区を拡大し、また、最後はヨークで葬られた。三二六年のヘレナの聖地巡礼を記念して〝十字架のヘレン教会〟が建立されたコルチェスターでは、三つの銀冠をそれぞれの腕に戴くヘレナの十字架が、市の紋章に定められた。

宗教改革以降、また特にプロパガンダ大学が設立されて以来、ローマ教会は初期キリスト教史のあらゆる側面について、大々的に意図的な史実の歪曲をおこない、それがますます激しく続いてきた。ところが実際には、ヘレナに関するローマ教会の修正見解は非常に曖昧で、さまざまな相矛盾する説明が飛び交っている。多くの教会関係者はギボンを踏襲してバルカン説をとってきたが、ヘレナの生誕地をニコメディアとする者、また彼女をローマ市民だったと主張する者もあった。

イギリスの記録とは別に、他の欧州諸国の文書と並び、一六六二年以前のローマ教会の文書にも、ヘレナがブリテン出身であることを示すものがある。そのひとつは十六世紀のドイツの神学者メランクトンの『書簡集』で、「ヘレンは間違いなく、ブリテンの王女であった」と書かれている。またイエズス会の記録には（『巡礼者ローマを歩く』といったイエズス会の本のなかでさえ）、コンスタンティヌス自身がブリテンで生まれたというくだりに、次のように記されている。「イングランドのカトリック信者にとって、聖ヘレナとコンスタンティヌスが同郷の徒であることは、大いなる誇りである——聖ヘレナは、コイルス王（コール王）のひとり娘だからだ」。

ブリテン王女説を否定する際にローマ教会が最もよく引き合いに出すのは、四世紀の終わりごろ（ヘレナの死後）にアミアヌス・マルケリヌスが書いた文書なのだが、なかに書かれているはずのヘレナ（紀元二四八から三二八年ごろ）をめぐるもともとの文章は、実は行方不明なのだ！　ところが十七世紀のものと見られる偽の欄外の書き込みによって、教会公認の話が新たに創作され、これを根拠に、ギボン一派やその他の者たちが尾ひれをつけていくことになったのである。

このようななかで、ローマ教会やその太鼓持ちにすぎない学者たちが無視することに決めたのが、ヴァチカンの司書として一六〇一年に『教会史』を編纂した、ローマの枢機卿バロニウスだ。彼はその著書のなかで、はっきりとこう記している。「あらゆる古代の遺物を目にしながら、コンスタンティヌスとその母親がブリテン生まれのブリトン人であることを疑う者は、頭がおかしいに違いない」。

第十二章　宗教と聖杯の血統

三位一体論争

　初期のキリスト教について書かれた多数の書物には、ローマ教会こそがイエスの教会であり、その他のキリスト関連の信仰は異端で邪悪なものとされていたかのように書かれている。だがこれは事実とはかけ離れている。キリスト教の分派の大半は、政治的に作りあげられたローマ教会にくらべると、けっして異教的なものではなかった。ローマ文化に典型的な偶像と贅沢な装具を嫌悪したために、皇帝の勅令により排斥されたのだ。とくに深遠なるグノーシス派は、聖霊は善だが物質は汚れていると主張したため、異教徒として糾弾された。たしかにこの主張は、新しい教会ローマの、極端な物質主義的態度にはそぐわない。

　また、ローマによって都合よく流用され、奇抜に粉飾されたパウロの教えよりも、イエス本来の主張を支持した、伝統的なナザレ派に与《くみ》する人々もいた。この伝統的宗派のユダヤ＝キリスト教徒たちは、コンスタンティヌス帝の治世に、中近東の主《おも》だった教会を多数支配していた。

彼らを率いていたのが、イエス自身の家族の血筋であるデスポシニ（主の後継者）だったのだ。

紀元三一八年、デスポシニの代表団がローマを訪れ、司教の住まいとなったばかりのラテラノ宮殿で、シルヴェステル司教に謁見した。ヨセ（イエスの兄弟ユダの子孫）が代表として、キリスト教会はローマではなくエルサレムを本拠とすべきだと訴えた。またエルサレムの司教こそが正しいデスポシニの後継者であり、ほかの主要拠点（アレクサンドリア、アンティオキア、エフェソスなど）の司教たちはデスポシニの血縁でなければならないと主張した。しかし当然ながら、シルヴェステルにはコンスタンティヌス帝の勅令を無効にする権限はなく、代表団の訴えは聞き入れられなかった。イエスの教えはすでに帝国の要求に沿った教義にとって代わられ、それどころかシルヴェステルははっきりと、救済の力はもはやイエスにはなく、コンスタンティヌス大帝にあるのだと告げた。

皇帝たちは何世紀ものあいだ地上の神としてあがめられ、コンスタンティヌス帝はみずからを使徒の家系だと公言していたが、閉じるべき重要な扉がまだひとつ残っていた。デスポシニの代表団がローマを訪れたあと、三二五年に開かれたニカイア公会議に乗じて、コンスタンティヌス帝はこの問題に対処した。パウロの信徒たちは、いずれ救世主が再臨すると信じていたので、コンスタンティヌス帝は彼らの期待を打ち砕く必要があった。ローマによる支配をとり除くというイエスの使命は、ユダヤ教内部の派閥争いのせいで失敗した。コンスタンティヌス帝はこの失敗を利用して、ある噂の種をまいた。イエスは待ち望まれていた救世主ではなかった、ローマ帝国におけるキリスト教徒の自由を保証したのは皇帝なのだから、ほんとうの救い主はイエスではなく、コンスタンティヌス帝だという噂を。

もちろんコンスタンティヌス帝は、イエスが神の子としてパウロにあがめられてきたことを知っていたが、そのような概念をのさばらせておく余裕はなかった。息子と父が同一視されるために、イエスと神はひとつの存在に融合されなければならない。かくしてニカイア公会議において、神は三人でひとつの存在と正式に定義された。同格で永遠に共存する三つの部分――父と子と聖霊から成る神。三位一体の三つの様相（人）は、はるか昔にクムランのエッセネ派が使っていた聖職者の称号、〝父〟と〝子〟と〝霊〟に不思議なほどよく似ている。

しかしながら、この新しい教義に異議を唱える司教たちもいた。その多くは、イエスは子であり、子は神によって肉の存在として創られたが神ではないと主張する、古い宗派のキリスト教神学者たちだ。なかでも指導的な代弁者だったのが、アレクサンドリアの年老いたリビア人司祭アリウスだ。だが、アリウスが立ち上がって発言しようとしたとき、ミュラのニコラウスがアリウスの顔面を殴り、反対意見をさっさと封じてしまった。

神の三位一体を謳ったニカイア信条は、新たに改革された正統派キリスト教信条の基礎として据えられた。アリウスの信奉者たち（これ以降はアリウス派と呼ばれる）は追放された。カエサレアのエウセビオス主教をはじめとして、妥協点を探ろうと試みた代表団もあったが、それすらまったく受け入れられず、新しい教義に全面的に賛成せざるを得なかった。こうして神は父と子の両方を表すことになり、意義ある実在としてのイエスは都合よく無視された。いまや皇帝はメシアとしての神性を与えられたのだ。ニカイア信条が確立した時点から、なおかつ

「天地創造以来」皇帝がメシアを継承するものと決まっていたとされた。

組織が修正されたおかげで、それ以外のキリスト教宗派の擁護者が出現しても、ローマ教会は安泰だと思われた。実際、歴史上のイエスが戦略的にいったん脇へ追いやられてしまうと、「キリスト教」という宗教名も、紀元四九年のローマで人々を扇動したクレストゥスにちなんでつけられたといわれるようになった。公式に崇拝の対象となるものはふたつ、神の三位一体と、そして新たに世界の救世主という称号を得た皇帝自身だ。これに異議を唱える者は誰であろうと異端者と糾弾され、メシアキリストとしてのイエスに忠誠を尽くし続けようとするキリスト教徒は、帝国教会によって異教徒と宣言された。

一方、有力なローマ司教は、生前に後継者を指名することが何世代にもわたって慣例となっていたのだが、コンスタンティヌス帝がみずからを「地上における神の使徒」と公言したときに、この習慣は変えさせられた。ローマ司教の後継者指名を承認するのは皇帝の権利となり、候補者たちのあいだでは殴り合いのけんかが発生し、路上での流血に発展することもしばしばとなった。使徒継承の論理は維持されたものの、これ以降、皇帝自身が指名した人物のなかからローマ司教が選ばれることになったため、実質的に立候補は茶番でしかなかった。

紀元三三〇年、コンスタンティヌス帝はビザンティウムを東側(のちのビザンティン帝国)の首都とし、コンスタンティノープルと改名した。翌年にはここで総会議を開催し、ニカイア公会議で決まったことを承認した。その際、アリウスの教義(しばらくのあいだは多くの追随者がいた)は神への冒瀆《ぼうとく》だと正式に宣言された。皇帝の教会管理は、一貫して独裁的だった統治方式にそのまま組み込まれた。皇帝の決めたことは絶対であり、教会はコンスタンティヌス帝の帝国の一部署にすぎなかったのだ。シルヴェステルはローマ司教に指名されはしたが、コンスタンティヌス帝が推し進め、キリスト教の本質と目的を永久に変えてしまった一連の出来事に、その名前が出てくることはほとんどない。

帝国の新たな宗教として、このような形態でローマキリスト教が確立されると、テオドシウス大帝（三七五～三九五年）の命を受け、さらに強固な全体主義的政令が敷かれることになる。三八一年には、アリウス派との論争に終止符を打つために、コンスタンティノープル公会議が招集された。テオドシウス大帝は、アリウス派が子（イエス）は神によって創られ、聖霊は父から子へと受け継がれたと説教しているあいだは、神からメシアとして遣わされたのは自分だけであるという主張を押し通すのはむずかしいと悟ったのだ。アリウス派の教義を壊滅させ、イエスの名をそこから永久に葬り去らなければならなかった。

こうして神の三位一体説はすべての人に支持され、守られなければならないと、教会によって定められた。神は父であった、神は子であった、そして神は聖霊であった。これ以上の議論は無用である、と。

西ローマ帝国の衰退

しかしながら、このような時代にあっても、ナザレ派の伝統は維持された。ユダヤ人の反乱が起こっていたころから、ナザレ派はデスポシニ主導のもとで、自分たちの宗教を守り続けてきたのだ。彼らはメソポタミア、シリア東部、トルコ南部、中央アジアで活動した。ローマ帝国の改ざんされたキリスト教とは完全に袂《たもと》を分けた彼らの信仰は、どの宗派よりも、もともとのイエスの教えに近づいていき、偶像崇拝を通じて太陽崇拝、もしくはほかの神秘主義的宗教団体と結びつくことなく、本質的にはユダヤ教だった。実際、真のキリスト教徒のなかでは、最も純粋な宗派だった。ナザレ派の、三位一体に関する見解は単純なものだ。神は神であり、イエスは人――ダビデの血を受け継ぐ先祖代々のメシア――である。この問題に関して彼らは断固として譲らず、聖なるマリアが処女だったという考えかたは徹底的に否認した。

一方で、三位一体の神の教義を受け入れる用意はできていたものの、それでもなおイエスの神性についてひとつの信念を持ち続けた人々がいた。彼らの見かたはナザレ派とはずいぶん違っていた。イエスは神の生物学的な息子だというパウロの言葉を信じていたからだ。そのせいで、やがて使徒信経と呼ばれるようになるもうひとつの信条が、三九〇年ごろから現れた。その出だしはこうだ。「われは全能なる父である神を信じ、またその御ひとり子、われらの主イエス・キリストを信じる」。最初の行にイエスがふたたび登場したことで、「救世主」たる皇帝の立場は窮地に追い込まれたが、それから数年のうちにローマはゴート族によって破壊され、西ローマ帝国は衰退する。

このとき、三位一体説をめぐる論争に、新たな説を提唱する者が現れた。四二八年にコンスタンティノープルの総主教に就任したネストリウスだ。ナザレ派に同調したネストリウスは、イエスは父親と母親のあいだにごく自然に生まれた人間だということがすべての人にとって明白なのだから、イエスは神なのか、それとも神の息子なのかという議論はまったく意味がないとの立場をとり続けた。ネストリウスは仲間のカトリック教徒に対し、これを基盤に論戦を挑んだ。帝国が崩壊しつつあるこの時期にイエスを表舞台に引き戻そうとする彼らは、マリアを「テオトコス（Theotokas＝ギリシア語で「神を産む者」の意）」あるいは「デイ・ジェニトリクス（Dei Genitrix＝ラテン語で「神を身ごもる者」の意）」と呼んでいたのだ。その結果、マリアはただの女だとするナザレ派とネストリウス派の教えはエフェソス公会議（四三一年）で糾弾され、それ以降マリアは神と人間世界をとりつぐ者（仲裁者）として崇拝されることになる。一方ネストリウスは異端とされ追放されたが、まもなくエジプトとトルコで同志を得て、四八九年にはエデッサにネストリウス派の教会を建設した。ローマ人が王家の遺産であるデスポシニの文書を意図的に破壊したことや、連綿と続く一族の私的文書――「厳密な王家の継承」によって維持されたダビデ一族に関するもの――が存在することを、かつてユリウス・アフリカヌスが確認したのも、ここエデッサだった。

五世紀半ばから、ローマの教会は西ローマ帝国で維持され、コンスタンティノープル、アレクサンドリア、アンティオキア、エルサレムにある拠点からは東方正教会が発生した。三位一体をめぐる未解決の論争は両者のあいだに深い溝を作り、双方が自分たちこそ本物の信仰を代表していると言い張った。ローマの教会は指名制の教皇庁行政官の管理下で改革された。教皇庁行政官すなわち枢機卿（Cardinals＝蝶番を意味するラテン語のcardoに由来）は二十八人が任命され、ヴァチカンに常駐していた。

ローマの教会が再編成されているあいだに、西ローマ帝国は西ゴート族とヴァンダル族によって滅ぼされてしまった。最後の皇帝となったロムルス・アウグストゥルスは、ゲルマンの首長オドアケルに退位させられ、オドアケルは四七六年にイタリアの国王に即位した。皇帝不在の隙に、ときの総司教レオ一世は「大教皇（Pontifex Maximus = Chief Pontiff）、つまり「橋渡し役」の意）」の称号を得る。だが東方は西とは事情が異なり、ビザンティン帝国はさらに千年のあいだ栄えることになる。

ローマの勢力が粉々に崩れ落ちると、ローマキリスト教も同様に弱体化した。キリスト教の神を自任した歴代皇帝たちの試みも、失敗に終わった。宗教上の主権は大教皇にとって代わられたが、グノーシス派、アリウス派、ナザレ派、そして急速に勢いを増すケルト教会など、キリストをとりまく世界においては、もはやローマ教会も少数派にすぎなかった。

魔術師の王たち

西ローマ帝国の衰退が著しくなったころ、ローマ教会にとって最大の脅威が、ガリアにいたデスポシニの王族からもたらされた。彼らはメロヴィング王朝の一族で、男系は漁夫王の子孫、女系はシカンブリの血筋だった。シカンブリという名称は、紀元前三八〇年ごろの部族の女王カンブラに由来している。もともとは黒海の北に位置するスキタイの出で、ニューメージ（新しい契約）と呼ばれていた。

パリにあるフランス国立図書館には、非常に評判の高い『フレデガルの年代記』の複製が所蔵されている。完成までに三十五年を費やして広範囲を網羅した、七世紀の歴史書だ。フレデガルの特別版は、当時高い名声を得ていたニーベルンゲンの宮廷に献上され、包括的な公式の歴史書として認定された。フレデガル（六六〇年没）はブルグント出身の筆記者で、その『年代記』はヘブライの最初の族長たちの時代からメロヴィング朝の王たちの時代までを網羅している。聖ヒエロニムス（旧約聖書のラテン語翻訳者）、セヴィリアのイシドール大司教（『知識大全』の著者）、トゥールのグレゴリウス司教（『フランク史』の著者）の著作などから、厖大な情報を引用し、また相互参照している。『年代記』の序文で、フレデガルは自著に引用した文の作者たちよりも、自分の雇った調査員たちのほうがはるかに苦労したと書いている。

正確を期すためには、さらに徹底的に調べる必要があると判断した……だからこそわたしはすべての王たちの治世と年代記を（未来の作品の資料とするべく）包括した。

それほどの正確さを実現するために、ブルグントの王族と親しい関係にあったフレデガルは、その特権を利用して教会の記録や州の年報を閲覧した。『年代記』には、シカンブリ系フランク族（フランスという国名のもととなった）が、紀元前一一年に没した族長フランキオから部族の名称をとったことが書かれている。

シカンブリ系フランク族は四世紀にはラインラントにいた。三八八年に三人の族長、ゲノバウド、マルコメル、スンノに率いられてパンノニア（ドナウ川の西）から移動したのだ。ゲルマンの土地に落ち着くと、彼らはケルンに拠点を築く。それから約百年のあいだに、ローマ領ガリアに侵攻し、現在のベルギーと北フランスにあたる地域を制圧した。ゲノバウドの娘アルゴッタが、フランス君主制の正統な創始者だといわれる漁夫王ファラモンと結婚したのがこの時期だ。ファラモンは、ヨスエの息子アミナダブ（キリストの血筋）から続く、直接のメシア継承者ボアズ＝アンフォルタスの孫にあたる。アミナダブの妻はルシウス王の娘ユールゲン（アリマタヤのヨセフの血筋）だ。

だが夫婦のうち、メシアの血統を継ぐのはファラモンひとりではなかった。アルゴッタ自身もルシウス王の姉妹アティルディスの子孫であり、アティルディスは一三〇年ごろシカンブリ人の族長マルコメル（フランキオから八代目の子孫）と結婚している。したがってファラモンとアルゴッタから続くメロヴィング朝の継承は、二重の意味でデスポシニだったのだ。

アルゴッタの父であり、フランク人の君主であるゲノバウドは、一族で最後の男子だった。そのためファラモンとアルゴッタの息子クロディオンは、ガリアにおけるフランク族の正当な君主となる。四八八年にクロディオンの息子メローヴィスがトゥルネイの守護者であることを宣言し、謎に包まれたメロヴィング朝の血筋はここから始まった。のちにフランク族の王として知られるようになるが、彼らは即位したり任命されたりせず、古い世代のメシアとしての権利の伝統に沿って、人々を統治した。

この時代の家系図は詳細に書かれたものだったが、修道院の年報ではなぜかメローヴィスの継承については不明瞭だ。メローヴィスがクロディオンの正当な息子であることは間違いないが、歴史家のプリスクスは、謎の海獣ビステア・ネプチュニスがメローヴィスの父親であると書いている。メローヴィス王とその聖職の後継者たちには、明らかに何か特別なものがある。彼らはみな特別な尊敬を受けていたし、深遠なる知識と秘術に通じていたことで広く知られていた。六世紀にトゥールの聖グレゴリウスはこのように述べている。先祖にシカンブリ人の女性の血統を持つフランク族の族長たちは、けっして禁欲的な文化で知られていたわけではなかった。だが、この博学の王朝は、古代ナジル人の伝統から生まれ、やがて長髪の魔法王と呼ばれるようになったのだ。

旧約聖書のなか（民数記六章三節、五節、十三節）で、ナジル人とは、サムソンやサムエルをはじめとする、きびしい誓願にしばられたユダヤ教徒だった。

葡萄酒も濃い酒も断ち……。

ナジル人の誓願期間中は、頭にかみそりを当ててはならない。おもに献身している期間が満ちる日まで、その人は聖なる者であり、髪は長く伸ばしておく……。

ナジル人の規範は次のとおりである。

誓願を立てたナジル人は、特定の期間、義務にしばられた。エッセネ派の伝統では、独身を守らなければならない期間もあった。ナジル人の首長は、黒の式服を身につけたダビデの皇太子によって伝統的に維持されていた。かつてイエスの兄弟である義人ヤコブが、教団の王族のトップだったこともある。そしてユダ族代々の正当な皇太子がこの地位と責任を持ち続けた。

ユダヤ教の伝統を引き継いでいたにもかかわらず、メロヴィング朝の人々はユダヤ教を実践しなかったが、それはユダヤ教から派生した信仰を持つ、ローマ教会以外のキリスト教徒たちも同じだった。カトリックの司教トゥールのグレゴリウスは、このような人々を「偶像崇拝の信奉者」と呼んだが、メロヴィング朝の聖職者たちは、無教養という意味で異教徒なのではない。実際のところ、彼らの精神的な崇拝の対象はドルイド僧のそれとたいした違いはなく、奥義の師として、また司法官、信仰療法師、透視能力者として深く尊敬されていた。またブルグント人と密接な関係を築いていたにもかかわらず、メロヴィング朝の人々はアリウス派の影響を受けることもなく、その独自の社会制度はローマ領ガリア風でも、ゲルマン風でもなかった。ほかのどんなものとも違う彼らの文化は、どこからともなく現れたかのようだった。

メロヴィング朝の王たちは国を支配することはなく、また政治的な活動もほとんどしなかった。政治をつかさどっていたのは宮宰（閣僚）たちであって、王は軍事や社会問題にとり組んだ。特に強い関心を抱いていたのが、教育、農業、海上貿易である。古代の伝統にのっとった、王にふさわしい務めを熱心に学び、ダビデの息子ソロモン王を手本とした。行動の基盤は旧約聖書の言葉に置いていたが、それでもローマ教会は彼らを「不信心者」と非難した。

メロヴィング朝は昔のナジル人に似ているだけでなく、聖書に書かれた時代のさまざまな習慣を採り入れていた。エッセネ派の伝統では、男子は十二歳になると簡素な式服に身を包み、

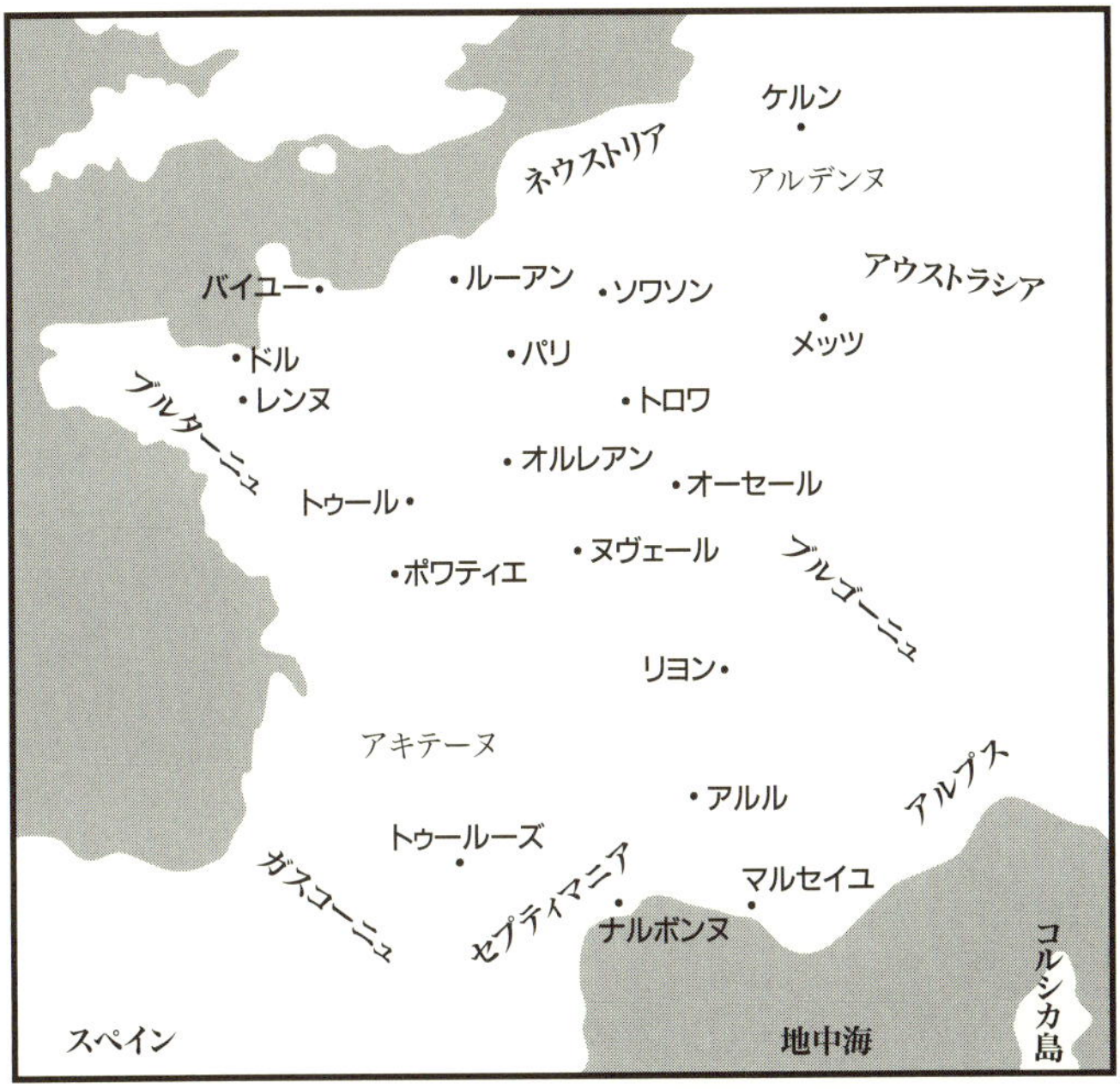

メロヴィング王朝時代のガリア

出生を再演する儀式を受けて「生まれ変わる」とされていた。第二の誕生（イエス・ユストゥスに関連してすでに述べた）である。つまり男子は母親の胎内から象徴的にもう一度生まれ、集団のなかのあるべき地位に組み込まれるのだ。メロヴィング朝の王族にも同様の儀式があった。王の息子は十二歳の誕生日におこなわれる成年式で王位継承権を与えられ、その後即位式をおこなう必要はない。メロヴィング朝の王は作られるのではなく、生まれついての王が継承していくものであり、王としての資格は神聖なるとり決めにもとづいて自動的に与えられる。

これまで見てきたように、メロヴィング朝はキリストの血筋にあるだけでなく、ルシウス王の姉妹と娘を通じてヤコブ（アリマタヤのヨセフ）の血筋をも受け継いでいるのだ。

ちなみに、第二の誕生に関するエッセネ派の慣習は福音書に書かれているが、翻訳の際に完全に誤読されたせいでかなり曖昧な記述になっている。ルカによる福音書二章一〜十二節では、イエス自身の第二の誕生の儀式と実際の誕生の年代が混同されている。マタイによる福音書と同じく、ルカはイエスの誕生を、紀元前四年に没したヘロデ大王の治世後期に設定した。ところが同時にルカは、当時はキリニウス（クィリーニウス）がシリアの総督で、カエサル・アウグストゥス皇帝が人口調査を実施したと書いている。現実には、ヘロデの存命中にキリニウスがシリア総督だったことはない。キリニウスが任命されたのは紀元六年のことで、ヨセフスの『ユダヤ古代誌』によれば、その年、ユダヤではカエサル・アウグストゥスの命により住民登録がおこなわれたという。ユダヤの人口調査はこのとき以外に記録には残っていない。つまりヘロデの時代にはおこなわれなかったのだ。この人口調査が実施されたのは、イエスの最初の（実際の）誕生から十二年後、正確には第二の（成年式の）誕生の年だった。

この間違いがやがて、両親とエルサレムへ出かけたとき、イエスが神殿に残ったという逸話（ルカによる福音書二章四十〜五十節）をとり巻く年代の混乱につながる。この事件はイエスが十二歳のときに起こったとされているが、それは「十二年目」とされた年であったはずだ。世のなかに生まれてから十二年目ではなく、集団の中に誕生してから十二年目であることを意味する。実際、その年の過越祭《すぎこし》にはイエスは〝新参者《イニシエイト》〟から成人へと成長したことになるのだが、両親とともに関連の儀式に参加するのではなく、ひとり残って、祭司になっていた精神的な父エレアザル・アンナスと、〝父〟の仕事について話し合っていたのだ。

少年時代を通して、イエスは聡明な師や天文学者たちと交流をもった。代表的なのが、のちのメロヴィング朝の王たちから深く敬われていた賢人マギだ。イエスの誕生を祝った三人のマギは、メロヴィング朝時代にフランク族の町ケルンで守護聖人に指名されるが、同時に彼らには、カスパール、メルキオール、バルタザールというでたらめの名前が冠されることになった。

メロヴィング朝の王たちは、サマリア人のマギと同じく傑出した魔法使いであり、蜂の巣の秘めた力を強く信じていた。蜂の巣は自然に作られた六角柱の集合体であることから、賢人たちはそれが自然界の神聖な調和の顕現だと考えた。箴言二十四章十三、十四節にあるように、その構造は見識と知恵に結びつけられた。

わが子よ、蜜を食べてみよ、それは美味だ。……
そのように、魂にとって知恵は美味だと知れ。

メロヴィング朝の人々にとって、蜜蜂は最も神聖な生きものであり、またエジプト王族の聖なる紋章でもあったことから、知恵の象徴となった。一六五三年に発掘されたキルデリク一世（メローヴィスの息子）の墓からは、約三百匹の小さな黄金の蜜蜂が縫いつけられたマントが見つかった。ナポレオンは一八〇四年の戴冠式で着用したマントに、この蜜蜂を縫いつけさせたという。英国のスチュアート朝チャールズ二世とローアン公爵夫人マルグリットの庶子、ローアン＝スチュアルドのジェームズ（一六七七年に認知）の子孫である自分には、その権利があると主張したのだ。スチュアート家は、親戚筋であるブルグントの伯爵家とともに、クロディオンの兄弟フレデモンドの血筋にあるのだから、（メロヴィング朝と同じく）ファラモンから漁夫王の血を引いており、このしるしを受け継ぐ資格があった。メロヴィング朝の蜜蜂は、大陸に亡命したスチュアート家に採用され、現在でもジャコバイトのガラス器に彫り込まれていることがある。

メローヴィスの息子キルデリクが四八一年に亡くなると、当時十五歳だった息子のクローヴィスが跡を継いだ。その後の五年間で軍隊をアルデンヌから南へ進め、ガリアのローマ人を追い出し、四八六年にはランスやトロワなどの主要都市を王国の傘下に収めた。ローマ人はソワソンで王国を守ろうとするが、クローヴィスはこの軍隊を破り、統治者シアグリウスは西ゴート族のアラリック二世のもとへ敗走した。このときクローヴィスはアラリックに対して戦を仕掛けると脅し、逃亡者シアグリウスを引き渡させたのち処刑した。二十代前半にしてローマ人と西ゴート族をひざまずかせたクローヴィスは、西側世界で最も影響力のある人物となるべく運命づけられていた。

当時ローマ教会は、ガリアでアリウス派の信奉者が増え続けていることをひどく恐れていた。一方で、活動的な司教の大半がアリウス主義者だったため、カトリック教義は西ヨーロッパにおいて危険なほど圧倒されつつあった。クローヴィス自身はカトリック教徒でもアリウス派でもなかったことから、ローマ教会の上層部はクローヴィスの台頭を利用できるのではないかと考えた。クローヴィスが意図したわけではないが、黒衣聖母の発祥の地フェリエールでブルグント王国の王女クロティルドと結婚したことが、結果的にローマ教会の目論見を助けたのだ。

ブルグント人は伝統的にアリウス派であったが、クロティルドはカトリック教徒で、自分の信仰を伝道することがみずからの務めと信じていた。しばらくは、カトリックの教義を夫に説いても成果は見られなかったのだが、四九六年に運がめぐってきた。当時クローヴィス王の軍隊は、ケルン近郊で侵攻してきたアラマン族と戦っていた。戦況は思わしくなく、その華々しい戦績のなかで、メロヴィング朝はただ一度の敗北を覚悟した。絶望の淵で、クローヴィスがイエス・キリストに祈ったとき、アラマン王が命を落とした。指導者を失ったアラマン族がたじろぎ、撤退すると、クロティルドはすぐさま、イエスがメロヴィング朝の勝利を導いたのだと主張した。クローヴィスは妻の主張を信じたわけではないが、クロティルドはただちにランス司教の聖レミに使いを出し、クローヴィスの洗礼を手配した。

王への忠誠を示すため、メロヴィング朝兵士の約半数がクローヴィスに従って洗礼を受けた。西ヨーロッパの支配者がカトリック教徒になったという知らせは瞬く間に広まり、ローマのアナスタシオス司教にはかりしれない価値をもたらした。改宗の大波がつぎつぎと押し寄せ、ローマ教会は不可避と思われていた崩壊から救われたのだ。実際、クローヴィス王が洗礼を受けていなかったら、西ヨーロッパのキリスト教の基盤は、カトリックではなくアリウス派になっていたかもしれない。だがカトリックへの王家の服従は一方的なものではなかった。王が洗礼を受ける代わりに、ローマ教会の本部はクローヴィスとその子孫に忠誠を誓ったのである。ローマは、新しい神聖帝国がメロヴィング朝のもとに築かれることを約束した。クローヴィスはローマの忠誠の誓いに少しも疑念を抱かなかったが、クローヴィス自身も気づかぬうちに、メシアの血筋に対する司教たちの陰謀に手を貸すことになってしまった。教会の祝福を受けて、クローヴィスは軍隊をブルグントとアキテーヌへ進めた。この侵攻によって、アリウス派がカトリック教義を受け入れなければならなくなるはずだと、ローマ教会は計算していた。だが、ローマにはさらに長期的な計画があったのだ。それは策略をめぐらせてメロヴィング朝の王たちを表舞台から引きずり下ろし、ローマ司教をガリアの最高権力者に据えることだった。

周辺諸国を立て続けに征服したのち、クローヴィス王は四十五歳のときにパリに没した。王位は四人の息子、テウデリク、クロドミル、キルデベルト、クロタールが継承し、その年、五一一年にメロヴィング朝の領土は四つの王国に分割された。テウデリクはアウストラシア（ケルンからバーゼルまで）を引き継ぎ、メッツに拠点を置いた。クロドミルはブルグントのオルレアンから、ロワール渓谷と、トゥールーズとボルドー周辺のアキテーヌ西部を統治、キルデベルトはセーヌ川からネストリアを経てアルモリカ（ブルグント）までの地域を、首都パリから支配した。クロタールはスヘルデ川からソンム川に至る王国を継承し、ソワソンを拠点とした。分割統治の数十年間は波乱の連続だった。ゴート族との紛争は続いていたし、メロヴィング朝はアキテーヌ東部にまで侵攻し、ブルグント王国は完全に併合された。

四人のうちでいちばん長生きしたクロタールも、分割されていた領土全体の王となったのち、五六一年にこの世を去った。ふたりの息子、シゲベルトとキルペリクが王位を引き継ぎ、キルペリクの四代あとのダゴベルト二世が、六七四年にアウストラシアの王になった。そのころには、主要司教たちの協議会が教会の権限と免責事項を拡大し、王家の課税権と支配力を縮小していった。その結果、メロヴィング王国の主要行政区分は、司教と密接に結びついた宮宰に、直接管理されることになる。ローマによるメロヴィング朝の支配権解体が始まったのだ。

第十三章　ペンドラゴン

漁夫王の宮廷

シカンブリ系フランク族は、その女系がメロヴィング朝に引き継がれたが、ラインラントに移住する以前はギリシアのアルカディアとつながりがあった。すでに述べたように、彼らはクムランのエッセネ派と同様、みずからを「ニューメイジ（新たな契約）」と称した。メロヴィング朝の先祖伝来の記録に象徴的に記されている謎の海獣（ビステア・ネプチュニス）の出所は、このアルカディアにある。これに関連した海の支配者は、古代アルカディアの神パラス王――偉大なるオケアノスの後任者だ。その概念は古代メソポタミアの神々にまでさかのぼり、パラス王は原初塩水の偉大なる母であったティアマトの息子だといわれている。

不死の海獣は古代の王朝で転生し続けるとされており、その象徴は魚だった。この魚とともにメロヴィング王朝の紋章となったのは、ユダの獅子とフラ＝ダ＝リ【訳注：百合またはアイリスといわれる花弁を三枚束ねた紋章】で、フランス王家の血筋を意味するものとして、五世紀にクローヴィス王が採用した。ちなみに以前は、有名なユダの三つ葉模様《トレフォイル》が、割礼の契約を象徴するものだった。獰猛《どうもう》な獅子とフラ＝ダ＝リは、ともにスコットランド王室の紋章に組み込まれていく。

　アーサー王にまつわる伝承によれば、ダビデ王家の血筋は聖杯家族の漁夫王たちを輩出し、家長の血統はアンフォルタスという名前で表されたという。ラテン語の「イン・フォルティス（In fortis＝「力を込めて」の意）」が変形してできた、象徴的な尊称だ。アンフォルタスは、ダビデ（同様に「力を込めて」を意味する）の曾祖父のヘブライ語名ボアズと同じもので、現代のフリーメーソンも記憶にとどめている。

　ボアズという名前はソロモン王の神殿の、左側の柱に与えられたものだ（列王記上七章二十一節、歴代誌下三章十七節）。神殿の右側の柱ヤキンとともに、その柱頭は真鍮《しんちゅう》【訳注：聖書では青銅】製のザクロの実で飾られていた（列王記上七章四十一、四十二節）。これは雅歌四章十三節にあるように、男性の生殖能力の象徴である。ボッティチェリの有名な絵画、《ざくろの聖母》と《マニフィカトの聖母》で、幼子イエスが熟して割れたざくろの実をしっかりと握っているのは偶然ではない。実際にボッティチェリ（本名はサンドロ・フィリペーピ）は、一四八三年から一五一〇年まで、聖杯とつながりのある秘密結社、プリウレ・ノートルダム・ド・シオン（シオン修道会）の総長《ノートニエ》だった。ボッティチェリの時代の聖杯伝承は、アルカディアの海の支配者パラスをペレス王に重ねている――「わが名はペレス、異国の王にして、アリマタヤのヨセフの近親である」。ちなみに「コルベニ（祝福された肉体）」の聖杯の担い手であり、ランスロット・デラックとのあいだにガラハッドをもうけたイレーヌは、このペレス王の娘だ。

　伝統的な聖杯物語には、ユダヤ人あるいはユダヤ系に通じる名前が出てくる。例えば、ヨセフェス、ロット、エリナント、ガラハッド、ブロン、ユリアン、ヘブロン、ペレス、ヨセウス、ヨナス、バンなどだ。十五世紀に書かれたトーマス・マロリー卿のアーサー王伝説集を含め、ほぼすべてのアーサー王伝説が余談として漁夫王との関連を繰り返し強調している。さらに、アリマタヤのヨセフ、ダビデ王、ソロモン王に関する記述も多い。祭司であるマカバイのユダ（紀元前一六一年没）さえもとり上げられている。ユダヤの名門ハスモン家の英雄が、一見キリスト教をテーマにした物語のなかで、敬意を持って扱われるのは奇妙だと、長年にわたって多くの人が感じてきた。


「閣下」。彼はメシーレ・ガーウェインに呼びかけ、「どうか、この楯《たて》を突いて、打ち破ってください。さもなくば、わたくしがあなたを打ち破ることでしょう……なぜなら、それは誰にも負けぬ信仰心を持ち……最も徳のある騎士が持っていたものだからです」。

「その者の名は？」メシーレ・ガーウェインが言う。

「名をマッカバイオスのユダと言います」

「お前の言うことはもっともだ」メシーレ・ガーウェインは言う。「それでお前の名は？」。

「わたくしはヨセウスと申し、アバリマシーのヨセフの血を引く者にございます。父はペレス王、森におります、そして叔父は漁夫王でございます」。

アーサー王物語に登場する騎士のなかには、実在の人物をモデルにした者もいる。特にランスロット、ボース、ライオネルなど、聖杯家族の分家であるデラック家とつながりのある者たちだ。ではそれ以外の者はどうなのだろうか。アーサー王の時代に限らず、実在のモデルがいる登場人物は多いようだ。

聖杯冒険譚の多くは中世に書かれているが、当時ヨーロッパではユダヤ人はあまり好かれていなかった。パレスチナから追い出された多くのユダヤ人が西ヨーロッパのあちこちに住みついたが、耕す土地もない彼らは、貿易業や銀行業に従事した。キリスト教会はこれを快く思わなかったので、ローマ教会が貸金業を禁止した。その影響もあって、一二〇九年、英国ではエドワード一世によって、熟練した医師以外のユダヤ人が国外に追放された。こうした状況のなかで、作家が（英国であろうとヨーロッパ大陸であろうと）地方の英雄や騎士、国王にユダヤ人を思わせる名前を繰り返しつけるのは不自然だし、また政治的にも不都合であったはずだ。それでもなお、アーサー王と円卓の騎士の物語には、前半のヨセフェスから後半のガラハッドに至るまで、ユダヤ系の名前が使われている。

初期の聖杯物語では、ガラハッドはヘブライ語の名前であるギレアドと同一視されていた。元祖ギレアドは、アブラハムの兄弟ナホルの孫の孫にあたるミカエルの息子だ（歴代誌上五章十四節）。ギレアドは「あかしの石塚」を意味し、ギレアドと呼ばれる山は「証拠の山」（創世記三十一章二十五節）であり、ガルエドはヤコブの石塚、つまり「証拠の石塚」だった（創世記三十一章四十六〜四十八節）。クレルヴォーのベルナールの例にならい、リンカンシャーの大修道院長だったオランダのジルベルトは、シトー修道会の『雅歌の説教』で、アーサー王物語のガラハッドをイエスの家族同然に見なしている。書き手がキリスト教徒であったにもかかわらず、騎士道をテーマにした物語のなかでユダヤの血を引く男たちが重視されているのは、ひとえに、彼らの名がすでに人々のあいだに知れわたり定着していたからだ。したがって、個々にばらばらだった時代背景が、冒険譚という共通の時間枠に組み込まれはしたものの、アーサー王物語の登場人物にはなんらかの歴史的根拠があると考えていい。

キャメロット

紀元前八世紀ごろ、中央ヨーロッパからケルト民族（「よそ者」を意味する「keltoi」から）がブリテン島に移住し始め、鉄器時代を経て、その文化はブリテン島の低地地方全体を支配するまでに発展していった。その後の数百年間ずっと、ヨーロッパケルト民族が次々に移住した。最後に入植したベルガエ族は南東部に移り住んだ。そのため、それ以前に定住していた人々は北方と西方に広がり、サマセットのグラストンベリーやドーセットのメイデンキャッスルといった土地に定住した。紀元前一世紀にローマ人が侵攻してくると、カラクタカスやボウディッカ（ヴィクトリア）といった強力な指導者による抵抗は続いたものの、ケルト民族はさらに西へ押しやられた。ローマ人は古代ブリトン人（ブリテン島にいたケルト人）を「プレタニ」と呼んでいた。これは古代ウェールズのキムリック語に由来する名前で、ウェールズではケルト人の島全体を「契約の地」を意味するブリツ＝エイン（B'rith-ain）と呼んでいた。

ローマ人はある程度まではブリテン島の支配に成功したが、北の果てに住むカレドニアのピクト人を征服することはできなかった。しかたなくハドリアヌス帝（一一七～一三八年）はふたつの文化を隔てる長大な防壁を築いた。防壁の南側に住むケルト人はローマ人の生活様式に比較的順応したが、北アイルランドから侵入してきたスコット系ゲール人のような気の荒い北の部族は、戦いをやめなかった。

ウェールズのポーイズとグウィネズは、紀元前一世紀にブリトン人の大君主だったベリ・モウル（ビリ大王）の血を引くアヴァラックの子孫たちによって支配されていた。ベリ・モウルという人物の生きた年代については多くの混乱が見られるが、それは彼にまつわる寓話が数多く存在するからだ。大ドルイド僧、祝福されたブラン（アリマタヤのヨセフの義理の息子）はベリ・モウルの曾孫にあたる。こうした歴史上のつながりがあるため、ベリとブランは、紀元前三九〇年ごろにブリテン島北部の覇権を争い、古代ケルト文化では神と呼ばれたベリナスとブレナス（ポルレックスの息子たち）兄弟と、しばしば混同される。

さらに頻発する間違いは、祝福されたブランがカラクタカスの父親とされることだ。実際にこのふたりは同じ一世紀に存在していたのだが、カラクタカスの父親はカムロッドのシンベリンだ。このような間違いがいつまでも続いて、暗黒時代の家系を扱った書物でますます混乱が拡大されていくが、その原因は単純なものだった。

ベリ・モウルの血を引くブランの父親は、リール（リア）王だ。だが、ルシウス王から数世代を経た紀元三世紀から四世紀ごろ、リールとブランという名前の組み合わせが再度登場する。ウェールズの族長リール・レディアトは、カラダウ（カラクタカスという名前の変形）の父親だった、別のブランの父親だ。さらなる混乱のもととなったのは、大ドルイド僧としてのブランが、一族の〝父〟と呼ばれていたことだ。したがって、象徴的な意味においてエレアザル・アンナスとシモン・ゼロテがユダヤにおけるイエスの精神的な〝父〟であったように、ブランは実質的にカラクタカスの〝父〟だったといえる。

ベリ（ビリ）という名前からは、ロンドンのビリングズゲートという地名ができた。ベリの子孫であるアヴァラックは、アリマタヤのヨセフの娘で、大ドルイド僧の祝福されたブランの妻だったアンナの孫にあたる。ヨセフ自身の妻もまたアンナ（「恩寵」を意味する）という名前だった。先に述べたように、アヴァラックという言葉は記述的な称号であり、同様にベリという名前も「主権者」を意味する肩書きだ。したがってこの「ベリ」という名前は王朝のなかで繰り返し用いられ、また聖書のなかのエリ（イエスの父方の祖父）という名前と同義だった。

ベリ・モウルの子孫のもうひとつの系統にはラド王（ロンドンのラドゲートはこの王に由来する）がいる。コルチェスター、シルリア、ストラスクライドの王家の創始者であり、その子どもたちはヤコブ（アリマタヤのヨセフ）の血筋の者たちと重要な結婚をした。そしてアリマタヤの血を引くウェールズの王子たちのなかから、かつてアルモリカ（海に面した土地）と呼ばれたフランク族の領土、ブルターニュ（小ブリテン）を築き、治めた者たちが出た。また一

イングランド、アイルランド、ウェールズ（ケルト人とアングロ=サクソン人の領土）

方、かなり初期のダビデの血筋で、ウガイン・マル（紀元前四世紀）を経て発展した一族が、タラのハイ・キングとしてアイルランドの主権を保持した。

ラド王の孫、強大なシンベリン（カラクタカスの父親）は、イエスの時代にブリテン本土のペンドラゴンだった。ペンドラゴン、またの名をブリテン島のヘッドドラゴンは、王のなかの王であり、ケルト人の島の守護者でもあった。この称号は世襲制ではなく、ドルイドの長老会議によってケルト人の王族のなかから指名された。シンベリンは、鉄の時代に最強の要塞だったコルチェスターから、カトウエラニとトリノヴァンテスのベルガエ族を支配した。当時コルチェスターは、ケルト語で「彎《わん》曲する光」を意味するカムロットから、カムロッド、ローマ読みではカムロドゥナムと呼ばれていた。この要塞がのちに、似たような名を持ち、どうやらほんのはかない存在であったらしい、アーサー王の宮廷キャメロットのモデルになった。

シンベリンの領土の北部に位置するノーフォークでは、かの有名なボウディッカ（またはボーディケア）の夫であるプラスタガス王がイケニ族を治めていた。ボウディッカは六〇年に、「世界中を敵にしてでも、真理は勝つ」と叫んでローマに反旗を翻したが、失敗に終わっている。アリマタヤのヨセフがガリアを離れ、ローマ帝国主義の目の前でグラストンベリーに教会を建てたのは、そのすぐあとのことだ。

「ペンドラゴン」のように、王位に関わる言葉にドラゴンの概念が用いられるようになったのは、エジプトの聖なる鰐《わに》（Messeh）と古代メソポタミアの「ムス＝フス（Mūs-hūs）」の影響だ。エジプトのファラオとバビロンの王は鰐の脂肪で聖別され、聖なる鰐（Messeh）の不屈の精神を身につけた。ヘブライ語の「メシア（Messiah＝聖別された者）」はこれに由来する。恐れを知らない鰐のイメージがドラゴンになり、やがて強大な王位の象徴になった。帝政ローマでは軍旗に紫色のドラゴンが描かれていたし、このシンボルはヨハネの黙示録十二章三節にも出てくる。ミカエルが「七つの頭を持つ竜」に立ち向かう場面だ。すでに述べたように、このドラゴンは、歴史上「七人の王を持つ都市」（共和制が始まる前に在位した王の数）として知られるローマを表している。

四一〇年にローマ軍がブリテン島から撤退すると、各地方の主導権は族長たちの手に戻った。

そのひとりが、前ローマ総督マグヌス・マキシマスの娘婿にあたる、ウェールズのポーイズにいたヴォルティゲルンだ。四一八年にポーイズに選ばれ、ドラゴンの紋章をうまく利用した。この紋章がやがてウェールズのレッドドラゴンとなる。

そのころには、アリマタヤのヨセフの娘アンナと祝福されたブランから始まったアリマタヤの血筋に、さまざまな王族の分家が出現していた。そのなかで最も名高いのは、フォース湾沿いのマナウを支配していたクネッダだ。並行する分家には、「北の男たち」を率いた賢者コール・ヘンがいる。「コールの王様」として親しみを込めて童謡にも歌われたこの王は、カーライル（北方のカムロット砦）にあるカンブリアの王座から、レゲド地方を治めた。もうひとりの特筆すべき指導者は、ルシウス王の血を引くケレティックだ。本拠地ダンバートンからクライデスデール地方を支配した。これら三人の王たちとヴォルティゲルンは、五世紀のブリテンにおいて最も力のある大君主だった。それぞれの家系が有名なケルトの聖人たちを輩出し、「ブリテンの神聖一族」として知られるようになった。

五世紀半ば、クネッダとその息子たちはヴォルティゲルンの要請で、厄介なアイルランド人の入植者を駆逐するため、軍隊を率いて北ウェールズへ向かった。その途中、ポーイズの西側、ウェールズの海岸沿いにグウィネッドの王家を創設する。クネッダの遠征中に、はるか北のカレドニアのピクト人がハドリアヌスの長城を越えて、繰り返し国境を襲撃してきた。ただちにヘングストとホルサ率いるゲルマン系ジュート族の傭兵部隊が大陸から呼ばれ、ピクト人を撃退するが、その後、南に目をつけたジュート族はケント王国に侵攻して、自分たちのものにしてしまった。さらにゲルマン系のサクソン族とアングル族が、ヨーロッパから続々と侵入してくる。サクソン族は南部を攻略し、ウェセックス、エセックス、ミドルセックス、サセックスに王国を築き、アングル族はノーサンブリア、マーシア、東アングリアを含む、セヴァーン川河口からハドリアヌスの長城までの地域を占領した。これらの土地すべてがイングランド（アングル族の地＝Angle-land）として知られるようになり、アングル族はケルト人が住む西の半島をウェールズと呼んだ。

怒濤《どとう》の歴史に翻弄《ほんろう》されたブリテン島とは海をはさんで隔てられていたおかげで、アイルランドは修道僧と学者の安全地帯になっていった。アイルランドは「平和の地」を意味するという説もあるが、この古い名前は、紀元前五八六年ごろユダのゼデキヤ王の娘タマルと結婚したエイル＝アムホン（タラのイリアル王の父親）から直接とったものだ（エイルはまた、ほぼ同時期に王座にあったシーサー王の、トゥアハ・デ・ダナン族の妻の名前でもある）。いずれにしろアイルランドでは、ケルト系キリスト教という形で、独特の土着文化が発展した。その起源はエジプト、シリア、メソポタミアであり、明らかにナザレ派の教えに沿っていた。礼拝式のかなりの部分はアレクサンドリア式で、信仰の基盤はイエスの教え（イエスの存在ではなく）によって形成されたため、旧約聖書のモーセに関する内容はそのまま保たれた。ユダヤ教の古い婚姻法は、安息日や過越《すぎこし》祭の儀式とともに遵守されたが、三位一体論にともなうイエスの神性とローマカトリックの教義は伝えられなかった。ケルト教会には教区司教制はなく、代わりに修道院長（修道院の長老）の指示のもと、氏族組織を基盤にして、学問の研究と学習に励んだ。

四六四年にヴォルティゲルンがこの世を去ると、クネッダは北ウェールズに残ってペンドラゴンを継承し、同時にブリトン人の最高軍事司令官となる。この地位を得た者は「グレティック」と呼ばれた。クネッダの死後は、ヴォルティゲルンの義理の息子、ブレックノックのブリーチャンがペンドラゴンを、ストラスクライドのケレティックが軍のグレティックを引き継いだ。一方、ヴォルティゲルンの孫アウレリウスは豊富な軍隊経験を見込まれ、ブルターニュから戻るとサクソン人の討伐に駆り出された。またドルイド僧としての能力を買われて、アウレリウスはアンブリウスの聖地の王子に指名される。これは古代へブライ人の幕屋をモデルにした聖所だ（出エジプト記二十五章八節「わたしのための聖なる所を彼らに造らせなさい。わたしは彼らのなかに住むであろう」）。アンブリウスの守護者たちはそれぞれがアンブローシウスと称され、緋色のマントをまとっていた。アンブローシウスのアウレリウスは、スノードニアの砦から西側の軍事防衛線を守り、ブリーチャン亡きあとはグレティックを継承した。

聖コルンバとマーリン

六世紀の初め、ブリーチャンの息子（やはりブリーチャン）が、マナウの王子としてフォース湾へ移った。その地でフォーファーシャーに、また別のブレックノックという領土を築くと、そこはウェールズの人々から「北のブライホニオグ」と呼ばれるようになった。父王ブリーチャンの王座はウェールズのブリーコンにあったので、息子が築いた北の要塞は、これに似たブリーチンという名前をもらった。ブリーチャン二世の娘が、スコット人のダルリアダ王国（ハイランド西部）のガブラン王子に嫁いだことから、ガブランはフォース湾の君主となり、アバーフォイルの城を受け継いだ。

当時、アイルランドのゲール人はアントリムのカイリル王のもと、ブリーチャン一族との関係が悪化しており、五一四年にマナウのスコット人に対して襲撃を開始した。その結果、カイリル王が勝利を収め、フォース湾地域はアイルランド人の支配下に入った。そこでブリーチャンは、義理の息子ガブラン王子とグレティック司令官アウレリウスに支援を要請する。彼らの作戦は、マナウからアイルランド人を追い払うのではなく、海を渡って直接アントリムに攻撃を仕掛けることだった。五一六年、ガブランのスコット人艦隊が、アウレリウスのグレティック部隊とともに、ジュラ海峡から出港した。攻撃目標は、ダン・ベイダン（バドン・ヒル）の難攻不落の要塞といわれたカイリル王の城だ。戦いはグレティック部隊の勝利に終わり、ダン・ベイダンは陥落した。この歴史的な戦いについては、年代記編者のギルダス三世（五一六～五七〇年）が五六〇年に『ブリテン衰亡記』で書いており、スコット人やアイルランドの年代記にも大きくとり上げられた。ダン・ベイダンの戦いから数年後の五三七年、ガブランはスコット人の王に即位し、西ハイランドの王宮をクリナン湖近くのドゥナッドに置いた。

この時期のペンドラゴンは、クネッダの曾孫でウェールズの王、グウィネズのメイルグウィンだった。その跡を引き継いだのが、ガブラン王の息子、ダルリアダのアエダンで、五七四年に聖コルンバに聖別されてスコットの王になった。彼は、聖職授与式を経て即位した最初の王だった。

五二一年にアイルランドの王家に生まれたコルンバは、王座に就く資格があったにもかかわらず、相続権を放棄して修道士となり、ダウン州モーヴィルの修道院で学んだ。デリーとその周辺に複数の修道院を建設するも、軍隊を招集し、スライゴの不当な王に反旗を翻した。この試みは失敗に終わり、タラに幽閉されたコルンバは、四十二歳のとき（五六三年）に国外追放となる。コルンバの最大の功績は、五六三年にアイルランドを追放され、西部ハイランドとスコット人のダルリアダ王国の諸島に移ってから残された。十二人の弟子とともに船でアイオナにたどり着いたコルンバは、有名なコルンバ修道院を創建する。のちに北のカレドニアでは、コルンバが王家の出であることをピクト人のブルイド王が高く評価し、コルンバはドルイド議会で政治家として名をはせるようになった。みずから船団を率いてマン島とアイスランドに赴き、訪れた先々で学校と教会を建設した。カレドニアや北方の島々のみならず、イングランドのノーサンブリア（サクソニア）にも、コルンバの足跡が残っている。

同じころ、スコットランド低地地方（フォース湾以南）には十三の王国があった。いちばん南はノーサンブリアの、いちばん北はピクト人の領土と境を接していた。地理的にはウェールズの外側に位置していたガロウェイ、ロジアン、トゥィードデール、エアーシャーも、すべてウェールズの王子たちによって統治されていた。ハドリアヌスの長城より北の、これら王国の領地のひとつが「北の男たち」のもので、その君主がグウェンドラウ王だ。

コルンバに聖別されたアエダンが王位につく直前、カーライル近くの戦いでストラスクライドのルゼルフ王がグウェンドラウ王を殺した。このときの戦場は、ハドリアヌスの長城の北側、エスク川とリデル川のあいだに位置していた（アーサー王物語の『ファーガスと黒い騎士』の舞台がここ、リデルの堀だ）。グウェンドラウの主席顧問（ブリテン島のマーリン）は、アウレリウスの息子、ポーイズのエムリーズだった。だが、グウェンドラウが殺されると、マーリンはカレドニアの森にあるハート・フェル・スパへ逃れ、ドゥナッドのアエダン王の宮廷に助けを求めた。

マーリンという称号（「王の予言者」にあたる）はドルイドの伝統に古くから存在していた。エムリーズの前任者はヴィヴィアン・デラック一世の夫、吟遊詩人タリエシンだった。五四〇年にタリエシンが亡くなるとマーリンの称号はポーイズのエムリーズに引き継がれ、アーサー王物語で有名なマーリンとなる。マーリンとなったエムリーズは、アエダン王の従兄でもあったため、グウェンドラウを殺した相手に対する報復を要求できる立場にあった。アエダンはこれに応じ、ダンバートンのアルカットにあったルゼルフの王宮を攻撃し、破壊した。

当時、ブリテン島北部で最も重要な拠点はカーライルだった。かつてローマ軍の主要駐屯地であり、三六九年には地方の五大都市のひとつになった町だ。ベーデはその著書『聖カスバートの生涯』のなかで、アングロサクソン人が侵入する以前の、カーライルのキリスト教社会について言及している。カーライルの少し南、カンブリアのカークバイ・ステファンの近くに、ペンドラゴンの城の遺跡がある。アーサー王の時代には、カーライルはカルデオルまたはカールエルと呼ばれていた。クレティアン・ド・トロワなどの聖杯研究家が、アーサー王の第二王宮があった場所としているのがここだ。『聖杯の高貴な歴史』はアーサーのカーライル王宮について特別に触れているし、フランスの『マーリンのその後』や英国の『ガウェイン卿とカーライルの農夫』、『アーサー王の告白』でもカーライルの王宮が出てくる。

ペンドラゴンという最高位の要職は六百五十年間続いたが、そのあいだ一度も存在しなかったペンドラゴンが、アーサー王の伝説的な父親、ウーゼル・ペンドラゴンだ。いや、少なくともこの名前ではなかったと言ったほうが正しいだろう。というのも、次章で詳しく述べるが、アーサーの父親は、実は高名なペンドラゴンだったのだ。

第十四章　アーサー王

歴史的武将

アーサーという名前が初めて書物に引用されたのは、九世紀のウェールズの修道士ネンニウスによる『ブリテン島の歴史』だと主張する専門家は多く、この書物には、歴史上明らかにされている多数の戦闘でアーサーが登場する。しかし実は、アーサーの名は、ネンニウスよりずっと以前の七世紀、『聖コルンバ伝』にも記されているのだ。さらに六〇〇年ごろ書かれたケルトの叙事詩『ゴドディン』にも、アーサーの名前は登場する。

ダルリアダのアエダン王が聖コルンバの導きにより五七四年に即位した時点で、その長男であり後継者と目されていたのがアーサーだ（五五九年生まれ）。アイオナのアダムナン大修道院長（六二七～七〇四年）は、その著書『聖コルンバ伝』のなかで、聖コルンバが、アーサーは父王の跡を継ぐ前に死ぬだろうと予言したようすを描いている。さらに、コルンバが五九七年にこの世を去ってから数年後に、アーサーが戦場で殺されたことを受け、予言が成就したことまで確認している。

アーサーという名前はラテン語のアルトリウスに由来するというのが大方の意見だが、これはまったくの間違いだ。アーサー王の名前は純粋にケルトのもので、アイルランド語のアルトゥルから派生した。三世紀に生きたアルト王の息子たちは、コルマックとアルトゥルといった。アイルランド人の名前はローマ人の影響をまったく受けていないし、アーサーという名前はアルトゥル・メ・デルマンがラゲインの王だった紀元前五世紀にまでさかのぼることができる。

八五八年にネンニウスが作成したリストには、アーサーが勝利した戦いがいくつも記されている。それらの戦場には、カーライルの北方に位置するカレドニアの森と、アグネド山（ケルト軍がアングロ・サクソン族を撃退した、チェヴィオット丘陵のブレメニウム砦がある）が含まれる。ノーサンブリアのグレイン川沿いの戦いについても記されている。ここでは六世紀半ばから、要塞として築かれた砦を基点に、作戦が展開された。そのほかにも〝軍団の町〟（カーライル）やリンヌイス地区がアーサー王の戦場となったが、リンヌイス地区はダンバートンの北に位置するノヴァタエ族の旧居住地で、ロング湖の先端にあるアロッチャーの町の上には、ベン・アーサー（アーサー山）が、そびえている。

アーサーの正確な時代背景を知るには、ペンドラゴンやマーリンなど、名前のように思えるものが実は称号にすぎないことを理解しておく必要がある。時代の流れのなかで、これらの称号は複数の人物に与えられてきた。アーサーの父、スコットのアエダン・マック・ガブラン王がペンドラゴンになったのは、ブリーチャン王子の孫だったからだ。ブリーチャンの娘でアエダンの母親、ブレックノックのルアンは、アリマタヤのヨセフの子孫にあたる。チューダー朝時代の十六世紀になって、過去のイングランドの系図にウーゼル・ペンドラゴンなる人物がはめ込まれはしたが、歴史上そのような人間は存在しない。ウーゼル・ペンドラゴンという名前は、十二世紀の伝奇文学作家ジェフリー・オブ・モンマス（のちの聖アサフ司教）によって創作されたもので、ゲール語の「uther（あるいはuthir）」は「恐ろしい」という意味の形容詞にすぎなかった。歴史上、ペンドラゴンになるべく生まれたアーサーはただひとり、ダルリアダのアーサー・マック・アエダンだけだった。

五七五年、十六歳の誕生日にアーサーはブリテン軍の最高司令官グレティックとなり、ケルト教会はアーサーの母親、イゲルナ・デラックをケルト諸国のハイ・クイーンとして受け入れた。イゲルナの母親（イエスとマグダラのマリアから続く血筋）は、ブルゴーニュのアヴァロンの女王、ヴィヴィアン一世だ。このような事情から、聖職者たちは、まずアーサーの父をスコットの王に即位させ、続いてアーサーをブリトン人のハイ・キングとして聖別した。しかし、アエダンの子としてアーサーを身ごもった時点で、イゲルナはまだ、カーライルの地方司令官グウィル＝ルーと結婚していた。『スコット年代記』には、この出来事が次のように書かれている。

ブリテンの継承者は王子（キンリク）が生まれるとスコット人の男の妻と結婚した。このブリテン人は、アーサーが十五歳のとき、魔術師マーリンの力を借りて、アーサーを王にした。アーサーを生んだのは、別の男、カーライルの地方司令官の妻であった。

ジェフリー・オブ・モンマス（一一四七年ごろ）の『ブリテン列王記』によると、カルエルの地方司令官（カーライルの武将）グウィル＝ルーは、なぜか西部地方の南部にいて、コーンウォール公ゴルロイスになったされている。このような事実の修正が必要になったのは、ジエフリーのノルマン人後援者がグロスター伯ロバートだったからだ。『ブリテン列王記』はノルマン人の資金援助によって書かれたもので、『アングロ＝サクソン年代記』では特別な存在でなかったアーサー王を、イングランドの伝統にしっかりと根づかせることが必須条件だった。

事実にもとづく話としながらも、ジェフリーの作品は不正確な箇所が多いことで知られている。歴史家マームズベリーのウィリアムはそれを「疑わしきもの」と呼び、さらにニューバーグのウィリアムは「その人物が苦労して書いた、アーサーとその祖先たちに関するものはすべてでっち上げだ」とはっきり述べている。

とくに多くの読者が首をかしげざるを得ないのがコーンウォールのゴルロイス公爵のくだりだ。六世紀のイングランドには公爵などいなかった。それより以前の地方司令官（Dux）という称号は、のちの公爵位とはまったく別のものだ。それは純粋に軍隊での階級であって、封建制度における土地所有権は認められていない。もうひとつの矛盾は、ジェフリーが、六世紀に生きたアーサーがティンタジェル城で生まれたと断定していることだ。ティンタジェルには初代コーンウォール伯が十二世紀前半に建設するまで、城はひとつもなかったのだ。それ以前は荒れ果てたケルト修道院があっただけである。

もうひとり、ペンドラゴンの息子とされる人物がウェールズに現れ、その人物にまつわる伝説は現在も語り継がれている。六世紀のウェールズにはたしかにアーサーという人物がいて、前述のアーサー以外で同時代の王家出身のアーサーはこの人物だけだが、このアーサーはペンドラゴンの息子ではなく、聖杯伝説のアーサーでもない。こちらのアーサーは、本人とその祖先たちがウェールズ先住民の敵だったにもかかわらず、五〇六年に聖ダブリシウスによってダベッドの王子として立てられた。彼の祖先は、四世紀後半に財産権を剝奪されアイルランドから追放された、デイシ族の王族だ。三八三年にローマ軍が南ウェールズから撤退したあと、デイシ族の族長たちはレンスターからやってきて、ダベッド（デメティア）に定住した。ダベッドの王子アーサーは、『聖人たちの生涯』（カラノグとその他の聖人の物語）に悪名高き暴君として登場し、それ以外の記録でも概して厄介な無法者と描写されている。

アーサー王冒険譚において、スコットのアーサーとウェールズのアーサーが混同される原因となったのは、おもにマーリンとの関係だ。すでに述べたように、マーリン・エムリーズはアウレリウスの息子だが、アウレリウスの妻は、ダベッドのアーサーの姉妹ニニアンなのだ。アウレリウスがニニアンと結婚したのは、デイシ族のポーイズへの侵略を阻むためだったが、この作戦は一時的にしか効果がなかった。マーリン・エムリーズはダベッドのアーサーの甥にあたり、同時にペンドラゴンのアエダン・マック・ガブランの従兄弟であり、アエダンの息子、ダルリアダのアーサーの選定後見人でもあったことになる。

十世紀に書かれた『カンブリア年史』(ウェールズ年史)によれば、アーサーはカムランの戦いで命を落としたことになっている。しかし年史が指しているのはどちらのアーサーなのだろうか？　ダルリアダのアーサーはカムランの戦いのあともスコットランドで記録されているので、こちらのアーサーではない。十五世紀に書かれた『ヘルゲストの赤本』(ウェールズの民話集)によると、カムランの戦いは五三七年のことで、正確な場所はディーナス・マウーズイの南にあるマース・カムランだと思われる。もしそうなら、ダベッドのアーサーがここで戦った可能性は高い。彼はグウィネズとポーイズの両方に軍を率いて襲撃したことで知られているからだ。しかしながらダルリアダのアーサーのほうは、その後もフォールカークの西、キャメロンで戦った。この北方での争いを、『ピクト人とスコット人の年代記』は、キャメリンの戦いと書いている。ダルリアダのアーサーはさらに、ハドリアヌスの長城に近いカムラナ(カンボグラナ)でも戦っていて、このときの傷がもとで死に至る。

ジェフリー・オブ・モンマスは地理的な位置関係をすべて無視することにしたらしく、コーンウォールのキャメル川沿いで、実際にはなかった戦いを「あった」と書いている。また、アイルランドのバドンヒル(ダン・ベイダン)の戦いと、かつてバダンシースターと呼ばれていたバースの戦いを、そのことだけを理由に結びつけた。

『聖コルンバ伝』のなかでアダムナン大修道院長は、六世紀後半、スコットのアエダン王が聖コルンバに、ダルリアダの後継者について相談したと述べている。「三人の息子、アーサー、イオカイド・フィン、ドミンガルトのうち、誰を王座につけるべきだろうか」との問いに、聖コルンバはこう答えた。

三人の息子はいずれも支配者にはならないだろう。三人とも戦に倒れ、敵の手で命を奪われる。だがほかにも息子があるのなら、その息子たちをわが手に預けよ。

四番目の息子、イオカイド・ブイドは聖コルンバのもとへ送られ、祝福を受けた。コルンバはアエダンに、「この息子は生き延びる」と告げた。アダムナンの語りは次のように続く。

こうして、そののち、三人の息子たちはその最盛期に、すべてが予言どおりとなった。アーサーとイオカイド・フィンは、ミアティ族との戦いのさなか、相次いで殺された。ドミンガルトはサクソニアで殺された。イオカイド・ブイドは父の跡を継いで王となった。

(アダムナンが言及している)ミアティ族はブリトン人の部族で、アントニヌスの長城の北側とハドリアヌスの長城の北側に別れて居住していた。アントニヌスの長城はフォース湾とクライド川の河口のあいだに広がり、ハドリアヌスの長城は低地地方を横切って、ソルウェー湾とタインマウスを結んでいる。かつて五五九年にアングル族がディアラ(ヨークシャー)を占拠し、ミアティ族を北方へ追いやった。五七四年、アングル族はさらに北へ兵を進め、ノーサンブリアのベルニシアに侵攻した。ミアティ族の一部はハドリアヌスの長城付近にとどまることを決め、その地に定住した。一方、残りのミアティ族はさらに北進し、アントニヌスの長城以北で定住したのだ。

北部ミアティ族の本拠地は、現在のフォース湾マナウ地区にあるクラックマナンシャーに隣接するダンミアトだった。彼らはここでアイルランド人居住者に運命を託したため、スコット人からもウェールズ人からも反感を買うことになる。五一六年にカイリル王がアントリムのバドンヒルで敗北したにもかかわらず、アイルランド人はマナウで派手に暴れ回っていた。その結果、グレティックの軍隊が五七五年に再度アルスターに侵攻することになった。

このダン・ベイダンへの二度目の襲撃はネンニウスによって記録され、アーサーの存在が正確に語られている一方、ギルダスが記したのは、以前の五一六年の戦いのほうで、そちらはアンブローシウス・アウレリウスが指揮官であったことを正しく伝えている。ところがネンニウスのアーサーに対する賞賛は、やや大げさだったようだ。というのも、二度めの戦いでスコット人は敗北し、アーサーの父アエダン王は、ベルファスト湾のロス・ナ・リグで、カイリルの息子ベイダン王子に屈服させられたからだ。

五八一年にカイリルの息子ベイダン王がこの世を去って、ようやくスコットのアエダンは、マナウとフォース湾からアイルランド人を追い払うことができた。その後、五九六年にはアーサーの騎馬隊がスコットのブレックノックからアイルランド人を撃退した。アエダン王もこの戦いに参加していたが、アーサーの弟たち、ブランとドミンガルトはシルシン平野のブリーチンで殺された。

マナウでアイルランド人と対決したグレティック軍は、ブリトン人ミアティ族とも戦わなければならなかった。ミアティ族の多くを南の居住地に押し戻すことには成功したものの、グレティック軍が去ったあと、残されたスコット人は自分たちの領土にすばやく移住してきたピクト人を撃退しなければならなかった。六世紀の終わりごろには、ピクト人とミアティ族が団結してスコット人に立ち向かうようになり、アントニヌスの長城の北側、キャメリンの戦いで衝突する。ふたたびスコット人が勝利し、ピクト人は北方へ追いやられた。戦場の近くにあった製鉄鋳造所は、のちにこのときの戦いを記念して「アーサーの炎」と呼ばれるようになる。長きにわたって人々を惹きつけたこの鋳造所は、十八世紀に産業革命が起きるまでその姿をとどめていた。

キャメリンの戦いから三年後、スコット人は南のミアティ族とノーサンブリアのアングル族と戦うことになる。ふたつの戦場で繰り広げられた戦いは長期間に及び、二度目の戦いは、スコット人が一度目の戦いから一時的に退却したために起きた。最初の戦いは、ハドリアヌスの長城に近い、ローマ軍が残した砦カムラナで行なわれた。しかしながら以前の衝突とは異なり、カムラナの戦いはスコット人の完全な敗北に終わった。ミアティ族に注意をそらされているあいだにアングル族が後方にまわり、共同戦線によって北西に追いやられ、スコット人はギャロウェーとストラスクライドのあたりまで後退せざるを得なかった。それ以降、「キャス・カムラナ」には不面目な定義が付せられ、負け戦の代名詞となる。

カムラナの戦いの数カ月前、アングル族の王、ベルニシアのエセルフリスがカーライルでルゼルフ王を打ち負かし、ソルウェー湾沿いに新しい領土を確保しつつあった。そのためアエダンとアーサー率いるダルリアダ軍は、アングル族の北進を押しとどめなければならなかった。そこでアーサーらはウェールズの王子たちを招集し、かつての敵の息子、アントリムのマエールマ・マック・ベイダンの支援もとりつけて、大軍を組織したとされる。そのころにはアイルランド人も、アングロ＝サクソン族の侵入に脅かされていた。

モードレッドとモルガイン

アエダン王が、聖コルンバの〝聖なる一族〟に属する、ケルト教会のキリスト教徒だったことは覚えておく必要がある。ダルリアダの人々は概して聖なる一族と関連があり、明らかにナザレ派の伝統に根ざしていたものの、慣習上はドルイドと異教の儀式を一部とり入れていた。

ところがアーサーはカトリックに心を奪われるあまり、みずからのグレティック騎馬隊を、聖なる軍隊とみなすようになった。アーサーはスコットの次期国王と目されていたため、このような考えかたはケルト教会において深刻な論争を引き起こした。特に長老たちのあいだでは、アーサーがダルリアダの人々をカトリックに改宗させるつもりなのではないかとの懸念が高まり、それゆえにアーサーは、聖なる一族の主席司祭だった自分の息子、モードレッドを敵に回すことになる。モードレッドは、サクソン人の王、エルメット（ヨークシャーの西区）のケルディックと親しい関係にあり、ケルディックはベルニシアのエセルフリスと同盟を結んでいた。こうした関係のなかで、スコット人の王国が古代ドルイドの遺産を失わないためにも、戦場で父親を裏切り、アングル族と手を結ぶべきだと、モードレッドを説得するのは難しくなかった。

六〇三年、カムラナの戦いでアングル族とミアティ族に立ち向かったとき、アエダンとアーサーはエセルフリス王だけでなく、自分たちの王子モードレッドをも相手にしなければならないことに気づいた。カムラナでの初戦は短時間で終わり、ケルト軍は先に進軍してしまったアングル族を、ドーストン・オン・ソルウェー（当時はリデスデールのデグサスタンと呼ばれていた）まで追いかけなければならなかった。『ホーリールードとメルローズの年代記』は戦場をデクサ・ストーンとしている。侵略者のなかに主席司祭モードレッドの姿を見たケルト軍は戦意を喪失し、アーサー（四十四歳）はマエールマ・マック・ベイダンとともにこの地で戦死した。

カムラナで始まりドーストンで終わったこの戦闘は、ケルト史上最大級の激戦となった。『ティゲルナハ年代記』には、「スコットランドの男たちの半分が戦死した日」と書かれている。戦いはエセルフリス軍の勝利に終わったが、両軍とも大きな損害を被っていた。エセルフリスは、兄弟のセオバルドとイアンフリスを部下もろとも殺され、一方アエダン王自身は逃げ延びたものの、ふたりの息子、アーサーとイオカイド・フィン、孫の主席司祭モードレッドを失った。

ストラスクライドには到達できなかったが、エセルフリスはドーストンでの勝利によってノーサンブリアの領土をフォース湾まで広げ、ロジアンを併合した。十年後の六一三年には、チェスターを包囲し、カンブリア全体をアングル族の支配下に置いた。こうしてウェールズとス

オークニー諸島
ルイス島
ヘブリディーズ諸島
ケイス
北海
ウイスト諸島
スカイ島
カレドニア
ピクト人
シルシン
タイリー島
マル島
スコット人
フォートレン
・スクーン
アイオナ島
ダルリアダ
ジュラ島
・アルカット
フォース湾
アイラ島
・エジンバラ
ゴドディン
ストラスクライド
ロジアン
アラン島
キンタイア半島
ブリトン人
ガウィル・イ・ゴグレッド
バーニシア
コード・ケリドン
スコシア
ギャロウェイ
レゲド
・カーライル
ソルウェー湾

スコット人の王国

トラスクライドのブリトン人のあいだに、地理上の恒久的なくさびが打ち込まれた。マーシアのアングル族は西へと進軍し、ウェールズの人々を、やがてオッファの防壁となる境界よりさらに西へ追いやった。一方ウェセックスのサクソン人はエクセターを越えて侵入し、コーンウォール半島の南西部を併合した。

やがて、一度は共同体だったウェールズ、ストラスクライド、ドゥムノニア（デヴォンとコーンウォール）のケルトの土地は完全に分断され、聖コルンバの〝聖なる一族〟は、すべてはアーサーの責任だと考えた。アーサーは、グレティックとしてもハイ・キングとしても、責務を果たすことができなかったのだ。アーサーの父、ダルリアダのアエダン王はカムラナの大敗から五年のうちに亡くなり、その死によって、アングロ＝サクソン族がブリテン島を最終的に支配する道が開かれたといわれている。ケルト人による支配の時代が終わり、ケルトの伝統が六世紀以上続いたあとで、最後のペンドラゴンとなったのが、ウェールズのカドワラデルだった（アリマタヤのヨセフから数えて二十六代目）。

カムラナとドーストンでの（ふたつの戦を合わせて「ミアティ族の戦い」と呼ぶ）アーサーの大敗を受けて、北の古の王国はすべて消滅した。ウェールズのかつての同盟国と物理的に分断されてしまったスコット人にとって、アルバ（スコットランド）の地を守る唯一の方法は、カレドニアのピクト人と同盟を結ぶことだった。同盟が現実のものとなったのは、八四四年、アエダンの高名な子孫、ケネス・マカルピン王がピクト人とスコット人をひとつの国に結びつけたときだ。ケネス王の即位を記録した文書によれば、王はアヴァロンの女王たちの血を引く、名家の出だという。

モードレッドが生きていれば、間違いなくペンドラゴンを引き継いだことだろう。ドルイドとケルト教会はモードレッドをいたく気に入っていたのだから。アーサーの母親イゲルナは、オークニーの君主、ロジアンのロットと結婚したモルゴースの姉にあたる。ロットとモルゴースのあいだには、ガウェイン、ガヘリス、ガレスという三人の息子がいた。モルゴースはイゲルナと同じく、ファラモンと漁夫王の血筋デスポシニであるベノイクのバン王の妃、ヴィヴィアン二世の妹だ。そしてヴィヴィアンとバンの息子がランスロット・デラックなのだ。

最初の夫だったカーライルの地方司令官が死んだあと、イゲルナはダルリアダのアエダンと再婚し、正式な肩書きがつく前にアーサーの地位を正当化した。この結婚によって、イエスとヤコブ（アリマタヤのヨセフ）の血統が、三百五十年の時を経てふたたびアーサーでつながったのである。人間的に欠点はあっても、アーサーが聖杯の伝統のなかでこれほど重要な地位を占めているのは、こういう理由からだ。

アーサーの母方の祖母、ヴィヴィアン一世はアヴァロン王家の女王であり、メロヴィング王朝の血族でもあった。アーサーの伯母、ヴィヴィアン二世はケルト神秘主義の正統な守護者で、この役目はやがてイゲルナの娘、モルガインに受け継がれた。アーサーはブルターニュのグウェンウィファと結婚するが、子どもは生まれなかった。一方で、モルガインとのあいだにはモードレッドが生まれている。『クロマーティの記録庫』のような古い記録を見ると、アーサーにはトートリーナという娘もいたようだが、実際には孫娘だ（モードレッドの娘）。アーサーの異父姉モルガイン（モルガナ、モルガン・ル・フェイともいう）は、レゲドとゴウリー（ゴウル）のウリエン王と結婚した。アーサー王物語では「ゴールのウリエン」と呼ばれた人物だ。ふたりの息子イウェインは、ブルターニュのレオン・ダック家の始祖であり、伯爵の爵位を持っていた。一方モルガイン自身は、〝アヴァロンの聖なる姉妹〟であり、またケルトの女大祭司でもある。王立アイルランド芸術院の文書には、「ベラーク・ガブランのアエダンの娘、ムイルゲイン」と書かれている。

　アーサーと異父姉モルガインとの性的関係を近親相姦と見なした文筆家もいるが、ケルト系ブリテンではそのようなとらえかたはされなかった。当時は、古代から続く神の二面性という概念が広くいき渡っていて、聖なる姉妹花嫁の概念も同様に一般的だった。ケルトの祈りの言葉は「天にまします我らの父であり母なるものよ」で始まっていたし、また「男性であり女性でもある」存在が人間の肉体を持ったことを意味する、明確な儀式もあった。女神ケリドウィンの現世での姿として、モルガインは女性の側面を、アーサーは同じ母親から生まれた胤《たね》違いの弟として、古代エジプトで確立された王たちの伝統のように、モルガインの男性の側面を象徴していた。

　五月におこなわれるベルテーン祝祭では、アーサーは人間の姿をした神ととらえられ、肉体を持った〝父であり母であるもの〟の、ふたつの側面の聖なる交わりの儀式にとり入れられた。この儀式によって示されるアーサーとモルガインの神性からしても、ふたりの結びつきから産まれた男子はケルトのキリストと見なされ、公式に聖別されたはずだ。架空の歴史において、アーサーは傑出した人物となるべく運命づけられていたが、聖職者としての最高位を与えられたのは、その息子モードレッドだった。彼は〝聖なる一族〟の正式な主席司祭であり、聖別された漁夫王であり、ブリテン島のキリストとなるべき人物であった。

アーサーはその円熟期にローマ教会の伝統を支持したが、ドルイドとキリスト教の聖職者を同等に扱い、古いケルトの教えとキリスト教会の教えを融合しようと努力したのは、主席司祭のモードレッドにほかならない。父と息子が敵対することになったほんとうの理由はここにある。アーサーが深くローマの影響を受けたのに対し、モードレッドは聖杯王位の本質である、宗教的な寛容を説いたのだ。若くして並はずれた成功を収めたアーサーだったが、カトリックへ傾倒するあまり、ケルトの忠誠の誓いにそむくことになった。ブリトン人のハイ・キングとして、彼は信仰の擁護者となるべきだったのに、逆に人々に対して特定の儀式を課した。アーサーとモードレッドが六〇三年に戦死したとき、ケルト教会はアーサーの死を嘆き悲しむことはなかったが、それでもアーサーの名前は永遠に人々の記憶に残るだろう。彼の王国が崩壊したのは、忠誠と奉仕のおきてを放棄したからだ。アーサーがケルト教会を徹底的に無視したせいで、サクソン人による支配が進んだのであり、アーサーの騎士たちは、聖杯が戻るときまで、永遠に荒れ地をさまよい続けることだろう。いかなる神話や伝説とも異なるが、モルガインの聖なる姉妹たちによって戦場から運ばれたのは、（アーサーではなく）瀕死の状態にあった主席司祭モードレッドだったのだ。

ジェフリー・オブ・モンマスの『ブリテン列王記』では、モルガン・ル・フェイの聖なる九人姉妹はアヴァロン島の守護者として引用されている。時代をさかのぼって紀元一世紀には、地理学者のポンポニウス・メラが、貞節の誓いをたててセイン島（カルナック近くのブルターニュ沖）で暮らす、謎に満ちた九人の女祭司について同様に記述している。モルガイン・デラックが予言と治癒能力を持つケルトの女大祭司だったのと同じく、九人の女祭司たちには病を癒す力と未来を予言する能力があるとメラは語っている。けれどもローマ教会は女性がこのような特性を持つことを認めなかったので、シトー修道会士はアーサー王にまつわる『流布本物語群』において、モルガン・ル・フェイのイメージを変えなければならなかった。

シトー修道会はエルサレムのテンプル騎士団に強い親近感を抱いており、聖杯伝説はこの騎士団の周囲から直接生まれたものだ。クレティアン・ド・トロワなどの著述家たちと親交があった、アルザス、シャンパーニュ、レオンの伯爵たちはすべてシトー修道会と協力関係にあったが、カトリック教会はなお公有地を支配していた。したがって女性には教会に関係した役割や聖職につく権利は認められておらず、そのせいで十三世紀の中頃からモルガイン（王家の継承者であり、アヴァロンの聖なる姉妹）は邪悪な魔法使いモルガナとして描かれるようになる。一三八〇年頃に書かれた英語詩『ガーウェインと緑の騎士』のなかで、アーサー王の妃グィネヴィアを驚かせるためにベルシラック卿を緑の巨人に変えたのは、嫉妬深いモルガナだった。

モルガインのアヴァロン王朝にはピクト人の母権制と同様の慣習があり、王家は女系で保持された。ピクト人との違いは、女王の娘のほうが、息子より高い地位を得ていたことだ。王位は永遠に女性のものという考えかただった。イエスと同じ血筋から始まった、アヴァロンの名目上の女王たちは、ブルグントではメロヴィング朝の王たちと同格であったが、主要な支族であるセプティマニアとブルグントの王位継承は男系であった。

モルガインの息子イウェインは、ブルターニュにレオン・ダックの高貴な家柄を創始した。のちに黄金の盾とダビデの黒獅子がレオンの紋章として使われるようになる（紋章学では「荒々しい黒獅子」と呼ばれる）。レオンがセプティマニア＝スペイン語でライオンを意味することから、この地方も「レオン」と名づけられた。英語の「lion」は、アングロフランス語の「lium」の変形として十二世紀に登場した。ちなみに、スコットランド紋章院長（Lorol Lyon, King of Arms）は十四世紀まで「レオン・エラウド（Léon Hêraud）」と呼ばれていた。

イウェインの息子、ウィズール・レオン・ダック伯爵とウーゼル・ペンドラゴンのファーストネームが似ているという理由から、ふたつの名前は同義だと示唆する書物がある。しかしウィズール（Withur）はアイルランド語のウィトゥール（Witur）から派生したバスク語の名前で、コーンウォールではグィティル（Gwytyr）となる。したがって、前述したようにゲール語の「恐ろしい」を意味する形容詞から派生したウーゼル（Uther）とは無関係だ。レオンの行政区が設置されたのは、ブリトン人の王ホーエル一世の時代で、五三〇年頃のことだった。ホーエル一世はウェールズにおけるアリマタヤのヨセフの子孫で、その姉妹アリエノールはイウェインの妻となった。

当時、ブルターニュの統治は二段階でおこなわれていた。ブリテン島からの移住が長期にわたって続き、五二〇年にはブレトン・ドゥムノニアが築かれたが、それは王国と呼べるようなものではなかった。ホーエルのような王の血統はあったものの、彼らはブルターニュの王ではなく、ブリトン人移民の王なのだった。この時期のブルターニュはまだメロヴィング朝の行政区分であり、地方の王たちは、フランク王国に任命されたコミテ・ノン・レジ（支配権のない伯爵）と呼ばれる伯爵に従属していた。五四〇年から五四四年までブルターニュを支配していたのはメロヴィング朝フランク王国出身のショノモアで、移民によるブルターニュの開墾を監督した。ショノモアの先祖はネウストリアの宮宰を務めていたので、ショノモア自身もポホールの伯爵を受け継いだ。やがてブルターニュの伯爵はほぼすべて、イウェインの叔母、ヴィヴィアン二世の子孫たちによって占められることになる。

アーサー王冒険譚のなかで、ブルターニュは大きくとり上げられている。レンヌから約四十八キロ離れたパンポンには、ブロセリアンドの森がある。モルガナが愛人たちを幽閉した帰らじの谷はこの森から始まる。ブロセリアンドにはバレントンの魔法の泉とマーリンの歓喜の庭園もあるが、ブロセリアンドにまつわる物語の大半は、それよりずっと以前にスコットランドのカレドニアの森に住んでいた歴史上の人物、マーリン・エムリーズに関する記述を焼き直したものだ。

ジェフリー・オブ・モンマスの作品に書かれているように、アヴァロンは古くから不思議な〝他界〟と結びつけられてきた。伝説上のアーサーが乙女たちにかしずかれ、永遠の住みかとしたのがこの島だ。モルガン・ル・フェイは、アーサーが島にとどまることを条件に、その傷を癒すと約束し、それ以降アーサーの死が語られることはなかった。いつの日かアーサーが戻ってくると、暗示しているのだ。

アヴァロンの島

アーサー王の物語を書いたとき、作者のジェフリーはそれが熱狂的な騒ぎを引き起こすことになるとは思ってもいなかったはずだ。不正確な記述が多いばかりでなく、アーサー王の再来をほのめかしたことについても、その結果起こることは予想だにしていなかった。女たちに聖なる力を与えたことも含めて、これらの記述がローマ教会の不興を買ったため、後世の作家トーマス・マロリー卿は譲歩の道をとった。傷ついたアーサーを、ベデヴィエルという人物に、アヴァロンへ向かう女たちの小舟まで運ばせたのだ。ベデヴィエルはその後森を抜け、アーサーの遺体が埋葬された礼拝堂へとたどり着く。

ジェフリーが描いたアヴァロンはケルト伝説の〝他界〟(A-val または Avilion) をモデルにしているが、彼の解釈はむしろ、たわわに実をつけた果樹と不死の人々が住む〝幸福の島々〟について書かれた古典に近い。神話のなかでは、このような場所は常に「西の海の向こう」にあるとされる。当時の作家たちは誰ひとりとして、この神秘の島がどこにあるのか知らなかった。場所を特定する必要はなかったし、この世でないことは明らかだった。その魔力は永遠の楽園のものだったのだから。しかし「Avalon」という表記を見れば、それはブルゴーニュの「Avalon」と湖の貴婦人たち、すなわちデラック家のヴィヴィアン女王たちに関連があることがわかる。

すべてが変わってしまったのは、アヴァロンの島がサマセットのグラストンベリーだとされた一一九一年だった。この内陸の地が島だったと特定された根拠は、グラストンベリーが湿地帯の真ん中に位置していること、近くに紀元前二〇〇年頃から存在するゴドニーとマーレという湖の村があることだ。それでも、その奇妙な地形のせいで、「アヴァロンの谷」という名前が用いられるようになる。これ以前に、アーサーとグラストンベリーを結びつけるものは何もなかった。ただひとつの例外は、ランカルファンのカルドックが一一四〇年に記した次の一文だ。グラストンベリーの修道院長がサマセットのメルワズ王に、グイネフィアを解放するよう進言した、と。しかしカルドックはグラストンベリーがアヴァロンであると示唆したわけではないし、ほかの誰もそんなことは書いていない。

一一九一年にグラストンベリーの修道士がアーサー王伝説を利用した方法は、現代のマーケティング戦略に勝るとも劣らないものだった。修道士たちの行為を明らかなでっちあげだと決めつける作家もいれば、まわりからそのように信じ込まされてしまったのだと解釈しようとする作家もいる。真実はどうであれ、修道士たちは修道院を廃院の危機から救っただけでなく、まったく新しいグラストンベリーの伝統に息を吹き込んだ。グラストンベリー大修道院は一一八四年に火事で焼け落ち、国王ヘンリー二世が再建の資金援助を始めた。一一八九年にヘンリー二世が亡くなると、息子のリチャード一世が王位についたが、彼は財源のほとんどを十字軍遠征に振り向けてしまった。その結果、グラストンベリーへの資金は途絶え、修道院と修道士たちは無一文になった。そこで彼らが何をしたかというと、聖母礼拝堂の南側にふたつあったサクソン族の石碑のあいだを掘り、驚いたことに、アーサー王とグィネヴィア妃の墓と思われるものを発見したのだ。

地面から約四・八メートル掘ったところで、樫をくりぬいた小舟が見つかり、なかから長身の男性の遺骨とそれより小さい遺骨、そしてひと房の金髪が出てきた。これだけでは誰の遺骨なのか知りようもなかったが、幸運なことに、樫の小舟より少し浅いところに、鉛の十字架を埋め込んだ石があったといわれている。十字架には、「著名なる王アーサー、第二の妻グィネヴィアとともにここアヴァロンの島に眠る」とラテン語で刻まれていた。修道士たちは、アーサーの墓のみならず、グラストンベリーがアヴァロンの島だったという都合のよい証拠まで手に入れたのだ。

ところがローマ教会は、グィネヴィアがアーサー王の第二の妻と書かれていたことに不快感を示し、十字架に刻まれた銘は事実に反すると決めつけた。それによって差し迫った問題が生じたものの、その後すぐに伝説がよみがえった。しかも信じられないことに、綴りと体裁が変わっていたのだ。グィネヴィアに触れた部分はなくなったが、要件はしっかり満たされていた。「著名なる王アーサー、ここアヴァロンの島に眠る」。

いったいなぜ修道士たちがその場所を掘らなければならなかったのか、その理由は謎だ。記録にあるように、彼らが実際に遺骨を見つけたとしても、アーサー王と結びつけるものは何もない。唯一の根拠は鉛の十字架に刻まれた銘だが、そのラテン語は明らかに中世のものであって、アーサー王の時代のラテン語とは、現代の英語とチューダー朝時代の英語ほどの違いがある。

事実はどうであれ、修道士たちの目的はじゅうぶんに達せられた。宣伝活動が成功すると、巡礼者たちが群れをなしてグラストンベリーに集まってきた。巡礼者たちの寄付によって修道院は裕福になり、修道院とその付属施設は計画どおり再建された。アーサーとグィネヴィアの遺骨とされたものは、それぞれ蓋つきの箱に入れられ、主祭壇の前の黒大理石の墓に納められた。

ふたりの遺骨が多くの人々の注目を集めたことから、修道士たちは観光客を引き寄せる新たな罠を仕掛け、そこからさらに利益を得ようとした。アーサーの遺骨がこれほどの騒ぎを作りだしたのだから、聖人ひとりかふたり分の遺物には相当な影響力があるはずだ。そこで彼らはもう一度鍬《くわ》をとり出し、あっという間に新たな発見について公表した。それは聖パトリックと聖ギルダスの遺骨、それに二百年前からカンタベリー大聖堂に眠っているはずのダンスタン大司教の遺骸だった。

ヘンリー八世が修道院解体を始めたころには、グラストンベリー大修道院は、マリアのガウンの繊維やアロンの杖の銀片、イエスがパンに変えるのを拒んだ石など、数十もの遺物を所有していた。しかしグラストンベリー大修道院の解体とともに、修道士たちの日々の営みも終わり、遺物とされていたものは跡形もなく消えてしまった。それ以来、アーサーとグィネヴィアの遺骨を見た者はいない。現在残っているのは、墓があった場所を示す看板だけだ。それでもなお、多くの人がアヴァロンはグラストンベリーにあったと考えている。ジェフリーの言うようにティンタジエルだと考える者もいれば、バードジー島やホリー島だと言う者もいる。ブルゴーニュにアヴァロンという地名が存在することを別にすれば、ケルトの他界が、書物に記録される以前からの伝統を持つ、想像上の王国であることは明らかだ。

かりに、この神秘の島がこの世に存在したというのなら、それはゲール族以前に栄えたフィル・ボルグ族が〝アルンモア〟と呼ぶ、永遠の楽園と同種のものだろう。フィル・ボルグ族は、紀元前の時代にアイルランドのコンノートから永遠の安息の島に移り、エンガス・マック・ウモイルを王に据えた。伝説のマー・トゥーラ大戦で、トゥアハ・デ・ダナン族に負けた戦士たちは、ここに逃れていった。この「魅惑の島」は、アントリムとレセト（クライド湾とフォース湾にはさまれた土地）のあいだの海にあったとされる。アルンモアとは、海神マナナンの故郷であるアラン島をさす。アランはまた「林檎のなる土地」とも呼ばれていたが、『マーリンの生涯』で「林檎の島」とはっきり書かれたために、その連想が人々の心に永遠に植え付けられた。

第十五章　陰謀

発展する教会

ビザンティン教会から袂を分かったローマ教会は、七世紀に入ると使徒信経をさらに発展させた。そのなかには今日でも親しまれている文言が、いくつか新たに組み込まれた。神は「天と地の造り主」に変貌し、またイエスは（ポンティウス・ピラトのもとで苦しんだあと）、三日目によみがえる前に「黄泉《よみ》に降《くだ》った」と聖書とはまったく違う描写が加わった。使徒信経にはさらに「聖なる公教会」と「諸聖人の通功」の概念が初めて登場した。

異端の烙印を押されたネストリウス派の信仰は、六世紀と七世紀のあいだにペルシア、イラク、インド南部、さらには中国にまで広まった。宣教師たちは、六三五年、唐の時代に太宗帝の宮廷にやってきた。太宗はこの新しい教義にいたく触発され、ネストリウス派の信経を中国語に翻訳させ、また記念の教会と修道院の建設を認めた。それから百五十年後の七八一年、現在の西安にネストリウスを称える記念碑が建てられた。

一方アリウス派（やはりイエスの神性を否定）は、ヨーロッパ社会に確固とした足場を築いていた。キリスト教の歴史ではふつう、ゴート族、西ゴート族、東ゴート族、ヴァンダル族、ロンバルド族、ブルグント族などのアリウス主義者を「野蛮人」という言葉で表現するが、その意味するところは文化的な相違にすぎず、これらの種族が異教の無法者だといっているのではない。ローマとビザンティウムに対する「野蛮人」の公然とした敵対行為は、ローマ人自身が帝国を築き上げた残虐非道なやりかたに比べて少しも野蛮ではなかったし、その大部分は攻撃的というよりむしろ防御的なものであった。かつては完全に異教徒だった（ローマ人もそうだったのだが）これらの種族は、その大半が、四世紀にアリウス主義の信奉者になった。スペインや南フランスからウクライナに及ぶ、ゲルマン・ヨーロッパのほとんどが、七世紀までにアリウス派キリスト教徒となったのだ。

ネストリウス派やアリウス派と、ある程度のつながりを持ったもうひとつの教義は、四世紀のアヴィラで生まれたプリスキリアヌス信奉者集団の流れをくむものだ。主流から外れたこのキリスト教勢力はスペインの北西で始まり、アキテーヌへと流入していった。プリスキリアヌス派の信仰の基盤はエジプト、シリア、メソポタミアに由来したもので、聖母マリアを死すべき運命にあった人間としてとらえ、ローマ教会の半神聖のマリア像とは対立していた。プリスキリアヌスは三八六年にメッツの北にあるトリールで処刑されたが、のちにスペインに運ばれて埋葬された。

正統なキリスト教に代わる宗派が広がりを見せていたことから考えると、西洋世界においてカトリック教会がもはや最上位を占めていなかったのは明らかだ。カトリック教義はさまざまな形の信仰に囲まれ、それらの影響を受けた。ところがこうした宗派は、ローマによって採用され、修正されたパウロの基本方針ではなく、ユダヤの伝統にのっとっていた。霊的な基盤を持つ一部のグノーシス主義を別にすれば、彼らはデスポシニの伝統と似通った信仰を維持し、イエス自身の人間性を強調したナザレ派の教義を前面に押し出して、イエス個人を崇拝するというより彼の教えを広めていった。

ローマ教会の儀式的な構造と並行して、カトリック教義の周辺では、ある学術的な派閥が発展した。それは、古代エジプトと広く東洋の概念にもとづき教会の監督制度を否定した、修道院運動（指導者はトゥールのマルティヌス）だった。かつて古代クムランのエッセネ派の人々は、厳格で規則正しい生活を営んでいた。砂漠地帯で続いてきた、宗教的規律を重んじる生活様式だ。これと同じ禁欲的な隠遁生活は、小規模の集団にとっても苦行中の隠修士にとっても、学習と沈思黙考には最適だった。

修道院運動の始祖、聖マルティヌス（三一六～三九七年）は、裸の物乞いに自分の外套を半分に裂いて与えたという逸話でよく知られている。パンノニア出身のマルティヌスは、ローマ帝国軍で軍人として成功を収めたあとポワティエに移住し、マルムーティエにガリアで最初の修道院を建設した。三七一年にはトゥールの司教に任命されたが、その後も修道生活を続け、のちにフランスの守護聖人となる。

ヨーロッパからイギリス諸島に渡った初期の宣教師に、オーセールの聖ゲルマヌスがいる。

五世紀にブリテンを訪れ、アイルランドの聖パトリックの師となった人物だ。ケルト教会の助祭の息子に生まれたパトリックは、幼いころ海賊に拉致《らち》された。そこで奴隷として働かされたが、脱走してガリアへたどり着き、レランスとオーセールで宣教師としての訓練を受けた。その後四三一年にブリテンへ戻ると、ノーサンブリアで宣教を始めた。

パトリックの教えは多くの点でローマ教会の教えとは異なっており、彼の著書からはアリウス派とネストリウス派の伝統に近いことがはっきりとわかる。ローマ教会はパトリックをまったく支持せず、教会幹部たちは彼を聖職に就けるべきではないと断言した。パトリックがみずからの教えのよりどころとしたのは、聖書の言葉のみであった。彼が懸念していたのは、敵であるケルト教会内部の結束力であって、陰謀渦巻くローマ司祭たちの権威にかかずらっている暇などなかったのだ。

ヨーロッパの修道院確立に寄与した人物のひとりが、聖ベネディクトゥス（四八〇～五四四年）だ。イタリアのスポルトに生まれたベネディクトゥスは、ローマにほど近い、人里離れた森の洞窟に居を定めた。のちにはるかに快適な隠遁所として、景観の美しいモンテ・カッシーノ（ローマとナポリの中間に位置する小高い丘）を見つけるが、そこはアポロの古い神殿跡だった。この異教の地は、カトリックの司教から見ればとんでもない場所だったが、まもなくベネディクトゥスの周囲には多くの信奉者が集まり、そのなかには五九〇年から六〇四年までローマ教皇を務める大聖グレゴリウスがいた。ベネディクト修道院の一派は、ごく短期間で政治的諸問題に大きな影響力を持つようになる。とくにゴート族と、イタリアの好戦的なロンバルド族を和解に導いた功績は大きい。

聖ベネディクト修道会は、常任修道院長の監督下での禁欲的な学びの環境において、敬虔なる崇敬と、祈禱時間の厳守と、財産の共有を奨励した。やがてベネディクトゥスの修道院は十二に増え、それぞれに十二人の修道僧が住み込んだ。彼は西のキリスト教世界における修道会の父と広くみなされるようになった。ベネディクト会修道士たちのおかげで、ヨーロッパでは、質の高い教育と、宗教芸術、宗教音楽が維持されたのだ。ベネディクト修道会が発展したこの時期は、いわゆる「聖人たちの時代」の始まりと位置づけられている。ローマカトリックの伝統によれば、これはいまも続いているとされている。

ローマ教会が教義と聖職者の編成に頭を悩ませていたころ、ケルト教会は人々の心に関心を示していた。五九七年には、ケルトキリスト教がかなり広まっていたため、教皇グレゴリウスはベネディクト修道会のアウグスティヌスをイングランドへ送り、当地におけるローマ教会の足場を固めようとした。アウグスティヌスは慎重に時期を選び、〝聖なる一族〟の著名な神父、聖コルンバの死後にイングランドへ到着するようにした。そして最初に布教を始めたのは、地元のエゼルベルト王の妻がカトリック教徒だと確認されているイングランド南西部（正確にはケント王国）だった。六〇一年、アウグスティヌスは最初のカンタベリー大司教に任ぜられ、二年後にはケルト教会の大主教の地位をも手に入れようとした。しかしその試みも、ケルト教会にはローマ教会よりナザレ派の影響のほうがはるかに強く残っていたせいで、失敗に終わった。そもそもアウグスティヌスの計画はふたつの教会の統一ではなく、ローマが事実上異端と宣言した歴史ある教会を、戦略的に従属させようという意図のもとに立てられていたのだ。

六六四年にヨークシャー北部で開かれたホイットビー会議で、ローマはケルト教会に対し、初めて教義上の勝利を収めた。この会議の主要議題は復活祭の日どりに関するものだった。というのも当時のローマ教皇が、復活祭はユダヤ教の過越祭と一切かかわるべきでないと公式に決定したからだ。そのころ一般的だった慣習のすべてと、あらゆるケルトの伝統に反して、カトリックの司教たちは自分たちの意見を強引に押し通した。そして、長い歴史を持つユダヤ教やケルトとの結びつきを永久に追放したのだ。しかしながら、ブリテンの復活祭はそれまでも、ユダヤ教式の過越祭の儀式でなかったばかりか、イエス・キリストともなんの関連もなかった。復活祭《イースター》は、名称と時期のどちらにおいても、春の女神エオストレを象徴するものだった。エオストレの祝祭日は、キリスト教と関連づけられるずっと以前から祝われていたのだ。

ホイットビー会議のあと、カトリック教会はブリテンにおいて勢力を強めたが、ケルト教会の勢いをそぐにはアイルランドに宣戦布告するしかなかった。しかし、ローマ帝政の時代は終わりを告げ、ローマ教会はもはや、アイルランドの王たちのどう猛な軍隊を打ち負かせるだけの兵を招集することはできなかった。そのおかげで、ケルト教会はブリテンで積極的な活動を続け、聖コルンバの〝聖なる一族〟は、スコット人の王たち直属の聖職者にまでのぼりつめた。

この時期、ローマ司教の最大の悩みは、ケルト系ブリテン人の王家に対して支配権を行使できないことだった。ローマはアーサー王をうまく改宗させることができると見込んでいたが、アーサー王は殺され、その異母弟、イオカイド・ブイドの後継者たちによって、ドルイド様式のナザレ派の伝統がしっかりと根づいてしまった。イオカイドが王位を継承してまもない六一〇年、ボニファティウス四世が、ローマ教皇を指す言葉として「橋渡し役」の代わりにローマ式の「パパ」という呼びかたを新たに採用した。これは、エッセネ派の伝統を受け継ぎ、長きにわたって続いてきた「教父」というケルトの称号に対抗するための、あからさまな試みだった。しかし、新しい教皇の主権を認めるかと問われたとき、バンガーの大修道院長ディアノトゥスは、自身も修道院の聖職者たちも、そのような権威は認めないとつっぱねた。自分たちは神の教会を受け入れる覚悟はできている、とディアノトゥスは言った。「しかしそのほかの服従について、あなたが教皇（あるいは司教のなかの司教）と呼ぶ者が要求することは何も知らない」。六三四年にアイオナの大修道院長宛に書かれた地元の手紙では、有力な教父だった聖パトリックのことを「わたしたちの教皇」とはっきり呼んでいる。

ケルト教会の修道僧と家父長の伝統（その権威はヴァチカンを不安にさせるほど大きかった）を否定しようとするさまざまな試みが、何世紀にもわたって繰り広げられた。ローマカトリックの叙階は使徒継承に依拠することになっていたが、（継承の起点とされている）使徒ペトロは正式にはどんな聖職にも就いていなかったのだから、このような継承があったとは立証できない。最初のローマ司教に任命されたのはブリテンのリヌス王子（ペンドラゴンのカラクタカスの息子）で、ローマ教会の『使徒憲章』に記されているように、リヌスはペトロ存命中の紀元五八年に聖パウロの命により就任し、そこからほんとうの継承が始まった。

のちの一八〇年、リヨンの司教エイレナイオスは次のように記している。「使徒たちがローマに基礎を築き、教会を建立し、その管理の職務をリヌスに委ねた」。リヌスが王家の血筋であることを隠すため、あたかも卑しい奴隷であるかのように描写されることが多いが、それでもローマ教会にとって悩みの種はとり除かれなかった。そして、それがゆえに教皇座から発せられた教皇の教義は「不可謬《びゅう》」であるとみなされたのだ。この教義がなかったら、ペトロから始まった使徒継承における、高位の司教たちの系統立った連続性という概念そのものが破綻していただろう。なぜならペトロはローマはおろか、どの土地でも司教になったことは一度もないのだから。

　テオドシウス司教は、八二〇年に使徒との関連をでっち上げようとして、ヤコブ・ボアネルゲス（聖大ヤコブ）の遺体がスペインのコンポステラで発掘されたと発表した。八九九年には、その地に建てられたサンティアゴ（聖ヤコブ）の聖堂が大聖堂となり、九九七年にムーア人によって破壊されたが、一〇七八年に再建された。しかし新約聖書によれば、ヤコブ・ボアネルゲス（ヨハネの弟）は紀元四四年にカルキスのヘロデによってエルサレムで処刑されたことになっている（使徒言行録十二章二節）。したがって、発見された遺骨は（それがほんとうにヤコブのものだとして）、マグダラのマリアに随行して妻のマリア・ヤコベとともに西欧に渡った、弟子のヤコブ・クロパのものであるというのが有力だ。しかし、これとてもほとんどありえそうになく、いまでは、ある程度の説得力を持って、サンティアゴ・ディ・コンポステラの遺物とその後の歴史的遺産は、むしろアヴィラのプリスキリアヌスのものだ考えられている。

ローマと東方教会との決定的な対立は八六七年に起こった。東方教会が、正当な使徒継承を保持するのは自分たちであると宣言したからだ。ヴァチカンがそれを否定したため、コンスタンティノープル総主教フォティオスは、実際にローマ教皇ニコラウス一世を破門したのだ！

この出来事によって、三位一体の定義をめぐる議論はまったく別の段階に入る。西欧キリスト教界のカトリック教徒は、五八九年のトレド教会会議でとり入れられた、いわゆるフィリオクェ条項を承認することにした。聖霊は「父から、そして子から（ラテン語で「filioque」）」発した、と宣言したのだ。これに対し東方教会は、聖霊は「子を通して（ギリシア語で「dia tou huiou」）父から」発した、と主張した。どこか漠然としていて、ひどく突飛な神学論争ではあるが、公式のキリスト教をまっぷたつに引き裂くにはじゅうぶんなものだった。もちろん実際には、これは教会を政治的に運営するのはローマか、それともコンスタンティノープルかという論争を長引かせるための、ささいな口実にすぎなかった。そして最終的には、同じ起源を持ちながらまったくかけ離れたふたつの教会、という構図ができあがった。

ときが流れても、東方教会はあまり変わらなかった。コンスタンティノープル大主教の導きによって、東方教会は聖書にもとづく教えを厳密に守り続け、パンと葡萄酒を用いた聖体礼儀（感謝）の儀式が、礼拝の中心となった。

一方カトリック教会はおびただしい変化を遂げていった。新たな教義が加えられ、古い概念は修正されたり具体化されたりした。十二世紀に入ると、七つの秘蹟が個人の物質的生活において神の恩寵を具現化すると見なされた（ただし、個人の救済には必ずしも七つすべてが必要なわけではない）。七つの秘蹟とは、洗礼、聖体、堅信、告解と赦しの秘蹟、叙階式、婚姻の挙式、重い病人と死に瀕した者への塗油（終油の秘蹟または臨終の秘蹟）に分類される。さらに聖体のパンと葡萄酒は、聖別に際してイエスの肉体と血へと真に変化すると定められた（化体説）。

コンスタンティヌスのローマ教会は混成の教会として始まったのであり、したがってその構造も複合体のままでとどまった。新しい手法と信条は、拡大するカトリック社会で、信徒たちを遠くから効率よく支配するために導入された。そのためローマ・カトリックの進化は厳格な規範をともなっており、今日から見れば伝統的と思われる教えのなかには、ごく最近実践されるようになったものもある。カトリック教義のある種の解釈が信仰の要件と決められたのは、ヴィクトリア朝時代になってからだ（それ以前はほのめかしていただけ）。例えば〝無原罪の宿り〟の解釈は、一八五四年に正式に表明された。教皇ピウス九世が、イエスの母親マリアも、原罪の穢《けが》れなしにひとりでに母の体内に宿ったと定めたからだ。〝聖母の被昇天〟は教皇ピウス十二世が一九五〇年代に初めて定義し、教皇パウロ六世がマリアを教会の母と宣言したのは、一九六四年のことだ。

これらの宣言は、教皇という権威が発する最重要度の表明――すなわち教皇不可謬《びゅう》性によって可能になった。教皇不可謬性の効力が正式に宣言されたのは、一八七〇年の第一ヴァチカン公会議でのことだ。どのような反対意見も許されない状況で、こう宣言された。「ローマ教皇が教会の教えと道徳に関する事柄を教皇座から定義するとき、誤りはありえない」と！

宗教美術の統制

ローマ・カトリック教会は、歴史的な記録や伝奇的文学への支配力を維持しようとしただけではなかった。それどころか、司教は自分たちの教義上の概念に反すると思われるものはすべて標的にした。その趣旨に沿って、伝統的な正しさというものが、芸術分野全体を通して実践され、規制を加えた。聖母は青と白だけで描かなければならなかったことはすでに触れたが、そのほかにも宗教芸術一般を支配する決まりごとがあった。ボッティチェリやプッサンなどの画家は、作品のなかに記号的要素を見事にとり入れた。じゅうぶんな知識のない者にはわからないが、一般論としていえば、ヨーロッパの芸術は、ほとんどが厳格なヴァチカンの指針に抑圧されていたのだ。

ローマ教会の創生期から、イエスの男系親族は悩みの種だったが、教会の歴史の背景に押しやることでうまく覆い隠され、一方イエスの母親であるマリアは前面に押し出された。不運なヨセフ（イエスとヤコブの父親で、正当な王家の血筋）は意図的に脇に追いやられたが、聖母マリアに対する熱狂的な信奉者は不釣り合いなほど増えていった。巧妙に仕組まれた策略によって、ユダ王家の血統が脈々と続いているという知識は、人々の頭から忘れられていった。マ

絵画において誰をどのように描けばいいのかというルールが、教会によって定められた。マ

《神殿から追い出されるヨアキム》タッデオ・ガッディ作

リアの母親であるアンナは、マリアの神聖な身分を損なう存在であるから、娘とともに描かれることはめったになかった。どうしてもいっしょに描かなければならないときは、マリアの従属的な位置に置かれた。フランチェスコ・ダ・サン・ギャロの《聖アンナと聖母》は、母親が娘の背後に座している絵画の好例だ。ジョヴァンニ・バティスタ・ティエポロの《聖アンナの幻視》では、アンナがマリアの幻の前にひざまずいている。レオナルド・ダ・ヴィンチの《聖アンナと聖母子》では、成人したマリアが母親の膝に乗っており、母親より前面に出るような構図が工夫されている。同様に、ピエトロ・ペルジーノの《聖母の家族》では、アンナは娘の後ろに立っている。

マリアの夫ヨセフとマリアの父ヨアキムは、絵画作品に描かれるときはたいてい低い位置か背景に限られていた。彼らの父親としての役割は、いわゆる〝無原罪の宿り〟や〝処女懐胎〟に反するので、どちらの人物も問題を提起してしまうからだ。早い時代のものではタッデオ・ガッディ（一三六六年没）のフレスコ画がすでにヨアキムの威厳を最小限にとどめて描き、彼の身分を貶《おとし》めることを選んだ。それゆえにヨアキムは、まだ父親になっていないのに祝祭日の子羊を捧げようとして、大祭司イサカルにエルサレム神殿から追い出される場面を、何度も描かれている。ミケランジェロの《聖家族》では、マリアは中央の玉座に持ち上げられているのに、夫のヨセフは心ここにあらずというようすで欄干にもたれている。

ローマ教会は聖母マリアが結婚していたことを喜んで否定したが、芸術家たちは福音書の率直な記述を見ないふりはできなかった。それでも、ヨセフとマリアのあいだに身体的なつながりがあったことをわずかでもほのめかす描きかたはしてはならなかった。こうした理由から、ヨセフは妻よりもかなり年上に描かれるのが普通だった。ギランダイオの《牧者の礼拝》（一四八五年）に見られるように、頭は禿げていて、自分の家族にほとんど関心を示していないようすで。ミケランジェロの有名な《ドニ・トンド（聖家族）》（一五〇四年）も、そしてカラヴァッジョの《エジプトへの逃避途上の休息》でも、同様に禿げ頭で白い顎髭を生やしたヨセフが描かれている。実際、いかにも大儀そうに松葉杖にもたれて、明らかに衰えている姿が頻繁に登場するのに対し、マリアのほうは、パオロ・ヴェロネーゼの《聖家族》のように、常に変わらず美しく、穏やかに描かれた。

十六世紀のスペインで、ヨセフが当然の権利によって聖人の位に引き上げられると、状況は

《キリスト降誕》ロレンツォ・ディ・クレディ作

少しだけ上向いた。それでもなお、微妙な象徴を用いてイエスの育ての父という立場だけが描かれることに変わりはなく、マリアとの清い関係を表す白百合を手にしていることも多かった。ラファエロの著名な作品《聖母の婚礼》(マリアとヨセフの婚礼を描いたもの)が、その一例だ。ほかの作品に比べて若く描かれているものの、ヨセフの杖の先には百合があしらわれている。

百合がマリアの処女性の象徴とされているのと同じく、薔薇はマリアの美しさの象徴である。薔薇を手に持っていることが多いのはそのためで、あるいはチェザーレ・ディ・セッソの《聖母》やマーティン・ショーンガウアーの《薔薇の茂みの聖母》のように、薔薇園にいる姿を描かれることもあった。ふたつの概念はどちらも雅歌二章一節「わたしはシャロンの薔薇、野の百合」に由来している。

ずっと昔から、百合は「フラ・ド・マリー」(マリアの花)と呼ばれており、それゆえにグラジオラスの百合は、メロヴィング朝の王たちがフランスにおけるメシアの血筋を誇示するために使われたのだ。

必須の存在であるヨセフは、キリストの降誕を描く画家たちを悩ませた。だがこの問題は、アレッサンドロ・モレットの十六世紀の作品《キリスト降誕》のように、体を支えるものが必要な老人としてヨセフを描くことで解決された。ときには、ロレンツォ・ディ・クレディの肖像画のように、もうろくした状態や、居眠りをしている姿で登場することさえあった。ダビデ王家の子孫であるヨセフは、手を変え品を変え、何度も何度も、厄介な傍観者という立場に貶められ(ハンス・メムリンクの《東方三博士の礼拝》を参照)、何かしら意味のある行動にはまったく関与させてもらえなかった。さらに、ヴァン・ダイクの《エジプトへの逃避途上の休息》などでは、もはや何もできない状態に描かれ、マリアの足もとに倒れ込んで、そのままマリアの父ヨアキムとともに忘却の彼方へ旅立とうとしているかのようだ。

カロリング朝の始まり

七世紀半ば、ローマはガリアにおけるメロヴィング朝の血脈を廃絶しようと画策していた。すでに見てきたように、それはクローヴィス王が洗礼を受けたときに立てられた計画だった。六五六年、アウストラシアの宮宰(現代の閣僚にあたる)グリモアルドは、ローマ教皇の支配下にあった。国王シゲベルト二世が死去したとき、息子のダゴベルトはわずか五歳。ここでアウストラシアの宮宰が行動を起こす。手始めに、ダゴベルトを誘拐してアイルランドへ連れ去り、スコット系ゲール人のもとで亡命生活を送らせた。次に、若き後継者にまみえることは二度とないはずと確信し、イマチルド王妃に息子の死を告げた。

ダゴベルト王子は、ダブリン近郊のスレイン修道院で教育を受け、十五歳になるとケルト族の王女マチルドと結婚した。その後、聖ウィルフレッドの庇護のもと、ヨークで過ごす。だがマチルドが亡くなるとダゴベルトはフランスへ戻り、母親をひどく驚かせた。グリモアルドはしばらくのあいだ自分の息子をアウストラシアの王座に就かせていたが、ヨークのウィルフレッドらが宮宰が背信行為を犯したとの噂を広めたため、グリモアルド王家の信用は失墜した。ダゴベルトは西ゴート族の王の姪にあたるジゼル・ドゥ・ラゼと再婚、六七四年（二十年の不在ののち）に復位し、ここでローマの陰謀は頓挫した――だがそれは一時的なものだった。

ダゴベルトの治世は短かったが多くの業績を残し、そのひとつとして、メロヴィング朝の主権を中央に集約した。しかし彼のメシアの血筋が教皇の首位性を脅かしたため、カトリック系の組織からことごとく迫害される。嫉妬に駆られた敵のなかには、ダゴベルト自身の強力な宮宰、「エルスタルのでぶのピピン（ピピン二世）」もいた。六七九年のクリスマスの二日前、アルデンヌのステネイ近くで狩りをしていたダゴベルトは、ピピンの家臣のひとりに槍で木に串刺しにされ、殺された。ローマ教会はこの暗殺をすぐに承認し、アウストラシアにおけるメロヴィング朝の政権を、野心的な宮宰に引き渡した。

やがて「ピピン肥満王」の跡を継いだのは、非嫡出子である有名なカール・マルテル

（「鎚」）だった。マルテルは七三二年にポワティエ近郊でムーア人の侵略を阻止したことで、その存在を認知された。その後、ほかのメロヴィング朝の領地を支配下に治めることで、ローマの企てを支えた。七四一年にマルテルが死去したあと、多少なりとも権威を有するメロヴィング王朝の血筋は、ダゴベルトの甥、キルデリク三世ただひとりとなった。マルテルの息子、「ちびのピピン（ピピン三世）」はネウストリア宮宰となっていた。その時点では（グリモアルドの一件を除けば）、メロヴィング朝の君主制は完全に王家の血を引く者だけで守られていた。神聖な権利として自動的に世襲されてきたのだ。この件に関して、教会にはまったく発言権がなかった。だがこの伝統は、教皇の権限によって国王を「作り出す」機会をローマが手に入れたとき、崩れ去った。七五一年、ピピンは教皇ザカリアヌスと組み、ローマ教会のお墨つきを得て、キルデリクの代わりにフランク族の王に即位した。これを確実なものにするために、ひとつの文書が偽造された。教皇は、キリストからじきじきに地上世界での代理人に任命されたのであり、王を指名する権利は教皇のみが持っているというものだ。この文書は「コンスタンティヌス帝の寄進状」と呼ばれ、四百年前にコンスタンティヌス帝が作成し、署名したとされた。ルネッサンス以降何度も証明されてきたように、この寄進状は真っ赤な偽物だ（拙著『指輪物語の王国〔*Realm of the Ring Lords*〕』〔仮題／小社より刊行予定〕で詳しく解説している）。しかし、ローマ教会が長いあいだ待ち望んでいた理念を現実のものとし、それ以降国王は、ローマが自任する権限によってのみ、承認され戴冠されることになった。

こうしてピピンは教皇の全面的支持を受けて王となり、キルデリクは退位させられた。四九六年にローマ教会がクローヴィス王とその子孫に示した忠誠の誓いは破られた。二百五十年を経て、ローマ教会は古代から続くメロヴィング朝の血筋を首尾よく廃し、教会傀儡《かいらい》の王を据えることで、フランク族の領土を支配下に収めた。キルデリクは公衆の面前で司教たちから辱めを受けた。ナジル人の伝統にしたがって長く伸ばしていた髪は無惨に切られ、修道院に幽閉されて、四年後に死亡した。こうしてフランスの王による継承が始まり、ピピンの父であるカール(Carolus)・マルテルの名にちなんで、カロリング朝と呼ばれた。

　この時代の公的な歴史は、当然ながら、ヴァチカンの書記官か、ヴァチカンの息のかかった者たちによってまとめられた。その結果、ダゴベルトの生涯に関する記録がまったく書かれず、そもそも存在しなかったということにされてしまったのも無理はない。ダゴベルトが存在したという真実がもう一度明るみに出るには、さらに千年かかったのだ。そのときになって初めて、ダゴベルトにはシゲベルトという息子がいて、六七九年に宮宰の掌中から助け出されたことが、人々の知るところとなった。父親が殺されると、シゲベルトはラングドック地方のレンヌ・ル・シャトーにある母親の実家に預けられた。キルデリクが退位させられたころには、シゲベルト(すなわちシゲベルト三世)は母方の祖父、西ゴート族のベラ二世の跡を継いで、ラゼの伯爵となっていた。廃絶されたメロヴィング朝のシゲベルト以降の血脈には、有名な十字軍兵士で聖墳墓の守護者として知られるゴドフロワ・ド・ブイヨンもいた。

七三〇年代にカール・マルテルに敗れたあと、イスラムのムーア人はフランス南部のナルボンヌまで退却し、そこを拠点にさらなる抵抗を続けた。ムーア人たちはその後長きにわたってピピン短軀王を悩ませたため、ピピンはナルボンヌのユダヤ人に正式な支援を求めた。やがて望んでいた援助を手に入れるが、それにはある代償を払わなければならなかった。ユダヤ人は、ブルグントの領土内にユダヤの王国を建設してくれたら、ムーア人に対処すると約束した。ダビデ王家の子孫として認められた者を王に戴くことになる王国だ。

ピピンはこの条件に同意し、ユダヤ人はナルボンヌからムーア人を追い払った。こうしてユダヤ人のセプティマニア（ミディ）王国が、ニームからスペインとの国境までを領土として七六八年に建設され、ナルボンヌが首都となった。ユダヤ人以前にこの地方を支配していたのはメロヴィング朝のテウデリク四世（ティエリー）だったが、七三七年にカール・マルテルによって、ネウストリアとブルグントの権力の座から追い落とされた。テウデリク（ムーア人にはマキール・テオドリクと呼ばれていた）はピピン短軀王の妹アルダと結婚し、二人のあいだに生まれた息子、トゥールーズのギレム伯爵が、七六八年にセプティマニアの新しい王として玉座に就いた。ギレムはメロヴィング朝の血統であるばかりか、ユダの君主、家父長制におけるイサクの称号を持つ者として認められていた。

ピピンの息子カールは、のちにカール大帝と呼ばれるようになる支配者だった。七七一年からフランク族の王として、八〇〇年からは西の皇帝として、カール大帝は、ギレムがセプティマニアの君主であることを積極的に認めた。ギレムの王位は、バグダッドのカリフからも、そして不承不承ではあるが教皇ステファヌスからも支持された。ユダ王家のギレム王がダビデ王の真の血脈を受け継ぐ者であることを、誰もが認めたのだ。ギレムはカロリング朝の宮廷で多大な影響力を持ち、軍人としても華々しい戦績を残した。それほど輝かしい地位にありながら、ギレムは聖ベネディクトゥスの修道院的な禁欲主義に深く影響を受け、ジェローヌにも自分の修道院を建設した。七九一年には有名な聖ギレムのユダヤ人学院を設立し、これはのちに聖杯年代記編者のヴォルフラム・フォン・エッシエンバッハにも採り上げられた。

ギレムと妻ギボルグとのあいだには、長男で後継者のセプティマニアのベルナルド王子、そのほかにヘリベルト、ベラ、テオドリクという息子たちがいた。ベルナルドは宮廷侍従となり、カロリング朝の皇帝に次ぐ二番目の地位に就いた。八二四年六月にエクスラシャペルの皇宮で、カール大帝の娘デュアダと結婚、八二九年にはフランク王国の政治指導者となった。ふたりのあいだには、ウィリアム（八二六年十一月生まれ）とベルナルド（八四一年三月生まれ）のふたりの息子が生まれた。ウィリアムは傑出した軍の指揮官になり、ベルナルド二世はアキテーヌの支配権を手中に収め、国王ルイ二世に匹敵する権力と影響力を持つに至った。

その後三百年以上を経て、この概念上の王国は〝国家のなかの独立国家〟という形で機能することはなくなっていたが、ダビデの血脈はスペインのミディに残った。一一四四年、イングランドの修道士、ケンブリッジのセオボールドは次のように書いている（ノリッジのユダヤ人に対し、儀礼的殺人の罪を科そうとしたときのこと)。

スペインに住むユダヤ人の族長とラビが、ナルボンヌに集まる。その土地には王家の種が宿り、最高の敬意が寄せられている。

年代記編者であるトゥデラのベンジャミンは、一一六六年に、有力者であるダビデの子孫たちが、当時もなお重要な土地を所有していたと記している。

ナルボンヌはトーラー(ユダヤ教)の古代都市である(中略)。その土地には賢者、貴族、王子たちがおり、その指導者は、いまは亡き偉大なトドロス王子の息子、カロニモスである。家系図に記されているとおり、ダビデ王家の子孫である。彼は相続した財産のほかに、その地方の支配者たちから与えられた地所を有しており、誰もそれを奪うことはできない。

神聖ローマ帝国

カール大帝はフランク王国の領地を大幅に拡大し、サクソン族を繰り返し攻撃することで、ランゴバルドの王位も手に入れた。八〇〇年には教皇レオ三世によって、西の皇帝の帝冠を授けられた。ローマ教会はこの戦略で、新たな皇帝による統治を始動させた——西ヨーロッパと中央ヨーロッパの大部分を含む領土を支配下に置いたのだ。カール大帝の跡を継いだのはルイ一世（敬虔王）だが、八四〇年にルイ一世が死去すると、反抗的な息子たちのせいで、帝国の統一性は損なわれていった。三年に及ぶ抗争を経て、王国は八四三年のヴェルダン条約によって三つに分断された。中フランク王国はイタリア、ロレーヌ、プロヴァンス、西フランク王国はフランス、東フランク王国はドイツを領土とした。

フランスを皇帝の領地とし、文化的な国に発展させたカール大帝を別にすれば、カロリング朝の王たちは概して無能な君主だった。諸侯にはなかば独立した準自治の状態を許し、一方ノース人（ノルマン人）からは北フランスを侵略され、ノルマンディーを建設されてしまった。カロリング朝最後の王はルイ五世（怠惰王）で、その後はフランク公だったユーグ・カペーが、九八七年にカペー朝を開いた。カペー朝の治世は一三二八年まで続く。

カペー朝の王がフランスの王位を継承すると、選挙によって選ばれる皇帝の称号は、サクソン人の血を引くドイツの王に引き継がれた。十一世紀以降、西の皇帝はおもにホーエンシュタウフェン朝が継承した。その結果、ホーエンシュタウフェン出身の皇帝たちは強大な権力を手にし、ヨーロッパ全土ですべてに勝る権威をめぐり、教皇と対立することになる。大きな亀裂が入り始めたのは一〇七五年のことだ。司教を任命し、その忠誠の誓いを受ける権利は誰にあるのかという、叙任権闘争がきっかけだった。

ヴァチカンの優位に対する抗争が激化するなかで、反ローマのホーエンシュタウフェン派は「ギベリン」と呼ばれるようになり、親ローマ派は「ゲルフ」と呼ばれた。ギベリンは、ホーエンシュタウフェンが一二六八年に教皇連合軍に敗れるまでは優勢だった。そのときから帝国は神聖ローマ帝国となり、新たな皇帝たちは常に、十世紀スイス発祥のハプスブルク家から選ばれた。ハプスブルク家は一二七八年にオーストリアの支配権を握り、一五一六年からはスペインの王位も受け継いだ。その後五百年にわたって、全ヨーロッパの王家のなかで最も強大な勢力を誇り、神聖ローマ帝国を一八〇六年の解体まで牛耳っていた。

第十六章　聖杯の神殿

サングレアルの遺産

アーサー王伝説の主題のなかで、最も不可思議なものが聖杯だが、その不朽の伝統ゆえに、どの時代に位置するものなのかなかなか特定できない。聖杯のために戦ってきた英雄たちは、一世紀にも、アーサー王の時代にも、中世にも描かれてきた。つまり、聖杯は時代を超越しているのだ。

聖杯は多くのものに象徴されてきた。杯、大皿、石、宝石箱、霊気、宝石、葡萄の木などがその例だ。聖杯を追い求める者もいれば、実際にその目で見た者もいる。指名された守護者や慎み深い担い手は手で触れることもできたが、たいていは、イエスその人をはじめ、さまざまに装いを変えるとらえどころのないものだった。聖杯には、若返り、知識、食糧の供給などの力がある。イエスが治療師であり、教師であり、供給者であったように、聖杯にも同じ力がある。名称としては、グラアル、セイント・グラアル、セイント・グレイル、サングレアル、サンクグレアル、サングレイル、サンク・リアル、ホーリー・グレイルなどがあるが、どのように呼ばれようと、その精神は輝かしい業績の中心に生き続けている。

伝奇的で神聖な背景を持っているにもかかわらず、聖杯はおおっぴらに口にできない異端であり、異教徒の伝統や瀆神《とくしん》行為や不道徳な神話と関連してきた。そのうえローマ教会は、女性、特に中世の騎士道的愛の理念と強くつながっていることから、聖杯を公に非難してきた。騎士道精神のロマンティックな概念とトルバドゥールの歌は女性らしさを崇敬の基盤にしており、カトリックの教義とは対極にあったため、ローマはこれらを嫌悪していた。だが、ローマ教会がサングレアルの伝統を受け入れなかった最大の理由は、聖杯一族がメシアの血筋にあることがはっきりわかっていたからだ。

最もよく知られている聖杯の役割は、最後の晩餐でイエスが使用した杯としてだろう。イエスが磔刑《たっけい》に処せられたあと、アリマタヤのヨセフがこの杯をイエスの血で満たしたとされた。この説が最初に持ち上がったのは十二世紀だが、永続して人々の記憶に刻まれるようになったのは、一八五九年に出版された、アルフレッド・テニスン卿の『聖杯』のおかげだ。

「聖杯」という言葉が最初に使われたのは、十五世紀にトーマス・マロリー卿がフランスの『ル・サン・グラアル』を翻案したときだった。マロリーは「聖なる器」に言及したが、「キリストの聖なる血」のことを「サンクグレアル」とも書き、このふたつを同じ物語に登場させた。これらをのぞけば、マロリーは聖杯についてなんの説明も加えていない——キャメロットで「白いセーマイト（絹織物）におおわれて」出てくるだけだ。聖杯はランスロットの幻に現れ、ガラハッドがようやく手に入れた。マロリーの説明によれば、聖杯の戦士は、ボーズ、パーシヴァル、ランスロットとその息子ガラハッドであった。ガラハッドは「王たちの若き騎士」の血統で、アリマタヤのヨセフの親族であり、ペレス王の孫息子でもあった。

中世の伝承によれば、ブリテンに聖杯を運んだのはアリマタヤのヨセフだといい、さらに古いヨーロッパの言い伝えでは、そもそもマグダラのマリアがプロヴァンスにサングレアルを持ち込んだとされている。聖杯物語の多くが十五世紀以前にヨーロッパ大陸から伝わったことは、重要な事実だ。ウェールズの『ペレドゥル』のような物語でさえ、原作はヨーロッパにあった。アイルランドとウェールズのケルト伝説に大釜の話が出てくるが、その連想も手伝って、聖杯は杯の形をしていると思われるようになった。しかしながら、このような発想は妥当ではない。なぜなら王家の血がなんらかの器に入れられて運ばれたはずだというのは、単なる想像にすぎないからだ。

セイントグラアル（Seynt Graal）の最も古い記述は七一七年で、英国の隠者ウェールランがイエスと聖杯の幻影を見たというものだ。一二〇〇年頃、フロムン大修道院のフランス人修道士エリアンが、ウェールランの文書に言及している。またグラストンベリーのジョンが『グラストンベリー教会の年代記または古代史』で、一六〇四年にはボーヴェーのヴァンサンが『歴史の鑑《かがみ》』で、やはりウェールランの幻影についてとり上げた。いずれの書物でも、イエスがウェールランの手に本を渡したと書いている。出だしはこうだ。

これは汝の家系について書かれた書である。
サングレアルの書はここに始まる。

公知となっている文学のなかで、聖杯が登場するのは一一八〇年代だ。そこでは、ただ「グラアル」と記述されているだけで、聖なる遺物と呼ばれてもおらず、イエスの血との関連も説明されていない。クレティアン・ド・トロワは『聖杯物語――パーシヴァルの冒険』でこう書いている。

ひとりの乙女が両手でグラアルを捧げ持ち、従者とともに入ってきた……彼女が部屋に入ると……まばゆい光が輝き、蠟燭《ろうそく》の灯りが見えなくなった。その後ろに、もうひとりの乙女が銀の皿を抱えて、続いた。最初の乙女が持っていたグラアルは純金製で、さまざまな種類の貴石で飾られていた……若者（パーシヴァル）は彼女たちが通り過ぎるのを見ていたが、グラアルについても、それを捧げ持っていた乙女についても、何もたずねなかった。

このとき、傷ついた漁夫王の城では、グラアルは「杯」とは書かれておらず、血との関連にも触れられていない。ただ、物語の後半で、クレティアンは次のように説明している。

彼（漁夫王）は、そこから川魳《かます》や八つ目鰻《うなぎ》や鮭をとり出したのではない。この聖なる人物は、一枚の聖餅によって生きながらえ、活力をとり戻したのだ。すなわち神聖なるものはグラアルであって、漁夫王自身がたいへん崇高なかたなので、もはや食物を必要とすることはなく、グラアルに載せられた聖餅のみでこと足りた。

クレティアンの書いたグラアルが大きな魚が入るほど大きかったのなら、それは杯ではなく、かなり大きな深皿だったはずだ。それでも、グラアルには聖餅が一枚しか入っていなかったという事実に、謎が残る。クレティアンのほかの著作には、百頭の猪の頭がグラアルに入れられて給仕されたと書かれており、一二一五年ごろ、フロアドモンの大修道院長はグラアルに関するこの説明に着目して、グラアルは富裕な人々に使われた深皿だと書いた。

この当時、漁夫王のグラアルと伝承のサングレアルのあいだにはどんなつながりもなかった。それを変えたのが、一一九〇年代にロベール・ド・ボロンによって書かれた詩、『アリマタヤのヨセフ——サングラアルの物語』だった。ボロンはクレティアンの漁夫王(以前はアーサー王と同時代の人物だった)をブロン(アリマタヤのヨセフの姻戚)に変えて、聖なる遺物をサン・グラアルすなわち「聖なる血の杯」に定義し直した。

ボロンによると、ヨセフは過越祭《すぎこし》の杯をピラトから手に入れ、イエスを十字架から下ろしたときにその血を杯に集めたという。そのあとヨセフはユダヤ人に捕らわれたが、かろうじて杯を義理の息子へブロンに渡すことができた。へブロンはアヴァロンの谷へ向かい、そこで〝裕福な漁師〟ブロンになった。ブロンは妻エニゲウス(ヨセフの娘)とのあいだに十二人の子どもをもうけ、そのうち十一人は結婚したが、末っ子のアランは独身を通した。一方、ヨセフは外国でブロン一家に合流し、グラアルに敬意を表してテーブルを作った。このテーブルには、「命とりの座」と呼ばれる特別な椅子がついていた。これはイスカリオテのユダの椅子を模したもので、アランの指定席になった。のちの世に書かれた物語では、キャメロットの円卓に設けられた命とりの座は、独身の騎士ガラハッドの指定席であったと書かれた。

ボロンの『アリマタヤのヨセフ』と同じころ、ウォーシェという作家が、やはり聖杯を扱った書物を著した。クレティアンの物語の続きのように読めるが、こちらのグラアルには新たな側面が加えられ、人間のような役割を演じている。

そのときガウェインは、見事なグラアルが扉から入ってくるのを見た。グラアルは騎士たちに給仕し、各人の前にすばやくパンを置いていった。それは執事の仕事もこなした。純金の大きな杯に葡萄酒を注ぎ、テーブルに並べた。葡萄酒を配り終えると、間をおかずに、大きな銀の皿に盛った料理をそれぞれのテーブルに運んだ。ガウェインはそのすべてを目撃し、グラアルの給仕に目を見張った。ほかには誰も召使いがいないことを不思議に思い、とても料理を口にするどころではなかった。

ウォーシェの書いたものは、いくつかの点で、クレティアンとボロンが書いた物語を組みあわせている。アーサー王の騎士たちを主役にしてはいるが、ウォーシェはアリマタヤのヨセフの伝説についても詳しく書いている。それによると、ヨセフの血を引く子孫はパーシヴァルの亡父ゲランズ・ゲネラウスで、それ以前に書かれた物語をふまえ、パーシヴァルの母親は未亡人ということになっている。

『ペルレスヴォ』もしくは『聖杯の高貴な歴史』として知られる物語は、一二〇〇年ごろにフランス系ベルギー人が書いたものだ。聖杯の血統の重要性を明確にしていて、サングレアルには王家の遺産が収められていると断言し、ウェールランが八世紀に書いた物語の、王家の重要な理念を繰り返している。『ペルレスヴォ』では、聖杯は形あるものとは決められておらず、メシアの意義のさまざまなイメージを包含した神秘的な霊気として描かれている。この作品では、クレティアンの聖餅にあたる〝キリストの体〟が、キリストの存在の永続性を表すものとして登場する。

杯が象徴するものについて『ペルレスヴォ』は次のように語る。

　ガウェイン卿が聖杯をじっと見つめていると、そのなかに杯があるように見えてくる。けれども同時に、そこに杯はない。

『ペルレスヴォ』では、ガウェインとランスロットとパーシヴァルはみな主要人物だが、最大の疑問は「聖杯は誰に仕えるのか?」だ。この問いを発することによってのみ、パーシヴァルは漁夫王の股間の傷を癒し、不毛の荒れ地を肥沃な地に戻すことができる。『ペルレスヴォ』

のなかで、漁夫王（祭司王）はメシアの地位を意味するメシオスと呼ばれる。ほかの物語では、漁夫王のことをアンフォルタス（ダビデ王の曾祖父ボアズと実質的に同じ名前で、どちらも「力を込めて」という意味。したがってダビデの血筋であることがわかる）と呼んでいる。漁夫王はまた、ペレスと呼ばれることもあった（メロヴィング朝の先祖の記録に書かれた古代のビステア・ネプチュニスすなわちパラスから）。

『ペルレスヴォ』のかなり重要な特徴は、テンプル騎士団にはっきりと触れていることだ。不老の島で、パーシヴァルはガラスでできた邸宅にたどり着き、そこでふたりの主人に出会う。ひとりはパーシヴァルが王族の子孫であることを知っていると認める。そのあとふたりの主人は手をたたいて、三十三人の男たちを呼び出した。彼らは「胸の中央に赤い十字」が縫いつけられた「白い衣装を身にまとって」いた。パーシヴァル自身も、騎士団の赤い十字が描かれた盾を持っていた。この物語の基本はアーサー王伝説だが、時代は聖地がサラセン人の手にあった、後世に設定されている。

そして十三世紀前半になって、『パルツィファル』と呼ばれる最も重要な聖杯物語が、バイエルンの騎士ヴォルフラム・フォン・エッシェンバッハによって書かれた。ここでもテンプル騎士団とのつながりは明らかだ。テンプル騎士たちは、〝救済の山（ムンザルフェシエ）〟にある聖杯神殿の守護者として描かれている。漁夫王はここで聖杯ミサを司宰し、イエスやメロヴィング朝の王たち、スコット人の王たちと同じく「祭司王」としてはっきりと描かれた。古くからムンザルフェシエは、南フランス・ラングドック地方にそびえるセギュール山の要塞を指

中世のフランス

すと考えられている。

ヴォルフラムは、クレティアンの聖杯物語は間違っているといい、自身の情報源は、テンプル騎士団に随行して古いアラビアの聖杯写本について書いた、キョ・ル・プロヴァンザルだと明かした。その写本の著者は学識を積んだフレゲタニスで、ヴォルフラムはこの人物について次のように描写している。

ソロモンの血を引く自然学者であり、洗礼が地獄の炎かられわれを守る盾となったときまで、神の選ばれし民であった家系に生まれた。

『ペルレスヴォ』と同じく、ヴォルフラムの『パルツィファル』でも、聖杯の血筋の重要性が強調されている。ヴォルフラムはまた、パーシヴァルの息子、白鳥の騎士ローエングリンを登場させた。ロレーヌの伝承によれば、ローエングリンはブラバント（低ロレーヌ）女公爵の夫だった。『パルツィファル』では、パーシヴァルの父親はガーミュレット（ウォーシェの説明ではゲランズだが）とされており、パーシヴァルの時代の漁夫王は、ティトゥレルの息子のフリミュテルの息子、アンフォルタスだった。漁夫王の姉妹ヘルゼイルデはパーシヴァルの母親にあたり、伝承では「未亡人」と呼ばれている。聖杯の神秘的な特性を長々と詳細に解説したうえで、同書はその担い人を、聖杯一族の女王、ルパンセ・ド・ショワイと呼んでいる。

その女性はアラビアの絹を身にまとい、緑色の絹織物に載せた、根も枝も完璧なこの世の楽園の権化をささげ持っていた。それは人が聖杯と呼ぶもの、地上のいかなる理想をも超越したものだった。

「根と枝」と書かれてはいるが、聖杯は「若さと若返りの石」だとされている。錬金術でいう賢者の石、「ラピス・エリクシール」が変化して、「ラプシト・エクシリス」（ラピス・エリクシスとも）と呼ばれたものだ。ヴォルフラムは次のように説明している。

その石の力によって、不死鳥は燃えて灰になっても、すぐに生命をとり戻す。そして不死鳥の羽ははえかわり、以前と同じく、まばゆい輝きを放ち始める。

漁夫王が聖体の秘蹟を受けたとき、その儀式に集まった人々の名前を聖杯が記録した。だが、それは誰にでも読めるというものではなかった。

聖杯石の先端に人名と系図を告げる文字が刻まれていた。それらの名は小間使いや従者たちで、聖杯のもとへ召還され、旅してきた者たちだった。刻まれた名前は消すまでもなく、読まれるとすぐ自然に消えた。

これと非常によく似た言葉が（その関連性については、拙著『聖杯王たちの創世記』に詳しく説明した）、新約聖書（ヨハネの黙示録二章十七節）に書かれている。

勝利を得る者には隠されていたマンナを与えよう。また、白い小石を与えよう。その小石には、これを受ける者のほかには誰にもわからぬ新しい名が記されている。

ヴォルフラム（セプティマニアの王、ギレム・ド・ジエローヌについても書いた）は、フレゲタニスの写本を持っていたのはアンジュー家だと言っている。テンプル騎士団と深いつながりを持っていた、高貴な家柄だ。また、パーシヴァル自身もアンジュー家の血を引いているという。『パルツィファル』では、アーサー王の宮廷はブルターニュに設定されているが、ほかの作品でヴォルフラムは、聖杯城の場所をピレネーに置いた。さらに、聖杯女王のお供のひとりとして、エディンバラ（テナブロク）伯爵夫人にも、具体的に触れている。

一二二〇年ごろに書かれたシトー修道会の『流布本物語群』には、『聖杯の由来』、『聖杯の探索』、『ランスロ本伝』とともに、アーサーとマーリンの物語も含まれている。そのなかで、聖杯の記述はクレティアンとボロンの影響を大きく受けているが、「グラアル（Graal）」の綴りはそれ以前のものに戻っていた。『聖杯の由来』では、アリマタヤのヨセフの物語が彼のブリテン滞在時期まで含めて言及され、また彼の後継者、サラズのヨセフェス司教は聖杯友愛会のリーダーだとされている。ブロン（ボロンの〝裕福な漁師〟）は、『聖杯の由来』で漁夫王として再登場する。聖杯（グラアル）は神の子羊を盛る奇跡のエスキュエル（皿）になっている。『聖杯の由来』でも『聖杯の探索』でも、聖杯城は象徴的に「ル・コルベニ（聖なる遺体）」と呼ばれている。『聖杯の探索』は、ガラハッドを「ダビデ王の高貴な血を引く子孫」としているが、さらに注目すべきは、ソロモン王を継承する家系の出身だとはっきり書かれていることだ。

『ランスロ本伝』（まず登場するのはガウェイン）はガラハッドの物語を拡大し、彼が、ランスロットとペレスの娘とのあいだにできた息子だと語っている。この娘は、聖杯王女イレーヌ・ル・コルベニのことで、ペレスは傷を負った漁夫王の息子だ。のちにマロリーが書いた物語では、ペレス自身が漁夫王になっている。

初期の聖杯文学では、確かにアーサー王への言及があるものの、この点においてアーサーの立場が確立するのは、十三世紀の『流布本物語群』を待たねばならない。しかし、一二九一年に聖地が陥落すると、聖杯伝説は表舞台から姿を消す。聖杯を主題とする物語が復活するのは、十五世紀にトーマス・マロリー卿が書いた『サンクグレアル――われらが主イエス・キリストの聖なる血』だった。

賢者の石

イエスとマグダラのマリアのあいだにできた下の息子、ヨセフェスがドルイドの大学で学んだことはすでに触れた。この種の教育機関は国際的に高い評判を得ていて、ヨーロッパ全土に六十以上の単科大学や総合大学があり、六万人以上の学生が学んでいた。ドルイド僧はケルト教会に属していたわけではないが、ガリア、ブリテン、アイルランドのゲール人社会における、確立した重要な要素のひとつだった。紀元前一世紀の著述家ストラボは、ドルイド僧のことを「自然と道徳哲学の徒である」と書いている。

彼らは最も公正な人物だと考えられており、それゆえ個人と社会全体に影響する決断を委ねられている。その昔は、戦争を調停し、行き詰まった敵に戦列を離れさせることもできた。また、たいていの殺人事件は彼らの裁定に委ねられた。

ストラボと同時代のシチリア人歴史家ディオドロスは、ドルイドについて、「偉大な哲学者であり、神学者であり、特別の敬意をもって遇されている」と書いている。またドルイドは優れた政治家で、神聖な予言者でもあるといわれた。古代の書物には次のような記述がある。

ドルイドは科学者であるが、同時に神学者でもあり、神々と直接交信することを楽しみ、神々の名前を口にすることもできる。助言を求める人々には、役に立つしきたりや儀式上の禁忌を守らせ、また、熟慮すべきいかなる行動についても実行する日とすべきでない日を決めることで、運命をも左右できる。

後世になると、ローマ教会はドルイド僧とケルト教会の修道士を糾弾する口実を、どんなささいなものでも探すようになり、彼らの髪型にまで罪のしるしを見いだした。ドルイド僧と修道士はどちらも、前は額まで剃り上げ、後ろの髪は長く垂らしていた。ところが、ローマ教会の新しい聖職者たちは、別の形の剃髪を採用した。坊主頭に短髪の輪飾りをかぶせたような、聖なる冠を象徴する髪型だ。ローマ教会は、ケルトの髪型はマギ教徒の異端のしるしであるとし、「シモン・マゴスの剃髪」と呼んで非難した。

紀元前一世紀にブリトン人のことを記したディオドロスは、三世紀前のギリシアの著述家ヘカタイオスの作品に触れ、それにならってブリトン人をヒュペルボレオス（北風の彼方からやってきた人々）と呼んだ。そして太陽神アポロンが、「星々が天空の同じ位置に戻ってくる、十九年に一度」、ヒュペルボレオス人の神殿を訪れる、と述べている。この十九年という天文周期は、ドルイドが暦を計算する際に用いたもので、一八九七年にリヨン北部のアン県で発見されたコリニーの古い暦がこれを裏づけた。

コリニー暦（青銅製の平板の断片）は紀元一世紀のもので、ガリアで発掘された文書としては最も長いものだ。連続する六十二カ月（約五太陽年）が刻まれ、それぞれの月は二十九日か三十日から成っている。さらに、一太陽年につき十三の月がある太陰暦も挿入されていた。各月の日付は互いに関連し合っていて、それぞれに固有の暗期と明期があり、縁起のよい日と悪い日には注釈がついていた。つまり、コリニー暦は、古代バビロニア人の暦のように、それを作った人々に天文学の深い知識があったことを示している。

ドルイドにとって、天文学は最も重要なものだった。彼らは、「星々とその動きについて、世界と地球の大きさについて、自然哲学について多くの知識を持っていた」といわれる。ドルイドは、古代ピタゴラス学説の考えかたである輪廻転生（霊魂の生まれ変わり）を信じていた。紀元前六世紀、ピタゴラスが最も初期の神秘学派を作り、その環境のなかで、地球は太陽のまわりを周回している（地動説）という事実に正しくもとづいた、宇宙の模型ができ上がった。しかしそれから長い年月を経た十六世紀には、ポーランドの天文学者ニコラス・コペルニクスが、地動説を主張したせいで破門され、さらにひどい仕打ちを受けた。コペルニクスが自説を公表すると、宇宙の中心は地球だと主張するカトリック教会から激しく攻撃された。天体について進んだ知識を持っていた古代のドルイドから見れば、地球を宇宙の中心に据えることなど、言語道断だっただろう。
クムラン時代のサマリアのマギと同じように、ドルイドは高度な数霊術と医術の実践者だった。福音書が書かれた時代、クムランのエッセネ派は、宇宙の秩序を支配する数学に特別な関心を抱いていた。その文化のかなりの部分は、西マナセのマギ――紀元前四四年にメナヘムが創始した宗派――を通じて受け継がれたピタゴラスの思想によって占められていた。メナヘムの跡を継いでマギを率いたのが、マグダラのマリアの仲間だったシモン・(マゴス・)ゼロテで、そのグノーシス思想には、「サピエンティア(智恵)」と呼ばれた、キリスト教をしのぐ独創的な秘伝の英知があるとされた。
エジプトのケノボスキオンで発見され、『ヘルメス・トリスメギストゥスの論文』として知られるグノーシス主義の文書には、次のように書かれている。

熟練者はしだいに不死の道へ足を踏み入れるであろう。そして八重《オグドード》の概念を得て、やがて九重《エンネード》の概念へと導かれる。

「オグドード(八重)」とは、惑星の天空の外にある恒星の天空に対応し、「エンネード(九重)」とは宇宙を囲む、外側の天空を指す。地球の天空は、「ヘブドマド(七重)」と呼ばれた。グノーシス主義を信奉する人々にとって、天空とは地球や惑星や恒星を囲む空間で、きっちりと層をなした領域であった。グノーシス主義者にとって、天空は彼ら自身の神話の題材であったが、その論理的な理解は、地球は平面であって天空はただの「上空」にすぎないと何世紀にもわたって主張し続ける、のちのローマ教会の宇宙原理とはまったく相容れなかった（天空も平面で、見えない柱によって上空に支えられているという学派さえあった）。

ヘルメス・トリスメギストゥスは、錬金術と幾何学の始祖としてあがめられるエジプトの神トトの、ギリシア新プラトン学派での名前だ。新プラトン学派はプラトン（紀元前四二九〜三四七年）の教えに従って、人間の知性は物質世界とはなんのかかわりもなく、個人の精神性は、俗界で価値あるものを軽視すればするほど高まると訴えた。ヘルメスが大事なのは、彼の特別な知識が、「レメクの失われた知恵」を伝えたとされているからだ（レメクはイヴの息子カインから七代目、創世記四章十八〜二十二節）。ちょうどノアがさまざまな種類の生きものを大洪水から救ったように、レメクの三人の息子、ヤバル、ユバル、トバル・カインは、二本の石碑（ノアの洪水以前の柱）に刻まれた、創造科学の古代の知恵を守った。長男は数学者に、次男は石工に、三男は金属加工職人になった。ヘルメスは柱の一本を発見し、そこに書かれていた聖なる幾何学をエメラルドの板に書き写した。板はピタゴラスに受け継がれ、ピュタゴラスは二本目の柱を発見した。

宇宙の聖なる知識とエメラルドの板との関係は、ヴォルフラムの『パルツィファル』を思い起こさせる。同書において、聖杯は一個の石だとされ、エメラルドの宝石にたとえられているからだ。さらに、タロットカードの「節制」のなかには、ヘルメスのエメラルド板に刻まれた文字が書かれたものもある。

地球の内部を訪れよ。蒸留により、汝は隠された石を見つけるであろう。

謎を秘めた石とのつながりから、聖杯は錬金術、すなわち活力の流れと生命力を研究する科学と同一視されてきた。異端審問の時代には、錬金術師はその技巧を治金学の記号に注意深く隠し、単に卑金属を金に変えようとしていただけだと言い張った。錬金術師は実際に、最上級の治金師だった。ただし、哲学および形而上学的にいえば、むしろ世俗的な人物（鉛）を霊的に啓発された人物（金）に変えることのほうに力を注いでいたのだ。ちょうど金が火のなかで何度も試されるのと同じように、人間の精神は人生のるつぼのなかで試される。そして、この啓発を媒介するものが聖霊だと考えられていた。

啓蒙を通じて人間は完成されるという教理が、みずからの教えのほうが劣っていた教会によって異端とされたのは、驚くに値しない。ユダヤ教とキリスト教の融合の上に形成されたとはいえ、聖杯の伝承は錬金術によく似ていたために、異端とみなされてしまった。この秘密の石は、錬金術の書『哲学者の薔薇園』で、幾何学の観点から次のように説明されている。

その男とその女で円を作り、そこから四角形を作り、四角形から三角形を作りなさい。円を作れば、賢者の石が手に入るだろう。

賢者の石と同じように、聖杯は知識を得るための鍵であり、すべての事物の総体と考えられてきた。グラアル（Graal）という名の語源は、古代メソポタミアの言葉で「至高の美徳の花蜜」を意味する「グラ＝アル（Gra-al）」だ。同様に、ケルト語で「石」を意味する「ガル（gar）」にも由来しており、「ガル＝アル（gar-al）」は「石の杯」を指す。これまで見てきたように、イエスの祭司という身分は、メルキゼデクのそれと同じだ（ヘブライ人への手紙五章六、七節）。シャルトル大聖堂の北側の出入り口、「新しい入信者を迎える扉」に描かれたメルキゼデクは、（創世記十四章十八～二十節にあるように）アブラハムをもてなし、聖なる石の秘密のマナ（霊的な食べ物、すなわち日々の糧）が入った杯をささげ持っている。

シャルトル大聖堂をはじめ、フランス各地の大聖堂を建てた石工組合は、「ソロモンの子どもたち」と呼ばれていた。ソロモン神殿の建築家ヒラム・アビフは、「金属の熟練工」と記述された錬金術師だ。ヒラムの古代の先人、トバル・カイン（創世記四章二十二節）はレメクの息子にして、後続者すべての師となった。フリーメーソンにおいてヒラム・アビフは「寡婦の息子」と呼ばれており、聖杯伝承でパーシヴァルがやはり同じあだ名をつけられている。聖杯の血筋におけるもともとの寡婦と言えば、モアベトのルツ（旧約聖書ルツ記の主人公）を指す。ルツはボアズと結婚してダビデの曾祖母になり、その子孫は、「寡婦の息子たち」と呼ばれた。

ヘルメス・トリスメギストゥスの基本原理は「上の如く、下も然り」であって、これは地上の比率の調和が、宇宙のそれと対応していることを意味する。言いかえれば、生物の調和とは、宇宙構造を死すべき命にかたどった姿なのだ。最も小さな細胞から最も広大な銀河に至るまで、すべては繰り返しの幾何学的法則によって支配されている——古代の人々は、このことをすでに理解していた。

第十七章　聖杯にまつわる遺物

器と葡萄の木

石あるいは宝石として描かれる聖杯は、霊的な英知や宇宙の知恵の器であり、「成就」のしるしだ。また、ミサの聖体拝領での聖餅や過越《すぎこし》祭の子羊を載せる皿や大皿として、「奉仕」の理想を表すものでもある。イエスの血を受けた杯《カリス》という最も一般的な表象は、しかし、純粋に女性的なイメージだ。教会にとって、聖なる器は異教徒と結びついていたため、聖杯のイメージは都合よく神話の領域へと追いやられてきた。

異教徒の伝統において、聖杯は、ケルト民話の不思議な大釜、すなわち食糧や復活の秘密を擁する〝豊穣の角〟と同じものだった。アイルランド神王たちの父、トゥアハ・デ・ダナン族のダグダは、英雄のためにだけ料理をするという大釜《カルドロン》を持っていた。同様に〝カラドックの角〟も臆病者のためには肉を煮なかったという。女神ケリドウェンの鍋には大いなる知恵の薬が入っていたし、ウェールズの神々マソルーフとブランも、似たような容器を持っていた。このブランと〃金持ちの漁夫〃ブロンの名前の類似性はしばしば指摘されるところで、おそらくいずれかが相手の原型だろうといわれている。

古代ギリシア人にとっての神秘の器は〃クラテル（Krater）〃だった（世俗的には、小文字のクラテル［krater］は葡萄酒を調合するための石の器を指す）。哲学用語でいう大文字のクラテルは生命の元素をたたえ、プラトンは太陽の光を集めたクラテルのことを語っている。錬金術師たちにも似たような器があり、そこから哲学者の息子《フィリウス・フィロソフォルム》であるメルクリウス、すなわち子宮の器《ヴァス＝ウテルス》の英知を象徴した神の子が生まれたとされ、ヘルメス（＝メルクリウス）の器自体も「知恵の子宮」と呼ばれた。神秘の器のこの子宮との関連性こそが、聖杯研究において非常に重要な要素だ。

中世の『ロレトの連禱《れんとう》（聖母マリアの連禱）』は、さらに進んで、イエスの母マリアのことを「霊妙なる器《ヴァス・スピリチュアーレ》」と表現している。秘教的な言い伝えにおいて、子宮は「生命の器」として、カップあるいは杯の形で描かれた。有史以前、紀元前三五〇〇年ごろの祭礼所では、それらの形が大地母神の子宮を表した。一方男性を表す逆向きのシンボルは刀あるいは角で、通常は剣で表されたが、最も力強い表現は伝説上の一角獣《ユニコーン》だった。詩編九十二編十一節には「あなたはわたしの角を一角獣（野牛）のように上げさせる」とある。ユダの獅子と並び、伝説上の一角獣も、聖別されたユダ王家血脈の同義語で、のちにスコットランドの紋章にもなった。聖杯が器にたとえられるのも、イエスの永遠の血を運ぶものだといわれているからで、クラテルや大釜がさまざまな秘密を秘めていたのと同様、イエスの血（〃サングレアル〃）もまた、杯のなかに収められることになった。
『パルツィファル』の聖杯女王についての記述に「完全なる地上の楽園を産んだ。根も枝も」というくだりがある。新約聖書ヨハネによる福音書十五章五節では、イエスが「わたしは葡萄の木、あなたがたはその枝である」と言っている。詩編八十編九節には「あなたは葡萄の木をエジプトから移し、多くの民を追い出して、これを植えられました」とある。

メロヴィング朝の王たちの血筋は〝葡萄の木〟と呼ばれ、また、聖書はイスラエルの末裔を〝葡萄の木〟と記す――ユダの血筋は主が楽しんで植えられた植物であるとの詳しい描写がある（イザヤ書五章七節）。絵画のなかには葡萄絞り機のなかに立つイエスという図もいくつか存在し、「わたしはまことの葡萄の木」というヨハネ福音書十五章一節の言葉が添えられているものもある。聖杯を表した寓意画や透かし絵のなかには、葡萄の房――葡萄の木の果実と種――が入った杯を描いたものもある。葡萄からは葡萄酒ができる――そして聖餐の葡萄酒とは、永遠なるメシアの血脈の象徴だ。

元祖聖杯伝説には、聖杯家族、聖杯王朝、聖杯の管理人（守護者）が頻繁に登場する。伝説はさておき、エルサレム神殿騎士団（テンプル騎士団）は、まさに〝サングレアル〟の守護者だった。ゆかりあるシオンのノートルダム小修道院《プリウレ・ノートルダム・ド・シオン》はメロヴィング朝の血脈と特に親しく結びついていたうえ、このメロヴィング王朝の子孫ゴドフロワ・ド・ブイヨン（下ロレーヌ公）こそが、一〇九九年に聖墓守護者かつエルサレム王として立てられた人物だった。

杯や石のことは別として、聖杯の重要性とは、これが「サングレアル（Sangréal）」という言葉で定義されていることだ。この言葉が次第にサン・グレアル↓サン・グラアル↓セント・グレイル↓ホーリー・グレイル（聖杯）と変化していった。だが正しくは、それは「サング・レアル＝王家の血」であり、マグダラのマリアという子宮の杯によって運ばれたものなのだ。叙情詩人《トルバドゥール》たちの描いた偉大な婦人《ドンプナ》もマグダラのマリアに着想を得ており、異端審問で容赦なく痛めつけられた詩人らは、マリアのことを「世の聖なる杯」と呼んだ。

　中世の文献に詳しいように、聖杯とは、ある一族、ある世襲家系のことを指した。それはイエスの血を介して西欧で永続した、デスポシニ・ユダ王家の葡萄の木だ。この血統には漁夫王たちやランスロット・デラックが含まれる。やがてフランク族メロヴィング朝やスコット族スチュワート朝の王たちに受け継がれ、その過程でギレム・ド・ジェローヌやゴドフロワ・ド・ブイヨンといった高名な人物を輩出した。

　イエスの弟ヤコブ（＝アリマタヤのヨセフ）から出た聖杯の家系は、カムロッド王家（コルチェスター）とウェールズ公家を創設した。これらの家系で有名なのがルシウス王、コール・ヘン、ヘレナ皇妃、ケレディッグ・グウェレディッグ、そしてアーサー王だ。サングレアルの神聖な遺産は、イギリスおよびヨーロッパ大陸の王家をはじめ高貴な家柄に脈々と受け継がれ、いまも現存している。

　葡萄の木がすなわちメシアの血脈を表しているとなると、その葡萄の木が茂った〝葡萄畑〟があるはずだとの推測が成り立つ。一四一七年のコンスタンツ公会議から約二百年後、アーマー大司教アッシャー（十七世紀の聖書年代記編集者）が、同公会議記録の注解を記している。

アッシャーの引用はこうだ。「キリスト受難の直後、アリマタヤのヨセフは……主の葡萄畑、すなわちイングランドを耕しに出かけた」。

聖なる家系図やケルト吟唱詩人の伝える系図から察するに、メシアのサングレアルの系譜は、一世紀のガリアからブリテンへ渡ったようだ。この〝主の葡萄畑〟が茂ってウェールズ公家が育ち、その最初の根から北部地域の族長たちグウィル＝イ＝ゴグレッドが生まれた。

並行して、別の葡萄の枝が、カムロッドとシルリアの偉大な王たちと結びつく。カラクタカス王の息子リヌス王子が最初のローマ司教として立てられたのは、偶然ではない。ブリテン王コール二世の娘ヘレナ（カムロッドのエレイン王女）が皇帝コンスタンティウスと結婚したのも、単なる運命の気まぐれではない。この縁組みにより、ローマは、別の手段で必死に押さえつけようとしてきたユダヤの王家と、固く結びつくことになる。聖ヘレナの息子はコンスタンティヌス大帝であり、デスポシニ一族であるケルトのキリスト教徒を母に持つ彼は、父の前任者たちがキリスト教運動を残酷に迫害したにもかかわらず、みずからを真のメシアであると宣言するのに躊躇《ちゅうちょ》しなかった。

エッサイの根

アーサー王とグィネヴィア妃の遺骨を発見したと吹聴したグラストンベリーの修道士たちも、聖杯を指し示すような遺物は何も発見できなかった――彼らが発掘という荒わざに打って出る以前は、聖杯がキリスト教の遺物としては認識されていなかったからだろう。その後まもなく、ド・ボロンによって「セント・グラアル」が最後の晩餐の杯と結びつけられることになるが、これまで修道士たちはそんな話を耳にしたことがなかった。聖書にもほかのどんな正統的聖典にも、「聖杯」という記述がなかったからだ。しかも、聖杯伝説はおもにイングランドの外で発生しており、聖杯とグラストンベリーをつなぐ具体的な事物は、アリマタヤのヨセフとのつながり以外に、何もなかったのだ。

それゆえ、負けずぎらいの修道士たちは、ヨセフとともに葬られたというふたつの祭瓶の発掘を発表した。それらについてはすでに（五四〇年ごろ）、聖デイヴィッドの伯父にあたるグウィネズのメイルグウィン王がこう書き残している。

ヨセフの石棺のなかには、預言者イエスの血と汗を納めた白銀色のふたつの祭瓶が、共に葬られた。

その祭瓶はグラストンベリーの聖ヨハネ教会やサマセットのラングポート教会の窓のステンドグラスに描かれ、さらにはデヴォン州プリムツリー教会の内陣仕切りにも描かれているが、たとえその存在が真実であったにせよ、祭瓶そのものが公開されたことは一度もない。目に見える証拠を提示できなかったため、数世紀後、グラストンベリーは新たに別の伝説を編み出した——もっと一般の目に触れやすい形の、〝不思議な西洋さんざしの木〟だ。一五二〇年に地元の文献が伝えたところによれば、ウェアリオールの丘に立つある低木が、五月だけでなくクリスマスの時期にも若葉や花をつけたという。その木はクロムウェルによる内戦（ピューリタン革命）中に倒されたが、若芽がいくつもその地域に植えられて、もとの木とおなじように花をつけた。植物学専門家が、この木はイングランドではなく、レヴァント（東部地中海沿岸）地方原産であると鑑定したため、サマセットの新たな神話が作られることになった。

一七一六年に地元の旅館経営者が、このめずらしい西洋さんざしの木は、アリマタヤのヨセフの杖から芽を出したものだと主張した。ヨセフはクリスマスに花が咲くように杖を植えたというのだ（ただし、ヨセフの時代にはクリスマスが十二月に祝われていたわけではない。コンスタンティヌスが冬至に合わせてイエスの誕生日を設定したのは、三百年もあとの話だ）。このようにヨセフの杖から花が咲くという考えは、そもそもイザヤ書十一章一節の「エッサイ〔ダビデの父〕の株からひとつの芽が萌えいで、その根からひとつの若枝が育つ」という預言からきたものだ。教会美術や外典のなかには、王の血脈である芽吹いた杖を持つ、イエスの父ヨセフを描いたものもある。

十九世紀にアルフレッド・テニスン卿が『国王牧歌』を著すまで、グラストンベリーが特に聖杯と結びつけられることはなかった。だが、グラストンベリーにある〝白亜の井戸〟が著しく赤い水を産する（実際は酸化鉄によって赤く染まっている）ことは、イエスの血を想起させるのに好都合だった。井戸は〝聖杯の井戸《チャリスウェル》〟と改名され、その水の色はヨセフが近くに埋めた聖杯の中身によって染まっているのだ、と言い広められた。有名な井戸の蓋にはケルト風の鉄細工が施されているが、これは第一次世界大戦以降、建築家フレデリック・ブライ・ボンドが設計したものだ。聖人やアーサー伝説にまつわる、虚実ないまぜの数々の遺品がグラストンベリーには存在するが、アリマタヤのヨセフとブリテンとの結びつきについては、歴史的にもきちんと立証されている。この件はヨーロッパのあらゆる教会会議で議論され、イングランドは、キリスト教とのつながりがローマ以上に古いことを主張してきた。一四〇九年のピサ会議では、ヨセフとマグダラのマリアのどちらが先に西欧にやってきたのかという議論すらおこなわれた。今日では、マリアやヨセフが西欧に来たなどと教会が認めることがあれば、むしろ驚きだろう。

タロットと聖杯

聖杯伝説につきものの、血潮したたる神秘の白槍は、漁夫王の鼠径部を突き刺した武器であったという。そして、十字架上のイエスに血を流させた、聖書に登場する〝ロンギヌスの槍〟と同一視された。この槍は、杯、剣、皿(大皿)とともに、〝聖杯城〟の聖遺物を構成するものだった。

ロンギヌスとはいったい何者かという問いを多くの読者から受けたが、それは、槍を持つ百卒長の名としてすでに有名なこの名前が、福音書には見あたらないからだろう。実はこの名は、新約聖書から除外された外典『ピラト行伝』(またの名を『ニコデモによる福音書』)十五章七節に登場する。けれども実際には、ロンギヌスとは固有名詞ではなく、「槍使い」「槍騎兵」を意味するギリシア語「Longynx」がラテン語化したものだ。

教皇グレゴリウス九世によって最初の異端審問がおこなわれた一二三一年以降、聖杯伝説は教会から糾弾されることになる。あからさまに異端の宣告を受けたわけではなかったが、これにまつわる論説は封じられた。その結果、聖杯伝説は地下にもぐり、秘密のシンボリズムと化した——その最たる形が、タロットカードだ。タロットカードの発祥の地は、十四世紀の北イタリア、マルセイユ、リヨンのあたりだ。タロットや、図表シンボリズム全般を論じた最近の研究のなかで特におもしろいものに、アメリカ人著者マーガレット・スターバードによる著作がある。タロットについてのその論述は、聖杯伝説の教えに完全に一致する。

　タロット小アルカナの四つの組み札柄は、剣《ソード》、杯《カップ》、五芒星《ペンタクル》、棒《バトン》（または杖《ワンド》）だ。これらは、聖杯遺物の剣、杯、皿、槍の四つに対応している。それがさらに洗練されて、スペード、ハート、ダイヤ、クラブというトランプの柄になった。スペードとはもともとは刀（男性のシンボル）であり、ハートとは型にとらわれない教会のカリス（女性のシンボル）、ダイヤとは貴重な五芒星の円盤（また、奉仕の皿・大皿を表す）であり、クラブ（永続するダビデの血脈を示す）は、エッサイの若枝として描かれている。

　初期のころから、これらのシンボルは花嫁の新床《にいどこ》での聖なる結婚を表すのに用いられてきた。女性のカリスを示すV字のシンボルと、男性の刀を示す上向きのVを上下に結合させ、おなじみのX記号が生まれた。これは聖なる十字記号の原型で、イエスの時代よりはるか以前から、洗礼と密儀参入式を示す符号であった。死海文書でも確認できるように、「エルサレムのために嘆く者」（エゼキエル書九章四節）、すなわち聖所への出入りを許されるべく、共同体最高位の密儀参入式を受ける者が、この印を額につけたという。

のちにローマの影響下で新しい十字が考案された。直立し上方に横木のある、聖ペトロ教会の「ラテン十字」だ。けれども秘教であるもともとのキリスト教徒は、ラテン十字はローマ教会の拷問を示すものととらえ、旧来のX字を用い続けた。そのため、本来オリジナルだった記号が、ローマの目には異端の印に映った。この異端のイメージが今日まで永らえ、「X」指定映画などの例が示すように、肉欲や悪魔と結びつけられるようになった。さらに、学校教育のなかで「誤り」を示すのに「×《バツ》」が使われたため、この記号には「反体制」の意味が定着してしまった。

聖ペトロの十字はラテン化されてしまったが、彼の兄弟アンデレの十字記号は、本来のX字のまま保たれた。「聖アンデレ十字」である。アンデレは黒海に近いパトラスで十字架につけられたが、生前この地でスキタイ人に向けて伝道した。スキタイの民はのちに西へ移住し、アイルランドやカレドニアに定着することになる。そのようないきさつから、アンデレはスコットランドの守護聖人となり、彼の十字が有名な「斜め十字《サルティア》」として国旗にも採用された。ローマはこの古い秘教の意匠が再出現したのを好まず、アンデレがX型の十字で磔刑に処せられたという話をでっちあげた。

のちに、両者を折衷したような十字が考案された――十字架型でも秘教的X字でもない、横木と縦木が中央で交わる、おなじみの十字記号だ。これは「聖ジョージ十字」と呼ばれるようになったが、この人物への信仰は、十字軍によって西側へもたらされた。一八六四年にはジュネーヴ条約により、国際赤十字のシンボルに定められた――スイス国旗【編注：赤地に白抜きの十字】の色彩をちょうど逆にした図柄だ。

一二五二年に教皇の異端審問官の力が増強され、拷問、秘密裁判、火あぶりの刑が公式に認められた。スペインでは特に、一四七八年以降、ユダヤ教徒やイスラム教徒から改宗した者たちが異端視され、迫害の対象となった。またプロテスタント信者に対する教皇パウルス三世のローマ異端審問所が、一五四二年に設立された。そのような時代にあって、聖杯の「地下水流」はその本質を、透かし模様や略図によって保持し続けた。そのシンプルさから、Xの印が広く用いられた——ときとして非常に大胆に、かつ巧妙に。ボッティチェリの《ざくろの聖母》では、ひとりの天使が胸にX字型の赤いリボンをつけている。おなじ作者の《書物の聖母》(一四八三年)では、マリアが赤いX字のついた胴衣を身に着けているが、一方、嬰児《えいじ》イエスが握っているのは三本の小さな金の矢だ。これらは〝英知の三本矢〟という秘教的なシンボルで、ヘルメス錬金術者の図案だ。

タロットの秘密は二十二枚の切り札《トランプ》、すなわち大アルカナに込められている。ここでいう「トランプ」は古いフランス語「trompe」に由来し、ペトロの教会を比喩的に切り裂いたというトランペットにあたる。タロットの切り札は、秘密の智恵を指す『トトの書』とも呼ばれてきた。ローマ教会は小アルカナをも非難したが、切り札については、瀆神《とくしん》的であるという理由であからさまに禁止した。実際には、このカード遊戯はどこにも反キリスト教的なところはないのだが、反体制的であるのは間違いなかった。タロットが扱っているのは古い聖杯伝説のキリスト教であり、カトリックのキリスト教ではなかったのだ。タロットカードがその後、ジプシーなどの集団によって占いの目的で使用されるようになったことは、本来の用途からは逸脱していたのだが、この副次的な使用法を教会の布教聖省《プロパガンダ》はうまく利用し、タロットに邪悪なイメージをまとわせることに成功した。

現在のトランプカードにも、タロットからきた〝ジョーカー〟が含まれる。ジョーカーは愚者であるにもかかわらず、常に勝利を手に入れる。これは、コリントの信徒への手紙Ⅰに由来している。

「主は知っておられる、知恵のある者たちの論議がむなしいことを」とも書いてあります。ですから、誰も人間を誇ってはなりません（三章二十〜二十一節）。

わたしたちはキリストのために愚か者となっている（四章十節）。

文学のなかでジョーカーを体現しているのがパーシヴァルだ。実力者たちが挫折していくなかで、素朴なこの人物が成功を収める。ほかにもタロットの絵図には、広く知られているものがある。なかでも忘れてはならないのが、〝正義〟を表す女性の表象――両刃の剣とてんびん座の秤を持つ、おとめ座の星乙女《アストラエア》だ。実はこの描写は、正義というより弁別に深くかかわっている――一方で自然のバランスと調和を示しつつ、一方では裁きの権威という大釘を突き立てる。本来この札は、弱い立場にある聖杯教会が過酷なローマ異端審問と対峙するようすを描

タロットカード：「世界」と「塔」

いており、〝マグダラのマリアのカード〟として知られていた。

　マグダラのマリアに関係の深い札としては、ほかに〝塔〟〝世界〟〝力〟がある。聖杯の伝統において、塔（または「神の家」）は〝マグダル＝エデル〟（ミカ書四章八節に出てくる「羊の群れを見張る塔」）のことであり、チェスの城将《ルーク》に似ていなくもない。落雷またはなんらかの謎めいた方法で打撃を受けている〝塔〟は、無慈悲なローマ体制の前で秘教的教会が苦悩するようすを象徴している。

　マグダラのマリアの精神は、〝世界〟の札にも表れた。楕円形の花輪のなかに立っている（あるいは踊っている）、裸または着衣の女性の手にあるのは、笏《しゃく》か何か主権を象徴するものだ。カードによっては、この女性がある円く囲まれた土地の上に描かれていた。この肖像画は、一四九〇年の『スフォルツァの時禱書』に描かれた、宙高く浮き、長い髪を体にまとわせているマグダラのマリアにもよく似ている。

〝力〟の札は通常、ある女性が獅子を手なずけている場面、または崩れた柱を支えている場面を描いている。両方が描かれる場合もある。前者はユダのライオンを示し、後者はソロモン神殿に建てられたボアズ（「力をもって」の意）の柱を指す。いずれにせよ、この女性は王家の血筋における支配者であり中心人物であった――。

あなたの家、あなたの王国は、あなたの行く手にとこしえに続き、あなたの王座はとこしえに堅く据えられる（サムエル記上七章十六節）。

初期のタロットには、聖杯の意匠がこの札に組み込まれているものがあり、この女性はマグダラのマリアであることが示されていた。その描写は、ダビデの血脈が絶えることなく続いていることを表していたのだ。詩編八十九編五節に「あなたの子孫をとこしえに立て、あなたの王座を代々に備える」と書かれているように。

第十八章　聖遺物の守護者たち

十字軍騎士

八世紀。フランスでカロリング王朝が樹立されると、ローマ教会は傀儡《かいらい》の諸王を出しにして、西ヨーロッパから中央ヨーロッパにまたがる新たな領地支配に乗り出した。これがのちに神聖ローマ帝国となって、一八〇六年に解体されるまで連綿と続くことになる。この間帝国の歴史は、ヴァチカンの書記かヴァチカン当局に操られた人間に編集された。当然の結果として、暗殺されたメロヴィング朝の王ダゴベルトは、年代記からは実在したことが確認できないほど記録を削りとられた。王の半生が明らかにされ、さまざまな事実が知られるようになるのは、神聖ローマ帝国の設立から千年経ってからのことだ。十七世紀になってようやく、王にはシゲベルトという息子があったこと、そして有名な十字軍騎士で〝聖墳墓の守護者〟、ゴドフロワ・ド・ブイヨンはその子孫にあたることがわかった。

ノルマン人が英国を征服した一〇六六年には、ガリアのメロヴィング朝が公の舞台から無視されるようになってから約三百年経っていた。しかしメロヴィング朝の王たちはその統治のあいだに、王朝が倒れてからも生き残る政治上の新しいシステムをいくつも創りあげた。そのひとつが、伯爵（Comtesもしくは Counts）と呼ばれる地方長官に、地域行政を任せる制度である。伯爵は国王代理として、知事、判事、軍部指導者の任を負った。英国ケルト族の伯爵（Earl）と似ていなくもないが、どちらの称号も封建時代に職務が変容し、土地保有が認められた。

十一世紀のフランドル社会では、フランドル伯とブーローニュ伯が一躍、脚光を浴びた。ゴドフロワ・ド・ブイヨン（ブーローニュ伯ユースタス三世の弟）がメロヴィング朝の末裔で、ダビデの血を引くとすれば、第一次十字軍のあと彼がエルサレムの王に選ばれたのも当を得たことだった。十字軍遠征は、一〇九五年にエルサレムがイスラム教徒に占領されたのをきっかけに、教皇ウルバヌス二世が兵を募り、ヨーロッパの精鋭騎士の率いる強大な軍が結成されて始まった。軍隊の結成は、隠者ピエールが率いた不運な民衆十字軍がヒントになった。民衆十字軍とは、聖地を奪還するためにエルサレム目指してヨーロッパを横断しようとした老若男女の農民の大集団で、そのほとんどは目的地にたどり着くことがなかった。何千もの人々が、聖地への道中で、ビザンティン帝国の無法者や兵士たちの気まぐれによって命を奪われた。神秘のタロットカードおいて隠者（ピエールを指す）は、道を照らすカンテラを手にした姿で描かれている。

隠者ピエールの民衆十字軍が不運に散ったあと、ル・ピュイ司教アデマールが教皇ウルバヌスの軍隊を編成した。先遣隊はノルマンディー公ロベールとブロア伯ステファン、およびヴェルマンドワ伯ユーグが務め、フランドル分遣隊はフランドル伯ロベール、ブーローニュ伯ユースタスとそのふたりの弟、ゴドフロワ・ド・ブイヨン、およびボードワンが率いた。フランス南部からはトゥールーズ伯レーモン・ド・サンジルがはせ参じた。

この時点では、ゴドフロワ・ド・ブイヨンは下ロレーヌの公爵にすぎなかった。彼は有名な母、聖イーダから公爵の称号とブイヨンの城および土地を相続したが、この土地を担保にしてリエージュの司教から借金し、聖地十字軍に加わる資金を作る。ゴドフロワは聖地に向かう途上で、第一次十字軍全軍の指揮官となり、一〇九九年には戦いに勝ってエルサレムの王に即位した。しかし結局彼は王という尊称を好まず、〝聖墳墓の守護者〟という別称のほうを用いた。

十字軍遠征は、エジプト、シリア、パレスチナと戦場を変え、一二九一年までに合計八回行なわれた。そのなかで遠征の甲斐があったのは、ゴドフロワが率いた第一回十字軍だけで、それさえ、勝利に酔って暴徒と化した兵士が、エルサレムの街なかでイスラム教徒に無差別殺戮《さつりく》を繰り広げ、十字軍の大儀に泥を塗った。エルサレムが大切だったのはユダヤ教徒とキリスト教徒だけでなく、イスラム教徒にとってもそこは、メッカとメディナに次ぐ三番目の聖地になっていた。そういうわけで、エルサレムをめぐっては今日も論争の種がつきない。

フランス国王ルイ七世とドイツ皇帝コンラート三世に率いられた、エデッサへの第二回十字軍遠征は、大失敗に終わった。その後、ゴドフロワによる最初の勝利からおよそ百年経った一一八七年、エルサレムはふたたび、強大な軍勢を持つエジプトのスルタン、サラディンの手に落ちる。これにフランス王フィリップ・オーギュスト、およびイングランドの獅子心王リチャードが奮起し、第三回十字軍遠征がおこなわれたが、聖地を奪回するには至らなかった。第四回、第五回十字軍遠征は、コンスタンティノープルとダミエッタが舞台になる。神聖ローマ帝国皇帝フリードリッヒ二世の率いた第六回十字軍遠征では、エルサレムを束の間とり戻すことに成功するが、結局一二四四年には、エジプトのスルタンにみたび奪われる。その後ルイ九世が第七回、第八回十字軍遠征をおこなったが、形勢を逆転することはできなかった。一二九一年には、パレスチナとシリアが完全にイスラムの支配下に入り、十字軍遠征は幕を閉じた。

十字軍時代には、一〇九九年にゴドフロワ・ド・ブイヨンが設立したシオン修道会をはじめ、〝聖墳墓守護騎士団〟や〝神殿《テンプル》騎士団〟など、さまざまな騎士修道会が誕生した。ゴドフロワ・ド・ブイヨンは、エルサレムの勝利の余韻冷めやらぬ一一〇〇年にこの世を去り、弟のブーローニュ伯ボードワンが跡を継いで王となった。そして十八年後の一一一八年、ボードワンの従兄弟、ブールのボードワン二世がその跡を継ぐ。公式な記録によると、テンプル騎士団はその年、〝ソロモン神殿とキリストの貧しき騎士団〟として発足した。創設者は、清貧と貞節、服従の誓いを立て、聖地を守ることを使命とした九人のフランス人だったという。

フランク族の歴史家ギョーム・ド・タイヤーは、十字軍時代まっただなかの一一八〇年ごろ、テンプル騎士団の務めは巡礼者の道中を警護することだと書いている。しかし、その責務の重さから見て、騎士団が一一二八年にヨーロッパに戻るまで新しい騎士を迎えることなく、わずか九人で巡礼者を守ったとは考えにくい。実際のところ騎士団には、ギョームが歴史書に書いたよりはるかに大勢の騎士がいた。

テンプル騎士団は、シャンパーニュ伯の従兄弟でその臣下にあたるユーグ・ド・パイヤンが設立したとされる年の、数年前にはすでに存在していた。彼らの務めが、巡礼者の旅の安全を守ることでなかったのはたしかで、王室年代記編集者シャルトルのフルクによる著書を見ても、騎士団のそういった面は一切書かれていない。騎士団は、イスラム教徒にとり囲まれたエルサレム国王の精鋭外交官であり、十字軍兵士がスルタンの無防備な家来に蛮行を働けば、可能なかぎりそれを償おうと努力した。早くも一一一四年には、シャルトルの司教の文書のなかに、ミリス・ドゥ・クリスティ（〝キリストの戦士〟）という名でテンプル騎士団が登場する。当時騎士団は、すでにボードワンの王宮、すなわちソロモン王の神殿跡地に建てられたモスクの一部を、宿舎として与えられていた。ボードワンが〝ダビデの塔〟の建つ丸天井の要塞に居を移すと、宿舎に使っていたモスクがそっくり神殿《テンプル》騎士団に明け渡された。

ユーグ・ド・パイヤンは、騎士団の創設者であり初代総長でもあった。副総長はフランドルの騎士ゴドフロワ・サン・オメルが務め、ブルゴーニュ伯の縁者アンドレ・ド・モンバールも新たに騎士団に加わった。一一二〇年にはアンジュー伯フルク（ジョフロワ・プランタジネットの父）が、続いて一一二四年にはパイヤンの君主シャンパーニュ伯ユーグが加わった。騎士団が貧乏だったはずはなく、しかもこうした綺羅星のごとき高貴な人々が、巡礼者のために流浪の民あふれる街道を警備したという記録も残っていない。

実際に巡礼者の世話をしたのは、聖ヨハネ救護騎士修道会だった。テンプル騎士団はこれとは別組織で、えりすぐりの騎士から成る特別な集団だった。騎士の立てる服従の誓いも独特で、騎士たちは国王でも騎士団の総長でもなく、一一五三年に亡くなったシトー修道会の大修道院長、クレルヴォーの聖ベルナールに服従を誓った。聖ベルナールはシャンパーニュ伯の親戚にあたり、実際、一一一五年に聖ベルナールがシトー会の修道院をクレルヴォーの土地に建てたのは、そこがシャンパーニュ伯から寄進された土地だったからだ。聖ベルナールは、スコットランドのケルト教会を破産から救い、アイオナの聖コルンバ修道院を再建した。〝ソロモン王の石工たち〟が習得した神聖幾何学を初めて翻訳した（一一二八年に着手）のも聖ベルナールなら、ヴェズレーでルイ七世と十万人の会衆を前に、第二次十字軍を呼びかける説教をしたのも聖ベルナールだった。ヴェズレーにはマグダラのマリアの大聖堂が建ち、聖ベルナールが作った神殿騎士団の会則は、騎士に〝マリアとマルタの家、ベタニアの服従〟を求めた。

十二世紀のクレティアン・ド・トロワによる作品『聖杯物語』が、フランドル伯フィリップ・ダルザスに捧げられたのは偶然ではない。また、物語を書くにあたってクレティアンが、シャンパーニュ伯とその夫人マリーの庇護と励ましを受けたのもまたまたまではない。聖杯伝説は、初期テンプル騎士団をよく知る人々のなかから誕生したのであり、『ペルレスヴォ』では騎士たちは、偉大にして神聖な秘密の管理者とされ、ヴォルフラム・フォン・エッシェンバッハの『パルツィファアル』では、〝聖杯家族《グラアル・ファミリー》の守護者〟として描かれた。

契約の櫃《はこ》の聖所

エルサレム神殿跡地の地下深くには、ソロモン王の厩舎《きゅうしゃ》と伝えられる巨大な地下構造物があるが、そこは聖書時代に封印されて以来、誰ひとり足を踏み入れたことがない。十字軍の記録には、広々としたこの地下避難所は「馬を二千頭以上収容できる、驚くほどの面積を持つ厩舎」とあり、だだっ広いこの収蔵室を発掘することが、当初のテンプル騎士団の秘めたる使命だった。というのもそこには〝契約の櫃《はこ》〟、つまりはそのなかに収められた秘宝中の秘宝、〝あかしの板（Tables of Testimony）〟を含めた、旧約聖書時代のエルサレムの宝が眠っていることが、聖ベルナールにはわかっていたからだ。

シトー修道会の大修道院長とフランドル貴族の華ともいうべき騎士たちが、なぜモーセの時代にさかのぼるこれらの遺物の探索を極秘の使命としたのか、疑問に思う向きもあるだろう。今日、教会が正典と認める文書によると、モーセの銘板には、神がみずから石に刻んだ十戒をモーセが記したことになっている。しかし神の定めた有名なこの道徳律の中身は、いかなる秘密からもほど遠いものだ。実際テンプル騎士団が探し求めた銘板が、ほかに類のない大切なものと見なされたのは、ありふれた戒律よりはるかに重要なことが記されていたからだ。そこに記されたのは〝あかしの表（Tables of Testimony）〟、すなわち宇宙の数式であり、神聖な数の法則と度量衡だった。これを読み解く神秘の技は、やがてカバラの暗号体系に結実する。

十戒はこれとはまったく別ものだ。それは神が、シナイ山のモーセと民に最初に授けた教え

（出エジプト記二十章〜二十三章）であり、そこに神が、一連のおきてを言葉で付け加えたのだ。そして神はモーセに言った（出エジプト記二十四章十二節）。

わたしのもとに登りなさい。山に来て、そこにいなさい。わたしは、彼らを教えるために、石の板と、教えと戒めをあなたに授ける。

ここにはまったく異なる三つのものが挙げられている。石の板と、教えと戒めだ。神はさらに「契約の櫃《はこ》に、わたしが与えるあかしを納めなさい」（出エジプト記二十五章十六節）と語り、その後「神はモーセに……、二枚のあかしの板、すなわち石の板をお授けになった（出エジプト記三十一章十八節）」。

最初のこの銘板を、モーセは地面に投げつけて砕いた（出エジプト記三十二章十九節）。神はのちにモーセにこう言った（出エジプト記三十四章一節）。

前と同じ石の板を二枚切りなさい。わたしは、あなたが砕いた、前の板に書かれていた言葉を、その板に記そう。

その後、神は十戒を言葉で繰り返し、モーセに「これらの言葉を書き記しなさい」と言った。そこでモーセは、「十の戒めからなる契約の言葉を板に書き記した」（出エジプト記三十四章二十七〜二十八節)。

神によって書かれた〝あかしの板〟と、これとは別にモーセの書いた〝十戒〟には、明らかな違いがある。何世紀ものあいだ教会は、このふたつのうち〝十戒による神とイスラエル人との契約〟のほうが大切かのように匂わしてきたので、結果として、ほんとうに重要な〝あかしの板(表)〟は、巧みに無視されることになった。

出エジプト記二十五章以降には、契約の櫃《はこ》(以下、「約櫃《やくひつ》」)の作りかたについての指示がこと細かく記されている。同様にその運搬方法についても詳細な指示があり、それを運ぶ者や監視する者の衣服と履物にも、細かな指示がある。そのうえ、約櫃を安置する幕屋の建材と構造にも、幕屋のなかの祭壇の造りかたと同様、詳細な記載がある。それでもまだ足りないかのように、出エジプト記三十七章〜四十章には、いかにこれらの指示が厳密に守られたかを示す詳しい説明が続き、すべてのことが繰り返し記される。間違いを犯したり、示された青写真を逸脱する余地もないほどに……。あらゆるものの建設および製造作業は、ユダ族ウリ・ベン・フルの息子ベツァルエルに任された。

旧約聖書の記述どおりに、樹脂を多く含む木を素材にして、純金で内側と外側を覆った約櫃は、しっかりした容器になるばかりか、蓄電器にもなることがわかった。これは、科学者も神学者も異口同音に、繰り返し指摘してきた事実である。陽極と陰極がそれぞれ帯電すると、人を殺傷するのにじゅうぶんな、数百ボルトの電気が発生する。ウザは約櫃に手を触れた瞬間、命と引き換えにこのことを学んだ(サムエル記下六章六節〜七節、歴代誌上十三章九節〜十節）。そのうえ約櫃は、音を伝える強力な装置としても描かれ、神はこれを使ってモーセに語りかけたとある（出エジプト記二十五章二十二節）。

〝十戒〟については、いまもこれまでも、解説が書かれ、語られ、議論され、教えられてきた。〝あかしの板〟と異なり、それは誰にとっても秘密ではなかった。貴重な〝あかしの板〟は、自衛力のある約櫃に納められ、レビ人が警護した。約櫃は、ヨルダンを通ってパレスチナへと波乱万丈の旅をしたのち（ヨシュア記、およびサムエル記上）、ダビデによってシオン（エルサレム）にもたらされた。ダビデの息子ソロモン王は、石工親方のヒラム・アビフに神殿を建設させ、約櫃を神殿内の至聖所に安置した。これ以降は一年に一度、大祭司が儀式を兼ねて点検するだけで、約櫃には誰であれ近づくことを禁じられた。

何度かごく簡単に言及されるのを除けば、これ以降聖書で〝契約の櫃《はこ》〟について語られることはない。噂では、約櫃はどうやらエチオピア（アビシニア）に移されたようだが、ヨハネの黙示録十一章十九節には、約櫃は〝天にある神の神殿〟に置かれているとある。約櫃と銘板がエルサレムの至宝であることに疑いの余地はないが、バビロンのネブカドネツァルが神殿を破壊したとき（紀元前五八六年ごろ）、どちらも略奪品の一覧表に記されることはなかった。

当時のエルサレムの大祭司はヒルキヤで、その息子、預言者のエレミヤ（エレミヤ書一章一節）は神殿警護団の団長も務めていた。ネブカドネツァルが侵攻してくると知ってヒルキヤはエレミヤに、警護団の部下に命じて、契約の櫃をはじめとする神殿の宝物を地下の厩舎に隠すよう指示した。命令は守られ、秘匿した財宝の記録を保管するために、警護団から精鋭の〝神殿修道会〟が結成された。だからこそ、千五百年以上もあとに聖ベルナールとド・パイヤンが修道会を設立したとき、指名を受けた騎士たちは、自分たちが何を探しているのか、どこを探せば見つかるかがはっきりわかっていたのだ。

本書『聖杯の血統』初版の読者からは、〝エルサレム神殿修道会〟（テンプル騎士団）の正確な創設年度はいつなのかという問い合わせが多数寄せられた。というのも、創設年度を一般にいわれている一一一八年より前だとする説もあって、議論かまびすしいからだ。しかし十二世紀のいつだったにしろ、実際はそれは、修道会が創設された年ではなく、再結成された年だと言えよう。というのも、そのはるか昔の紀元前五八六年に、ヒルキヤとエレミヤが母体となる組織を創っていたからだ。

テンプル騎士団は、一一二七年には宝物の捜索を完了した。彼らは約櫃とその中身を回収しただけでなく、地下に秘匿されたおかげで、紀元七〇年のローマ帝国による破壊と略奪を免れた金塊や財物も回収した。一九五六年にようやく、エルサレム神殿に財宝があったことを示す証拠が、マンチェスター大学の研究で日の目を見る。その年、クムランの『銅の巻物』の解読が完了し、はかりしれない数の宝物が、莫大な量の金塊と貴重な品々とともに、神殿の地下に眠っていたことが判明したのだ。

テンプル騎士団が大偉業を成し遂げたという知らせを聞いて、聖ベルナールは、きたるべきトロワ公会議に出席するようユーグ・ド・パイヤンに命じた。会議はローマ教皇の特使、フランスの枢機卿が議長を務めることになっていた。ユーグとお供の騎士の一行は、幸運をもたらす発見物を携えてただちに聖地を出発し、これによって聖ベルナールは、騎士団のエルサレムでの使命は完了したと宣言した。そして次の文書を発表した。

われわれの援助により、秘宝の発見は成し遂げられた。騎士団はシャンパーニュ伯の護衛のもと、フランスとブルゴーニュを抜けてトロワに向かう。道中、近隣の諸侯、あるいは教会当局から妨害を受ければ、一行はいかなる防衛措置を講じてもよいものとする。

トロワのシャンパーニュ宮では、会議に引き続いておこなわれる古文書解読に向けて準備が整えられていた。しかも手回しのいいことに、カバラ研究で名の通った有力校には、以前から資金援助がなされていた。トロワ公会議は一一二八年に開かれ、聖ベルナールはこのとき、テンプル騎士団の正式な後援者となった。同じ年、騎士団は、国境に制限されない〝至高の修道会〟としての地位が与えられ、騎士団のエルサレム本部は、聖都を治める行政府に定められた。ローマ教会は騎士団を修道会に改め、ユーグ・ド・パイヤンが正式に総長に就任した。

テンプル騎士団が徽章《きしょう》とした十字架（白地の背景に赤の十字）と区別するために、聖ヨハネ病院《ホスピタル》騎士団は、同じデザインでも異なる色使いを用いた（黒地に銀の十字）。病院《ホスピタル》騎士団は、十字軍遠征が始まる前の一〇五〇年ごろ、エルサレムに巡礼者のための病院を建設した。アッコンが陥落したことにより、十字軍遠征は一二九一年に終わりを迎え、ホスピタル騎士団はやむなくパレスチナを去る。その後ロードス島とキプロス島に拠点を移し、一大海軍勢力となっ

テンプル騎士団のマルタ十字

て海賊行為に走ることもあった。一五三〇年にはマルタ騎士団として新たに発足し、その分派が一八八八年に設立勅許状を得て、英国の聖ジョン救急機構が誕生する。これはいまもマルタ騎士団と同じ徽章を用いている。

　トロワ公会議のあとテンプル騎士団は破竹の勢いで、国際社会の栄光の座へと上りつめる。西欧諸国のデリケートな政治と外交にかかわるようになり、さまざまな国の君主や議会に対し、分け隔てなく相談役を務めた。会議から十一年後の一一三九年には、シトー修道士でもある教皇インノケンティウス二世が、テンプル騎士団は教皇を別にして世界のいかなる権力者にも従属しない、独立した存在であると宣言した。国王にも枢機卿にも国家にも属さず、騎士団が従うのは教皇ただひとりとされたのだ。しかし騎士団にはこのときすでに、英国からパレスチナに至る広大な領地と莫大な財産の所有が認められていた。『アングロサクソン年代記』には、ユーグ・ド・パイヤンがイングランドを訪れた際、国王のヘンリー一世から「丁重にもてなされ、高価な贈り物を賜った」と記されている。スペイン国王アラゴンのアルフォンソからは、領地の三分の一が寄贈された。キリスト教国はこぞって、騎士団の前にひれ伏したといえよう。

ノートルダム

テンプル騎士団が途方もない発見をしたというニュースが広まると、騎士たちに畏敬の念を抱かない者はなかった。また、エルサレムの財宝を手に入れたというのに、騎士団にはあらゆる方面から多くの寄付が寄せられた。誰もがどんな犠牲を払っても入団資格を手に入れようとし、そのため騎士団は、ヨーロッパに戻って十年もしないうちに、おそらく世界でもほかに例を見ない一大勢力になった。こうして莫大な資産を抱えるようになった騎士団だが、ひとりひとりの騎士は、清貧の誓いにしばられていた。俗世での身分がどうであれ、騎士たちはすべて、財産の所有権を放棄することが義務づけられた。それでも貴族の子弟がひきも切らず、騎士団に入ろうと押し寄せてくるのだった。一方騎士団は、潤沢な資金を元手に世界初の国際銀行網を作りあげ、レヴァントと、事実上ヨーロッパ全土の王侯に対して金融事業をおこなうようになった。

騎士団が栄光の高みに昇ると、それに並行するようにシトー修道会の運命も上向きになる。トロワ公会議ののち二十五年もしないうちに、大修道院の数三百以上を誇るようになったのだ。

しかしそれで終わりではなかった。フランスの民は騎士団が得た、〝宇宙の数式〟に関する驚くべき知識の集大成に目をみはることになる。厳かなゴシックアーチの連なるノートルダム大聖堂が、地上からしだいに建ち上がり、やがて空を背に堂々たる姿を現した。驚異的な――あり得ないとさえいう者のある建築物。尖塔アーチの突端は途方もない高さに達し、飛び控え《フライング・バットレス》（ささえ壁）と、細いリブに縁どられた丸天井《ヴォールト》が、それまでは実現不可能だった広大な空間を作りあげている。あらゆるものが上を目指し、何千トンもの石を使ってふんだんに装飾が施されているにもかかわらず、全体の印象は驚くほど軽やかだ。

〝あかしの板〟に学んだ騎士団の石工たちは、宇宙の法則とその神聖幾何学を応用して、キリスト教世界を称えるすばらしくも神々しい記念建造物を建設した。シャルトル大聖堂の北の扉（密儀参入者《イニシエイト》の門）にある小さな柱には、〝契約の櫃《はこ》〟が運ばれていくところがレリーフに描かれている。碑文を訳せば次のようになる。「ものごとはあるがままに進む。約櫃《やくひつ》を通して作業せよ」。

大聖堂のなかには完成に一世紀以上を要したものもあり、完成の程度もさまざまだが、建設はすべてほぼ同時期に始まった。パリのノートルダム大聖堂は一一六三年、シャルトル大聖堂は一一九四年、ランス大聖堂は一二一一年、アミアン大聖堂は一二二一年に建設が始まり、バイユー、アブヴィル、ルーアン、ラン、エヴルー、エタンプの大聖堂も同時代に建設された。〝上にあるものは下にあるもののごとし〟というヘルメス哲学の基本原理どおり、それぞれのノートルダム大聖堂を線で結ぶと、地上におとめ座の形が現れる。そのなかでもシャルトルのノートルダム大聖堂は、最も神聖な場所に建てられたといわれている。

　シャルトル史研究の権威のなかで特筆に値するのは、ルイ・シャルパンティエだろう。彼の研究と著作のおかげで、ゴシック建築についての理解が一般に広まった。シャルパンティエによると、シャルトルは地電流が最も高く、キリスト教が伝来する前から神聖な土地として崇められてきた。土地信仰が非常に篤く、したがってシャルトル大聖堂は、その敷地に国王も司教も枢機卿も修道会士も埋葬することを許さない唯一の大聖堂となった。もとは、太古から伝わる大地母神を祀《まつ》る異教の祠《ほこら》があったところで、イエスの時代のずっと昔から、巡礼者が大勢訪れる場所だった。大聖堂の完成時、その祭壇は、〝大地の胎〟と呼ばれた支石墓《ドルメン》のある〝ドルイドの岩屋《グローテ・デ・ドルイド》〟の上に据えられた。

　ゴシック建築の神秘のひとつに、大聖堂の窓を飾るステンドグラスがある。このガラスが初めて使われたのは十二世紀初頭のことで、現れて百年後には唐突に姿を消した。あとにも先にも、この時代にしか見られないガラスである。ゴシックガラスはほかのガラスより、透過した光の明度が高いという性質があるばかりか、ガラスそのものに輝きを高める効果がある。ほかの建築様式に用いられたステンドグラスと違って、ゴシックガラスの場合、屋内への効果は屋外の明暗に左右されず一定だ。たとえたそがれの薄闇のなかでも、このガラスは、ほかのガラスよりはるかに美しい輝きを保つことができる。

　ゴシックガラスにはまた、有害な紫外線を有益な光に変える独特の作用がある。しかし、このガラスはヘルメス学的錬金術の産物とわかっているだけで、製造方法の奥義まで明らかにさ

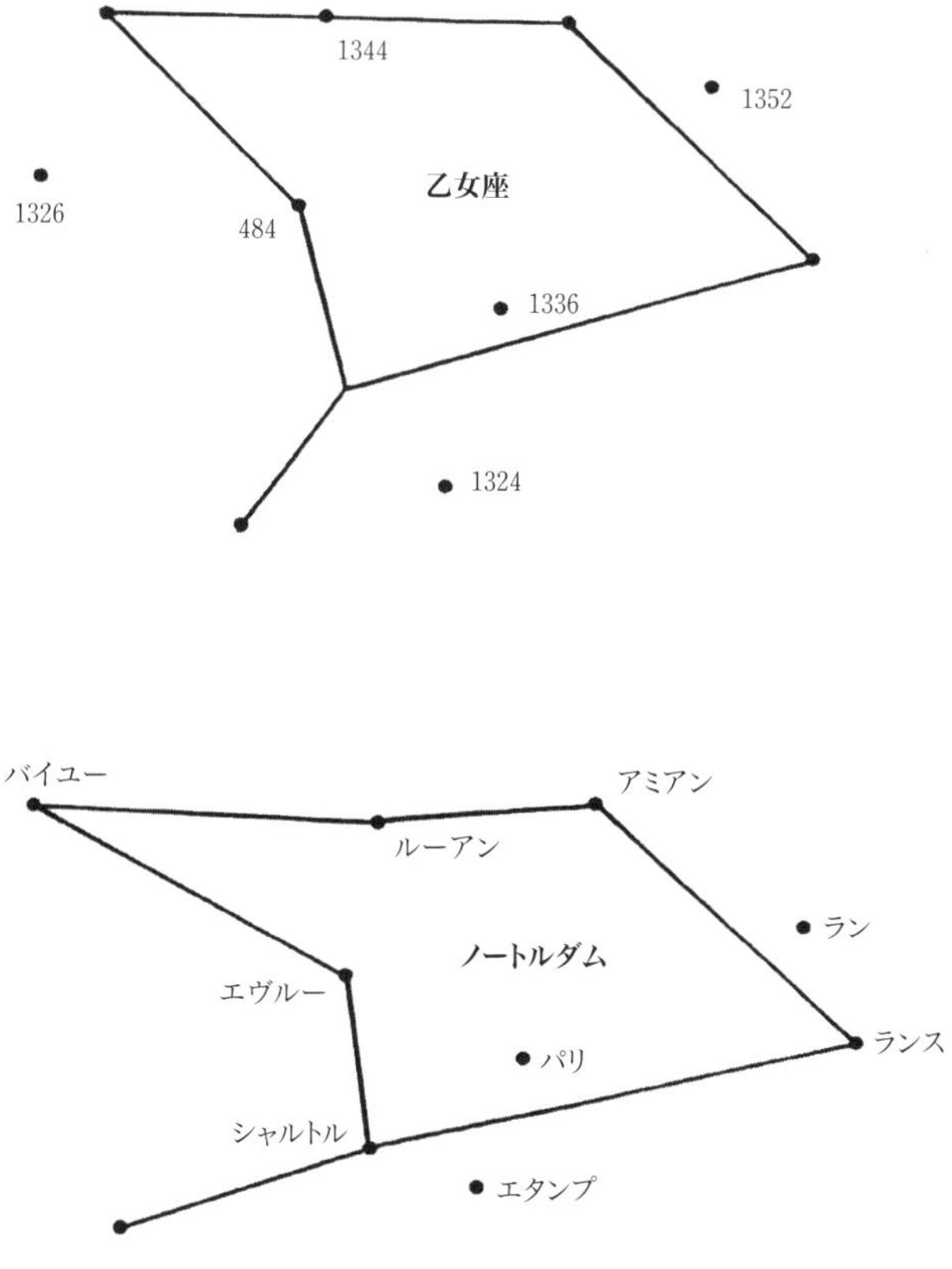

乙女座とノートルダム大聖堂（ルイ・シャルパンティエの図より）

れたことがない。ガラスを完成させるには、オマル・ハイヤームなどの、ペルシャの哲学的数学者たちの手を必要とし、奥義を極めた者たちによれば、ガラスはその製造過程で、万物の命のもとである宇宙の息吹、すなわち世界霊魂《スピリタス・ムンディ》を混ぜ込むという。『聖杯王たちの創世記』に詳しく書いたが、ガラスそのものよりはるかに意義のある製造の奥義が明らかにされたのは、ごく最近のことだ。

ゴシック様式の大聖堂には、旧約聖書、および福音書の物語に取材し、おもにキリストの生涯にスポットライトを当てた芸術作品が、建物の至るところに見られる。現在目にすることのできる作品には、一三〇〇年代以降に聖堂を飾るようになったものが混じっているが、ゴシック時代の作品には本来、キリストの磔刑《たっけい》を描いたものはひとつもない。エルサレムで発見された福音書以前の文書を参照したため、テンプル騎士団は新約聖書に描かれたキリスト磔刑の物語を否定し、このためその場面を絵や彫刻に残すことがなかった。シャルトル大聖堂の西正面を飾る十二世紀の窓には、磔刑を描いた円形のステンドグラスがあるが、これはのちの時代にどこか別の教会、おそらくはパリ北郊のサンドニ大聖堂から持ってきたものだ。同様にほかのノートルダム大聖堂も、別の大聖堂からステンドグラスが寄贈されている。

テンプル騎士団はエルサレムの金塊に加えて、ヘブライ語とシリア語の古代写本という宝物も発見し、これによって、教会当局の編集が加わらない、生の情報に近い物語を手に入れることができた。こうして騎士団は〝正統派〟キリスト教会をしのぐ知識を持つようになり、この知識をもとに、処女降誕説とキリスト復活説を、教会の誤った解釈の産物と解釈していることが広く知れ渡った。にもかかわらず騎士たちは聖人と崇められ、シトー修道会の当時の教皇と深く結びついていた。

しかし時代が下がると、騎士団は、かつて世の崇敬を集めたこの知識のために、ほかの修道会に所属していた教皇たちと、異端審問を率いたドミニコ修道会の無慈悲な修道士たちから迫害されるようになる。キリスト教の歴史において、この時点で、自由思想は完全に息の根を止められた。特別な知識を得ようとすることも、真実に近づこうとすることも、ローマ教会が打ち出した新たな強硬路線に反する行為と見なされた。女性たちも、あらゆる女性の象徴である聖母マリアを残して全員が、その痕跡を消されてしまった。しかし処女マリアという神がかった存在は、浮世離れするあまり、実際にはどんな女性の象徴にもなっていない。だが、ノートルダム大聖堂から別の女性が一筋の光明を放ち、潰《つい》えかけた希望に火をともした。ノートルダム大聖堂には、マグダラのマリア信仰が根強く残っていたのだ。シャルトル大聖堂の、マグダラのマリアを描いた美しいステンドグラスには、「宝瓶宮の寄贈による」と読める碑文がある。宝瓶宮とはみずがめ座、すなわち水の運び手であり、聖杯の運び手マグダラのマリアと深く結びついている。マグダラのマリアが、新しく迎えたみずがめ座の時代【訳注：西洋占星学では、紀元元年から二〇〇〇年をうお座の時代、紀元二〇〇〇年から四〇〇〇年をみずがめ座の時代とし、みずがめ座の時代には地上のすべての悪が一掃され、世界に平和と人類愛がよみがえるとしている】、すなわち新たな知恵と知識、および約櫃《やくひつ》が伝える宇宙の法則が支配する時代に、霊感《インスピレーション》の泉として、いっそう際立った存在になることに疑いの余地はない。

第三位階の友愛組合

ノートルダム大聖堂やゴシック様式のおもだった建造物の大半は、聖ベルナールのシトー修道会から教えを受けた〝ソロモンの子どもたち〟が建てたものだ。聖ベルナールが翻訳した神秘の幾何学は、ソロモン王の石工たちの知識を統合したものであり、ヒラム・アビフを親方に持つソロモン王の石工たちは、それぞれ知識と技術の習熟の度合いで異なる位階を与えられた。エルサレム神殿を建てるにあたって、ソロモン王はティルスのヒラム王に近づき、神聖幾何学に通じた建築家にして金属細工師のヒラム・アビフの助力を請うた。ティルスという都市は女神信仰の本山として有名だったが、ヒラム・アビフはエホバを祀る神殿の設計責任者、および石工の親方となり、これによって、のちにフリーメーソンの象徴的人物となる運命を得る。

中世フランスにはほかに、〝スービーズ神父の子どもたち〟や〝ジャック親方の子どもたち〟といった石工の友愛組合があった。十四世紀になって、ドミニコ修道会によるテンプル騎士団への異端審問が尖鋭化すると、これらの組合も等しく危機にさらされる。実践的な石工技能集団の一員であった組合のメンバーは、それぞれ到達した位階に応じた、神聖幾何学と宇宙の法則の働きに関する特別な情報を手に入れることができた。位階には、現代の主流派思弁的フリーメーソンに見られるのと同じ、徒弟仲間と職人仲間と親方仲間の三つの位階があった。テンプル騎士団への異端審問にならって、きびしい尋問によって機密情報を無理やり引き出すことを、しばしば〝第三位階《ザ・サード・ディグリー》〟と呼ぶようになったのはこのためである。

現代フリーメーソンの原型は中世ヨーロッパのギルドにあるといわれているが、石工友愛組合の起源はそれよりはるかに古い。ニューヨーク、セントラルパークに建つエジプトのオベリスクには、ファラオ、トトメス三世（紀元前一四六八年～一四三六年）の時代にさかのぼる石工のシンボルと判明した彫刻が施されている。トトメス（トト神の後継者の意）三世はモーセの高祖父にあたり、神秘の知識を後世に伝えるために、学者や哲学者を集めて大きな秘密のソサエティーを創った。このエジプトのテラペウタイ派の流れをくむのが、のちにクムランで禁欲的な生活を送った、サマリアのマギだ。アクエンアテン、すなわちモーセは、シナイに幕屋を建てたときに、エジプトの風習である神殿礼拝の概念をイスラエルの民に紹介した。同様に祭司職という概念も、もともとは古代シュメールからエジプトに受け継がれたものだ。モーセが幕屋を建てる前の時代、ユダヤの族長たちは、ノアとアブラハムがそれぞれ創世記八章二十節と二十二章九節で祭壇を築いたとあるように、野外にあるなんでもない石を礼拝といけにえを捧げる場としていた。

太陽神殿から運ばれてきた二本目のエジプトのオベリスク（どういうわけかクレオパトラ七世に関連づけられて、〝クレオパトラの針〟と呼ばれているが、実はかの女王の時代より千年以上昔のものである）が、ロンドンのテムズ河畔、エンバンクメント駅近くに建っている。高さは二十・八八メートル、重さは百八十六トンある。御影石でできた二本のオベリスクは、もともとヘリオポリスの神殿入り口を飾る記念柱だったが、十二世紀にアレクサンドリアに運ばれたのち、ロンドンとニューヨークにそれぞれ一八七八年と一八八一年に運ばれた。

神殿入り口に独立した柱を配するというエジプトの習慣にならって、ヒラム・アビフはエルサレムのソロモン王の神殿の張り出し玄関《ポーチ》にも、同じ手法を用いた。柱頭が丸いこの柱は、ティルスの女神信仰に多く用いられるデザインに似ており、また、カナンの女神アシュトレトに捧げられた、豊穣のシンボルともそっくりだ。エルサレム神殿の柱はヤキンとボアズと呼ばれ（列王記上七章二十一節、歴代誌下三章十七節）、石工職人の記録文書や憲法の巻物を保管できるよう、なかが空洞に作られた。しかも、エルサレム神殿はエホバを祀り、主として契約の櫃《はこ》を安置する目的で設計されたのだが、その建築様式は、ヘブライの神の男性原理にしばられなかった。つまり、当時の伝統的風習を尊重しながら、男性、女性双方の幾何学エネルギーを組み込んで建設されたのである。

神殿は完成までに七年かかり、ヒラムは完成間際に殺されて、死体を土中に遺棄された。殺害されたのは、石工親方の奥義を資格のない職人に明かさなかったためといわれている。今日、ヒラム殺害は象徴化され、フリーメーソン第三位階参入儀礼の重要な儀式となっている。参入志願者は打ち倒されたのち親方位階の秘密の握手を使って、墓の闇から助け起こされる。

現代のフリーメーソンは実践的というよりは思弁的だが、ヒラムの時代でさえ、ヒラムが属していた名匠の組合には、独自のロッジとシンボルと合言葉があった。明白なシンボルをひとつ挙げるなら、アスキア（石工のこて）であろう。これはピタゴラス学派とエッセネ派に記章として用いられ、また、ローマのカタコンベにある、ヘロデに殺された幼児たちの墓に描かれた、石工同業者組合参入儀礼の絵のなかにも見られる。

ラングドック大虐殺

マルセイユの西北西、リヨン湾に面した一帯が、旧ラングドック地方だ。一二〇八年、ラングドックの人々はキリスト教徒にあるまじきふるまいをしたと、教皇インノケンティウス三世の叱責を受けた。翌年、三万の兵から成る教皇軍がシモン・ド・モンフォールに率いられ、ラングドックに下った。教皇軍は、聖地十字軍の赤い十字をもっともらしく掲げてはいたが、その目的は、十字軍のそれとはまったく異なっていた。実は彼らは、教皇とフランス王フィリップ二世が異端者と決めつけた、禁欲的な〝カタリ派〟（〝清純なる者〟）をみな殺しにするために送られたのだ。殺戮《さつりく》は三十五年の長きに及び、モンセギュールの神学校で二百人以上の捕虜を生きたまま火あぶりにした一二四四年をピークに、全体で数万人の命を奪って終息した。

宗教的に見れば、カタリ派の教義は、本質的にグノーシス主義である。カタリ派の信徒は敬虔なことこのうえなく、魂は純粋で物質は穢《けが》れていると信じていた。現世の利益を追求するローマ教会に比べ、彼らの信仰は型破りではあった。しかし教皇がカタリ派を恐れたのは、実際にはもっと、教会の存亡にかかわることに根ざしていた。カタリ派は、古代から伝わる風変わりな知識に関連した、すばらしくも神聖な宝物の守護者だといわれていた。ラングドック地方は、八世紀にユダヤの王国セプティマニアがあった場所にほぼ一致し、ラザロ（シモン・ゼロテ）が逃れてきたという言い伝えが広く浸透していた。そして住民は、マグダラのマリアを〝キリスト教国の母なる聖杯《グラアル・マザー》〟と見なしていた。

テンプル騎士団と同様にカタリ派は、とりわけユダヤとイスラムの文化に寛容だった。彼らはまた男女の平等を認めていたが、結局はカトリックの異端審問（公式には一二三三年に始まったとされる）で糾弾され、激しい締めつけを受けて、あらゆる瀆神《とくしん》行為と性的逸脱罪で告発される。告発の内容とは裏腹に、引き出された証人はカタリ派の教会がいかに慈愛に満ちているか、信者がいかにゆるぎない信念でキリストに仕えているかを語るばかりだった。信者は神と聖霊を信じ、主の祈りを朗誦し、慈善学校や慈善病院を営むなど独自の福祉制度を発展させ、模範的社会を形成していた。土地の言葉に翻訳した聖書、〝オック語《ラングドック》（地名はこれにちなむ）聖書〟を持ち、また、カタリ派でない住民も等しく、カタリ派の利他的行為の恩恵を受けた。

実際は、カタリ派が当時の社会規範に盲従する集団でなかったというだけのことだ。資格がない者にも伝道を許す一方で、近隣のカトリックの地方のように、任命された司祭や、ごてごて飾りたてた教会を必要としなかった。聖ベルナールは、「カタリ派の説教ほどキリストの教えに忠実なものはなく、その信徒の心は純粋である」と語ったが、それでも教皇軍は、聖戦の御旗のもとカタリ派の共同体をこの世から殲滅《せんめつ》せんと、押し寄せた。

秘教カタリ派撲滅を命じる勅令の矛先は、信徒ばかりでなくその支持者にも及んだ。つまり、ラングドックの住民ほとんどがその対象になった。当時ラングドックは、地理的にはフランスの一部でありながら、実際には自治州として独立していた。政治的にはスペイン北部の国境地域と結びつきが強く、トゥールーズ伯を領主と仰ぎ、文学、哲学、数学に加えて古典語の教育がおこなわれていた。概して非常に豊かで商業の面でも安定していた。しかし一二〇九年、教皇軍がピレネーのふもとにやってくると、それが一変する。教皇軍による残虐な異端討伐は、ラングドックの中心地アルビの名をとってアルビ派《アルビジエンシアン》十字軍と呼ばれた――少なくとも、わたしたちはそう教わった。しかしこの名には、もっと大切な意味が隠されている。〝アルビ(Albi)〟とは、実は古ヨーロッパ語〝ylbi（女の妖精）〟の転じた形で、カタリ派の信徒は救《メ》世主《シア》の王家の血筋《サングレアル》をアルビ＝ジェンス、つまり〝妖精の血筋〟と呼んでいたのだ。

中世に栄えた宗教集団のなかでも、カタリ派は、カトリック教会の脅威となるには程遠い存在で、彼らが古代の特別な知識に精通しているという事実も、目新しいものではなかった。というのも、セプティマニアの王ジエローヌのギレム・ド・トゥールーズが、四世紀も前に、この地にユダヤ教の学校を築いていたからだ。しかしこの事実から（さらに、カタリ派は、キリスト教のルーツよりも歴史的に意味のある、類《たぐい》まれな宝を所有しているという認識も手伝って）、ローマ教会は、ラングドックのどこかに契約の櫃《はこ》とあかしの板、およびエルサレム写本が隠されていると決めつける。これは〝正統派〟ローマ教会が、その正体をあらわにするのにじゅうぶんな結論だった。死に物狂いで宝を手に入れようとする体制側にとって、解決策はただひとつ。「カタリ派をみな殺しにせよ！」。命令は下された。

第十九章　スコット人の王国

テンプル騎士団への迫害

〝ラングドック偽十字軍〟は一二四四年に幕が降りたが、その六十二年後には、秘宝を横どりしようとする教皇クレメンス五世とフランス国王フィリップが、テンプル騎士団に迫害を加え始める。一三〇六年、テンプル騎士団すなわちエルサレム神殿修道会は絶大の勢力を誇り、フィリップは不安におののきながらそのようすをうかがっていた。彼は騎士団に多額の借金があり、事実上破産していた。そのうえ騎士団の持つ政治力と、奥義がもたらす力をも恐れていた。騎士団のこうした力に比べれば、国王の権力など吹けば飛ぶようなものだとわかっていたからだ。そこで教皇を味方につけてフランスのテンプル騎士団を迫害し、国外の騎士団をも廃絶しようと画策する。イングランドの騎士たちは捕らえられたが、スコットランドのボーダー地方より北では、教皇勅書に効力はなかった。というのもスコットランドは、国王ロバート・ザ・ブルースをはじめ国全体が、フィリップの義理の息子であるイングランドのエドワード二世に武器をとって立ち上がったかどで、ローマ教会から破門されていたからだ。

テンプル騎士団は一三〇六年まで、どんな活動をするにも一切教皇の顔色をうかがう必要がなかった。しかしフィリップは、まんまとこの力関係をひっくり返すことに成功する。聖職者に課税しようとした王に、教皇ボニファティウス八世が真っ向から対立して課税を禁じる教勅を出すと、王は教皇を捕らえ、殺害した。ボニファティウスの後継者、教皇ベネディクトゥス十一世もまた不可解な死を遂げ、一三〇五年にはフィリップの推薦したボルドー大司教ベルトラン・ド・ゴーが教皇座に就いて、クレメンス五世を名乗った。自分の手の内の者を教皇にしたフィリップは、まっさきに騎士団の告発リストを作り始める。いちばん手っとり早くなすりつけられるのは、異端の罪だった。というのも騎士団は、〝キリストの磔刑《たっけい》〟という既成の概念を受け入れず、縦長のラテン十字も身につけないことで知られていたからだ。そのうえ外交上、ビジネス上の必要性からユダヤ人やグノーシス主義者、イスラム教徒と深くかかわっていることも知られていた。

一三〇七年十月十三日金曜日、フィリップの忠臣たちが、いっせいにテンプル騎士団に襲いかかった。騎士はフランス全土で逮捕、投獄、拷問され、火あぶりにされた。金で買われた証人たちが、召喚されては騎士団に不利な供述をし、世にも奇怪な証言が集められた。騎士団は黒魔術や男色、堕胎、瀆神《とくしん》行為、妖術など、聞くもおぞましいありとあらゆる罪で告発され、証人は、買収された者もおどされて証言台にのぼった者もみな、証言を済ますとふっつりと姿を消した。しかし、これほど大騒ぎをしたにもかかわらず、国王は秘宝を手にできず、肝心の目的を果たせずにいた。寵臣《ちょうしん》たちにシャンパーニュとラングドックをくまなく探させたが、秘宝のほとんどはその間、騎士団パリ本部の地下金庫室に保管されていたのだ。

当時、騎士団の総長はジャック・ド・モレーだった。教皇クレメンス五世をフィリップの傀儡《かいらい》と見抜いていたモレーは、パリ本部の秘宝を十八隻のガレー船に積み込み、ラ・ロシュル港から国外に運び出す手はずを整えた。船のほとんどはスコットランドに向かった（ポルトガルに向かった船もあった）が、フィリップはまったくこれに気づかず、国外の騎士たちをあまねく狩り立てるため、あちこちの君主と交渉を続けた。次いで一三一二年、教皇に無理やり騎士団を廃絶させると、さらにその二年後にはジャック・ド・モレーを火刑に処した。

イングランドのエドワード二世は、騎士団を裏切ることにためらいを隠せなかった。が、フィリップの義理の息子という難しい立場にあったため、教皇に直接指示を仰いで、異端審問の決まりに従うことにした。多くの騎士が捕らえられ、騎士団所有の土地と建物は没収されたのちに聖ヨハネ病院騎士団に下げ渡された。

しかしスコットランドでは、物語は異なる展開を見せる。教皇勅書が完全に無視されたのだ。これよりはるか昔の一一二八年、トロワ公会議のすぐあと、ユーグ・ド・パイヤンが初めてスコット人の王デイヴィッド一世に謁見した。その際クレルヴォーの聖ベルナールは、資金難に陥っていたケルト教会を、自分の富裕なシトー修道会に併合した。デイヴィッド王はフォース湾近くのバラントラック（現在のテンプル村）をユーグと騎士たちに領土として分け与え、騎士団はサウスエスクに最初の支部を設けた。その後も騎士団は代々の国王、とりわけウィリア

初期のスコットランド（カレドニアとダルリアダ）

ム獅子王の厚遇を受けて勢力を伸ばした。かなりの土地（特にロジアンとアバディーン近郊）が分け与えられたうえ、騎士団はエアーと西スコットランドにも領有地を得た。一三一四年のバノックバーンの戦いでは大軍を率いてスコットランドに加勢し、その後、ローンとアーガイルでも隆盛を見る。のちのロバート・ザ・ブルースの時代には、ブルース朝とスチュワート朝の世継ぎは代々生まれながらのテンプル騎士と定められ、このためスコット人の王家では、聖職者だけでなく、テンプル騎士であると同時に聖職者でもある者が、王位を継いだ。

バンクオーとマクベス

王位簒奪《さんだつ》の憂き目を見たメロヴィング朝の時代以降、デスポシニの血統を継ぐなかで最も意義深い統治王朝は、スコットランドのスチュワート王家だ。スコット人とブルターニュ人の血を併せ持つこの王家の、スコット人の祖先のなかで最も重要な人物が、十一世紀のロッホアーバー領主バンクオーである。

八四四年、ケネス・マカルピンがピクト人の王国とスコット人の王国を併合して以来、代々のスコット人の王は、ピクト人の習慣にのっとったタニストリー制【訳注：王の存命中に、親族のなかから王位継承者を選ぶ制度】で王位を継承した。スコット人の王国では王位は男系が継承したが、ピクト人のほうは伝統的に女系継承だった。したがってピクト人の王女がスコット人の王と結婚することで現状を維持するという折衷案が考え出されたが、王位を継承する家系は、ひとつに限られなかった。王は共通の祖先から分かれて平行して続く家系の、息子や甥、従兄弟から前もって選定された。この場合共通の祖先とは、ケネス・マカルピンだ。王族のなかから王位継承者を選ぶこの制度では、未成年者が王位に就かないという利点があった。しかしこの制度が廃れたのちの世には、未成年者が王位に就いてスコットランドの荒廃が始まる。

タニストリー制で選ばれた者がスコット人の王になる時代が二百年近く続いたのち、マルカム二世がこの伝統を放棄すると、激しい争いが起こった。マルカムは正当な第一位王位継承者である年下の従兄弟、ダフのボエデに王位を譲らず、その代わり自分の直系の子孫に王位を継がせると決めた。問題は、マルカムに息子がなかったことだ。娘は三人あり、長女のベソックは〝聖コルンバの聖なる血統教会〟の大祭司クリナンに嫁いでいた。クリナンは聖コルンバと同様に、アイルランドのティル・コネイルの王族の末裔にあたった。次女のドウナダは、モーレイ領主フィンレック・マクローリーに嫁し、末娘のオリスは、ノルウェー王子でオークニー伯のシガード二世に嫁していた。さらにややこしいことにマルカムの妹ダンクリナは、ケネス・マカルピンの末裔でボエデの従兄弟にあたるロッホアーバーのケネスに嫁いでおり、このケネスは、タニストリー制では第二位王位継承権を持っていた。

一〇三四年にマルカム二世が死去すると、これら四組の夫婦のあいだに生まれた息子たちが、こぞってスコットランドの王位継承に名乗りを上げた。そのなかで最も正当な権利を有したのがダンクリナの息子、ロッホアーバー領主のバンクオーだったが、マルカムの遺言に従って、長女ベソックの息子がダンカン一世として即位した。ダンカンはまた、一〇四五年に父のクリナンがヴァイキングに殺されると、その大祭司の地位を世襲した。こうしてガリアの初期メロヴィシグ朝スタイルを踏襲した、スコットランド初の祭司王が誕生する。こののち、国家の主権者にして宗教上の最高権威者というスコット人の君主観が、同国の文化の核となる。

マルカムの存命中、マルカムが計画した王位継承を不服として、タニストリー制で第一位王位継承者とされたダフのボエデの長女グロッホが反乱を企てた。このためマルカムはボエデを殺害したが、ボエデには息子がなかったので、タニストリー制の決まりに従えば、グロッホにかなり高位の王位継承権が与えられるはずだった。父親を殺されたグロッホは王に敵意をむき出しにし、王は王で、グロッホの夫、モーレー伯ギラコムガンを殺すことでこれに報復する。当時身重だったグロッホは、フィンレックとドウナダの息子で夫の従兄弟にあたるマクベスを頼って逃亡、その後まもない一〇三二年にはマクベスと結婚して、以後マクベス夫人と呼ばれるようになる。

マルカム二世が死去するとグロッホは、従兄弟ダンカンの王位継承に異議申し立てをするよう、マクベスを説きつける。ダンカンの即位に憤懣《ふんまん》やるかたない思いをしていたのは、グロッホだけでなかった。あちらでもこちらでも族長が次々に反乱ののろしを上げ、戦いは野火のごとくに広まった。ダンカン軍を率いたロッホアーバー領主バンクオーは、多大な影響力を持っていたにもかかわらず、反乱を鎮圧することができず、軍事評議会が設置されるという事態に陥る。マクベスはこの評議会で国王軍を掌握し、戦乱を抑え込むことに成功した。こうしてマクベスは国王に勝る人望を集め、夫人は、夫が手を伸ばしさえすれば王冠を手に入れられると知って、さらに野心を燃え立たせた。しかしダンカン王はどうしたのか？　一〇四〇年に死去したその真相は、いまも闇のなかだ。歴史書では、ボスナゴワン（エルギン近郊ピトギャヴェニー）での乱闘で命を落としたとされているが、文学の世界では、マクベスの城で殺されたことになっている。いずれにしてもマクベスは、テイ川の南から西にかけての地域の王となり、スコットランドの残る全土を、マクベスの従兄弟ケイスネスのソーフィン（オリスとシガードの息子）が治めた。

マクベスは十七年間にわたって秩序ある王国を営み、宮廷は夫人の尽力により、客人の絶えることがなかった。しかし初めのころはバンクオーが、ダンカンの息子でカンブリア王子のマルカム・カンモーに王位をとり戻させようと奔走した。論争の果てにマクベスは、バンクオーのふたりの息子を殺害し、バンクオーと長男のフリーアンスをも亡き者にしようとして待ち伏せした。バンクオーは戦って死んだが、フリーアンスは逃れて、グウィネズ（ウェールズ北西部）のグリフィス・アップ・スウェリン王子の城に落ちのびた。その後はその地で、グリフィスの娘ネスタの最初の夫となる。やがてフリーアンスが死ぬと、ネスタはレオンのオズボーン・フィッツ・リチャードと再婚した。

マクベスの在位中、マルカム・カンモーはソーフィンの支持を得て、あくまでも王位を主張した。一〇五七年、マクベスはランファナンで、マルカムとソーフィンの連合軍に敗れて退却を余儀なくされ、グロッホは敗戦を覚悟して自害、そのすぐあとでマクベスも殺される。ソーフィンも戦死し、寡婦となったイーンガボーグは、マルカム・カンモーと再婚した。戦いに勝ちながら、マルカムはすぐには王位に就かなかった。というのも、政治の実権はまだマクベス派が握っていて、グロッホと最初の夫ギラコムガンの息子、ルーラッハを即位させたからだ。しかし数カ月後にルーラッハがストラスボギーで殺害されると、一〇五八年、マルカム・カンモーがようやくスコット人の王マルカム三世として王位に就いた。

歴史家は、マクベスとマクベス夫人、そしてバンクオーの物語をあまり熱心にとり上げてこなかった。しかし伝説は残り、ラファエル・ホリンシェッド（一五八〇年没）が『イングランド、スコットランド、アイルランド年代記』に書きとどめ、これをもとにシェイクスピアが大衆劇『マクベス』によみがえらせる。歴史上の事件から、実に六世紀近くが経っていた。したがってシェイクスピアは、三人の魔女による預言の場を書くときには、事件後、歴史で何が起きたか正確に知っていた。劇の初めで魔女たちはマクベスに、いずれは王になると預言し、バンクオーには、王になることはないが、子孫が王になると預言する。そしてその通りのことが起きたのだった。

ハイスチュワード

スチュワートという苗字は、中世スコットランドで用いられた栄誉ある称号王室執事長《スチュワード》に由来する。一三七一年、初期スチュワート家からスコット人の王が即位し、この王家の末裔がのちに、スチュワート（Stewart）をフランスなまりのスチュアート（Stuart）に改めた（王家以外の家系にも、これにならったものがある）。スチュワート家の家系をさかのぼれば、ロッホアーバーのバンクオーにいき着くことは早い時期から知られており、関連の家系図には必ず、

(最終的にはケネス一世の父アルピン王につながる) 由緒正しいこの領主バンクオーの名が記されている。しかしスチュワート家が、十一世紀のブルターニュのドルでやはり王室執事長を務めた家系から出たことも、また事実だ。君主としてスチュワート家の血脈に流れるものの意義はとても大きい。というのもスチュワート家で結びついたふたつの家系のうち、スコット人の血統はアリマタヤのヨセフにつながり、ブルターニュ人の血統は漁夫王《フィッシャー・キング》を経てイエスその人にさかのぼるからだ。

スチュワート家のブルターニュ人の家系で、スコットランドにやってくる前の先祖といえば、ドルとディナンの執事長で、十一世紀のなかごろに生きた、バンクオーとマクベスの同時代人アランである。アランには、同名のアランとフラールド (のちのドルの世襲執事長)、そしてリワロン (のちのドル卿) という三人の息子がいた。長男のアランは第一回十字軍遠征で指揮官を務め、またサンフロラン大修道院の大口寄進者として修道院の記録にその名をとどめている。次男のフラールドはサンフロランの男爵となり、フランドルのエダン領主アルヌルフの娘アヴェリンと結婚した。三男のリワロン卿は、一〇八二年にソーミュールのサンフロラン大修道院長となった。

貴族名鑑のなかには次男フラールドの妻アヴェリンを、その息子アラン・フィッツ・フラールド・デダンの妻と記したものがあるが、これは間違いだ。そもそもアラン・フィッツ・フラールド・デダンのデダンは、誕生と同時にアランが母アヴェリンから受け継いだ称号で、ド・エダン、すなわち〝エダンの〟を意味する。エダンのサンジョルジュ修道院の記録には、アヴエリンが一〇九四年には成人に達し、父親がイングランドの領地を修道院に寄贈することに同意したとある。一〇九〇年、アルヌルフ卿（エダンのアンゲラン伯の弟）が十字軍遠征に参加すると、アヴェリンがイングランドでの父の名代、および後継者となる。ドミナ・ド・ノートン（ノートン夫人）と呼ばれた彼女の息子が、アラン・フィッツ・フラールド・デダンで、ヘンリー一世の時代のオスウェストリー男爵であり、シュロップシャー州長官ワリネの娘アデリザと結婚して州長官の職を相続した。またノーフォークの聖ソーミュール付属修道院であるスポール小修道院の創設者でもある。

このアランの伯父にあたるドルの世襲王室執事長アランは、エマという娘、およびウィリアムとジョーダン・フィッツ・アランというふたりの息子をもうけた。ウィリアムは従兄弟であるアラン・フィッツ・フラールド・デダンが死ぬと、オスウェストリー男爵とシュロップシャー州長官の称号を継いだ。アランデルのフィッツアラン伯爵家はこのウィリアムの末裔にあたる。兄弟のうちジョーダンのほうがドルの王室執事長を世襲し、イングランドのタクスフォードとバートン、およびウォーソップの領地を相続した。エマはフリーアンス（バンクオーの息子）とグウィネズのネスタ王女との息子、ロッホアーバー領主のウォルターに嫁ぎ、その息子ロッホアーバーのアランは、またいとこにあたるオスウェストリーのアデリーナ（アラン・フィッツ・フラールド・デダンのひとり娘）と結婚、のちにスコットランドの初代ハイスチュワードとなるウォルター・フィッツ・アラン（一一七七年没）をもうける。

一般に見ることのできるスチュワート家の系図のなかには、初代ハイスチュワードのウォル

スコットランド、ハイスチュワードのチェックの横帯（フェス・チェッキー）

ターを、その祖父ロッホアーバー領主のウォルターと混同しているものがある。これは、アラン（Alan）という名がフラン（Flan）と綴られることがあるせいで、しかもこのフランが、バンクオーの息子フリーアンスの名と間違われたためだ。

スコットランド国王デイヴィッド一世（一一二四～一一五三年）から王室執事長《ハイスチュワード》に任命されたのは、実際には孫のほうのウォルター・フィッツ・アランだ。ウォルターは一一三八年ごろスコットランドにやってきて、国王のデイヴィッド一世からレンフルーシャーと東ロジアンに領地を与えられた。スコットランドのハイスチュワードになったウォルターは、臣下としては最高の地位を与えられたのだが、そのうえさらに、財務長官にも任命された。この役職を得たことで、これ以後スチュワート家の紋章にはチェックの横帯《フェス・チェッキー》が描き加えられる。白と黒のこのチェックは、貨幣勘定に使用された白黒チェックの机を表し、ここから現代の財務省を意味する財務府《エクスチェッカー》という言葉が生まれた。

ウォルターは、デイヴィッド一世の孫マルカム四世の時代に、クリュニー修道会ペーズリー小修道院を創設し、その後、国王軍の司令官に任命された。一一六四年には島々の領主〝強大なサマーレッド〟【訳注：サマーレッドとその子孫は、アイラ島を含むスコットランド西方の島々とスコットランドの一部を、本土から独立した形で支配していた】が、百六十隻から成るノルウェー艦隊を率いてレンフルー海岸に侵攻してきた。船には、スコットランド征服を誓った兵士が六千人以上乗り込んでいたが、上陸するやいなや、ウォルターに仕える騎士の指揮する、ノルウェー軍よりはるかに規模の小さい軍勢に大敗した。ケンブリッジ大学コーパス・クリスティ・カレッジの図書館には、一一六四年のレンフルーの戦いを目のあたりにした修道士、グラスゴーのウィリアムの文書が保管されている。それによるとサマーレッドは開戦直後に戦死し、その後あまりの抵抗の激しさに、侵略軍は総崩れになったという。戦いのようすは『マン島年代記』、『ホリールード年代記』、『メルローズ年代記』にも描かれている。

スコット人の王のなかでも未婚王として知られる若きマルカム四世ほど、気の弱い王はいなかった。なにしろ長く領土としてきたカンブリアの地を、あっさりイングランド国王のヘンリー二世に譲り渡してしまったからだ。その後、十四歳でフランスのトゥールーズに渡ると、死去するまでの十年間のほとんどを国外で過ごした。スコットランドのためには、むしろそのほうが良かったと言えよう。というのも国では、王室執事長のウォルターが国王代理として、政治、経済、軍事上の諸問題をそつなくこなしていたからだ。

一一六五年、マルカム四世の跡を継いで弟のウィリアムが王となる。ウィリアムはかなり意志強固な男で、獅子王とあだ名されたほどだった。即位後しばらくすると、ヘンリー二世からノーサンバランドとカンバーランドをとり戻そうとして画策を始め、一一七四年、ついにアニックで武力衝突が起きる。このときには、イングランド国王ヘンリー二世はアキテーヌのエレノア（フランス国王ルイ七世の元妃）と結婚していたが、息子たちはエレノアの同意のもと、カンブリア領をめぐる論争でスコット人の王ウィリアムの味方につき、戦場でも父王に叛旗を翻した。しかし、結局この戦いではウィリアムが破れて捕虜となり、イングランドをスコットランドの宗主国と認める、屈辱的な〝ファレーズ協定〟を結ばされる。ウィリアムはその後もとらわれの身から解放されず、スコットランドの命運はまたもや、ハイスチュワードのウォルター・フィッツ・アランが担うことになった。

ウォルターは一一七七年に死去し、息子のアランが第二代ハイスチュワードとして跡を継いだ。一一八九年、アランは、イングランドのヘンリー二世の息子にして世継ぎのリチャード一世（獅子心王）とともに第三回十字軍遠征に加わった。聖地に向けて出発する際、リチャード国王はふたたびスコットランドの独立権を認め、ファレーズ協定の無効を宣言した。一二〇四年にハイスチュワードのアランがこの世を去ると、息子のウォルターが第三代ハイスチュワードとなり、ウィリアム国王の息子で後継者のアレグザンダー二世に仕えた。初めて苗字にスチュワートを用いたのはこのウォルターであり、また、一二一九年にペーズリー小修道院を大修道院に昇格させたのも、このウォルターだった。ウォルターはまた、一二三〇年に財務大臣およびフォース川北部の最高法官に任命された。

次王のアレグザンダー三世は、スコットランド国王のなかでも最も偉大な王のひとりとなった。しかしその治世の初めのころは、ウォルターの息子で第四代ハイスチュワードとなったアレグザンダーを摂政にし、国政の一部を任せていた。当時スコットランドは、ふたたびノルウエーの侵略に手を焼くようになっていた。一二六三年にはノルウエー王ホーコンが艦隊を率いてクライドサイドに侵攻してきた。ノルウエー軍はアレグザンダー・スチュワートが指揮するスコット人の軍隊にラーグスの戦いで破れ、アレグザンダーはこの功績によって、ギャロウエーを領地に得る。

アレグザンダー三世は、イングランド、プランタジネット朝ヘンリー三世の娘マーガレットを妃に迎え、ノルウエーとの同盟のあかしに、娘のスコットランド王女マーガレットを、のちのノルウエー王エーリック二世に嫁がせた。不幸なことにマーガレットは、結婚後数年で女子を出産して死亡、その二年後にはアレグザンダーも嫡子のないまま死去する。これはすなわち、スコットランドの王位継承者が当時わずか三歳だったアレグザンダーの孫娘、〝ノルウエーの乙女〟ただひとりになったことを意味した。そこで第五代ハイスチュワード、ジェームズ卿(アレグザンダー・スチュワートの息子)がスコットランドの摂政の地位に就く。

当時スコットランドは、ノルウエーの支配下に置かれることを危惧していた。グラスゴーの司教は〝ノルウエーの乙女〟の大伯父、イングランドのエドワード一世に助言を請う。しかしプランタジネット朝がかねてよりスコットランド支配に野心を燃やしていたことを考えると、エドワードの返事は予測できた。〝ノルウェーの乙女〟マーガレットを、自分の息子エドワード・カーナヴォンと結婚させ、イングランド、プランタジネット朝の宮廷で養育させるべし。エドワードはこう提案した。この瞬間からエドワードは自分の提案した婚約は成立したも同然と考えたが、スコットランドではこれを拘束力あるとり決めと見なさなかった。しかし四年後にはともかくも、スコットランドの幼き女世継ぎをノルウェーから呼び戻すことが決まった。

一二九〇年九月、スコット人の女王、七歳のマーガレットは独立国たる祖国に船で向かったが、オークニーに着くや否や謎の急死を遂げる。この悲劇の余波のなか、ジェームズ・スチュワート卿は国内の平和を保つのに腐心するが、王位継承と独立をめぐる戦争が次々に起こり、スコットランドを永く苦しめることになる。

ロバート・ザ・ブルース

マーガレットの後継者争いに名乗りをあげた候補者のなかで有力と見なされたのは、ドナルド・バン王の血筋を引くジョン・カミンとハンティンドン伯デイヴィッド王子の血筋を引くジョン・ベイリャル、同じくデイヴィッド王子の別の血筋アナンデール伯ロバート・ブルースの三人だった。本命はブルースだったが、イングランドのエドワード一世が、息子とマーガレットのあいだに成立したはずの婚約のことを持ち出し、自分こそスコットランドの最高権威者であると宣言した。その後スコット人の貴族数名に、王位継承者を裁定する権限が彼にあることを認めさせると、政治的策略をめぐらせて、スコットランド防衛の要になる要塞を手中に収めた。そしてエドワード呼ぶところの、〝イングランドきっての賢人たち〟で成る特別委員会を設置したうえで、後継者選びに入った。プランタジネット朝のこの委員会は、新たにスコット人の王になる者は、国を統治するにあたりイングランド国王に臣従する覚悟がなければならないと主張した。スコットランド側はロバート・ブルースを選んだが、ロバートは次のように述べてエドワードに臣従することを拒否した。

わが生得の権利と公正な裁判とによってスコットランドの王となるなら、それもよかろう。しかしそうでないなら、わたしは、王にならんとしてこの国をイングランドの奴隷に貶《おとし》めるようなまねはしまい。

かたやジョン・ベイリャルは、エドワード一世の要求を呑んでスコットランド国王に指名され、必要な宣誓を行なった。

われスコットランド国王ジョンは、大恩あるイングランド国王エドワード陛下をスコットランドの、畏くも貴き宗主国国王と認め、真を持って義を尽くすことを誓う。神のご加護のあらんことを。

ベイリャルは一二九二年に即位した。このときのハイスチュワードは、まだジェームズ・スチュワートだった。ジェームズ卿自身はロバート・ブルースの支持者であり、エドワード国王とベイリャルに断固敵対の立場をとっていた。エドワードがベイリャルに、イングランド軍への資金提供と兵員の供与を強いると、ペーズリー出身の騎士ウィリアム・ウォレスのもとに大勢の兵が集まり、軍事抵抗運動が広がった。ジェームズ・スチュワートの支援もあって、ウォレスは当初、いくつかの戦いで勝利を収めた。これに業を煮やしたエドワードは、一二九六年にベイリャルを廃位させると、みずからスコットランドの統治に乗り出した。ウォレスは一二九七年のスターリングの戦いでイングランド軍を撃破し、こののち、スコットランド総督を名乗る。しかし翌年、フォールカークでエドワードの長弓隊《ロングボウ》に敗れ、一三〇五年にはとらわれの身となってイングランドで処刑される。ウォレスの首はロンドン・ブリッジに串刺しにされ、四肢は切断のうえ、スコットランドおよびイングランド北部の四都市にさらされた。

このときより、新たなスコット人の指導者が立ち上がる。ベイリャルと王位を争ったロバート・ブルースの嫡男、ロバート・ザ・ブルースだ。当然プランタジネット朝の介入が予想されたが、一三〇六年、スコット人たちはさっさとロバートを、ロバート一世として即位させる。その後一三一四年にエドワード二世がスコットランドに侵攻してきたが、ロバートはバノックバーンでこれを打ち負かし、スコットランドの独立を宣言した。

ブルースが即位して三年経たないうちにジェームズ・スチュワートが亡くなり、ジェームズの息子ウォルター・スチュワートが、第六代ハイスチュワードとしてその跡を継いだ。バノックバーンの戦いでスコットランド軍の左翼を指揮したウォルターは、戦場でブルースからナイトに叙せられ、翌年には王女のマージョリーと結婚した。数カ月後、ロバートはウォルターをスコットランドの摂政に据え、アイルランドに向かったが、留守のあいだに娘のマージョリーが落馬事故で急死する。結婚後一年もしないうちのことだった。死亡時にマージョリーは妊娠しており、おなかの子は帝王切開で助け出されロバートと名づけられた。のちの第七代ハイスチュワードである。ロバートは、十九歳になるころにはブルースの息子、デイヴィッド二世の摂政となり、デイヴィッドが成人する一三四一年までその職にあった。

ほどなくプランタジネット朝エドワード三世がフランスに宣戦布告し、イングランドとフランスのあいだに百年戦争が始まる。デイヴィッドはフランス側につくことに決めたが、一三四六年のネヴィルズクロスの戦いでイングランド軍に敗れ、とらわれの身となった。虜囚期間は十一年にも及び、その間ハイスチュワードのロバートがスコットランドを統治した。一三五七年になってようやくデイヴィッドは解放されたが、解放にあたってはエドワード三世とあると り決めをしなければならなかった。スコットランド議会の演説のなかでデイヴィッドは、自分が世継ぎなしで死ぬことになれば、スコットランドの王位はイングランド国王に譲ると宣言した。たちどころに、歯に衣着せぬ抗議の声があちこちから上がる。「われらにひとりでも武器をとる者があるうちは、けっしてイングランドの支配に屈すまじ」。デイヴィッドがスコットの民に見捨てられた瞬間だった。一三七一年に、デイヴィッドが世継ぎのないまま死亡すると、スコットの民は自分たちで後継者を選ぶことにした。

後継者にふさわしい者はひとりだけだった。ここ何年ものあいだスコットランドを統治し、先祖が何代にもわたって国王の代理を務めた男、すなわち第七代ハイスチュワード、ロバート・スチュワートだ。

一三七一年三月二十六日、ロバート二世が即位し、スチュワート王家が創設される。こうして六世紀の、ダルリアダ王国アーサー・マック・アエダンの時代以来初めて、英国とヨーロッパの主要な聖杯《グラアル》の血筋がスコット人の王家でひとつになり、子孫が王になるというスチュワート家の古い言い伝えも成就したのだった。

第二十章　騎士道時代

戦争と黒死病

グレートブリテン島とヨーロッパ大陸の十四世紀は、戦いと無秩序が嵐のように吹き荒れた時代だった。まる一世紀のあいだ、戦争が頻発しただけでなく疫病も発生し、イングランドでは人口のほぼ三分の一が失われた。一二〇〇年代後半、スコット人は、イングランド、プランタジネット朝の侵略にたびたび苦しめられたが、ロバート・ザ・ブルースが一三一四年にバノックバーンでイングランド軍を打ち破り、一三二八年にはイングランドのエドワード三世とノーサンプトン条約を結んで、スコットランドの独立を正式に認めさせた。

それからまもなく、イングランドとフランスが戦争状態に突入した。そもそも、イングランド国王エドワード二世とフランス国王シャルル四世の関係の悪化にともなって、両国間には摩擦が生じていた。フランス国内にいくつも領地を持ち、アキテーヌ公爵でもあったエドワード二世は、厳密にいえばフランス国王の臣下にあたったにもかかわらず、シャルル四世を最高権威者と認めようとしなかった。そこでシャルルは、一三二四年にガスコーニュにあるエドワードの領地を数カ所没収した。エドワードはその報復に、フランドルとの貿易停止を宣言してフランスに圧力をかける一方で、ブルゴーニュ公爵と同盟を結んだ。皮肉にもエドワードの妃イザベルはフランス国王の妹だった。このため両国間の摩擦が強まると、イザベルはイングランドに居づらくなったとして、一三二五年にはフランスに戻ってしまう。そして、イングランド人の愛人マーチ伯ロジャー・モーティマーと謀って、一三二七年にエドワードを廃位させ、殺害した。

翌年、カペー朝最後の王シャルル四世が死去すると、従兄弟のヴァロア公がフィリップ六世として王位に就き、新王朝を樹立した。しかしこの王位継承に、イングランドの新しい国王エドワード三世が異議をさしはさんだ。父のエドワード二世が暗殺（実行を命じたのは母のイザベル）された結果、フランス国王フィリップ五世の孫という母方の血筋からいって、自分こそ真のフランス国王だと宣言したのだ。そして、一三三〇年にモーティマーを処刑し、イザベルを修道院に幽閉すると、一三四六年には長弓隊《ロングボウ》を率いてフランスのクレシーに侵攻する。百戦錬磨のフランスの騎兵は、波のようにイングランド軍に襲いかかったが、長弓隊はこれに雨あられと矢を浴びせて反撃し、なぎ倒していった。こうして百年戦争は幕を開けたが、一三四八年に黒死病がイングランドで猛威を振るい始めると、戦争はほぼ休戦状態に入る。

まさにこの年、戦いと疫病がもたらした混乱の渦巻くさなかに〝騎士の時代〟は始まった。伝承によると一三四八年、エドワード三世は、衆人環視のなかでガーターを落としたソールズベリー伯爵夫人を、廷臣たちが笑っているのに気づいた。そこで彼はガーターを拾って自分の脚に着けると、フランス語で「これを悪しと思う者に災いあれ」と言ったという。こんなささいな出来事からガーター勲爵士団は誕生し、さきのエドワード三世の言葉を、「思い邪《よこしま》なる者に災いあれ」と意訳して団のモットーとした。馬上槍試合を盛んに開いたことで有名なエドワードは、息子を含めた二十四人の貴族を選び、ガーター勲爵士団の騎士とした。さらに、アーサー王の円卓の伝説をモデルに騎士はみな平等であるとし、〝騎士道のおきて〟を定めた。〝おきて〟によると、騎士は神と王に仕え、自分の名誉のために戦い、貴婦人《レディー》を守り敬うことが務めとされていた（このテーマについては、本書同シリーズの『指輪物語の王国』に詳しい）。

エドワード三世の長子、ウェールズ王子《プリンス・オブ・ウェールズ》のエドワードは、着用した鎧の色からのちの歴史家に〝黒太子《ブラック・プリンス》〟と呼ばれるようになる。彼はクレシーの戦いで、騎士の名誉のしるしである兜の前立て【訳注：駝鳥《だちょう》の羽飾り】を三本奪うという手柄を立て、これによって、三本の羽飾りの図案に「Ich dien（われ奉仕す）」の銘を配したものが、英国皇太子《プリンス・オブ・ウェールズ》の紋章に使われるようになった。黒太子はアキテーヌを八年間統治し、冷酷な領主として恐れられた。しかし、イングランドでは騎士道の提唱者として知られ、その名は、戦争と疫病の蔓延《まんえん》する長く辛い時代に、騎士物語の高雅な香を添えた。

アーサー王伝説

〝騎士道の時代〟に鑑《かがみ》とされたアーサー王伝説は、実在のアーサー王——六世紀に生きたケルトのハイ・キングにして武将。そのグレティックである武人たちの猛者ぶりは、広く世に知れ渡った――とはほとんど関係がない。にもかかわらずアーサーは、聖杯伝説によってフィクションの世界によみがえり、一三四八年にエドワード三世がガーター勲爵士団を創設すると、アーサーの騎兵たちも時代に合わせた甲冑《かっちゅう》に身を包み、凛々《りり》しい騎士に生まれ変わった。プランタジネット朝時代に作られた直径五・五メートルの巨大なオークの円卓が、いまもウィンチェスターのキャッスルホールの壁に飾られている。放射性炭素年代測定法で測定した結果、円卓はだいたいヘンリー三世（一二一六～一二七二年）の時代に作られたと判明したが、円卓の表に描かれたアーサー王を象徴する絵は、おそらく、のちのチューダー朝ヘンリー八世の統治時代に描き加えられたものだ。

歴史上のアーサーについては、すでに先の章で考察した。本章では〝騎士道の時代〟を大いに盛り上げた、伝説上のアーサー王に着目しよう。アーサー王物語が誕生したのは、おそらく一一四七年、ジェフリー・オブ・モンマスの彩り豊かな『ブリテン列王記』が世に出たときだった。グロスターのノルマン系伯爵から作品の依頼を受けたジェフリーは、スコット人の国ダルリアダのアーサー・マック・アエダンを、イングランド西部地方の雰囲気香る不詳の国に活躍させた。またカーライルのローマ駐屯軍司令官グウィル＝ルーからコーンウォール公ゴルロイスを創りあげ、その一方でウーゼル・ペンドラゴンを創作し、ほかにも封建時代の好みに合うさまざまなテーマを導入した。そのなかで最もロマンチックなのが、アヴァロンの島で鋳造されたアーサーの魔法の剣《つるぎ》カリバーンだ。

一一五五年、ジャージーの詩人ロベール・ワースによる『ブリュ物語』（ブルータス王子の物語）が世に現れる。これはジェフリーの『列王記』の韻文版で、グレートブリテン島の文明は紀元前一一三〇年ごろ、トロイアのブルータス王子が築いたという伝説にもとづいている。円卓の騎士を初めて描いた作品を含む、ワースのこのすばらしい作品は、アキテーヌのエレノアに献上された。ジェフリーのグアヌマラ女王は、ワースの作品のなかで、グィネフィア（美しい妖精を意味するゲール語にちなむ）という、よりふさわしい名を与えられ、アーサーの剣カリバーンは、エクスカリバーと呼び名を改められる。

一一九〇年ごろ、ウースターシャーの聖職者ラヤモンがワースの詩を英訳した。しかしこれより前に、もっと血沸き肉躍る騎士物語がフランスに誕生する。シャンパーニュ伯夫人マリの庇護を受けたクレティアン・ド・トロワの作品で、クレティアンは、じゅうぶんに冒険に満ちたアーサーの伝説を一分の隙もない見事な冒険譚に練りあげ、グィネフィアにはさらに麗しいグィネヴィアという名を与えた。クレティアンが互いに関連した五つの物語を発表したのは一一七五年ごろのことで、そのなかのランスロットの物語、『ランスロット、または荷車の騎士』では、キャメロットが初めてアーサー王の宮廷として登場する。貴族社会に出入りするようになったクレティアンは、六世紀から十一世紀のレオンに実在した貴族をモデルにして、『イヴアン、または獅子の騎士』などの物語を書きあげた。黄金の盾形紋に黒獅子を組み込んだ紋章は、レオン・ダック伯爵家のみに許されたもので、この紋章から、彼らは黒獅子騎士団として知られた。

ヨーロッパ大陸の詩人たちが、アーサー王物語と聖杯伝説を融合させ始めたのは、この時期のことだ。フィリップ・ダルザス伯爵の依頼を受けたクレティアンは、かの有名なパーシヴァルの物語『聖杯の物語』を書き始めるが、未完のまま死亡し、作品はほかの詩人に受け継がれてようやく完成した。

アーサー王物語作家として次に登場するのは、ブルゴーニュの詩人ロベール・ド・ボロンだ。一一九〇年代に書かれた彼の詩に『アリマタヤのヨセフ――聖杯由来の物語』がある。同じ聖杯に関する物語でありながら、ボロンのこの作品はクレティアンの『聖杯物語』と異なり、アーサー王の時代を舞台としていない。本質的にこの詩の時間枠は、アリマタヤのヨセフの時代におかれていた。

ボロンの作品とほぼ同時代に、『ペルレスヴォ』と題する作者不明の写本が世に出た。この作品はテンプル騎士団に起源があり、アリマタヤのヨセフをパーシヴァルの大伯父としている。その後一二〇〇年ごろには、バイエルンの騎士ヴォルフラム・フォン・エッシェンバッハによる、より詳細で、より発展した形の聖杯家族物語『パルツィファル』が現れた。

アーサー王がさらに精彩を放つようになるのは、一二一五年から一二三五年に世に出た五つの連続した物語によってであり、これはのちに『流布本物語群』として知られるようになる。シトー修道僧らによって書き継がれたこの作品群では、ランスロットと、漁夫王の娘イレーヌ・ル・コルベニの息子であるガラハッドを中心に物語が進む。アーサーの最も偉大な騎士パーシヴァルも、依然として物語の主要人物だ。この作品群では、ワースのエクスカリバーがアーサーの剣として受け継がれ、アーサーが森の精から剣を授かるという主題が確立した。しかしこの段階では、岩に刺さった剣をアーサーが引き抜くという逸話と、エクスカリバーはまったく関係がなかった。剣を引き抜く逸話は、ロベール・ド・ボロンの『マーリン』に出てくる完全に独立した出来事に由来しており、エクスカリバーと岩が結びつくのは、十九世紀になってからのことだ。

フランスを中心にヨーロッパでアーサー王伝説が大輪の花を咲かせていたころ、グレートブリテン島では、アーサー王は十三世紀の『カマーゼンの黒本』などの作品にちらりと登場するだけで、人気を博するにはほど遠かった。ジェフリー・オブ・モンマスによると、ウェールズの町カマーゼンはマーリンの名にちなむ（「マーリンの国」の意）ということだったが、実のところはまったく関係がない。カマーゼンの語源は、入植地を意味するローマ語にあった。

英語詩『アーサーとマーリン』は一二〇〇年代後半に世に現れ、一三〇〇年ごろのウェールズからは、不思議な異世《ことよ》に生きるアーサーを描いた『タリエシンの本』が現れた。またアーサーは、『リーゼルッハの白本』（一三二五年ごろ）にも『ヘルゲストの赤本』（一四〇〇年ごろ）にも登場する。ウェールズ語で書かれた『三題歌』にはアーサーを詠んだ詩が数篇含まれ、やはりアーサーの詩を含む『マビノギの四枝』は、十九世紀にシャーロット・ゲスト夫人がウェールズ語から英語に翻訳し、『マビノギオン』と改題して出版された。

十五世紀、すなわち、歴史上のアーサーの時代からおよそ八百年経ってようやく、ばらばらだった伝説のすべてが統合され、今日、わたしたちの知る形の物語ができあがった。ウォリックシアのトーマス・マロリー卿によるアーサー王物語群の登場だ。一四八五年に『アーサー王の死』と題して出版されたこの物語集は、ウィリアム・カクストンの最初の出版物のひとつで、オリジナルの物語は一切ないものの、アーサー王伝説をテーマにした作品の集大成と認められている。作品を依頼したのはサマセットのマーガレット・ボーフォートで、奇しくも作品が出版されたと同じ年、マーガレットの息子は武力によって王位に就き、ヘンリー七世としてチューダー王朝を開いた。

ウーゼル・ペンドラゴンとアーサーの名が、新たに作られた家系図に現れ始めるのもこの時期のことで、これにははっきりとした理由があった。ヘンリー七世（リッチモンドのエドマンド・チューダーの息子）がプランタジネット朝のリチャード三世から王位を簒奪《さんだつ》する際、王位継承の正当性の根拠になったのは、エドワード三世の玄孫《やしゃご》としての母親の血筋だけだった。チューダーの家柄に箔をつけるために、ヘンリーは、ウェールズの王家の流れを汲む立派な家系図を創るよう、系譜学者に依頼した。しかし学者たちは、系図の作成中にいたずら心を起こし、コーンウォールの親戚筋にウーゼルとアーサーの名を書き加えたのだった。

マロリーの有名な物語群は、さまざまな伝説集から最も人気のある物語を寄せ集めたものだ。耳になじみのある名前はすべて登場させ、ヘンリー・チューダーのご機嫌とりに、アーサー王の宮廷キャメロットは、ハンプシャーのウィンチェスターにあったとした。ついでに古臭い物語に磨きをかけ、新しく考案した筋書きをつけ加えた。ランスロットとグィネヴィアの恋物語もこの洗礼を受ける。マロリーが描こうとした中心テーマは騎士道精神だったが、彼自身はかなり名の知れた犯罪者で、盗みやレイプ、牛泥棒に借金、ゆすり、果てはバッキンガム公爵暗殺未遂の罪でたびたび投獄された。一四五一年から一四七〇年までのあいだ彼は、コールスヒル、コルチェスター城、ラドゲイト、ニューゲイト、ロンドンブリッジの監獄を出たり入ったりした。

マロリーがアーサーを中世によみがえらせると、ほかの登場人物たちもケルトの衣装を脱ぎ、輝く甲冑に身を包んだ。マロリーは自分の作品集のタイトルを、『アーサー王と円卓の騎士に関する本』とした。これは互いに絡み合う八編の物語で構成された珠玉の作品集で、物語はそれぞれ『アーサー王物語』、『アーサー王と皇帝ルシウスの物語』、『湖のランスロットの物語』、『ガレス卿の物語』、『ライオネスのトリストラム卿の本』、『聖杯物語』、『ランスロット卿とグィネヴィア妃の本』、『アーサー王の死』と題された。

トーマス・マロリーの時代以後、アーサー王伝説はイングランドの文化遺産にとって、欠かすことのできない要素となった。それは、十九世紀のロマン主義――ヴィクトリア朝の、〝失われた黄金時代〟【訳注：エリザベス一世の時代のこと】に対するノスタルジーに訴えた、大規模な国家主義的運動――の勃興《ぼっこう》とともに、大いなる再生を果たす。桂冠詩人のアルフレッド・テニスン卿が有名な『国王牧歌』を書いたのも、ラファエロ前派の画家たちが、アーサー王伝説をテーマに印象的な作品を次々に発表したのも、この時代のことだ。

楽しきイングランド

動乱の中世はしばしば、〝楽《メリー》しきイングランド〟の絶頂の時代といわれる。〝楽しきイングランド〟という語句は、疫病の蔓延や、その他さまざまな困難に直面していた当時のイングランドを指す決まり文句で、事実その成り立ちは、イングランドが実際に楽しい国だったかどうかとはあまり関係がない。より正確にはこの語句は、紀元四四年にマグダラのマリアとともに西ヨーロッパに逃れてきたマリア・ヤコベ（ジプシーの守護聖人マリア）に由来する。中世のイングランドでは、マグダラのマリア信仰とともに、ジプシーのマリア崇拝も広まった。マリア（Mary）という名は、「愛される者」を意味するエジプトの名前メリー（Mery＝ヘブライ語ではミリアム〔Miriam〕）のギリシア語形を、さらに英語に変化させたもので、これまでにも見たようにその名は古くから、海（ラテン語で「mare」フランス語で「mer」）と結びつけられ、また、水たまりを意味する単語「mere」からもわかるように、広く水にも関連づけられてきた。その結果ジプシーのマリアは、海の泡から生まれたとされる、愛と美の女神アフロディテに重ね合わされた。

マリア・ヤコベ（ヨハネによる福音書十九章二十五節によると、クロパの妻）は紀元一世紀の女祭司で、エジプトのマリアとも称される。その結婚の誓いは〝メリー（Merrie）〟（これもやはり「愛される者」〔Mery〕に由来する）と呼ばれ、「結婚する」という意味の英語の動詞「marry」の語源となった。カトリックの教義を別にすれば、聖霊はいつも女性とみなされ、

〝水〟と結びつけられた。聖マリアは伝説の人魚（merri-maid＝mermaid）として下半身を魚の姿で描かれることが多く、いかにもその特性にふさわしい、マリーナ（Marina）という名を与えられた。また、パリの聖マリー教会のステンドグラスには、〝水の女王（la Dompna del Aquae）〟マグダラのマリアに並んで、エジプトのマリアの姿も描かれている。マリア・ヤコベへの崇拝はロビンフッド伝説にとり込まれて、修道女《メイド》マリアン【訳注：ロビンフッドの恋人】が生まれ、その一方でマグダラのマリアは、大いなる運命の女王モリガンとしてケルト神話によみがえった。ふたりのマリアはどちらもプロヴァンスと海を連想させるので、いまも混同されることが多い。

キリスト教が普及し始めたころ、コンスタンティヌス帝は、ジプシーのマリアを信仰することを禁止した。しかし根絶やしにはできず、マリア崇拝はスペインを経由してイングランドに伝わった。ヴァチカン文書館所蔵の『マグダラのマリア行伝』や古代の写本『イングランド史』に詳述されているとおり、マリア・ヤコベ＝クロパは、マグダラのマリアとマリア・サロメ＝ヘレナらとともに南仏のラティス（サント・マリー・ド・ラ・メール）に漂着した。マリア・ヤコベの象徴で最も意義深いのは、帆立貝の殻だ。ボッティチェリの有名な絵《ヴィーナスの誕生》では、マリア・ヤコベがアフロディテの姿をとって帆立貝のなかから生まれ出るという、非常に印象的な描かれかたをしている。今日でも、サンティアゴのコンポステーラ大聖堂にある、聖ヤコブのものとされる墓に巡礼する者は、荷物に帆立貝の殻を下げて歩くことが慣例となっている。聖娼にして愛の信奉者であるジプシーのマリアは、アングロサクソンの祭礼で五月の女王《メイ・クイーン》に姿を変え、その踊り手のマリアの男たちは、マリアズ・メンがなまってモリスメンと呼ばれるようになり、いまもイングランドの田舎の祭りで儀礼的舞踊を披露する役割を担っている。マリアの男たち（Mary's Men）という呼称は、森に住むお尋ね者の男たちの伝説、〝緑の森の陽気な男たち（Merrie Men）〟に、その名残をとどめている。

スコットランドと聖杯

スコットランド人で、しばしばノルマン人の血を引くとされる一族の多くが、実はフランドルの出身だ。彼らの祖先は、十二世紀から十三世紀にかけての、デイヴィッド一世からマルカム四世、ウィリアム獅子王の統治時代に、積極的な移民奨励策を受けてフランドルから移住してきた。この移住策の目的は、貿易、農業、都市開発に長けたフランドル人の技術輸入で、かつてのノルマン人のイングランドへの望まれざる侵略とはまったく異なり、移住者たちはスコットランド社会の主要な地位に就く。例えばベイリャル、ブルース、カミン、ダグラス、フレミング、グレアム、ヘイ、リンゼイなどといった一族は、紋章の起源をたどればフランドルの出自とわかる。近年、紋章歴史学者のベリル・プラッツが、この分野で綿密な調査をおこない、すばらしい成果を挙げた。

中世スコットランドに、ノルマン系の名士はわずかしかいなかった。しかし十一世紀以降には、栄華を極めたノルマン系の一族、サンクレール家が現れる。アンリ・ド・サンクレールは、ゴドフロワ・ド・ブイヨンの十字軍遠征に加わり、その二世紀以上のちの時代の子孫（名前は同じく、アンリ・ド・サンクレール）が、バノックバーンの戦いでテンプル騎士団の指揮官となった。最終的にはケースネスのシンクレア伯爵家につながるこのサンクレール家は、ノルマンディーの公爵家とオークニーの伯爵家の双方から、ヴァイキングの血筋を受け継いでいる。異端審問による弾圧を逃れたテンプル騎士団が、スコットランドを安住の地としたのち、イングランドとフランスの両国には、サンクレール家からスコットランド大使が送られた。十字軍に加わったアンリの息子、アンリ・ド・サンクレールは枢密顧問官となり、その妹のリヒルデは、テンプル騎士団の初代総長ユーグ・ド・パイヤンの親戚筋にあたるショーモン家に嫁いだ。テンプル騎士団とサンクレール家の縁の深さをはっきりと示す建築物が、エジンバラのすぐ南、バラントラックに建てられた最初の騎士団本部の近くにある。ここロスリン村に十五世紀に建造されたロスリン礼拝堂は、てっぺんのとがったアーチ窓や、凝ったつくりの小尖塔《ピナクル》を載せた、見上げんばかりの控え壁を持ち、ひと目見ただけでは、ゴシック大聖堂のミニチュア版のような印象を受ける。しかしじっくり観察すると、実は北欧風、ケルト風、ゴシック風建築が奇妙に入り混じった建築物とわかる。

サンクレール家は、一〇五七年にマルカム三世からロスリン男爵位を授かり、次の世紀にはロスリンの近郊に城砦を築いた。この城砦の地下深くには封印された小部屋があり、そこには、カトリックによる異端審問の時代に、フランスから運ばれてきたテンプル騎士団の秘宝がいまも眠っているという。一三〇七年、ブルターニュの海岸を離れたテンプル騎士団の船隊はふた手に別れ、貴重な荷を積んだ大多数の船が、アイルランドと西アイル諸島を経てスコットランドに逃れた。かたやポルトガルに逃れた騎士たちは、かの地で〝キリストの騎士団〟に組み入れられる。一四九七年に喜望峰を回ってインドに至る航路を開拓した、有名なポルトガル人海洋探検家ヴァスコ・ダ・ガマは、この〝キリストの騎士団〟のメンバーだった。またその少し前の世代になるヘンリー航海王（一三九四～一四六〇年）は、この騎士団の総長を務めた。

　スコットランドは、フランスからの避難者に加えて、イングランドから逃れてきたテンプル騎士も受け入れた。イングランドのテンプル騎士団本部は、一一八五年以来ロンドン、フリート街南のテンプル地区におかれていたが、十四世紀に騎士団がイングランドを追放されると、本部跡にはふたつの法曹学院《インズ・オブ・コート》、つまりインナー・テンプルとミドル・テンプルが入った。本部の近くには、十二世紀に建てられた円形のテンプル教会があり、フリート街とストランド街がぶつかるところには、ウェストミンスター地区からシティーに入るための門、テンプルバーが設置されていた。

　ロスリンがサンクレール家の領地になってから、この著名な一族のメンバーは、十字軍のアンリ・ド・サンクレールの妻ロザベルを除く全員がロスリンに葬られた。ロザベルは、ロスリンの沖合いで溺死して一族に忘れえぬ悲しみを残し、それを十九世紀の詩人ウォルター・スコット卿が詩にした。『最後の吟遊詩人の歌』でスコットは次のように謳っている。

シンクレアの者は、みなそこに葬られた。
ろうそくの炎、祈り、鐘の音に送られて。

だが、磯の洞が鐘声を鳴らし、
吹きすさぶ風が葬送歌を唄う。
うるわしのロザベルのために。

ロスリンのサンクレール男爵家は早くから、スコット人の貴族のなかでも最高位に位置づけられ、代々の国王からいちばんの盟友とみなされた。十三世紀のサンクレール家当主ウィリアム・ド・サンクレール卿は、エジンバラ、ロジアン、リンリスゴー、ダムフリーズ各州の州長官を務めると同時に、ギャロウェーの任命司法官にもなり、さらにアレグザンダー三世から、スコットランド皇太子の養父にも選ばれた。

その子孫で同名のウィリアム・ド・サンクレール卿は、一三二九年にロバート・ザ・ブルースが死去すると、その心臓を銀の小箱に納め、ジェームズ・ダグラス卿とふたりの騎士とともにスコットランドを発った。一行はブルースの心臓をエルサレムに埋葬する予定だったが、スペイン南部のアンダルシア地方にさしかかったとき、ムーア人の騎馬隊に鉢合わせしてしまう。万事休すというわけで、四人の騎士は勝ち目のない戦いを挑み、見事な最期を遂げた。騎士たちの勇気に感銘を受けたムーア人は、銀の小箱をスコットランドに返し、ブルースの心臓はのちに、メルローズ大修道院に葬られた。

一四四六年にロスリン礼拝堂の建築に着手したのは、非業の死を遂げたこのウィリアムの子孫で、ケースネス伯爵、およびスコットランドの大提督にして大法官のウィリアム・シンクレ

サンクレール家のぎざぎざの十字

アだ。サンクレール家（一三〇〇年代後半にシンクレアと改名）はこの一四四六年までに、スコットランドの王族（王家の血筋《サングレアル》）の後見人として、他にぬきんでた存在になっていた。また一四四一年には、ウィリアムはスチュワート朝ジェームズ二世から、スコティッシュ・メーソンの世襲後援者にも任命されていた。スコティッシュ・メーソンは思弁的なフリーメーソンではなく、数学と建築幾何学の応用、実践に習熟した現役の石工の団体で、ウィリアムはこのメーソンを通じて、スコットランドでいちばんの名匠および名建築家を、礼拝堂の建設に召集することができた。礼拝堂はまず基礎の敷設に始まって、一四五〇年には本格的な建築が開始され、一四八六年、すなわちウィリアムの息子オリヴァーの時代に完成した。もともとは大きな協同教会になるはずだったが、礼拝堂以外の建物は、いまも基礎部分を見てとることができるものの、結局建設されずじまいだった。

時代を経たにもかかわらず、礼拝堂の保存状態はすばらしく(とはいえ、現在は全面的に修復工事がおこなわれている)、いまも日常的に使用されている。建物は横十・七メートル、縦二十一メートルで、屋根の高さは十三・四メートルある。壁と天井を埋め尽くした石の彫像が、聖書の物語を生き生きと再現する一方で、フリーメーソンのシンボルやテンプル騎士団の図像もあちこちに散りばめられている。剣や製図用コンパス、こて、直角定規、大槌が、ソロモン神殿を表すさまざまな象徴とともに、いたるところに見られるのだ。視覚的にも精神的にも、ほかにない刺激的な経験ができるので、ロスリン礼拝堂には観光客が引きも切らずにやってくる。歴史家であり伝記作家でもあるアンドリュー・シンクレアが、先ごろロスリンとシンクレア家の歴史についての著作を上梓した。そこには、シンクレア家の船隊が一三九八年、すなわちクリストファー・コロンブスがアメリカ大陸を〝発見〟する一四九二年よりずっと昔に、すでに大西洋横断航海をおこなっていたことが詳述されている。実際ロスリン礼拝堂には、さまざまなアメリカ原産トウモロコシの穂軸の彫刻が見られ、この説を裏づけている。

ユダヤと秘密の知識に関する彫刻以外にも、ロスリン礼拝堂にはキリスト教にまつわる数々の挿話が石の彫刻で表現されていて、キリスト教のメッセージをも伝えている。また、イスラム教の要素も随所に見られるうえ、彫刻は全体として、からみつく蛇や竜《ドラゴン》、森林樹がつくる異教の枠組みのなかに納められ、不思議な雰囲気をかもし出している。柱とアーチを飾る石の葉群れのそこここから野蛮な顔をのぞかせているのは、不変の大地の力と、誕生から死に至るまでのライフサイクルを象徴する〝緑の男《グリーン・マン》〟だ。そしてこれらの柱やアーチは、果物や薬草、木の葉、スパイス、花、つる植物やその他〝楽園〟を象徴する植物を密に彫り込んだ、彫刻の太い帯に縁どられている。おそらく、隅々に至るまでふんだんに装飾がほどこされているという点で、ロスリン礼拝堂をしのぐ建造物はスコットランドには見あたらない。とはいえ、精巧に作られた彫像のどれをとっても、芸術のための芸術と片づけることはできない。どの彫像にも意味があり、隣り合う像は、意味のうえで深い関連性がある。したがって礼拝堂内は一見すると、多義的でつかみどころがないように見えて、ほとんど魔術的とも呼べる調和に満ちている。サンクレールという名は、〝聖なる光〟を意味するラテン語 Sanctus Clarus に由来する。

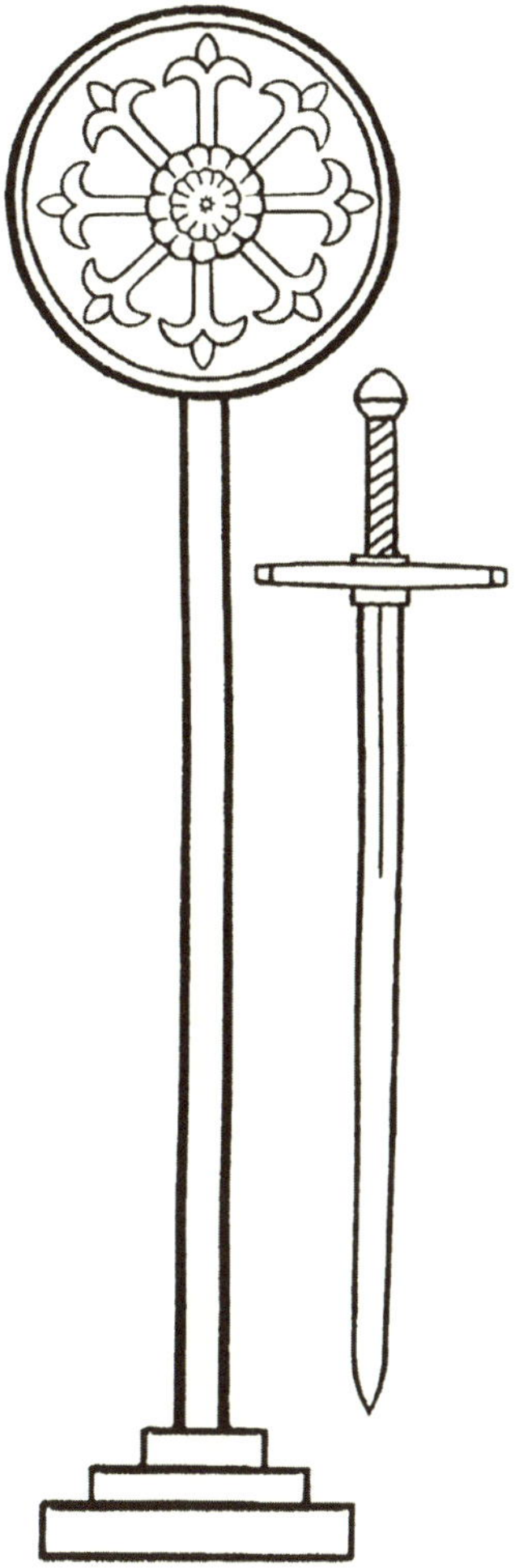

聖杯の剣とカリス（杯）

何にもましてロスリン礼拝堂は、あふれる図像のなかで神秘の探求をおこなう〃聖杯の礼拝堂〃の大本山となっている。テンプル騎士団は聖杯家族《グラアル・ファミリー》の守護者の役目を持ち、銀地に、縁がぎざぎざの黒い十字架を描いたサンクレール家の盾形紋章は、この紋章を身につけた者が、聖杯の騎士であることを示す。ロスリンに限らずスコットランドでは、杯の部分を真上から描いた、脚の長いカリスの図像《エンブレム》が、聖杯の騎士の墓や壁に刻まれる。杯の内部には、フラ＝ダ＝リのデザインを組み込んだ薔薇十字が描かれ、これはこの〃管と子宮【訳注：カリスの足と杯の部分】〃が、王家の血筋を伝えることを意味する。

運命の石

聖杯騎士とテンプル騎士は、スチュワート聖杯《サングレアル》王家の守護者に定められただけでなく、運命の石（スクーン石）の保護者にもなった。スコット人の宝物のなかでも最も神聖なこの〃運命の石〃は、もともと紀元前五八六年ごろに、ユダ王国からアイルランドにもたらされたものを、ダルリアダ王国の初代の王ファーガス・モル・マク・エルクが五世紀にアイルランドからスコットランドに運び込んだものだ。スコット人の崇拝の的であるこの石は、聖油を注がれた〃契約の石〃とされる聖遺物で、ベテルの地でヤコブがこれを枕にまどろみ、先端が天に達する階段を夢に見たことから、〃ヤコブの枕〃（創世記二十八章十八節〜二十二節）としても知られている。夢のなかで神はヤコブに、彼の子孫が王家の血筋、つまり、いずれダビデ王の系統につながる血筋を生むことを約束した。

やがて、バビロニアのネブカドネツァルによる侵略にたびたび苦しめられるようになったユダ国は、ヨシヤ王の息子でダビデの直系の子孫であるマタンヤを王に立てた。マタンヤは王名をゼデキヤとし、紀元前五九八年にはエルサレムの王に即位する。しかしその十二年後、エルサレムはネブカドネツァルの手に落ち、ゼデキヤは捕囚としてバビロニアに連行されたうえ、両目をつぶされた（エレミヤ書三十九章六〜七節、五十二章十〜十一節）。ゼデキヤの息子たちはみんな殺されたが、娘のタマルは、エルサレムの大祭司ヒルキヤの息子である預言者のエレミヤにともなわれ、エジプトからスペインを経由してアイルランドに逃れた。その際エレミヤは〝契約の石〟をアイルランドに持ち込み、これがのちにリア・ファール、すなわち〝運命の石〟として知られるようになる。

タマル王女（テアマル、またはテア）は自分の名をとって、アイルランドのハイ・キングが君臨する地をタラと名づけた。王女はスキティア王子のエイル＝アムホンと結婚した。のちにハイ・キングとなるイリアルはエイル＝アムホンの息子であり、またウガイン・マルはその子孫だ。これ以降、イリアルの後継者は一千年以上にわたって運命の石の前で即位した。アイルランドのこの血筋はその後スコットランドに伝わり、そこではユダ王国の聖遺物が、ダルリアダの王家に受け継がれた。後世、ケネス・マカルピン（ケネス一世、八四四〜八五九年）がスコット人の王国とピクト人の王国を併合した際、運命の石はスクーン大修道院に移された。ウィリアム獅子王（一二一四年死去）の時代までに運命の石は、ゼデキヤ王に始まる君主の血統の、実におよそ百世代分の即位式を見守ることになる。

一二九六年、みずからスコットランドの最高権威者を名乗ったイングランドのエドワード一世は、ある石を運命の石と勘違いし、スコットランドから盗み出した。それは実際には修道院の玄関に置かれていた砂岩の石にすぎなかったが、このとき以来その石が、ロンドンのウェストミンスター寺院にある、国王の戴冠式用の椅子の座部にはめこまれている。この粗石は、縦二十八センチ、横六十六センチで、重さはおよそ百五十二キログラムある。スコット人の初期の王たちが使用した国璽《シール》【編注：国印】には、即位の石としてこれよりはるかに大きな石が描かれているが、これも、エドワード一世がご苦労にも持ち帰った石が、中世石工の作品でしかなかったのと同様、やはり運命の石ではない。本物の運命の石は、石工の切り出した砂岩の石などではなく、もっと小さくて自然な丸みを帯びた黒い玄武岩で、〝X〟のしるしが刻まれているという。石は一二九六年にスクーンのシトー会大修道院長の手で隠匿されて以来、行方はわからない。聖コルンバ教会の言い伝えによると、修道院長は石を隠すにあたり、いつか大天使ミカエルが、祖先から受け継いだものをとり戻しに来ると預言したという。のちにローマ教会が毛嫌いすることになる〝X〟のしるしが、旧約聖書の時代から大天使ミカエル（すなわちメルキゼデク）を指すことは、ここで触れておかねばなるまい。聖ミカエルは、大祭司ツァドクという名門の血筋を受け継ぎ、これは脈々と続く救世主《メシア》の血統にも広く伝わっていく。X形十字と聖アンデレが結びつけられるのは、後世になってからのことだ。

スコット人の権力者が〝偽運命の石〟を、一度もイングランドからとり戻そうとしなかったのも当然だ。ロバート・ザ・ブルースでさえ、一三二八年のノーサンプトン条約締結の際、石の受けとりを辞退した。一九五〇年のクリスマスに、数名のスコット人の若者がウェストミンスター寺院から石を盗み出してボーダー地方を越えたが、その後石は、たいした騒ぎもなく無事ロンドンに返された。運命の石については、ダンディーの聖コルンバ教会のJ・マッカイ・ニモー牧師が次のように述べている。「スコットランドが自治を勝ちとれば、本物の運命の石はふたたび現れるだろう。それまでは、古来、われらが国民性の象徴とされてきたこちらの石を守り続けよう」。

したがって、英国議会が最近スコットランドに、石工の切り出した偽運命の石を返還したが、これはなんの意味ももたらさなかった。しかも、たとえウェストミンスターの石がスコットランド人の民族性を象徴していると認めたにしても、石の所有権までスコットランド人の手に返されたわけではない。将来、戴冠式がおこなわれる際には、ウェストミンスター寺院に返すことを条件に、王室職員がロンドンでなくスコットランドで保管しているだけのことだ。要するに、石はいまエジンバラ城に展示されているが、これは、スコット人の眼前に、イングランドに隷属させられてきた歴史を物語る記念の品を突きつけることで、エドワード一世のスコットランドに対する高圧的な考えかたを、公然と永らえさせる実にむなしい行為と言えよう。

ジャンヌ・ダルク

ロスリン礼拝堂の建設が進められていた一四〇〇年代、プリウレ・ノートルダム・ド・シオン（シオン修道会）の総長《グランド・ヘルムズマン》はルネ・ダンジューだった。ルネは、バール、プロヴァンス、ピエモンテ、ギースの伯爵で、カラブリア、アンジュー、ロレーヌの公爵でもあった。また、ロレーヌのゴドフロワ・ド・ブイヨンの末裔でもあったため、名義上、エルサレムの王の称号も継いでいた。プリウレ・ノートルダム・ド・シオンの総長の肩書きは、ルネの娘ヨランダが受け継ぎ、その後継者には、ボッティチェリやレオナルド・ダ・ヴィンチが名を連ねている。ルネのもうひとりの娘マルグリッドは、イングランド国王ヘンリー六世に嫁いだ。

　クリストファー・コロンブスを初めて船の指揮官に起用したのも、ロレーヌ十字を広く世に知らしめたのも、このルネ・ダンジューだった。水平の横木を二本持つロレーヌ十字は、〝自由フランス〟を表す永遠のシンボルであり、第二次世界大戦中は、フランスの対独抵抗運動《レジスタンス》の旗印として使われた。ルネの貴重な所有物のなかに、マルセイユで手に入れたというエジプト製の、赤い見事なクリスタルの杯がある。イエスとマグダラのマリアの結婚式で使われたというわくつきのこの杯には、のちに次のような銘が刻まれた。

　この杯にてよく飲む者は神の御姿を目にし、ひと息に飲み干す者は、神とマグダラのマリアの御姿を目にする。

ルネ・ダンジューの書いた文芸作品『戦いと騎士団と王の政《まつりごと》』は、今日もその翻訳版が、ウィリアム・シンクレア卿の蔵書のなかのロスリン＝ヘイ写本に保存されている。これはスコットランド語で書かれた、現存する最古の散文の作品であり、オーク材に革張りを施した表紙には、「イエス、マリア、ヨハネ」と記されている。メルローズ大修道院にもこれと同様の、「イエス、マリア、聖ヨハネ様」と読める石工の銘が残っている。

イエスの〝愛する弟子〟聖ヨハネは、聖杯騎士団とテンプル騎士団から大いに崇められた。エルサレムの聖ヨハネ病院騎士団と、後世の英国の聖ヨハネ救急協会が設立されたのは、この聖ヨハネにあやかってのことだ。新約聖書のヨハネによる福音書が処女懐胎に一切言及せず、イエスをダビデの子孫とのみ記しているのには大きな意味がある。もっと意義深いのは、新約のヨハネによる福音書だけが、歴史的に重要なカナの婚礼に言及している点だ（ヨハネによる福音書二章一～十一節）。ロスリン写本で、グノーシス派の蛇と聖杯の図柄が聖ヨハネの象徴に使われている点も興味深い。

ルネ・ダンジューの仲間のひとりが、かの有名なオルレアンの乙女、ジャンヌ・ダルクである。ジャンヌは一四一二年に、バール公国ドンレミ村の農夫の娘に生まれた。その翌年、イングランドの君主のなかでも、おそらく最も権力欲の強いヘンリー五世が国王に即位した。長い年月のうちにいつのまにか、愛国のヒーローのイメージを与えられたヘンリーだが、彼に仕えた貴族からは、冷酷無慈悲な戦争屋と評された。即位したころには、プランタジネット朝のフランスに対する戦争は鎮静化していたが、ヘンリーはエドワード三世の主張を蒸し返して、フランスの王位継承権を申し立てることにした。つまり、一世紀も昔のイングランド国王エドワード三世が、フランスのフィリップ四世の娘の息子にあたるという血筋をよりどころにフランスの王位を主張したのだ。

重騎兵二千人、および射手六千人から成る長弓隊を引き連れ、ノルマンディーに上陸したヘンリー五世は、またたくまにルーアンに侵攻し、一四一五年にはアジャンクールの戦いでフランス軍を打ち破った。その後、トロワ条約でフランスの摂政に宣せられたヘンリーは、淫乱王妃の異名を持つフランス王妃イザボーの後ろ盾を得て、王女のカトリーヌ・ド・ヴァロアを妃に迎え、義弟となった王太子シャルル（妻はルネ・ダンジューの姉マリー）を、王位継承者の座から追い落としにかかる。しかしその目論見は、二年後にヘンリーが急逝することで水泡と化し、これと前後してフランス王シャルル六世も死去する。イングランドでは、ヘンリー五世の、まだ乳児の息子が即位をし、叔父のベッドフォード公爵とグロスター公爵がフランスの最高君主となった。フランスの国民は、将来の展望に多少は不安を覚えただろうが、絶望するには至らなかった。神の声を聞いたジャンヌ・ダルクが、彗星のごとく登場したのだ。一四二九年、ジャンヌはドンレミ村近くのヴォークールールの砦に行って守備隊長に会い、聖ミカエルから、オルレアンをイングランド軍から解放せよとの命を受けたと告げた。

　十七歳のジャンヌは、王太子の義兄であるルネ・ダンジューにつきそわれてシノンの宮廷に向かった。ロワールのシノン城に入ったジャンヌはお歴々を前に、侵略者からフランスを救えという神託を受けたと、声高らかに告げた。王室はいったんは、軍を率いて参戦するというジャンヌの望みを退けたが、ルネ・ダンジューの母親で王太子の義母にあたるヨランダ・ダラゴンがジャンヌを支持すると、誉高いスコットランド近衛隊《スコッツ・ロイヤルガード》と、当代きっての名将を含む兵士七千人以上の部隊をジャンヌに預けた。ルネ・ダンジューの助けを借りて、ジャンヌは見事に部隊を指揮し、オルレアンの包囲を解いて駐屯していたイングランドの軍を打ち破った。その後数週間のうちにフランス軍はロワール谷をとり戻し、一四二九年七月十七日、シャルル王太子はついにランス大聖堂で、シャルトルのルニョー大司教から王位を授かった。

輝かしい成功から一年もしないうちに〝オルレアンの乙女〟は、イングランド軍の手に落ちたパリを包囲攻撃中のところを捕らえられた。ベッドフォード公爵の手配により、ボオヴェイ司教ピエール・コーションがジャンヌの裁判をおこない、いったんは水とパンのみによる終身刑が言い渡される。しかし、看守から暴行を受け抵抗したジャンヌを、司教は恩知らずの魔女と断じ、それ以上裁判にかけることなく、一四三一年五月三十日、ルーアンのオールドマーケット・スクエアで生きたまま火あぶりにした。

王太子のランスでの戴冠式のとき、ロレーヌの勇敢な田舎娘は、「イエス、マリア」と記された、いまや知らぬ者のないあの軍旗を手に、新しい王のそばに立った。グラストンベリー礼拝堂の聖石にも同様に「イエス、マリア」と刻まれており、ロスリン＝ヘイ写本にも、聖ヨハネの名とともにイエスとマリアの名が記され、メルローズ大修道院にも同じ名前が刻まれている。これらはすべて、イエスとマグダラのマリアの結婚と、永《とこしえ》に続く聖杯の血筋を暗示している。

コロンブス到達前のアメリカ

クリストファー・コロンブスが、ルネ・ダンジューから経済的支援を受けたことは先にも述べた。もうひとり、コロンブスの後援者の名を挙げるなら、メディチ家などの名家と深いつながりがあったレオナルド・ダ・ヴィンチだ。とはいえコロンブス自身の家族関係には、一般に歴史書が語るより、はるかに多くの物語が隠されている。もちろんコロンブスは、公式に認められたアメリカ大陸の発見者だが、ロスリン礼拝堂の彫刻群に明らかなように、アメリカ大陸に航海したのは、彼が最初ではなかった。

コロンブスは、一四五二年にイタリアのジェノヴァに生まれた。長じてマデイラ諸島のポルト・サンクト島総督に仕え、一四七八年には総督の娘フェリパ・ペレストレロと結婚した。その後、大西洋を西に航海すればアジアに着くという発想で、ポルトガルの宮廷に探検航海の資金援助を願い出るが、国王のジョアン二世はこれを退けてフェルマン・ダルモと契約し、コロンブスの構想に従った探検をおこなわせる。

コロンブスは次に、スペインの君主、アラゴンのフェルナンド二世とその王妃、カスティーリャのイザベル一世に資金援助を願い出たが、ちょうどポルトガル船による探検がおこなわれている最中で、ここでもふたたび、コロンブスの願いは退けられた。一四九二年、新しい陸地を発見できないままダルモが帰国すると、コロンブスはもう一度、フェルナンド二世とイザベラ一世に謁見して、今度は援助を勝ちとった。一四九二年八月三日、コロンブスは三隻の小さな船、ニーニャ号、ピンタ号、サンタマリア号で船隊を組み、パロスの港を出港した。

八カ月後、コロンブスはバルセロナに戻ってきたが、船には、期待された東洋の絹も香辛料も積んでいなかった。その代わり、真珠やめずらしい果物、黄金を携え、風変わりな鳥を連れた茶色い肌の原住民六人が乗っていた。コロンブスはついに、海の向こうにすばらしい〝新大陸〟を発見したのだった。教皇は、豊かなこの島々をスペインの領土と宣言したが、新大陸がアメリカと呼ばれるようになるまで、あと五年待たねばならなかった。その名は、一四九七年に南米大陸への航海を成功させたフィレンツェの海洋探検家、アメリゴ・ヴェスプッチにちなんでつけられた。

帰国したコロンブスは、ウォトリング島（現在のバハマ諸島サンサルバドル）に上陸したと語った。ほかにもイスパニョーラ島（現在のハイチおよびドミニカ共和国）とキューバにも訪れていた。フェルナンド二世とイザベル一世は大いに喜び、彼らの英雄にスペイン宮廷で椅子に座ることを許した。二度目（一四九三〜一四九六年）の航海でコロンブスは、グアドループ、アンティグア、プエルトリコ、ジャマイカを訪れ、一四九八年の三度目の航海では、航路をトリニダードと南米大陸に伸ばした。その後一四九九年には、植民地の内政に口をさしはさむコロンブスにハイチの入植者が反乱を起こし、結果として入植地にはスペイン人の新しい総督が派遣され、コロンブスは鎖につながれてヨーロッパに送還された。一五〇二年から一五〇四年の最後の航海では、コロンブスはホンジュラスからニカラグアの沿岸部の探検をおこなった。しかし栄光の時期は終わり、彼はその二年後に、バリャリードで貧困のうちに死亡する。遺体はセビリアに埋葬されたのち、一五四二年に遺骨がとり出され、イスパニョーラへ運ばれた。

海事史のこの心躍る一ページは、誰もがよく知るところだ。あまり知られていないのは、新世界発見が偶然の産物ではなかったという事実である。コロンブスは、詳細な航海用海図で装備を固めて港を出た。この海図は、それまでの大西洋横断航海で作成されたもので、それが真正であることは、一三九八年にアメリカに船で渡った先祖を持つ、ジョン・ドラモンドがスペイン宮廷で保証した。ジョン・ドラモンドは、パースのドラモンド伯爵家と縁続きで、伯爵家には、ジョンが一四九二年に、フェルナンド二世とイザベル一世に謁見したという記録が残っている。コロンブスもドラモンドも、かつてはマディラ島に住んでいた。ドラモンドの父親のジョン（・ザ・スコット）・ドラモンドは、のちにコロンブスの義理の父親となるバーソロミュー・ペレストレロとともに、一四一九年にマディラ島に移住した人だった。

ジョン・ザ・スコットの父は、スコットランドの最高法官を務めたスタブホール領主ジョン・ドラモンド卿で、その妹のアナベラは、スコットの王、スチュワート朝ロバート三世に嫁いだ。ドラモンド卿自身はエリザベス・シンクレアを妻に迎え、その甥ウィリアム・シンクレアは、のちにロスリン礼拝堂を建設する。エリザベスの父親で、ロスリン男爵およびオークニー伯爵のヘンリー・シンクレアは、コロンブスが登場するほぼ一世紀も前に、大西洋横断の探検航海を成功させたが、このときでさえ初の快挙というわけではなかった。

ヘンリー・シンクレアのノルウェー人の祖先は、十世紀もの昔から大西洋を探検していた。ホークの『アイスランド・サーガの書』（現存する写本は一三二〇年版）には、レイフ・エリクソンが九九九年に大西洋を渡って、〝すばらしき葡萄の地〟に至ったことが詳述されている。実際ヘンリーの時代に、オークニーの水夫が西に海を渡って、陸に漂着するということがあった。水夫たちの報告によると、エストーティランドと呼ばれるかの地では、原住民はトウモロコシを育て、毛皮と硫黄をグリーンランドに輸出していた。

エストーティランドとは、現在のカナダのノヴァスコシア（ニュー・スコットランド）を指す。オークニーの水夫たちは、ドロージオと呼ばれる南の国にも訪れた。彼らの報告によれば、ドロージオでは吹く風も熱く、原住民は裸で暮らしているが、人々は非常に洗練されていて、金は豊富に採れ、都市もあって神々を祀《まつ》る神殿がいくつもあるということだった。はるかな国にまつわるこうしたさまざまな風説は、海洋探検家たちがカリブ諸島からフロリダを経てアステカ・インディアンの国メキシコに到達したとき、すべて真実と確認された。ところが、昔の発見はどれも完全に無視され、スペインの征服者《コンキスタドール》エルナン・コルテスが一五一九年にやってくるまで、アステカ帝国に足を踏み入れたヨーロッパ人の探検家はいないという伝説ができあがった。

一三九一年から、シンクレア家の船隊はアントニオ・ゼノが率いた。ゼノ家はヴェネチアの旧家のひとつで、八世紀から有名な提督や大使を輩出していた。ヘンリー・シンクレアは、ゼノとともに大西洋横断航海に出る前、娘のエリザベス、およびその夫のジョン・ドラモンド卿と契約を交わした。一三九六年五月十三日にロスリンで封印された証書によると、探検航海でヘンリーとその息子に万一のことがあれば、ノルウェーにあるヘンリーの領地は、ジョンとエリザベスが相続すると定められていた。

一三九八年五月、シンクレア家の船隊は出港した。船隊は十二隻の軍船から成り、乗船した百人の水夫のなかには、以前にも同じ航路で海を渡った者がいた。最初の寄港地はノヴァスコシアで、船隊はファンディ湾のブロミドン岬に錨を降ろした。今日でもミクマク族には、偉大なる神グールズキャップが多くの船を従えて現れ、星の読みかたや網を使う漁法を伝授したという言い伝えがある。ヴェネチアへの帰路ゼノは、かの地でピッチが海に流れ込み、山がふもとから噴煙を上げるのを見たと記した。確かにノヴァスコシアは石炭の埋蔵量が豊富で、ピッチの層が露出した沿岸部では、アスファルトのうえをコールブルック川が流れている。あたりにはスモーキー岬の丘陵地が広がり、そのふもとからは、油分の多い地下残留物のために、しょっちゅう煙があがっている。一八四九年、ブレトン岬のルイスバーグでは、旧式の大砲が放置されているのが発見された。それはゼノの使ったヴェネチア式の大砲で、コロンブスの時代にはまったくの時代遅れだったものだ。

シンクレアは、ノヴァスコシアを南下してドロージオの地を目指した。マサチューセッツとロードアイランドに、その航海の証拠が残されている。まずマサチューセッツのウェストフォードでは、この地に眠るヘンリーの騎士の墓標が、いまも判別できる。岩棚に、約二・一メートルにわたって多数の小さな穴がうがたれ、十四世紀の騎士の墓像が描かれているのだ。騎士は兜と鎖帷子《かたびら》、外衣《サーコート》に身を包み、一三〇〇年代の剣とペントランド家の紋章の入った盾を手にしている。騎士の剣は、死んだ騎士を愛用の剣とともに埋葬する際の習慣どおりに、つか元で折られている。聖杯伝説でも、パーシヴァルの前に置かれた剣がこれと同様に、つか元で折られていた。

ロードアイランドのニューポートには、中世に建造された二階建ての塔が、良好な状態で残っている。塔の建築様式（円のなかの八辺形で、各辺にひとつアーチを持つ）は、円形のテンプル教会をモデルとしていて、同様の遺跡には、十二世紀に建造されたオークニーのオーファ礼拝堂が挙げられる。ニューポートの塔はスコットランドに特有の建築物で、ヘンリー・シンクレアの娘が埋葬されたコーストファインにあるセントクレア教会も、これと同じ様式だ。ロードアイランドは公式には、一六三六年に〝設立〟されたことになっているが、その設立も偶然の出来事ではなかった。ロンドンの公文書館には、その四年前の日付で、ニューポートの〝丸い石の塔〟に言及した文書が保存されている。それによると塔は、その地域を植民地化した、エドマンド・プローデン卿の兵士たちの砦に利用されていたらしい。

シンクレア船隊による探検から五十年以上経ってクリストファー・コロンブスが誕生し、ヨーロッパで〝地理上の発見の時代〟が幕を開ける。ポルトガルでコロンブスは、ヴァスコ・ダ・ガマやバーソロミュー・ディアス、フェルディナンド・マゼランといった有名な同時代人にならい、テンプル騎士団の後身〝キリストの騎士団〟に入団した。また、〝船の騎士団〟としても知られる〝三日月《クレセント》の騎士団〟(ルネ・ダンジュー創設)にも属していた。〝三日月の騎士団〟は、特に航海の諸問題をテーマにしたが、地球は丸いと主張したために教会に糾弾されるはめになった!

ジョン・ドラモンドらのおかげで、コロンブスは自分がどこを目指しているか、正確に把握していた。そしてそれは、アジアなどではなかった。というのも、テンプル騎士のあいだでは、大西洋のかなたに広がる〝新世界〟の地図がすでに存在していたからだ。とりわけコロンブスが冒険航海に出た一四九二年は、新しい地球儀が完成した年で、コロンブスはそれを手に入れられる立場にあった。地球儀を制作したのは、ニュルンベルクの地図製作者マルティン・ベハイムで、この男はジョン・アフォンソ・エスコルシオと組んで海洋事業に乗り出していた。そしてこのジョン・アフォンソ・エスコルシオこそ、本名ジョン・ドラモンドでよく知られた人物だった。

第二十一章　異端と異端審問

魔女の鉄槌《てっつい》

テンプル騎士団とその支持者への迫害に幕が下りてからも、ローマ・カトリック教会異端審問所は、フランスとイタリアを中心に活動を続けた。異端審問官は、基本的にドミニコ会修道士とフランシスコ会修道士のなかから直接、教皇が選任した。審問官に付与された権力たるや相当なもので、やがて彼らは、残虐非道の審理で広く恐れられるようになる。一二五二年に、審理に拷問を用いてよいとする教勅が出ると、裁判はすべて秘密裏におこなわれるようになった。審問にかけられ、異端を自白した者は、投獄され、火あぶりの刑に処せられた。ところが自白しない者たちも、審問官に従順でないという理由で、まったく同じ刑罰を与えられたのである。

十五世紀に入ると異端審問は下火になったが、スペインでは逆に、一四八〇年から勢いを増した。このときスペインの審問官の怒りは、おもにユダヤ教徒とイスラム教徒に向けられた。

審理を束ねる大審問官には、フェルナンド二世とイザベラ女王の首席聴罪司祭で、情け容赦のないドミニコ会修道士のトマス・デ・トルケマダが任命された。しかしスペインの異端審問所は、活動を開始した数年後には、ユダヤ教徒やイスラム教徒とは別の背教者集団に目をつけるようになる。結果としてこの集団に対する弾圧は、二世紀以上にわたり、スペインばかりかヨーロッパのキリスト教国全体で続けられた。弾圧の餌食となった、疑うことを知らないこの人々は、「ローマ教会の打倒を企てた異端者のなかでも、最も悪魔に近い連中」と評された。

一四八四年、ドミニコ会修道士のハインリヒ・クラマーとヤコブ・スプレンガーが『魔女の鉄槌《てっつい》』と題する著作を出版した。有害だが想像性豊かなこの作品は、黒魔術師が社会に与える、身の毛もよだつような新たな脅威を列挙し、微に入り細に入り説明している。説得力のあるその内容に、教皇インノケンティウス八世は、出版から二年後には、神をも恐れぬ魔術師の弾圧にお墨つきを与える大勅書を発布した。〝邪教〟と非難された魔術は、たいていは農民層に受け継がれた異教の祭儀や豊穣の儀式にすぎず、この時点まで、実は誰に対しても脅威などではなかった。魔術といっても具体的には、自然が宿す神の力への太古からの信仰心、とりわけアルカディアの牧神、いたずら好きの神パンへの信仰の名残り以外の何ものでもなかった。パンは昔から、山羊の角を生やし、山羊の耳と脚を持つとされてきたが、かの独創的なふたりのドミニコ会修道士は、〝葦笛を吹く、角の生えた者〟に対し別の認識を持っていた。パンがやがて魔王その人とみなされるようになったのは、ふたりが著作のなかでせっせとパンのイメージを貶《おとし》め、その裏づけに出エジプト記の契約の書から次の文章を引き合いに出したためだ。

女呪術師を生かしておいてはならない。
すべて獣と寝る者は必ず死刑に処せられる（出エジプト記二十二章十七節〜十八節）。

そして聖書の原義をねじ曲げることで、ふたりはパンの崇拝者をまず魔女として糾弾し、次に、家畜と享楽にふけるおぞましい輩と非難した。異端審問官は全員が男性だったので、魔術は女性が持つ、飽くなき性的放埒さ（！）による堕落の表れと決めつけられた。

英語の「witch（魔女）」は、月の三女神（処女、女、老婆）を象徴する木「willow（柳）」の、つづりの異なる古い語形から派生した単語だ。柳の木の崇拝者は、ウィリアム・シェイクスピアが『マクベス』に活写した〝三人の魔女〟のように、将来を見通す霊力を持つとされ、ローマ教会はこれを根拠に、呪術師や運勢占いのジプシーのおこなうあらゆる業を、〝魔術〟という大まかな分類にひっくるめた。実際、〝魔術〟の新たな定義はあまりに漠然としていたので、教会の正当教義に従わない者は誰でも、魔術の使い手ではないかと疑われることになった（このテーマについては、拙著『指輪物語の王国』に詳しい）。

法廷裁判を回避する手段として魔女狩りの網はしだいに拡げられ、一般に反体制派とみなされた人物にもそのなかに絡めとられた者がいたが、組織的な魔女狩りの対象となったのは、主として無防備な農民層だった。不運にもその犠牲になった者は、夜の乱痴気騒ぎで悪魔崇拝をおこなっただの、悪霊と交わっただのというあらぬ罪を着せられ、絞首刑か溺死刑か火あぶりの刑にされた。一方、本物の奥義の技とヘルメス哲学の知識を身につけた特権階級の人々は地下に潜り、それぞれの集会所や同志の集まりで、ひそかに作業をおこなわねばならなかった。

新教徒《プロテスタント》の反乱

魔女狩りが始まったのとときを同じくして、ドミニコ会修道士のヨハン・テッツェルは、ヴァチカンの金庫を満たすべく、実入りのいい方法を考えついた。それは、罪を許されたいと願う人の心につけこんだ奇策で、従来、罪を償うには断食やロザリオの祈りを繰り返し唱えるなど、さまざまな悔い改めの行為に励むしかなかったが、テッツェルの考えでは、伝統的な懲罰行為は免罪符——罪が許されたことを認める証書——を買うことで帳消しにすることができた。免罪符の売買が教令で認められると、まもなくその売上が、ローマ教会の収入の大半を占めるようになった。

何世紀ものあいだ、正統派の聖職者とその関連の修道会は、堕落の一途をたどる強欲なエリート聖職者たちから課せられる数々の無理難題に苦しめられてきた。それまでは、もてる忠誠心の限りを尽くしてヴァチカンの発する命令に従ってきた彼らも、さすがにキリストの救いを金で売買するのには我慢できなかった。というわけで、免罪符の売買に公然と反対する者が現れた。一五一七年十月、ドイツのヴィッテンベルグ大学で神学の教鞭をとる聖アウグスチノ修道会修道士が、ローマ教会に対する正式な抗議行動として、地元の教会の扉に抗議文を張り出した。これがのちに、西方教会を永遠に二分する運動へと発展することになる。教皇から譴責《けんせき》文書を受けとったこの男は公衆の面前でそれを焼き払い、その代償に破門を言い渡された。男の名はマルティン・ルター、彼とともに教会に抗議《プロテスト》した者たちは、プロテスタントと呼ばれるようになった。

ローマ教会の活動の、ごく一部を改革しようとするルターの試みは、実際には大規模な宗教改革運動へと発展し、ヴァチカンの支配を受けない、新たなキリスト教団体の誕生につながった。ルターの抗議活動に続いてイングランドで起こった宗教改革は、教皇の権威を正式に否定し、教皇の代わりにチューダー王朝ヘンリー八世が、イングランド教会の首長に納まるという成果をもたらした。やがてここから、エリザベス一世を首長に頂く、独立したイングランド国教会が誕生する。エリザベスはこのことにより、一五七〇年にローマ教会から破門された。わずかながら教皇の支配を残していたスコットランドも、プロテスタントの宗教改革家ジョン・ノックスの影響により、一五六〇年に正式に教皇と決別した。

マルティン・ルターのローマ教会への抗議が、大きな影響力を持ついくつかの組織に支持されたのは偶然ではない。なぜなら、ローマ教会は高位の人をたくさん敵に回していたからだ。テンプル騎士団や、異端審問で奥義の技を糾弾され、地下に潜ったヘルメス哲学の団体など、やっかいな敵がいたわけだ。実を言えば、人々の支持が集まったのは、ルターの力量によるものではない。国境の向こうからの教皇の有無をいわさぬ支配を切り崩そうとして、すでに高まりつつあったうねりのような動きに、ルターのほうが都合よく利用されたというのが真相だ。

ローマ教会と決別したプロテスタントには、自由思想を尊ぶ民主主義的な空気が育まれた。

これがのちにイングランド王立協会のさまざまな業績を生み、ルネサンスがもたらした知的、文化的理念に命を吹き込んだ。実際、一五〇〇年から一五二〇年にかけての盛期ルネサンス運動の時代は、政治的野心に満ちた司教たちに叛旗をひるがえすルターたちにとって、うってつけの舞台となった。それは、〝個人主義〟と〝人間の尊厳〟の時代であり、レオナルド・ダ・ヴィンチ、ラファエロ、ミケランジェロが古典芸術のもつ調和の美を極限まで高め、異教志向の学識がもつ刺激がふたたび高まって、科学と建築様式と意匠《デザイン》の分野で新しい領域が開拓された華やかな時代だった。とりわけ宗教改革運動は、帝国ローマの至高の支配を再興しようとする野望を、ことごとく打ち砕いた。

カトリック教会がメロヴィング家から王位を剝奪した八世紀以降、ヨーロッパには、作り物の〝神聖ローマ帝国〟を通じて過去の栄光をとり戻そうとする計算ずくの動きが始まっていた。しかしこれは、宗教改革によってヨーロッパが四分五裂して頓挫する。例えばドイツは、プロテスタントが主流を占める北部と、ローマカトリックの南部に分裂した。その結果、ユダヤ教徒とイスラム教徒ばかりを迫害していたスペインの異端審問所が、迫害の対象にプロテスタントをも含むようになった。当初、プロテスタント狩りは、北海沿岸の低地帯【訳注：現在のベルギー、オランダ、ルクセンブルクが占める地域】を中心におこなわれたが、一五四二年には、すべてのプロテスタントを迫害の対象にしたローマ異端審問所が、教皇パウルス三世によって設立された。驚くまでもないことだが、プロテスタント側は武器を持って立ち上がった。

プロテスタントによる報復の矢面に立たされたのが、当時スペインと神聖ローマ帝国を支配していたカトリックの強大な一族、ハプスブルク家だ。一五八八年、スペインのフェリペ二世の無敵艦隊がイングランド海軍に大敗を喫したとき、大損害を被ったのはハプスブルク家だった。一五六八年にオランダで始まり、以後、長々と続いたプロテスタントの反乱でも、一六一八年にドイツで始まった三十年戦争――ボヘミアのプロテスタント諸侯が、当時ボヘミアを支配していたオーストリアのハプスブルク家に対して起こした戦争――でも、苦しんだのはハプスブルク家だった。ボヘミアのプロテスタント諸侯は、ハプスブルク家のフェルナンド二世ではなく、ドイツ君主だったラインのプファルツ選帝侯フリードリヒ五世をボヘミアの王に立てようとした。フリードリヒは、ユグノー派の指導者でもあったフランスのブイヨン公爵アンリ・ド・ラ・トゥール・ドーベルニュの甥にあたる人物だった。フリードリヒがボヘミアの王位を受け入れると、教皇と神聖ローマ帝国皇帝は激怒し、戦争が始まった。戦いは長引き、フランスとドイツのプロテスタント、そしてスウェーデンがボヘミアに味方して挙兵したために神聖ローマ帝国の領土はずたずたに分断され、皇帝はドイツのいくつかの州に、名ばかりの支配を残すのみになった。

一五六二年、フランスのカトリック君主にプロテスタント(ユグノー派)が叛旗をひるがえし、国内は内戦状態に陥った。戦いは一五九八年まで続き、のちに宗教戦争と呼ばれるようになる。内戦勃発当時、王座にあったのはヴァロア王家だが、摂政として政治の実権を握っていたのは、フィレンツェのカトリーヌ・ド・メディチだった。彼女は、教皇クレメンス七世の姪で、一五七二年八月二十四日に起きたあの悪名高いサン・バルテルミの虐殺の首謀者でもあった。この不幸な一日に、ユグノー派はパリだけで三千人以上、パリ以外の諸都市で一万二千人が惨殺された。ときの教皇グレゴリウス十三世はこの知らせに大喜びしたらしく、フランスの宮廷に祝い(!)の私信を書き送っている。

宗教戦争でカトリック側の旗頭となったのが、フランスの貴族ギーズ家だ。ギーズの一族はカトリック教徒同盟の指導者でこそあったが、ヴァロア統治王朝に与することはなかった。それどころか、ロレーヌ公爵家からローマ帝国皇帝カール大帝にまでつながるギーズ家こそ王座にふさわしいと主張して、ヴァロア家の王位継承権の正当性に異議を申し立てていた。これで困った立場に追いやられたのが、フランスのスコット人部隊だ。というのもスコット人部隊は、ジャンヌ・ダルクのオルレアン解放に大きく貢献して以来、スコットランド近衛隊としてヴァロア王家の精鋭護衛隊に迎え入れられていたからだ。この部隊は、カトリックにもプロテスタントにも宗教上のつながりを持たなかったが、近衛隊として正式に王室の軍隊に編入されたことで、ヴァロア王家に深い忠誠心を抱いていた。

近衛隊のジレンマは、スコットランドのスチュワート王朝ジェームズ五世がメアリー・ド・ギーズを妃に迎え、その娘メアリーがスコットランド女王の座に就いたことに端を発した。メアリーが一五五八年にカトリーヌ・ド・メディチの長子でヴァロア朝皇太子フランソワと結婚すると、哀れなスコットランド人兵士たちは、フランスの覇権をめぐる軋轢のなかで、いよいよ身動きがとれなくなった。つまり彼らは、一五五八年にはイングランド軍からカレーを奪還するために、メアリー・ド・ギーズの弟フランソワの軍の先陣として戦ったにもかかわらず、のちの宗教戦争では、ヴァロア王家への忠義立てからギーズ家に弓を引かざるを得なくなったのだ。実際スコットランド近衛隊は、ヴァロア王家には護衛隊であり、ギーズ家の本家であるロレーヌ家には、古くからの支持者であった。あらゆることを考え合わせると、近衛隊は実に、困難な状況にあった。

ぶつかり合う利害のバランスをどうとるか。近衛隊は、ヴァロア朝が断絶してようやくこの問題から解放された。フランスは一五八九年から二世紀にわたってブルボン王朝時代に入るが、この王朝に対しスコットランド近衛隊は、一切、しがらみを持っていなかった。

フランク王国成立のごく初期のころから、教皇庁行政官は、神聖ローマ帝国の勢力拡大の妨げになるような有力集団を、ことごとく排除してきた。ところが、ローマ教会にとっては思いもしない対抗勢力が、突然姿を現した。改革の波にもまれ、大衆に受け入れられやすくなった、ローマ教会の鏡像、つまり、ローマ教会と瓜ふたつの組織でありながら、ローマ教会からは独立した存在のキリスト教会だ。しかもこの対抗勢力は、ヴァチカンが封じ込めに成功したはずの、迫害の被害者や異端を宣告された者たちから支持されていた。こうして〝理知の時代〟が新たに幕を開け、〝赤い薔薇十字〟――マルティン・ルターが個人の印章《シール》に組み入れた表象――を旗印にしたプロテスタントの一派が登場した。

薔薇十字団と称せられたこの一派は、自由、平等、博愛を説いた。非道な弾圧には常に敢然と立ち向かい、このためやがて起きるアメリカ独立戦争とフランス革命の両方に、深く関与することになる。宗教改革のあと、薔薇十字団の活動により、新たな宗教上の認識が確立した。

人々は、ローマ司教による〝使徒継承〟の根拠がまったくの偽物《にせもの》で、教会がイエスの物語を故意にねじ曲げてきたことに気づいた。また薔薇十字団が、かつてのカタリ派やテンプル騎士団と同じく、ローマ教会が世に広めたどんなものより意義深い、古代の知識に精通していることも明らかになった。

こうして非難の嵐に直面したローマ教会に、唯一とることができた防衛策は、使い古しの一手、〝異端者宣告〟だけだった。カトリックの教義に逆らう者は、誰であれ痛い目を見ると、脅しをかけるしかなかったのだ。要するにローマ教会には、新たな罪状をひねり出す必要があった。いまはもう通用しなくなった異端の罪以上に重々しい罪を。そこで、どんな形であれカトリックの教義にたてつく者は悪魔崇拝者と定義され、魔術師が率いる邪悪な陰謀団が存在するという想定のもと、〝魔女の鉄槌〟異端審問所が活動を始めた。問題は、誰がその〝魔術師〟なのか、知る者がひとりもいないという点だった。そこで、魔術師を根絶やしにするために、ばかばかしくも悲劇的な、一連のとり調べと裁判が考案された。こうした動きのまっただなかで、厳格なピューリタンの一派が政治的な意図からローマ教会の戦略に加担し、イングランドとアメリカで、独自に魔女狩りを始めた。その後およそ二百五十年間で、百万人以上もの罪もない老若男女が、教会から全権を委任された魔女狩り人によって殺害された。

薔薇《ばら》十字団

一六一四年と一五年にドイツで、のちに『薔薇十字団の宣言文書』としてまとめられる二冊の小冊子が出版された。小冊子はそれぞれ『薔薇十字の名声』と『薔薇十字の信条告白』と銘打たれていた。続く一六一六年にはルター派の牧師ヨハン・ヴァレンティン・アンドレーエが、この二冊に関連した物語『化学の結婚』を上梓した。さきの小冊子も、当時プリウレ・ノートルダム・ド・シオン（シオン修道会）の役員だったアンドレーエが書いたのでなければ、彼と親しい関係にあった者の著作に違いない。これらの小冊子の出版は、〝啓蒙〟と〝ヘルメス主義的な知識の解放〟の時代、すなわち、宇宙の秘密が解き明かされる新時代の到来を予言するものだった。この数十年後、英国スチュアート朝のもとで科学的な王立協会が産声を上げたことを考えると、予言は的中したと言えるが、出版された当時、著作は寓意のヴェールに包まれていた。二冊の小冊子の中心テーマは、薔薇十字団の創設者たる謎の人物、クリスチャン・ローゼンクロイツの旅と知の習得にある。ローゼンクロイツという、明らかに薔薇十字団を示唆する名前を与えられたこの人物は、作品中はテンプル騎士団の衣装を身にまとって描かれている。

『化学の結婚』は、魔法の宮殿〝花嫁と花婿の城〟を舞台に物語が進行する。獅子の像が立ち並ぶ宮殿では、たどりついた客人を、プラトン哲学の素養を持つ廷臣たちが迎え入れる。聖杯物語にもふさわしい設定のなか、客人は処女《おとめ》ランプライターの指示で、大きな天秤に順番に乗せられる。宮殿には天の動きを知らせる時計があり、客には金羊毛が贈られる。弦楽器の妙なる調べと、高らかなトランペットの音が絶えず響きわたり、しだいに物語は〝聖なる修道会〟の騎士がかもし出す騎士道精神に染まっていく。城の地下には奇妙な碑文が刻まれた謎の墓があり、港には船団〝黄金の石〟の船十二艘が、それぞれ黄道十二宮のひとつを示す船旗をひるがえして憩っている。風変わりな結婚披露宴では、木箱に入れられ、浜にうち上げられたどこの誰とも知れぬ王女が、やはり生い立ちのはっきりしない王子と結婚することで、かつて王位を追われた王家の血筋が復活するという、思わず引き込まれる空想的な芝居が上演される。

先の二冊の著作と考えあわせれば、『化学の結婚』に暗示される聖杯《グラアル》の意味は、露骨なまでに明らかだった。そこでローマ教会は、ただちに『宣言文書』を非難することに精力を傾けた。『化学の結婚』は神話的な雰囲気を与えられているものの、物語の舞台には実在する城が使われた。薔薇十字団が物語のなかにその姿を写しとった唯一の城、それは、獅子をシンボルにしたプファルツ選帝侯、ラインのフリードリヒ王とその妃エリザベート（スコット人の王ジェームズ六世〔イングランド王ジェームズ一世〕の娘エリザベス・スチュアート）の居城、ハイデルベルク城だった。

薔薇十字団の活動は宗教改革を再燃させたが、実は薔薇十字団には、エジプトのファラオ、トトメス三世（紀元前一四六八～一四三六年）の神秘学派にさかのぼる、非常に長い歴史がある。エジプトの古い教えはピタゴラスとプラトンによって深められ、やがてこれが、イエス以前の時代にクムランを拠点に活動していた、禁欲的なテラペウタイ派を通じてユダヤの地に伝えられた。このテラペウタイ派と結びついたのが西マナセの〝サマリアのマギ〟で、これを率いていたのがグノーシス派のリーダーでもあった魔術師のシモン・ゼロテ、すなわち、終生マグダラのマリアを援助し続けた人物だった。キリストの降誕を祝って三人の代表者を派遣したサマリアのマギは、マグダラのマリアの祖父でディアスポラのエッセネ派であるメナヘムが、紀元前四四年に創設したものだ。メナヘムは祭司ハスモン家の血筋を引き、このハスモン家は、アーサー王の騎士ガウェインの聖杯物語でことに崇められる、ユダ・マカバイの一族だった。

イエスの〝愛する弟子〟ヨハネ・マルコ（別名バルトロマイとしても知られる『ヨハネによる福音書』のヨハネ）は、エジプトのテラペウタイ派に属する医術の専門家で、さまざまな治療法や癒しの術、治療薬についての知識を備えていた。このため、のちにヨハネはエルサレム病院《ホスピタル》騎士団の守護聖人に選ばれることになる。ヨハネは、ヨハネ福音書十九章二十七節に「そのときからこの弟子は、イエスの母を引きとり、自分の者のもとに連れて行った」とあるとおり、イエスが十字架上で母マリアの世話を委ねた弟子だった。欽定英訳聖書を含め、聖書のなかには「自分の者のもと（....unto his own.）」という曖昧な表現の部分に、たいていは斜字体で「家（home）」という語をつけ加えて、「イエスの母を自分の家に引きとった（....unto his own *home*）」と解釈しているものがある。しかし「家（home）」という語は、福音書の原文に付加するには適切でない。ヨハネは要するに、マリアの後見人《パラニンフォス》に指名されたのであり、ヨハネがマリアを連れて行った「自分の者」とは、テラペウタイ派の看護人たちのことだった（ギリシア語のパラニンフォス［paranymphos］とは、狭義には結婚式で花嫁を花婿のもとに導く者を指す）。

テラペウタイ派の治療師は、蛇の図柄を象徴としていた。同じ図柄が、ロスリン・ヘイ写本に含まれるルネ・ダンジュー王の著作では、（薔薇十字と聖杯を組み合わせた図柄とともに）

聖ヨハネの象徴として用いられた。グノーシス派の〝知恵の蛇〟は〝カドケウスの徽章《きしょう》〟に組み入れられ、今日では医学協会のシンボルとして世界的に使用されている。特にイエスの一家と親しくしていたヨハネは、カナでおこなわれた聖なる結婚式のほんとうの意味を理解していた。イエスが連なるダビデ王朝にははかりしれない価値があったが、マグダラのマリアに流れるハスモン家と王家の血筋にも、それに劣らぬ価値があった。マグダラのマリアこそ、もともとの十字架の聖女《ノートルダム・ド・クロワ》であり、救世主の器の担い手、光の婦人だった。したがって王家の血筋《サングレアル》を意味する薔薇十字は、必ずマグダラのマリアのカリス（聖杯）のなかに描かれるようになった。

　薔薇十字団の総長としてまず名前を挙げるべきは、イタリアの詩人にして哲学者であり、一三〇七年ごろから『神曲』の執筆にとりかかったダンテ・アリギエールであろう。ダンテの最も熱心な研究者のひとり、クリストファー・コロンブスは、スペイン宮廷ばかりでなくレオナルド・ダ・ヴィンチの支援も受けていた。レオナルドは、ルネ・ダンジュー王の〝三日月の騎士団〟の団員であり、そもそもこの騎士団は、十字軍遠征をおこなった初期騎士団の復活を願ってルイ九世が創設したものだった。もうひとり総長を務めた著名人を挙げるなら、占星術師および数学者で、エリザベス一世の諜報工作員にして個人的な相談役でもあったジョン・ディー博士である。また、法律家で哲学書の著述家でもあるセントオルバンス子爵のフランシス・ベーコンも、一六〇〇年代初頭に総長を務めた。ベーコンはスチュアート朝ジェームズ六世（イングランド王ジェームズ一世）の時代に、英国の法務長官および大法官の地位に昇った。異端審問はこの間もやむことなく続けられ、ベーコンは、カトリック教徒が大挙してアメリカに移住しそうなことに大いに頭を悩ませた。結果として彼は、一六二〇年におこなわれた、かの有名なメイフラワー号による大西洋横断航海を含めて、海の向こうでの英国の植民地建設に深くかかわるようになった。また、ベーコンの薔薇十字団の仲間には、オックスフォードの著名な医師および神学思想家で、欽定英訳聖書の英語翻訳者に名を連ねるロバート・フラッドがいた。

一三〇七年、薔薇十字団がスコットランドで正式に活動を始めた。ロバート・ザ・ブルースが数名のテンプル騎士と病院《ホスピタル》騎士を選んで〝薔薇十字の同胞修道士会〟を設立したのだ。この組織はロバートの血を引くスチュワート王家に代々継承され、英国がスチュアート朝時代に入った十七世紀には、科学的な王立協会と分かちがたく結びつくようになる。王立協会には、ロバート・ボイルやクリストファー・レン卿といった薔薇十字団員として著名な名匠や学者が名を連ねていたのだ。アイザック・ニュートン卿やロバート・フック、エドモンド・ハレー、サミュエル・ピープスら高名な学者を擁する薔薇十字団が目指したのは、学問の進展と古代の化学や数秘学、および宇宙の法則の応用だった。薔薇十字団はまた、エジプトのテラペウタイ派の理念実現を目指し、貧しい者のための国際的医療機関を作ろうとした。一八六四年のジュネーヴ条約で設立され、現在、緊急救援の分野で最も権威のある国際機関が、われわれに馴染み深い〝赤い十字〟をシンボルにしているのは、けっして偶然ではない。

チャールズ一世の時代に入ると、薔薇十字団は英国、フランス、ドイツ、オランダを含めた多くの国々で設立されていた。彼らに対する教皇の非難は、教令という形でことあるごとにヴアチカンから発令されたが、そんなものはどこ吹く風とばかりに、この時期、薔薇十字団は大きく発展する。しかしその裏で新たな敵が、この学者の友愛団に攻撃をしかけようとしていた。執念深いその活動によって、以後長きにわたって人類の霊的、技術的な進歩が阻害されることになる。ピューリタンの登場だ。

哀しいことに、たとえ、ある邪悪な政体が活動できない状態に陥っても、同じように有害な組織がそれに代わって誕生するのは、現実にはよくあることだ。ヘンリー八世のイングランドの教会がローマ教会から分裂したときも、まさにそのような状況だった。イングランドの教養ある修道士たちは、監督制のカトリック教会に特に帰属意識を持っていたわけではなかったが、ヘンリーはたちまちのうちに国内すべての修道院を閉鎖し、その土地を商人階級に売りさばいた。これと同様にヘンリーの娘エリザベス一世も、プロテスタントの英国国教会を設立するにあたって、アイルランドのカトリック教徒たちに、有無を言わさず絶対的服従を強いた。エリザベスがアイルランドのアルスターの土地をロンドンのさまざまなギルドの商人たちに売りつける一方で、土地を奪われたアイルランド人は、地主となったイングランドの商人の使用人になるか、故郷を捨てざるを得なくなった。

しばしば指摘されるように、ヘンリー八世はプロテスタントに改宗しなかった。改宗しなかったどころか、あちこちにマルティン・ルターを誹謗する文章を残している。ヘンリーの狙いはローマ教会のイングランド支部を教皇の支配から断ち切ることで、これに成功して初めて彼は、王妃キャサリン・オブ・アラゴン（スペインのフェルナンド二世とイザベラ一世の娘）を離縁し、イングランド国内の教会財産と教会の土地を意のままにできるようになった。イングランド国民にとっては悪いことに、ヘンリーの死後その改革はプロテスタント改革派会議に引き継がれた。しかしさらに悪いことに、スペインのフェリペ二世と結婚したメアリー・チューダーが、今度は国内のプロテスタントを次々に火あぶりにし始めた。〝血まみれメアリー〟が崩御したのは、いまにも大きな叛乱が起きようとするその寸前のことで、王位を継いだ異母妹のエリザベスはプロテスタントの英国国教会を設立して、国内に渦巻く一触即発の不穏な空気を鎮めた。エリザベスがアイルランドに圧政を敷いたのは、アイルランドを足がかりにしてスペインがイングランドに侵攻してくることを恐れたためだったが、目先の成果が長期的視野に立った施策に結びつくことはまれで、哀しいかな、エリザベスの暴挙に対する反発は、いまなおアイルランド人の心に深く根を下ろしている。

ヘンリーとエリザベスの改革への動機がなんであれ、ふたりの奮闘によってイングランドの商人階級は一気に台頭した。やがてイングランドの商人たちは、国際商業の覇者であるスペインを出し抜くために、オランダのプロテスタントと手を結ぶ。これにスペインのフェリペ二世は、無敵艦隊を送り込んで事態の打開を図ったが、折からの悪天候がイングランドに味方し、無敵艦隊は完膚なきまでに撃退された。イングランドはこののち、英国国教会《アングリカン・チャーチ》を舵とり役にした宗教的な独立国家として再出発したが、マルティン・ルターがローマ教会に叛旗をひるがえした一世紀以上も昔に比べると、事情は大きく変わっていた。

独自の監督制度を持つ英国国教会は、かつてのローマ教会に負けず劣らず、他の宗派に寛容でなくなっていた。スチュアート朝チャールズ一世（一六二五〜一六四九年）の時代には、国教会の教義に疑義をさしはさもうものなら、それが誰であれ完全に敵とみなされた。皮肉にもテンプル騎士団の歴史は繰り返され、薔薇十字団の科学者や天文学者、数学者、海洋探検家や建築家は、悪意に満ちたプロテスタント教会の餌食になった。かつてローマ教会がテンプル騎士を異端者呼ばわりしたように、英国国教会の聖職関係者は薔薇十字団の学者たちを、異端者、異教徒、オカルト信仰者と呼んで非難した。〝正当な〟歴史書にはこれからも書かれることがないだろうが、チャールズ一世が王位を追われて処刑されたのは、実のところ、王が宗教的に寛容だったことや、学問の先端をいく薔薇十字団の偉人たちと親しく交わっていたことが関係していた。

上流社会に属するオカルト学者が自国の教会に迫害されるぐらいだったので、それより社会的地位の低い、古い教えの実践者――異端審問で魔女の烙印を押されたような人々――が迫害を逃れるなど望外のことだった。彼（彼女）らは、昔、その同胞がカトリック教徒を恐れたように、今度はプロテスタントの過激派を恐れて暮らした。また、プロテスタントの宗派のなかでも、迫害行為に対してかつての異端審問に匹敵するほどの熱狂ぶりを見せたのは、信仰のうえでより〝純粋（pure）〟であろうとして、英国国教会監督団と決別した宗派だった。しかしこの宗派は結局、英知のかけらもない、不寛容な宗教的偽善者集団になっただけだった。実際、信仰において非民主的な彼らが議会に送り込んだ代表者は、あのトマス・デ・トルケマダも存在がかすむほど、残忍な暴君となった。こうして一六四九年に始まるオリヴァー・クロムウェルの血も涙もない護国卿時代には、天文学者や数学者は地下に潜らざるを得なくなり、〝見えざる学寮〟が結成された。輝ける薔薇十字団がふたたび公の場に姿を現すのは、一六六〇年のスチュアート朝による王政復古のあとのことで、このとき新生王立協会は、国王のチャールズ二世を出資者、および後援者とした。

第二十二章　ユニコーンの王家

王たちの結婚

スコットランドのスチュワート王家は、イエスとその弟ヤコブのふたつの血脈が婚姻で結ばれて成立した。つまり、かたやメロヴィング朝に受け継がれた血筋と、かたやグレートブリテン島のケルトの王たちに受け継がれた血筋がひとつになることで誕生したのだ。この王家はしたがって、世に並びなき真《まこと》の聖杯王朝として登場し、以後、長きにわたって〝ユニコーンの王家〟として知られることになる。ユニコーンの角が聖杯伝説の剣《つるぎ》に等しい象徴性を持ち、角と剣がともに〝男性〟を表すこと、これに対しカリス（聖杯）が〝女性〟を表すことは、すでに見たとおりだ。

王家の血筋《デスポシニ》を表すユニコーンは、ユダ族のダビデの獅子、およびフランス系ユダ族の表象であるフラ゠ダ゠リとともに、スコットランド王室の紋章に組み込まれた。ユニコーンは精力にあふれるイエスの象徴と見なされ、詩篇九十二篇十一節では、聖油を授かる救世主のイメー

ユニコーンの紋章

ジに結びつけられている。実際、この神秘の動物は、初期の異端審問で激しい迫害にさらされたカタリ派の一派、アルビ派を表す主要なシンボルのひとつでもあった。中世の伝説では、ユニコーンはいつも豊穣と治癒に結びつけられ、ルネサンス期のタペストリーには、花嫁である王女の膝に枕する姿が描かれている。この構図は古代メソポタミア（ノアとアブラハムの出身地）の宗教儀式〝聖婚《ヒエロス・ガモス》〟の詩句の一節「王は頭を揚げ、聖なる膝に近づく」を連想させるものだ。

　カタリ派によると、ローマ教会からたれ流される偽りの教義を浄化できるのはキリストを示すユニコーンの角だけであり、そのためこの愛すべき聖獣は、せせらぎか泉に角を浸した姿で描かれることが多い。四方を囲われた庭園に捕らわれながら、元気に跳ね回る姿を描いた作品もある。パリのクリュニー美術館が所蔵する六枚連作のタペストリー《貴婦人と一角獣》は、もともと中世のリヨンで制作されたものだ。ニューヨーク、メトロポリタン美術館分館クロイスターズ所蔵の七枚連作タペストリー、フランドル絵画様式の《一角獣狩り》は、十六世紀のラングドックで発見されたもので、ユニコーンが狩人に追われ、追い詰められて生け捕りにされたのち、生け贄《にえ》として神に捧げられながら、最後には花嫁の庭で元気によみがえる姿が描かれている。これがイエスの物語をなぞっているのは明らかだ。

ユニコーンがもつこの神話的象徴性こそ、ローマ教会から情け容赦なく迫害された、いわゆる〝プロヴァンスの異端信仰〟の根幹を成すものだった。聖杯の血筋を表す伝説のこの動物が、男女の合一を示すXの記号——一般に聖アンデレ十字として広く知られているX型十字——とともに、スコットランドの紋章のなかでライオンの守護者の地位を与えられたのは、けっして偶然ではなかった。

一三七一年、スチュワート家のロバート二世（ロバート・ザ・ブルースの孫）がスコットランド王室を立て、スコットランド議会はこれを受けて、王位継承者はロバートの子孫に限ると定めた。イングランドではこのあと、同じプランタジネット家に属するヨーク家とランカスター家が王権をめぐって泥沼の戦いを繰り広げたあげくに、結局、両家ともチューダー家に敗れる。フランスではヴァロア王家が、王位を主張するライバル貴族との戦いに明け暮れたのち、ブルボン家にとって代わられた。しかしスコットランドではこの間ずっと、スチュワート家が玉座にあった（スチュワート王家の歴史については、スチュワート家の正統な子孫であるマイケル・ジェームズ・アレグザンダー・スチュワート氏の『忘れ去られしスコットランド王家［*The Forgotten Monarchy of Scotland*］』〔邦訳未刊〕に詳しい）。

　スコットランドのハイ・スチュワードの一族は、ハイ・スチュワードがスコット人の王になる前から名門貴族として揺るぎない地位を築いていたが、時代が進むとともにローン、イナーミース、アソル、レノックス、ドゥーン、マリーなどの各地でも爵位を獲得していった。十六世紀末には王朝の名はスチュワート（Stewart）からスチュアート（Stuart）に改称された。これは、スコットランド女王メアリーがフランス皇太子と結婚する際、フランス語の文字体系に〝w〟がないことから、スチュワート家と血縁関係にあるドービニュ公が、綴りをフランス語風に改めたものだ。

　イングランドのエリザベス・チューダーは跡継ぎのないまま死去し、スコットランドとイングランドは一六〇三年に王位を統合した。スコット人の王ジェームズ六世は、ジェームズ四世とイングランド王ヘンリー八世の姉マーガレットの曾《ひ》孫にあたった。つまり彼は、存命中の血縁者のなかで最もエリザベスに近く、そのためにイングランドに招かれて王位を継ぐことになった。実を言えばイングランドには、ヘンリー七世の娘メアリーの血を引くボーシャン卿エドワード・シーモアという、れっきとした王位継承者がいた。にもかかわらず多くの者は、ヘンリー七世から枝分かれしたジェームズの血筋に、正統な王位継承権があることを認めた。だが、スコット人の王がイングランドの王になったことに、忸怩《じくじ》たる思いを抱く者もいた。彼らは王位が統合されることに異論はなかったが、イングランドの君主がスコットランドを治めるという、実際とは逆の状況を望んでいたのだ。結果としてジェームズとスチュアート朝の王たちには、史上まれにみる大がかりな政治的陰謀が仕組まれた。スコット人の王ジェームズ六世は、ロンドンに到着してイングランド王ジェームズ一世として即位するや否や、ふたつの差し迫った問題に直面する。ひとつは宗教がらみの問題だった。スコットランドもイングランドもプロテスタントの国だったが、ジェームズが長老派の環境のなかで育ったのに対し、イングランドは英国国教会の国だ。ふたつめの問題は、ウェストミンスターの行政官は全員イングランド人で、ジェームズが即位した一六〇三年より前に生まれたスコット人は、イングランドの官職に就くのを禁じられたことだった。これはつまり、ジェームズがスコットランド人をウェストミンスターに迎え入れるには、少なくともあと十六年（！）待たねばならないということだった。

スコットランドを支配しようと、あの手この手を試してきたイングランド議会だが、ここに至ってようやくスコットランドを丸ごと獲得する戦略的道筋――おそらく、ジェームズをイングランドに招く前から模索していたに違いない道筋――を見つけだしていた。そしてジェームズが統合王朝の王座に就くや否や、長年の野望をかなえるべくさまざまな策が打ち出される。（a）今後、ブリテン島の王はロンドンに居を置くこととする。これにより、たとえスコットランドの問題を扱う際にも、スコットランドからの影響を抑えることができる。（b）ウェストミンスター議会は、伝統的なスコットランドの三身分議会【訳注：スコットランド議会は、上級聖職議員、貴族議員、下院議員の三つの身分で構成されていた】の廃止を目指し、（c）しかるべきときを見計らってスチュアート朝の王の権威を失墜させ、退位に追い込んで（d）代わりに議会が選んだ傀儡《かいらい》君主を擁立して、スコットランドの王位を継がせる。この戦略が功を奏せば、スコットランドは完全にイングランドに臣従することになり、プランタジネット朝エドワード一世の時代からイングランドが抱いてきた野望がかなう。策は図に当たり、一六八八年、ジェームズ二世（スコット人の王ジェームズ七世）は議会と教会の策士の活動により廃位、亡命に追い込まれた。

　これより前の一五六〇年、厳格な長老派教会（監督でも主教でもなく、長老が実権を握る教会）がスコットランドの国民教会となった。ボーダーより南の地域では、エリザベス一世が一五六三年に『信仰三十九箇条』を発布して教義を定めて以来、英国国教会が勢力を伸ばしていた。したがってスチュアート朝の王が全ブリテン島の君主に納まったとき、王にはふたつの大きな教会を、互いに衝突させることなく維持することが求められた。だが、英国国教会の首長である王にとって、これは不可能な務めだった。そこでスチュアート朝の王は妥協策として、監督《ビショップ》を頂点にし、英国国教会の主教（監督）制に匹敵する組織を持つスコットランド監督派教会を創設した。しかし王室は、これによって第三の教会まで維持しなければならなくなり、これが状況をさらに困難にした。しかも複雑さはこれだけにとどまらなかった。スチュアート家はブリテン島の王になっただけでなく、アイルランドの王でもあった（アイルランド自由国が成立するのは、一九二一年のことである）ため、伝統的にカトリック教徒が多いアイルランドの国民に対しても統治の責任があった。

　エリザベス一世は、議会にあまり諮《はか》ることなく統治し、王国に莫大な借金を遺した。結果としてジェームズ一世は、増税を余儀なくされた。議会は増税を認めるにあたり、王に、エリザベス女王式の独裁は許されないと迫った。それればかりか王権に次々と制限を加え、ついには国王ひとりでは何事も成しえないほどになった。ジェームズはこれに対し、スコット人の伝統では王が従うべきは神と国民であって、議会ではないと宣言した。さらに、国民に代わってスコットランドの成文憲法を遵守し、必要とあらば議会と教会を敵に回しても憲法を守るのが王の務めであると述べた。しかしスコットランドと違ってイングランドには成文憲法がなく（いまも状況は変わらない）、国民には、みずからの権利と自由を守るすべがなかった。せいぜい、富裕な上流階級に土地という形で権力を与える、封建制の伝統があるぐらいのものだった。

スチュアート王朝時代は、キリスト教会ライバル各派の宗教上の違いが前面に現れた時期だった。礼拝に英国国教会の祈禱《きとう》書を使用することを定めた「礼拝統一法」が施行されると、カトリック教徒のあいだでジェームズ一世（スコット人の王ジェームズ六世）に対する反感が高まり、国王を議事堂もろとも吹き飛ばそうとする火薬陰謀事件が起きる。また、欽定訳聖書を導入すると、王は逆にプロテスタント側から、ローマと手を組んだのではないかと勘ぐられる始末だった。スチュアート朝の王が英国国教会、長老派教会、監督派教会、カトリック教会のすべてを満足させるには、そのいずれに対しても徹底的に寛容の精神を貫くしかなかった。問題は、英国国教会の信徒で構成される議会が、そのような寛容の精神に――とりわけその精神がユダヤ人に対して向けられるとき――うまく対応できないことにあった。

ジェームズの息子チャールズ一世は、即位するとまず、ウェストミンスター議会がもつ差別的体質に目を向けた。大臣たちは誰もが国事などそっちのけで、宗教についての論争、および領地争いに明け暮れていた。そこでチャールズは、この厄介者の議会を一六二九年に解散して親政に臨み、国民の人気を得た。彼はまた過去数世紀で初めて、国家財政のバランスを保つことに成功した。在位わずか六年で、チャールズは、ヘンリー七世（一四八五～一五〇九年）以来どんな君主よりも、国民に信頼される国王となった。しかし独善的なピューリタンの権力が強まるにつれて、チャールズの治世は崩壊していった。

英国国教会の主教が掲げる高邁な教義は、イングランド社会の大方から毛嫌いされるようになっていた。だから、地元のピューリタンの牧師が主教（監督）制を痛罵するのを聞いて、民衆がこれに飛びついたのも無理はなかった。チャールズは英国国教会の評判を守ろうと手を尽くしたが、支持者であるはずの多くの者を離反させただけだった。かねてから続いていたスペインとのつばぜり合いを解決するべく、チャールズはフランスと同盟を結ぶためにアンリ四世の娘アンリエットマリーを王妃に迎えたが、これが英国国教会とピューリタンの双方を動揺させることになった。というのもアンリエットマリーはカトリック教徒だったからだ。

内戦

十一年間にわたって親政を敷いたチャールズだったが、スコットランド教会とのあいだに深刻な問題が持ち上がり、一六四〇年、ついに議会の召集を余儀なくされた。長老派が主流を占めるスコットランドに英国国教会の祈禱書を押しつけようとしたカンタベリー大主教ウィリアム・ロードが、非監督派の長老たちの反発を招いたのだ。政府内ではピューリタンの大臣たちが、すぐにロード大主教を反逆罪で弾劾し、彼はその後、チャールズの側近ストラフォード伯爵とともに斬首刑に処せられた。それからピューリタンたちは国王直属の特別裁判所である星室庁の廃止に乗り出し、国王の失政を非難するリスト、「大諫議書《かんぎ》」の作成にとりかかった。

スコットランドとの問題が片づいたと思いきや、チャールズは翌年、アイルランドでの抗争に悩まされることになる。アイルランドではカトリック教徒たちが、移民奨励策によってイングランドからアルスターに移住してきた何千人というプロテスタントたちに激しい抵抗を示すようになっていた。チャールズは暴動を鎮圧するために軍を起こそうとするが、議会側は、王がアイルランドではなく彼らに兵を向けることを恐れて、軍費の承認を拒否した。一六四二年、妨害行為をおこなった五人の議員を逮捕しようとした王に対し、議会側はロンドンのすべてのゲートをぴたりと閉ざした。その結果、内戦が始まった。

王はノッティンガムで王党派を集めて挙兵し、対する議会派の軍隊は、粗野で野心のかたまりのようなオリヴァー・クロムウェルが指揮した。クロムウェルの騎兵はエッジヒルで王党派とぶつかったが、雌雄を決することはできなかった。いでたち派手な王党派軍とは違って議会派軍はまさに禁欲的《ピューリタン》で、とりわけ頭髪を短く刈りつめたスタイルから円頂派とあだ名された。また、胸甲（鎧の胸当ての部分）を着けたクロムウェルの騎兵隊は、特に鉄騎兵と称された。

エッジヒルの戦いのあと、円頂派はスコットランド長老派教会と〝厳粛な同盟と契約〟を結んだ。これは、スコットランド側が円頂派に兵士を補充すれば、イングランドに長老制度を導入することを約束したもので、この盟約と月三万ポンド（現在の価値にすれば月およそ二百万ポンド）の軍費は、スコットランドの協力を買うのにじゅうぶんだった。一六四四年、クロムウェルがマーストン・ムーアの戦いで王党派を破ることができたのは、まさにこのおかげだった。

翌年、議会派の〝新型軍〟【訳注：クロムウェルの鉄騎兵を中心に編成された議会派軍】はネーズビーで、ふたたびチャールズの軍隊を打ち破った。しかしここにきて長老派教会側の兵士たちは、味方であるピューリタン兵たちの本性に気づく。以前は単に、スコットランドの長老派社会とよく似た共同体を営む、非監督派プロテスタントの一派と見ていたグループの、新たな側面を目の当たりにしたのだ。記録によるとネーズビーの戦いのあと円頂派は、王党派の野営地にいたアイルランド人女性をみな殺しにし、イングランド人女性の手足をナイフで切り落としたという。また捕虜にしたスコットランド人兵士の目をくりぬき、耳をそぎ落とし、あるいは舌に釘を打ちつけた。ボーダーより南の地域では、ピューリタンに味方した者が多かったが、うわべは穏健なこの宗派は、いまやヨーロッパのあの残虐なカトリック教会異端審問所に匹敵する、狂信的な迫害者集団という目で見られるようになった。まもなくこの狂信的なピューリタンたちは、魔女と妖術師を根絶やしにしようとする動きのなかで、かつての支援者たちを徹底的に狩り立てていくことになる。

チャールズ国王が降伏するのも時間の問題にすぎず、一六四六年にはとらわれの身となって、王は議会派軍に引き渡された。その年の後半、王は恥じ入るばかりの長老派教会と交渉に入った。長老たちはピューリタンに味方したことで（王に最後まで忠実だったスコットランド監督派教会とは違って）、自国の王朝の崩壊に積極的に加担したことを認めていた。しかし悔い改めるには遅過ぎた。クロムウェル討伐のためのスコット人軍が招集されたものの、一六四八年八月に、プレストンでクロムウェル軍に大敗を喫した。翌年の初め、チャールズ一世はウェストミンスターホールで裁判にかけられ、一六四九年一月三十日に斬首された。ピューリタン軍はその勢いを駆ってアイルランドに攻め入り、罪もない市井の人々を何千人と惨殺した。それは、不幸にも全イングランド人が責めを負うことになる暴挙だった。

王座に据える人物が見あたらなかったため、議会は暫定的に共和制を敷いた。一六五〇年、クロムウェルは先王の遺児でプリンス・オブ・ウェールズのチャールズをダンバーの戦いで破った。スコット人はこれにかまうことなく、一六五一年一月一日にチャールズをスクーンで戴冠させ、チャールズ二世とした。彼はふたたび軍を率いてウースターでクロムウェルと戦火を交えたが、やはり敗れて、命からがらフランスに逃亡した。

そのおよそ二年後の一六五三年、オリヴァー・クロムウェルは議会を解散させて共和制に幕を降ろした。そしてみずから護国卿を名乗り、軍事力のみによる統治を行なった。この護国卿時代は、過去のどの王の統治時代より厳格な時代となった。クロムウェルの命令で英国国教会の祈禱書は使用を禁じられ、クリスマスやイースターはどんな形であれ祝うことが許されなくなった。財産は没収され、教育は制限され、言論の自由は一切認められなかった。姦通は死罪となり、未婚の母は投獄された。スポーツと娯楽は神への冒瀆とみなされ、宿屋は閉鎖、集会は禁止、おまけに兵士たちは好き放題に市民に罰金を科した。当時の庶民の祈りの文句は、慣習法の庇護のもとへの一日も早い復帰であったに違いない。

一六五八年、オリヴァー・クロムウェルが死去すると、その独裁体制は息子のリチャードが引き継いだ。幸運なことに息子は父親のような野心を持たず、ほどなくチャールズ二世がイングランドに呼び戻されることとなる。一六六〇年、チャールズ・スチュアートの王座への復帰は、こうして実現した。父王の処刑から十一年後のことだった。

チャールズは政治手腕に長け、国民から愛される王となった。彼は英国国教会を改革し、あらゆる宗派が等しく受け入れられる社会を創った。しかし王のこうした偉業にもかかわらず、国教会の聖職者と政治家は横柄な態度を改めなかった。彼らは国王の意向をくむことなく、他の宗派、特にユダヤ教やカトリックに寛容の精神を示そうとしなかった。そればかりか、チャールズがポルトガルのキャサリン・オブ・ブラガンザを妃に迎えると、ローマ教会に歩み寄ろうとしているに違いないと強く非難した。そこで議会は、一六七三年と一六七八年に、英国国教会の信徒以外の者が公職に就くことを禁止する〝審査律〟を通過させた。

見えざる学寮

英国におけるメーソンロッジの発展初期に、スチュアート王家が深く結びついていたことは、広く知られた事実とはいえないまでも秘密ではない。技能の習熟度によって職人を格づけする中世石工の位階制を原型にして、石工職《メーソンリー》の儀礼がその概念の象徴性を深めたのは、チャールズ一世の統治時代のことだった。自由《フリー》（あるいは思弁的な）石工《メーソン》組合のロッジへの入会式でいちばん古い記録は、一六四〇年ごろのものである。フリーメーソンの活動はおもに、解明されていない科学の知識を体系的に習得することにあり、その知識の多くは、テンプル騎士団とシトー会修道士の時代から、スコットランドで大切に保存されてきた。

　スチュアート朝イングランド、すなわちチャールズ一世と二世の時代の初期フリーメーソン会員は、哲学や天文学、物理学、化学、建築学など、あらゆる分野の先進的学問に秀でた者たちばかりだった。その多くが、イングランドが誇る科学アカデミー、王立協会のメンバーで、この協会は、クロムウェルの護国卿時代には隠れて活動をおこなわなければならなかったことから、〝見えざる学寮〟とも呼ばれた。学者の友愛会としてこの協会が創設されたのは、チャールズ一世時代の一六四五年のことであり、王政復古のあとの一六六二年には、チャールズ二世から王室特許状を得て正式に発足した。王立協会の初期メンバーには、ロバート・ボイルやアイザック・ニュートン、ロバート・フック、クリストファー・レン、サミュエル・ピープスらが名を連ねていた。

　王立協会の業績の数々を見れば、これらの人物が初期テンプル騎士たちのように、とても特殊な知識を身につけていたことがわかる。自然哲学者のロバート・ボイル（一六二七〜一六九一年）は、有名な錬金術師でノストラダムスの研究者でもあり、また聖杯伝説研究の第一人者でもあった。彼は、数理天文学者ガリレオ・ガリレイがコペルニクスの太陽中心説を公然と認めたとき、これを支持した。また空気の特性についても数々の発見をし、それを公式化して有名な〝ボイルの法則〟を完成させた。ボイルの同僚で物理学者のロバート・フック（一六三五～一七〇三年）は、ひげぜんまいや双筒式空気ポンプ、アルコール水準器、船舶用気圧計などを発明した。王立協会にはまた、天文学者で幾何学者のエドモンド・ハレーがいた。ハレーは天体の動きを計算し、今後どのような周期でハレー彗星が現れるかを正確に予測した。

歴史上最も偉大な科学者のひとりであるアイザック・ニュートン（一六四二～一七二七年）は、〝万有引力の法則〟を発表し、楕円軌道に働く力を解明したことで名を馳せた。著名な錬金術師であると同時に、微積分法を発展させ、〝運動の法則〟を導き出し、反射望遠鏡を発明した。ニュートンの主要な研究のひとつに、古代王国の社会構造が挙げられる。またユダヤ教の伝統を、神の知識と数秘学を後世に伝えるものとして、その重要性を説いた。〝万有法則〟と神聖幾何学、ゴシック建築にも精通していた。非常に敬虔な人物で初期宗教の権威だったが、新約聖書は出版前、教会による改ざんを受けたという主張のもとに、三位一体の教義とイエスの神性をあからさまに否定した。彼は王立協会の会長を務めただけでなく、プリウレ・ノートルダム・ド・シオン、すなわちシオン修道会の総長《ヘルムズマン》も務めた。

もともとシオン修道会は、ユダヤ教徒とイスラム教徒をキリスト教組織にとり込むためにテンプル騎士団が創設したもので、一一八八年まではテンプル騎士団の総長がシオン修道会の総長を兼任した。初期テンプル騎士団はキリスト教と密接な結びつきがあったが、宗教の違いに寛大なことで知られており、騎士たちはユダヤとイスラムの双方の共同体で、外交官として大いに活躍した。ところがユダヤ教徒、およびイスラム教徒との分け隔てのないつき合いがカトリック司教から異端のそしりを招き、一三〇六年、これを理由に騎士団はローマ教会から破門された。

シオン修道会は一一八八年に再編され、以後はフランスのメロヴィング王家に忠誠を尽くす、独特の道を歩み始めた。一方テンプル騎士団は、特に新興のスチュワート王家に仕えることを使命とした。実際には両組織とも、本質的に同じ血統の王家に仕えていたので、活動のうえでは密接な結びつきがあった。

もうひとり王立協会の著名なメンバーの名を挙げるなら、セントポール大聖堂や王立取引所、グリニッジ病院（王立海軍兵学校）、王立グリニッジ天文台をはじめ、教会や公共建築物、記念碑などを数多く手がけたクリストファー・レン卿（一六三二〜一七二三年）であろう。彼は数学者としても高い評価を受けており、天文学の教授でもあった。また謎めいた薔薇十字団の総長も務めた。同じく薔薇十字団の総長を務めた者に、ロバート・ボイルと大法官フランシス・ベーコン卿がいる。電気には正と負のふたつの極があることを突き止めたベンジャミン・フランクリン（一七〇六〜一七九〇年）と第三代アメリカ合衆国大統領（一八〇一〜一八〇九年）トマス・ジェファーソンも薔薇十字団の総長だった。

残念ながら現代の歴史家は、こうした偉大な学者の功績を称えはしても、その知識の根源には見向きもしない傾向がある。学者たちは芸術家や科学者、政治家として名を残したが、レオナルドからニュートン、ニュートンからフランクリンまでの共通の関心事は、ヘルメス学的錬金術と〝神聖な技術〟だった。彼らが明らかにしたさまざまな新事実は、実を言えば必ずしも、この世で最初の発見というわけではなかった。それはむしろ、非常に起源の古い宇宙の法則と方程式を研究した成果だった。学者たちは組織化されたグループの一員として、翻訳、実験、開発などで協力し合った。ニュートンと落下するりんごのエピソードは、万有引力の法則に忘れがたいユーモアを添えるだろうが、そのひらめきの真の源が、紀元前六世紀にさかのぼるピタゴラスの〝天球の音楽〟という思想にあったことは、ニュートンも認めているとおりだ。

英国ではスチュアート朝の王たちが、のちの亡命時代にもスコティッシュ・ライト・フリーメーソン——あらゆる神秘の知識と宇宙の法則のなかで、最も古いものをもとに設立されたフリーメーソン——の中心的存在となった。スチュアート王家のブルターニュの血筋は、ブーローニュとエルサレムの高貴な一族と固く結びついており、その背景にはテンプル騎士団の影響が色濃く見られた。したがって、狭量なピューリタンと英国国教会には非常なお荷物だったチャールズ一世と二世の時代に、王立協会という〝見えざる学寮〟——スチュアート王家の庇護下にあったごく短い期間に、科学史に残るいくつかの偉大な発見をした学寮——が誕生したのは、驚くまでもないことだ。

第二十三章　信教の自由

ジャコバイト

信仰について見た場合、初期スチュアート王家の人々を、特定の宗派に分類することはできない。彼らはただ、キリスト教徒であった。にもかかわらず、みなそれぞれ、他派を蹴落としてのし上がろうとする個々の教会の妬《ねた》みの犠牲になった。チャールズ二世の弟でその後継者のジェームズ七世（イングランド王ジェームズ二世）は、個人的にはカトリック教徒であることを公表したが、それまでスチュアート朝の王がそのような形で分類されることはなかった。個人としてひとつの信仰を持っていたジェームズ国王だが、実は英国史上、宗教的に最も寛容な王だったことは間違いない。彼は自分が信じる宗派を誰にも押しつけようとしなかったばかりか、まったくその逆で、〝信教自由宣言〟を発布して万人に信教の自由を実現することを約束した。

余は長らく、良心は束縛されるべきでなく、人民はただ、何を信じるかという問題において強制されるべきではないと信じてきた。良心の束縛と信仰の強制は、それが施政の利益になるはずであるという余の願いとは裏腹に、貿易を衰退させ、地方を過疎化し、外国人を尻ごみさせて施政の利益を損なってきた。そしてとうとう、当初意図した目的すら達成されずじまいとなった。……

余はさらにここに高く宣言する。これより以後、教会に行かない、聖餐を受けないなど既成宗教のいかなる非遵奉も、あるいはいかなる実践も、それを理由として刑罰法規（教会についての）、およびそれに類するものを適用することはただちに廃止する。そして前記刑罰法規のさらなる執行は、これよりその一切が停止される。……また、その結果として与えられた自由が、余の施政の平和と安全を危険にさらさないためにも、余は、余の愛する臣民たちに、その望むやりかたで神に出会い、仕えるのを心から許すことが適当と考え、ここにそれを求め、命じることにする。

一六八七年四月四日、この宣言を公布するにあたりジェームズは、あらゆる偏狭な考えを捨て、慈愛と寛大さを示すよう努めた。彼が気づかなかったのは、国王と臣民にはこの問題に関して決定を下す自由がないということだった。そのころ、議会内ではふたつの政党がしのぎを削っており、互いに、相手を揶揄《やゆ》するあだ名で呼び合っていた。ホイッグ党（馬泥棒）とトーリー党（ならず者）だ。このうち後者、トーリー党は王党派の流れを汲み、ホイッグ党は基本的に、大多数が裕福な地主階級主流派で占められていた。ジェームズが信教自由宣言を発布したとき、議会の多数党はホイッグ党で、彼らは国王を非難するだけでは足りず、英国国教会以外にカトリックや長老派、ユダヤ教、クエーカー派などの宗派も認めようとしたとして、王を正式に退位させた。狂信的な英国国教会信徒にとっては、国王のユダヤ教に対する寛容さを攻撃の対象にするほうが理にかなっていたはずだが、彼らの議論は、王のカトリック教への寛容さに終始した。つまり国王追放劇に宗教問題はほとんど関係がなく、厳密に言えばそれは、国民を操る議会の権利に国王が異議申し立てをしたという事実のほうに関係があった。

ここでもちろんわたしたちは、本書の原点である〝奉仕〟の概念に立ち返ることになる。本質的にジェームズ国王の行動は、〝聖杯のおきて（Grail Code）〟――すなわち権力の座を、選挙で勝ちとったにしろ、世襲で受け継いだにしろ、その座に就いた者に、座に付随する権限ではなく義務に関心を向けさせようとするおきて――に、全面的に従ったものだった。

宗教的平等を実現するために、ジェームズ国王は一六七三年と一六七八年に制定された〝審査律〟――公職に奉じる者は英国国教会の信徒に限ることを規定した法律――を撤廃しようと努めた。結局審査律は、一八二八年から一八二九年にかけて、カトリック教徒に対して撤回され、のちの一八五八年には、ユダヤ教徒に対しても緩和された。今日の英国では、（キリスト教であろうとなかろうと）すべての宗派の人々が、自分の良心に従って礼拝する権利が認められている。三百年前にジェームズ七世（イングランド王ジェームズ二世）が考えたことが実現したわけで、いまや、ジェームズの寛大な宗教観を非難する者はいないだろう。ジェームズは時代に先んじていただけだ。

英国国教会の高位聖職者のすべてが、ジェームズ国王に敵対する立場をとったわけではない。国王の支持者には、カンタベリー大主教のウィリアム・サンクロフトと、バース、ウェルズ、イーリー、グロスター、ノリッジ、ピーターバラ、ウースター、チチェスター、チェスターの主教がいた。ジェームズが王位を追われたとき、彼らも主教区を追われて聖職を解かれた。その後、歴史は改ざんされ、いまではジェームズが王座を追われたのは、あたかもカトリック教徒だったことが理由であるかのようにいわれている。だがほんとうは、人民による民主主義的な選挙で選ばれたものではない議会の、権力を保証するために退位させられたのだ。

ジェームズの亡命後、王座はオランダ共和国総督のオレンジ公ウィリアムとその妻メアリー(ジェームズの娘)のふたりに差し出された。しかしこの段階で、厳格な規則が新しく導入される。一六八九年に制定された〝権利の章典〟だ。権利の章典には、今後、君主の統治には議会の承認が不可欠なこと、そして議員は自由に選ばれるべきであることが謳われている。実際この当時、議員は自由に選ばれたものではなかった。選挙権を与えられたのは、高収入を誇るごくひと握りの男性土地所有者で、大衆の代弁者であるはずの下院は、実は大衆とはかけ離れた存在だった。

メアリー女王はプロテスタントだったが、大臣たちが心配したのは夫ウィリアムの、ローマとのつながりのほうだった。当時、独立国家だったオランダ共和国の、北部に位置する主要な州、ホラント州は、以前は神聖ローマ帝国に属し、ウィリアムの軍隊はほとんどがカトリック教徒の傭兵で成ることが知られていた。このため議会は一七〇一年に〝王位継承法〟を可決し、英国の王位継承者はプロテスタントに限ると定めた。この法律は、わずか一票差(!)で下院を通過したにもかかわらず、現在も有効である。

ジェームズ国王の廃位のあと上院は、国王と臣民のあいだには法的契約が結ばれているとして、王位は(厳密には王は不在であるにもかかわらず)「空位ではない」とした。そして王国を維持する最善策として、ジェームズ・スチュアートの存命中は摂政制を敷くことが提案された。

これに対しオランダからの侵略者オレンジ公ウィリアムは、一六八八年十二月二十六日に仮議会を招集した。そして議事堂内外に武装兵を配置し、自分は摂政に収まるつもりもなければ、内閣の一員に甘んじるつもりもないと宣言した。その語気の鋭さに、ウィリアムが戦争も辞さないことは明白で、多くの者は、ウィリアムは力ずくでも王位を奪うつもりだと考えた。上院下院間で緊急議会が開かれ、以前の決定が覆されて、王位は「もしかすると空位かもしれない(!)」とされた。

本書執筆中の現在、英国皇太子は宗教と教会をめぐる諸問題で独自のジレンマに陥っている。チューダー朝の時代より、イングランドの君主は〝信仰の擁護者(Defenders of the Faith)〟という肩書きを与えられてきた。信仰を意味する単語「faith」に定冠詞「the」がつくと、英国では英国国教会プロテスタントの意味になる。チャールズ皇太子は、今後ますます国際化が進む時代に、いずれ王位に就く者としては定冠詞なしの「faith」、つまり宗派にとらわれない普遍的な信仰心の擁護者と呼ばれたいと述べた。そこには不運の王ジェームズ七世（二世）の考えと〝信教自由宣言〟の影響が色濃く感じられる。とはいえ過去三百年のあいだ、状況はほとんど変わることがなかった。英国の君主はいまなお〝英国国教会首長〟の座に奉られ、現在の国教会の高位聖職者たちは、十七世紀の先輩たちと同じぐらい保守的で分離主義的だ。アメリカ合衆国およびその他の西洋諸国には、個人の自由と権利を守る正式な成文憲法があるのに、英国にはいまだにそのような保護法がない。そのため〝権利の章典〟と〝王位継承法〟が有効であるかぎり、英国の議会と教会は、君主（と人民）を超える究極の権限を持ち続けることができる。

ウィリアム三世とメアリー二世は共同で英国の王位に就き、スチュアート朝の血筋は薄いながらも保たれた。メアリーはジェームズ七世（二世）とその最初の妻アン・ハイドの娘であり、ウィリアム（ナッサウのウィリアム）の息子）は、チャールズ一世の娘メアリーの息子だった。新たな王室はスチュアート朝とはっきりつながりがあったが、スコット人は自分たちの正当な王朝の王を失ったことを受け入れられず、一六八九年（ジェームズ廃位の翌年）に最初のジャコバイトの反乱が起こる。ボニー・ダンディーことクラヴァーハウスのグレアム子爵（スコットランドのテンプル騎士団総長）がスコットランド高地連隊兵を率いて、七月二十七日にキリクランキーで政府軍と衝突した。スコット人の軍隊は戦いに勝ったものの、ダンディー子爵は戦闘で致命傷を負った。八月十八日のダンケルドの戦いでは高地連隊は先の戦いほどには運に恵まれず、一六九〇年七月一日にはアイルランドのボイン川の戦いで、復位を目指すジェームズ七世の軍がウィリアム国王の軍隊《オレンジマン》に打ち負かされた。

　このような流れのなかで、キャンベル一族をはじめとするスコット人の氏族から、ジャコバイト忠誠派を弾圧する政府に味方し、新しい君主にとり入ろうとする者が現れた。ウィリアム国王はスコットランドの高地に住むすべての氏族長に、国王への〝忠誠の誓い〟を立てるよう命じたが、氏族長のほとんどが命令に従うことをためらった。スコットランドではいつも王が国家に忠誠を誓い、その逆ではなかったからだ。事態打開のため、スコットランド担当国務大臣のジョン・ダルリンプル卿に、命令に応じようとしない氏族を選んで見せしめにする権限が与えられた。ダルリンプルが選んだのは、一六九二年一月一日の期限を守らなかったグレンコーのマクドナルド一族だった。マクドナルドの氏族長、老マキーアンは、実は十二月三十日にフォートウィリアムに出頭して〝誓い〟を立てようとしたが、立ち会うべき王室役人が不在で、結果として命令に応じたのは一月六日——期限のおよそ一週間遅れ——だった。

　ほかの氏族と違って軍隊を持たないマクドナルド一族は、ダルリンプルの恰好の餌食だった。一族の居住地はグレンコーのそびえ立つ峰々に囲まれ、自然の要塞というより、罠のような地形になっていた。二月一日ダルリンプルは、騙《だま》し討ちに遭うとは夢にも思わないマクドナルド一族をみな殺しにするために、グレンリヨンのロバート・キャンベルが率いるアーガイル連隊二個中隊をグレンコーに送り込んだ。平和使節を装ってやってきた兵士たちは、村に何日も滞在して一族の歓待を受けた。そして二月十三日の身も凍るような朝、兵士たちはマクドナルドの一族を、老いも若きも女も子どもも、手当たりしだいに斬り殺した。世にも恐ろしいこのグレンコーの虐殺が、イングランド側の意図とは正反対の効果をあげたのは驚くまでもないことだった。この措置は、スコットランドの氏族を脅して新体制の支持に回らせるどころか、氏族のあいだに極悪非道のオランダ人とその内閣に敵対する、強力なジャコバイト連合を作りあげた。

連合条約

一七〇二年、ウィリアム三世の跡を継いでアンが女王になった。アンは故メアリー女王の妹だが、スコット人の大半がその王位継承を喜ばなかった。というのも、アンはかつて父親のジェームズ国王を公然と見捨て、義兄のオレンジ公ウィリアムの支持に回ったからだ。彼女はスチュアート朝の嫌われ者で、スコットランドを訪れたこともなかった。一七〇六年、アンはスコットランド議会を解散する意図があることを公表する。しかし、女王のこの発表を受けたスコット人の大臣たちは、スコットランドの法に照らすと、そのような行為は違法にあたると反論した。一三二〇年に制定された成文憲法、アーブロース独立宣言を引用していわく、もし君主が、

われらが王国をイングランド国王、あるいはイギリス人の支配下に置こうとすれば、われわれはただちにその君主を敵として追放し、王の権利をわれらが手にとり戻し、国を守る力のある者を国王とする。

アンが、スコットランドを完全にイングランド議会の支配下に置こうとしていることは明らかだった。スコット人にはイングランドの女王を追放することができない代わりに、〝安全保障法〟（一七〇六年）を導入する法的権利があり、この安全保障法と憲法によって、アンの選んだ後継者の受け入れを拒否することもできた。スコット人はこうして、イングランドが選んだ者ではなく、王家の血筋からみずからの君主を選出する自由を守った。そのあいだに、アンは後継者を生むより、選ばなくてはならないことが、しだいに明らかになってきた。実際彼女は十八回も妊娠したが、そのうち無事に生まれた赤ん坊はわずか五人、幼児期を生き延びたのはたったひとりで、その子も十一歳で他界した。結局アンが後継者に指名したのは、神聖ローマ帝国選帝侯妃ソフィアだった。

〝安全保障法〟があろうがなかろうが、アンはやりたいようにやることが明らかになった。彼女はスコット人に通商規制を課す案を示し、大規模な軍事侵略をおこなうと脅した。一七〇五年三月、イングランド議会は〝外国人法〟を通過させ、スコット人がハノーヴァー選帝侯妃ソフィアをアンの後継者として認めなければ、ブリテン島南北間の交易はすべて禁止するとした。つまりスコットランドの石炭やリンネル類、家畜類のイングランドへの輸入は禁止され、イングランド製品のスコットランドへの継続的な輸出も停止されることになった。

一七〇七年五月一日よりスコットランド議会は閉鎖され、スコットランドとイングランドの王位は併合されてグレートブリテン王国となり、〝連合条約〟のもとでウェストミンスター議会が新しい国を支配することになった。にもかかわらずスコットランドの盟約者【訳注：長老主義を支持することを約束した人々】は、イングランドが課した新政権を無視した。彼らは正式にアン女王を廃位させ、真のスコット人の王はアンの異母弟、ジェームズ・フランシス・エドワード・スチュアートであると宣言した。ジェームズはジェームズ七世（二世）とその二番目の妃メアリー・デステ・ド・モデナの息子で、王位継承者だった。ジェームズ八世は父親と同じくカトリック教徒だったが、長老派の盟約者たちは個人としての王の信仰に立ち入ることはなかった。イングランドの制度と違って、スコット人の君主はいかなる国教会の首長でもなかったからだ。長老派と監督派双方の関心は、イングランドの支配の及ばないスコットランド伝統の王家の存続にあった。

〝連合条約〟以降、スコット人は独自のスコットランド教会と、イングランドと異なる法体系を維持することが許されたが、イングランドとの関係では、スコット人を不利な立場に置くさまざまな議会法案が導入された。しかし、規制権力に翻弄されたのはスコット人ばかりではない。イングランド人は一六九五年以降、光と風に課税するウィリアムとメアリーの強欲な税制に苦しめられた。それは、家一軒につき、六つを超える窓にそれぞれ年五ポンド以上の税を課すもので、この税制は以後、百五十六年間も存続した。今日でも、特に田舎に行けば、煉瓦《れんが》でふさいだ節税窓のある古い家をたくさん見ることができる。

アン女王は一七一四年に崩御し、そのときには王位継承者に指名されていたハノーヴァー選帝侯妃ソフィアも亡くなっていた。そこでホイッグ党の大臣たちは、トーリー党員の激しい抗議を無視してソフィアの息子、ハノーヴァー選帝侯のジョージをブリテン王国の玉座に迎え入れた。ホイッグ党の寡頭政治には都合の良いことに、ジョージ一世はドイツ語しか話せず、在位期間のほとんどを海外で暮らしたため、国政はおもに大蔵卿のロバート・ウォルポールがとりしきった。ウォルポールはブリテン王国最初の、実権を持つ首相であり、内閣（議会の外で内密に会議を持ち、政策の調整を図る大臣の中枢グループ）という非民主的概念の生みの親だ。このときから、国民だけでなく議員の大多数までもが、政府に対して発言権を失い、議員たちはその後、内閣（あるいは影の内閣）に造反しないよう、院内幹事《ホイップ》（Whips＝きつね狩りで、猟犬が散らばらないように集めておく猟犬係「whippers-in」に由来する）の差配を受けるようになる。

　スコットランドの外で多くのトーリー党議員とその支持者たちが、アンの跡をジェームズ・フランシス・エドワード・スチュアートに継がせるべく、方法を模索していた。ジェームズはスコット王家の正式な継承者で、一七〇一年からジェームズ八世として、名目だけとはいえスコットランドの王位にあった。それでもホイッグ党議員たちは、ジェームズが英国国教会に入ることを拒否したという理由から、彼を巧妙に無視した。スコットランドとイングランドの王党派は、ジェームズに王権を与えようと一七一五年に立ち上がったが、その小規模な反乱は不首尾に終わり、ジェームズは海を渡ってフランスに戻ると、パリ近郊のサン・ジェルマン・アン・レで亡命生活を続けた。

ボニー・プリンス・チャーリー

一七二七年、ハノーヴァー家のジョージ二世が父親の跡を継いでブリテン国王になった。それから十八年後の一七四五年、チャールズ・エドワード・スチュアート（ボニー・プリンス・チャーリー）は、ブリテンの王位をドイツの王家が継承することに異を唱え、これに呼応してジャコバイトが決起し、大規模な反乱が起こった。スコットランドの聖職者はこぞってこれを支持する。そして同年九月二十四日の日曜日、監督派教会がホリールードハウス宮殿の大修道院で、国王チャールズ三世の形ばかりの戴冠式をおこなった。カトリックと長老派教会の代表者も列席して式を見守り、これを承認した。

その二年前の一七四三年十二月二十三日、ジェームズ八世はまだ存命中にもかかわらず、みずからの権利を正式に息子に移譲する声明を発表した。

余は、世継ぎを指名することが王の務めであり、王国のためであると考え、ここにわが息子、プリンス・オブ・ウェールズのチャールズを、余の王国であるイングランド、スコットランド、アイルランドおよびその他の所領の、余が不在のあいだの唯一の摂政に指名し、任命する。

プリンス・チャールズは、なんとしても議会と憲法を復活させたかった。また、イングランド人にも政治および信教の自由を享受する権利を与える決意だった。一七四五年十月九日、エディンバラでおこなわれた最初の宣言のなかで、チャールズ・エドワードは次のように述べている。

ふたつの国の偽りの連合については、国王は到底これを認めることはできない。というのも王は双方の王国から、連合についての抗議を繰り返し耳にしているからである。

象徴としての即位のあと、チャールズはすぐエルサレムの神殿騎士修道会（テンプル騎士団）の総長（グランドマスター）に就任した。就任の誓いのなかで、彼は次のように宣言した。

真にわたしの時代が来たれば、わたしはこの修道会を、ウィリアム獅子王の時代の栄華の高みにのぼらせることを約束する。

スコット軍は、まずプレストンパンズの戦いに勝利し、そのまま南進した。進軍は速やかで、スコット軍はたちどころにダービーに達したが、これにロンドンとハノーヴァー王家がパニックに陥ったことには、まったく気づかなかった。ジョージ二世はすぐにドイツに逃れられるよう、戴冠用宝玉をはしけ船に積み込んでテムズ川に待機させた。政治家たちは急きょ、イングランドとウェールズのジャコバイトたちに向け、チャールズはけっしてロンドンに達することはないと思わせるための宣伝工作をおこなった。これが功を奏し、プリンス・チャールズが待ち望んだ援軍は現れることがなかった。

スコット軍はカンバーランド公爵率いるジョージ国王の正規軍とまだ戦ったことがなく、ジョージ・マレー卿はスコット軍の氏族長たちに、戦略的退却こそ望ましいと説いた。スコットランドに戻れば、態勢を立て直したうえで地の利のある土地でカンバーランドを迎え撃つことができるはずだった。故郷への帰途、スコット軍は国王軍と数度の小競り合いを繰り返し、フォールカークでは勝利を収めた。そして一七四六年四月十六日、ついにインヴァネス近郊のカロデンムーアでカンバーランドの大軍にまみえる。それまで勝利を重ねてきたスコット軍だが、ここに至って疲労と飢えからじゅうぶんに闘うことができなかった。悪い判断が重なって、スコット軍は大敗を喫する。

皮肉なことに、マレーの説得がなければ、スコットランド高地連隊はダービーから進軍を続け、ロンドンを容易に攻め落としたに違いない。「そちの先祖は完全に間違っていた」。後世、ジョージ五世はアソル公爵のマレーにこう言った。「ジャコバイト軍は、ロンドンにあのまま進軍を続けるべきだったのだ。そうすれば、今日のスコットランドおよびイングランドの玉座にはスチュアート家の者が就き、スコットランドもイングランドも独自の議会を持てていたであろうに」。

ブリテン国民の大多数にとって、ジェームズ七世が目指した〝万人のための信仰の自由〟は、非常に歓迎すべき改革だった。それは国民の、個人の自由を尊ぶ感覚に大いに訴えかけた。だからホイッグ党が支配権を維持するには、ジェームズ国王とスチュアート朝の記憶を貶《おとし》める必要があった。攻撃はまったく個人的なレベルに始まり、矛先はまずジェームズの妻メアリー・デステ王妃に向かった。妃はモデナ公爵アルフォンソ四世の娘だったが、ハノーヴァー王家の支持者たちは、彼女が教皇の私生児（！）であるかのような風説を流した。

ジェームズの兄で先王であるチャールズ二世には、攻撃材料はあまりなかった。チャールズ二世は大衆に非常に慕われていたからだ。だが、ジェームズ六世（一世）とチャールズ一世は恰好の標的だった。攻撃にふさわしい批判的文言を求めて、護国卿時代の年代記が読みあさられた。ジェームズ六世は〝ブリテンのソロモン〟として名高かったが、ホイッグ党員はその彼に、〝キリスト教国で最も賢い愚人〟という新しいあだ名を献上した。不運にもこの王には腸の持病があり、そこから口の卑しい大食漢のイメージが作られ、また、清教徒の魔女狩りで最も一般的だった〝性的逸脱〟の罪名も着せられた。

こうしたこととは別に、プリンス・チャールズ・エドワード・スチュアートの高い人気は、ジョージ二世にとってはかりしれない脅威だった。そこでハノーヴァー家の攻撃はボニー・プリンスに集中する。カロデンムーアの戦い以降、カンバーランド公爵による高地連隊のきびしい討伐が続く一方で、ボニー・プリンスは、イングランドで陰湿な戦争屋として描かれ、実際に王位を簒奪《さんだつ》されたのはボニー・プリンスの一家だったにもかかわらず、危険な王位簒奪者というレッテルが張られた。やがて、正当なスコット人の王を貶めるためのお膳立てが整う。プリンス・チャーリーは飲んだくれの女嫌いとされ、子どもは複数いたにもかかわらず、オールバニーのシャーロットを除く全員がブリテンの歴史書から削除された。数多くいた愛人も同じ運命をたどり、ルイザ・ド・ストルバーグ妃との子どものない結婚と、シャーロットの母クレメンティーナ・ウォーキンショーとの愛人関係だけが記録に残された。実際、晩年のプリンスを苦しめた喘息と癲癇《てんかん》の発作は、飲んだくれのイメージを助長させただけだった。

イングランドの支配者層がつくった歴史では、ボニー・プリンスはいまだに、ローマ教会の厄介な手先として描かれているが、これは事実とは異なる。プリンスと教皇との関係は友好的とは言いがたく、プリンスは二十九歳で正式に英国国教会プロテスタントに改宗している。その後、彼はこう書いた。

ローマ教会からの離脱を確実にするため……わたしは一七五〇年にロンドンに赴き、そこでローマカトリックの信仰を捨て、英国国教会の信仰を受け入れることを厳かに誓った。

一七八八年にチャールズ・エドワードが亡くなると、ハノーヴァー王家の側から、その半生をたどるさまざまな物語が編集された。いまではかなりの数の伝記が出版されているが、その大部分が、互いを引き写しにしたものだ。意図したものであろうとなかろうと、こうした伝記はだいたい、ハノーヴァー王家のデマ製造器がでっち上げた記録をもとにしている。しかしスコットランドでボニー・プリンスといえば、先祖伝来の誇りを体現する存在である。同様にヨーロッパの記録からは、チャールズ・エドワードとその正統な子孫たちの、イングランドとはまったく異なるイメージが伝わってくる。そこには、ごく最近まで英国政府によって巧みにベールに覆い隠されてきた、確固たる王家の血筋を受け継ぐ者としての姿が描かれている。

イングランドの人々はいま、チャールズ皇太子がウィンザー王家のチャールズ三世となることを心待ちにしている。と同時に多くのスコット人が、ふたたび独立を勝ちとるために、ひたすら粘り強い歩みを続けている。その第一歩が、最近の、英国議会に従属した形でのスコットランド議会の復活だ。スコットランドにはすでに長い歴史を持つ成文憲法があり、独立すればそれを、改正は無理だとしても、再施行することはできる。そうなればその憲法によって、スコットランドはイングランドからの支配を拒否し、独自の君主を選ぶ権利を得る。

現皇太子のチャールズが英国王になれば、民族主義のスコット人たちがふたりめのチャールズ三世を、もろ手をあげて受け入れるとは考えにくい。チャールズの母エリザベス二世の戴冠式のあと、スコット人は、エリザベス一世（エリザベス・チューダー）はイングランドこそ統治したもののスコットランドは統治しておらず、だからスコットランドにエリザベス一世は存在していないと、もっともな抗議の声をあげたからだ。

したがって現王室は、かなりのジレンマに直面している。ちょうど第一次世界大戦中の一九一七年に、ウィンザー王家が国民感情に配慮して、王室名をドイツの家名サックス＝コーバーグ＝ゴータから変更したように、同様のそつのない手段をとる必要があるだろう。チャールズ皇太子の祖父、ヨーク公爵アルバートがジョージ六世を名乗ったのにならい、英国の次期国王がチャールズ三世ではなくジョージ七世を名乗ることもあり得る。切り札を持つのが議会と教会であることを考えれば、チャールズ皇太子がなんらかの都合で、継承順位を完全に抜かされることもないとは言えない。とりわけ〝信仰の擁護（the Defence of the Faith）〟に関して、皇太子が英国国教会の求めるところに応じられなければ。もちろんこれは憶測にすぎないだが、今後の成り行きが興味深く見守られるところだ。

第二十四章　現在の聖杯《サングレアル》

血統の陰謀

体制側の歴史書のほとんどは、記録に残された宣伝工作《プロパガンダ》をもとに書かれているというのが、近年の一般的な理解だ。つまり歴史書はもともと、時代の政治の求めに応じて編集されたもので、出来事が必ずしも正確に記録されていない。要するにそこに書かれているのは、歪曲された事実だ。例えばイギリスの歴史的観点から見た一四一五年のアジャンクールの闘いが、フランス側のそれと異なるのは無理からぬことだ。同様にキリスト教徒が見た十字軍は、必ずしもイスラム教徒のそれと同じでない。たいていの歴史には、少なくともふたつの見方がある。

一七六三年、ジャーナリストのジョン・ウィルクスは、ジョージ三世の演説のなかに誤った事実があったとして内閣に抗議した。今日ではそのような批判は当たり前のことだが、ウィルクスは捕らえられてロンドン塔に放り込まれた。当時は言論の自由など存在しない時代だったが、制約のきびしいその時代にも、おびただしい数の歴史書が政府の認可を受け、世に出された。

二十世紀に入って、正式な貴族名簿の改訂がしだいに進み、過去の版の莫大な数の誤記は訂正された。しかしその多く（なお完全に訂正されていないものもある）はそもそも過ちではなく、意図的に記された虚偽だった。例えばハノーヴァー王朝（およびジョージ王朝、ヴィクトリア王朝）の方針により、長らく英国では、スチュアート王朝は海外亡命中に断絶したとされてきた。英国の歴史書にはどれも、チャールズ・エドワード・スチュアートは死に際して妻がなく、嫡出男子はなかったと書かれている。だがこれは大間違いで、ヨーロッパ大陸に残る記録からは、まったく異なる物語が浮かびあがる。

英国側の学説では、スチュアート王家の現在の後継者はバイエルン公爵のフランツということになっている。彼がスコットランドの王位継承者であるという根拠は、チャールズ・エドワードの弟、カトリック教徒のヘンリー枢機卿（正当なヨーク公爵）の遺言だ。この遺言でスチュアート王家の後継者に指名されたのは、サルデーニャのカルロ・エマヌエレ四世だったとされている。そしてこのカルロ・エマヌエレの弟、ヴィットリオ・エマヌエレ一世から続く女系の姻戚関係によって、現バイエルン公フランツの父、故アルブレヒト公爵はチャールズ一世の王女ヘンリエッタと縁続きになり、フランツはいくぶん薄いこの血筋によって、スコットランドの王位を継いだとされている。しかし実際には、ヘンリー・スチュアート枢機卿の遺書にカルロ・エマヌエレを後継者に指名した文言はない。それは歴史書にとり込まれた空想物語で、もともとはジョージ王朝の政治家たちが意図的にでっちあげたものを、のちにヴィクトリア朝の閣僚が既成事実であるかのように仕立て直したものだ。

一七一四年、ハノーヴァー選帝侯がジョージ一世として英国の統治を始めて以来、政治的手段として、ある王族の情報は隠すかもみ消すかし、別の王族については血のつながりを強調するということがおこなわれてきた。スチュアート王家は、ドイツの新入り一族の王位継承を正当化するために、特に激しい攻撃にさらされた。今日でも歴史書をひもとくと、スコットランド王家と王家に連なる一族の名誉を、当時からその後の長きにわたって失墜させるためにつくられた、ばかげた逸話が繰り返し現れる。作り話は巧妙で、歴史書の著作者が同業者の著書を下敷きにして書く限り、それはいつまでも世にはびこることになった。

チャールズ・エドワード・スチュアートは一七七二年にシュトルベルク゠ゲデルン公グスタフの娘、プリンセス・ルイーズ・マクシミリエンヌと結婚した。しかしその後ルイーズと、イタリアの詩人でアルフィエーリ伯爵ヴィットーリオとの情事が発覚し、夫婦は教皇から離婚の許しを与えられる。ルイーズは医師団から不妊を宣告され、結婚八年目の一七八〇年、チャールズのもとを去って愛人と暮らし始めた。多くの歴史書には、この離婚でチャールズ・エドワードが結婚生活に終止符を打ったかのように書かれているが、事実はそうでない。

ローマとブリュッセルにあるスチュアート王家の文書館には、チャールズが一七八五年十一月にローマのサンティ・アポストリでマシヨンの女伯爵と再婚したという記録が残っている。マシヨンの女伯爵とはマルグリット・マリー・テレーズ・オデー・ドーディベル・デ・リュサンのことで、マルグリットはチャールズの大伯父チャールズ二世の血を引き、チャールズとは縁続きだった。マルグリットは一七六九年まで、大伯父のボルドー大司教、ルイ・ジャック・ドーディベルの庇護を受けていた。マルグリットの父方の祖母ドービニュ侯爵夫人テレーズは、バイエルン公でドービニュ侯爵のジェームズ・ド・ロアノ・スチュアルドの娘で、このスチュアルドはチャールズ二世とローアン公爵夫人マルグリットの庶子（一六六七年認知）である。またマルグリットの母方は、リュサンの伯爵の血筋だ。

一七八六年十一月、三十七歳の女伯爵は息子、エドワード・ジェームズ・スチュアート（ のちのスチュアルトン伯爵）を生んだ。チャールズ・エドワードに跡継ぎとなる嫡出子ができたというニュースは、ヨーロッパでは秘密ではなかったが、英国ではハノーヴァー朝内閣が即座にもみ消した。このためエドワードは、英国の歴史学者から完全に無視される結果になる。

その同じ月、チャールズ・エドワードの娘オールバニーのシャーロット（一七五三年、バローフィールドのクレメンティーナ・ウォーキンショーとのあいだに生まれる）が、ジョージ三世の弟でグロスター公爵のウィリアムに、ローマのサンタ・クローチェ公の邸宅で面会した。エドワードの誕生で嫡出子としての立場に危機感を持ったシャーロットは、次のスコットランド王が生まれたことをグロスターに報告して助言を求めた。公爵は、シャーロットの地位はおそらく安泰だと答えたが、そのほんとうの関心は、ジョージ三世が一七八四年にシャーロットの父に送った手紙にあった。手紙には、亡命中のチャールズにオールバニー（スコットランド）伯爵として帰国を促す旨が書かれていた。チャールズはその申し出を辞退したが、やがて第二代スチュアルトン伯爵となって、帰国の道を選ぶかもしれない息子が生まれたことで、いまや事情は込み入ったものになっていた。

プリンス・チャールズ・エドワードが亡くなると、謀略による遺言書の差し替えがおこなわれて、チャールズの結婚と息子の誕生は英国の大衆には秘密にされた。秘密はハノーヴァー朝からサックス＝コーバーグ＝ゴータ朝時代を通じて守られることになる。

一七八四年、チャールズは、弟で〝正当な〟ヨーク公爵のヘンリー枢機卿を王位継承者に、オールバニーのシャーロットを唯一の不動産受取人に指名する遺言書を作成した。これは史実にもとづく伝記に書き残されたが、その遺言書が最後のものでなかったことは記されていない。チャールズは、死の直前に別の遺言書を採用したのだ。ジョージ朝の議会は、別の遺言書が作成された事実ばかりか、それが存在する理由までも秘密にした。

英国の政治家たちは、ジョージ三世の地位を不動のものにするには、スコットランド王家の血筋が断絶したことにするのがいちばんだと考えた。とりわけアメリカ独立戦争（一七七五～一七八三年）でのジャコバイトの活躍を見れば、それは当然だった。カロデンムーアの戦いのあとにおこなわれた情け容赦のないハイランド放逐で、貧しいスコット人たちが大挙してアメリカに移住した。スコットランド本土では独立を奪回することができなかったスコット人たちだが、大西洋を越えても戦いを続け、ついにハノーヴァー朝の支配から同胞アメリカ人の自由を勝ちとったのである。

一七八八年一月三十日、ボニー・プリンス・チャーリーとして愛された〝正当な〟チャールズ三世国王が、ローマのパラッツォ・ムーティで六十七歳の生涯を閉じた。一月十三日、その死に先立ちチャールズは、遺言執行者であるドミニコ会神父のオケリーとコンサルヴィ神父の立ち会いのもと、最後の遺言書を作成した。遺言書にはチャールズの息子エドワードと娘のシャーロットが土地の共同相続人になること、息子のエドワードは十六歳の誕生日に王位に就き、それまではヘンリー枢機卿が摂政となることが定められた。

しかしチャールズ・エドワードが死去すると、野心家のヘンリーはときを待たず、みずからスコット人の王ヘンリー一世（イングランド王ヘンリー九世）を名乗った。その主張を正当化するために彼は、兄王の一七八八年の遺言書ではなく、一七八四年の古い遺言書を提示した。枢機卿であるヘンリーに跡継ぎができる心配はなく、したがって、これは英国政府にとっても好都合だった。オケリーとコンサルヴィも陰謀に加担し、ふたりには教会内での即時昇進が約束された。まもなく前者はドミニコ会の代表に、後者は枢機卿の地位にのぼる。オールバニーのシャーロットにはフラスカーティに屋敷が与えられ、マルグリット・デ・マシヨンとプリンス・エドワードにはパラッツォ・ムーティでの居住が認められた。陰謀には、ローマのベネディクト会代表であるジェームズ・プラシド・ウォーターズ神父も加担した。

ヘンリーは正当な国王を名乗ることで、彼を摂政に任命した兄の遺言書の一文を無効にしようとした。が、一七八九年一月、彼はみずから遺言書を作成し、将来を変えようとした利己的な企みを正した。すべての財産と相続可能な称号をプリンス・エドワード・ジェームズ――つまり「わが甥、スチュアルトン伯爵」――に遺贈したのだ。のちに回顧録で明かされるように、遺言書の作成にはエルコレ・コンサルヴィ枢機卿とアンジェロ・セザリーニ枢機卿がかかわり、指定執行人になった。

あいにくヘンリーは、その後のフランス革命とナポレオンによる教皇領への侵攻のあいだに財産の大部分を失った。一七九九年には五千ポンド（今日の貨幣価値でおよそ二十五万ポンド）の王族年金を英国から支給されることになるが、その見返りに遺言書を書き直すよう求められる。プリンス・エドワードとマルグリット女伯爵、そして教皇との合同会議の結果、適切と思われる書き換えがおこなわれた。新しい遺言書は一八〇二年に作成されたが、相続権は依然としてプリンス・エドワードにあった。文言は、「わが甥、スチュアルトン伯爵」を「正当な血筋を受け継ぐ、かのプリンス」に書き換えただけだった。

一八〇七年七月、ヘンリー・スチュアートが死去するとジョージ国王と英国議会は、ヘンリーの二通目の遺言書は、実際には一通目と変わらず不都合だと判断した。そこで彼らは一八〇二年の遺言書を無視し、一七八九年のもともとの遺言書を採用する。だが報道は、ヘンリーが〝血縁の〟スチュアルトン伯爵（いうまでもなくエドワード・ジェームズのこと）にすべてを遺贈したとだけ伝えた。ところが英国で、この血縁者のスチュアルトン伯爵が何者か、確かめようとする者はなかった。「ジェントルマンズ・マガジン」の一八〇七年九月号の記事を引用して、当時の典型的な報道を見てみよう。

一七九八年まで、ヘンリーの屋敷には非常に高価な骨董品のコレクションがあった。また図書室には、不運なスチュアート王家に関する数多くのめずらしい小冊子やおもしろい写本がそろっていた。一七八九年一月に作成された遺言書で、ヘンリーはこの蔵書を血縁のスチュアルトン伯爵に遺贈した。だがそれはみな一七九八年に、ローマでフランス人とイタリア人のジャコバン党員に略奪されるか、フランスの警察に押収され、パリの図書館および博物館に運ばれた。

ヘンリーの図書室の写本は、実は、ここに名指しされた人々に盗まれたわけではない。ヴァチカンが保管しているものもあれば、ローマの図書館に収蔵されているものもあり、英国政府が保管しているものもある。いずれにせよヘンリーの遺言執行人、セザリーニ枢機卿とコンサルヴィ枢機卿の回顧録(パリの国立図書館所蔵)によると、ヘンリーの図書コレクションには、個人の遺産として見るべきものがほとんどなかった。というのもヘンリーは蔵書のほとんどを「わが甥、スチュアルトン伯爵」に遺贈したからだ。

さて、最初の難局を乗り越えたハノーヴァー朝政府関係者は、次に、ヘンリーが修正した一八〇二年の遺言書を持ち出した。修正された一句(「正当な血筋を受け継ぐ、かのプリンス」)はその表現の柔軟性によって、戦略的に、サルデーニャの前国王カルロ・エマヌエレ四世を指すとされた。カルロ・エマヌエレは退位してイエズス会に入ったばかりで、つまりうまくいけばスチュアート朝の血筋は、好都合にも子どものない修道士が引き継ぐことになる! カルロは律儀にもジョージ国王の議会に、指名されたことを非難する手紙を書き送った。というのも彼は、スチュアート王家の末裔が健在だということを知っていたからだ。実際マルグリットとその息子のエドワードは、一七九七年からサルデーニャの彼のもとに身を寄せていたし、カルロが手紙を書いた時点でも、ローマのコルソ大通り近くの彼の屋敷で暮らしていた。それでも議会は手紙を無視し、英国ではすべてが秘密にされた。いまや歴史書には、スチュアート王家はサルデーニャからモデナ、バイエルンへと、いわば接《つ》ぎ木されて継承されたと記されている。実際には、正当なスチュアート（スチュワート）王家は今日も存在し、欧州憲法の運営に長らく深い関心を寄せてきた。

一八〇九年、ジョージ三世のふたりの息子のあいだで、のちに〝兄弟の戦争〟と呼ばれる、国王への忠誠をめぐる論争が起こった。ケント公爵のプリンス・エドワード（ヴィクトリア女王の父）はフリーメーソンの一員で、ところが弟のサセックス公爵プリンス・オーガスタス・フレデリックはテンプル騎士だった。エドワードが気に入らなかったのは、弟のテンプル騎士仲間がスチュアート王朝の支持者だったことで、エドワードは彼らを、現在王位にあるハノーヴァー家の支持者に変えようとした。結果的にその努力は実を結ばず、エドワードは既存のメーソン組織のなかにテンプル騎士団風の支部を作ることで矛を収めた。この組織はケント公の保護下におかれ、英国でのフリーメーソンのヨーク・ライト【編注：フリーメーソンの会員組織】になる。一方、もともとのテンプル騎士団は、オールバニーの第二代伯爵プリンス・エドワード・ジェームズ・スチュアートの保護のもと、スコティッシュ・ライトとしての道を歩み始める。

亡命したスチュアート王家は、滞在先のフランスとイタリアでフリーメーソンの発展と普及に深くかかわった。彼らは英国から伝わってきたスコティッシュ・ライトのパトロンで、スコティッシュ・ライトは、ほかのメーソンより高い位階とより深遠な秘儀を有していた。この発展の陰で際立った存在感を放ったのが、チャールズ・エドワードの血縁で助言者でもあるサン＝ジェルマン伯爵だ。スチュアート王家が何かとフリーメーソンに深いかかわりを持つのは、それが王家の既存の権利であり特権だからで、またそこには、同胞にメーソンの真の古式ゆかしさと由緒正しさを伝えたいという願いがあった。

英国では、クラブ的なロッジにもともと備わる秘密主義が、ホイッグ党と英国王位を継承したドイツ王家に対する、さまざまな陰謀を画策する絶好の隠れ蓑《みの》になった。全土でジャコバイトの団体とトーリー党員のロッジが密接に結びついた結果、フリーメーソンはホイッグ党の情報機関から目をつけられ、いつのまにか組織内には、ホイッグ党の高位諜報部員が数多く潜入していた。英国フリーメーソンはやがて政治的陰謀と縁を切って、同胞愛と信念、慈善の寓意表現および規範に深くかかわっていく。しかしヨーロッパでは、科学を基礎にした伝統的スタイルの知的ロッジがまだ存在している。

一八一七年、ロバート・ワトソン医師はローマで、スチュアート王朝にまつわるヘンリー枢機卿の文書を数点購入した。そして二十三ポンド（今日の価格でおよそ六百十ポンド）を払ってその内容を出版しようとするが、文書はたちどころにヴァチカン警察に押収され、内容が公にならないようロンドンに引き渡された。のちにワトソン医師は、とりあげられた個人の所有物に対する代金を英国議会から受けとる。ワトソンはこれで引き下がらず文書の返還を求めたが、一八三八年に遺体で発見され、死因は自殺とされた。以後、その文書が公の場に現れたことはない。一九〇四年のジャコバイト貴族名簿には、この措置は、文書の中身が特にサルデーニャのカルロ・エマヌエレ四世の目に触れないようにするためだったと記されている。

ヘンリー枢機卿と同様にウォーターズ神父も、私有財産と引き換えにジョージ国王の年金受給者になった。オールバニーのシャーロットの遺言執行人だったウォーターズは、スチュアート家のさまざまな文書を保管するようになるが、そのおかげで、やがてハノーヴァー王家から年金を受けとるようになる。一八〇五年、神父は書類を英国政府に引き渡さざるをえなくなり、そのうちの数点はウィンザー城が引き取って今日に至っている。ほかの文書については、いつのまにか所在不明ということになった。

文書が次々に買いとられて、プリンス・エドワード・ジェームズの歴史的記録がいずれ英国から抹消されることは明らかだった。が、ヨーロッパでは事情が異なり、スチュアート・トラスティーズが所有する書類には、プリンスの存在を立証するものが多く含まれている。またシャトーブリアン子爵のルネやジェームズ・ウォーターズ神父、プリンセス・キャロリン・ミュラ、その他の人物の文書にもプリンスの名はよく現れる。ヘンリー枢機卿の死後、スチュアート王家は英国の権威筋に無視されてきたが、第二代オールバニー伯爵のスチュアルトン伯爵、すなわちプリンス・エドワード・ジェームズの子孫はここ二世紀にわたって、社交上、政治上、軍事上、統治上の諸問題に積極的にかかわってきた。彼らは、スチュアート家が王座にあったときに掲げていた理念——公共奉仕を尊び、宗教的には寛容であること——を広めるために、各国政府に憲法上、外交上の問題についてしばしば助言を与え、また、貿易と福祉、教育問題にとりわけ深く関与してきた。

一八八八年、プリンス・エドワードの孫、第四代オールバニー伯爵のチャールズ・ベネディクト・ジェームズ・スチュアートは英国を訪れる予定だった。ロンドンのニュー・ギャラリーで開催される大スチュアート展に出席することになっていたのだ。展覧会を主催するのは白薔薇修道会で、アシュバーナム伯爵バートラムとルヴィニー侯爵メルヴィル・マシューが中心になって準備を進めていた。だが展覧会の開催はハノーヴァー朝の諜報部員に妨害され、プリンス・チャールズ・ベネディクトは、イタリアで遺体となって発見される。

結局一八八八年の展覧会は開催されずじまいだった。だが、その翌年、まったく趣旨の異なる展覧会が催される。本来計画されていたスチュアート王家のための展覧会ではなく、ジェームズ七世（二世）を廃位させ、スチュアート王家に亡命を余儀なくさせた、一六八八年のホイッグ革命の二百周年を記念する展覧会だった。ヴィクトリア女王がみずから主催したこの展覧会の陰で、スチュアート王家に伝わる貴重な文書は、さらにハノーヴァー家に買いとられる。主催しようとした展覧会を台無しにされたアシュバーナム卿とルヴィニー侯爵は、以後、関心をヨーロッパの騎士団――シオン王国修道会と聖墳墓の守護騎士団、聖杯《サングレアル》の修道会――に向けた。

スチュアート家の人気を押さえ込もうとするヴィクトリア女王の努力もむなしく、一八〇〇年代末には、ジャコバイトの活動がふたたび盛りあがりを見せた。そこで女王の相談役らは、女王が遠いながらもスチュアート家につながる家系であることを強調し、スチュアート家からスコットランドの血筋を排除することにした。その結果、ハノーヴァー王家によるスチュアート家の系図から、ロッホアーバーの領主バンクオーや、マカルピン王にさかのぼるスコット人の家系が消えた。スコットランド紋章院長官はのちにこう書いている。「バンクオーの子孫で、バンクオーから古代のスコットランド王にさかのぼるとするスチュアート家に伝わる家系図は、いまや信用できないとされた」。それ以来スチュアート家のブルターニュの血筋が前面に押し出される。だが系図のなかのある血筋を強調するのに、なぜ別の血筋を切り捨てなければならなかったのかは、わたしたちには理解できない問題だ。

スコットの王家の末裔は、第二次世界大戦中に、ベルギーのレジスタンス運動で目覚ましい活躍をした。スチュアート王家とベルギー首相のヒューバート・ピエルロは親しい関係にあり、王家は一八九二年に、スチュアートからスチュワートへと改名し、ベルギーのアルデンヌにあるムーラン城に居を移して一九六八年までそこに暮らした。この城はもともと、一六九二年に、王家がルイ十四世から与えられたものだった。ごく最近の一九八二年にも、ブリュッセル市は大歓迎会を開いてスチュワート王家に敬意を示した。一九九〇年十二月十四日、市の記録係は、ロバート・ザ・ブルースの時代から今日に至るまでの完全な系図を記したスチュワート王家の最新公認系図に署名、捺印して、正式に受理している。

今日、第二代オールバニー伯爵プリンス・エドワード・ジェームズから分かれた家系はいくつかある。ダーンリー伯爵とコールディンガム公爵もそれに含まれるが、チャールズ・エドワード・スチュアートとその息子のエドワード・ジェームズから続く正当な主筋家系は、現第七代オールバニー公爵、およびアキテーヌ公爵、ブロア伯爵、〝聖コルンバの神聖なる一族〟の長、〝エルサレム神殿修道会〟の騎士司令官、〝英連邦将校国際協会〟のパトロン・グランドオフィサー、ヨーロッパ・プリンス議会の議長である、プリンス・マイケル・ジェームズ・アレグザンダー・スチュワートにつながっている。

スチュワート本家の家系は、かたやアーサー王の父、スコット人の王アエダンに、かたやセプティマニア・ミディの、ネイシエン王子にさかのぼる。スコット人の家系はシルリアのルシウス王から〝祝福されたブラン〟、ヤコブ／アリマタヤのヨセフにつながり、一方、メロヴィング朝の男性家系から分かれたミディの家系は、漁夫王を通って、イエスとマグダラのマリアにつながる。一世紀の系図の分岐点にたどりつくと、家系はユダ王家にまでさかのぼる。まさにこのスチュワート家こそは、ダビデ王から続く真に唯一無二の君主の血脈、すなわち〝聖杯の血筋〟を形成する、主要な家系のひとつなのだ。

アメリカの王位

ローマの街の地下に広がる異教時代の地下墓所《カタコンベ》には、六百万人以上のキリスト教徒が眠っている。墓所内の通路をつなぎ合わせれば、全長八百八十キロメートルにはなるだろう。皮肉なことにそのうちの百万人以上が、後世に吹き荒れた異端審問の嵐のなかで命を落とした者たちだ。というのも異端審問の犠牲者たちは、〝キリスト教徒であろうはずがない〟とされたからだ。

幾世紀にもわたって初期キリスト教会がおこなってきたユダヤ人排斥運動の結果、何百万人ものユダヤ人が迫害を受け、殺害された。排斥運動はたいてい、神殺しを罰するという名目でおこなわれ、一九四〇年代初期のホロコーストの時代に収拾がつかなくなってしまった。そのうえ、血も涙もないスターリンの独裁時代――どんな形であれ、宗教と名がつくものすべてを忌み嫌う専制的全体主義――には、何千万人ものソヴィエト＝ロシア人の命が奪われた。どちらも想像の域を超える莫大な数だが、その責任は過去の野蛮な社会体制にのみ帰せられるべきではない。宗教上の不和は、いまも昔も変わらず世界中で見られ、異端審問という名の民族浄化は、今日もなお堂々とおこなわれている。

理論的には共産主義は、社会主義者の夢を実現するためにつくられたものだが、軍事弾圧によって巨大政治組織が権力を持つようになると、理想実現の夢はついえた。資本主義も非道という点では共産主義に劣らない。人々の幸福よりバランス・シートを重んじる結果、貧しい国々では何百万人もが餓死を余儀なくされる一方で、食糧が山のように蓄えられている国もある。憲法で自由、平等を謳っているアメリカ合衆国でさえ、恵まれた層とそうでない層とのあいだの溝は、どんどん広がりつつある。富裕層の住む地区が、しだいに周囲に壁をめぐらし、バリケードを築いているのに対し、西洋の福祉システムはいまや崩壊と破綻《はたん》の一途をたどっている。

君主、もしくは独裁者による絶対統治が社会格差を引き起こすことは、歴史のなかで繰り返し証明されてきた。だが民主主義におけるその代替物である、選挙で選ばれた政府も、同様に不公平であることがわかっている。選挙で選ばれた議会でさえ、奉仕者たるべき者たちがみずからを奉仕される者と見なすようになると、独善的、独裁的になりやすい。そのうえ英国のように多党制の政治構造を持つ国では、少数票しか得ていない政治家が大臣におさまるという事態がしばしば起こる。そのような状況で、いったい誰が個人の権利を守ってくれるのか？ 労働組合に期待する人もあるだろうが、政治的にいかに偏向していても、所詮、組合という組織もやはり政府の支配を免れ得ない。組合員には労働組合構成員としての重みこそあるものの、議員のそれに匹敵する最終権限はない。司法制度に関して言えば、司法の役目は法の下の正義を守ることであって、道徳上の正しさを擁護するものではない。

英国人のなかには、人民の守護者として女王陛下を挙げる者があるかもしれない。しかし英国は議会君主制で、君主の統治は議会の合意のうえでのみ成り立つ。成文憲法がないことを考えると、個人の自由と権利を多少なりとも守るには、英国君主は無力な存在だ。現皇太子は折に触れて、制約の回避を望む本音を口にしてきたが、そのたびに国教会からごうごうたる非難を浴びてきた。皇太子はヴィクトリア朝時代の子どものように、目では見ても耳を傾けるべき存在ではないからで、その一方で国の命運は、銀行家や実業家、法律家が握っているのだ。

政治家は英国憲法を、あたかも実際に文書の形で存在するかのように引き合いに出すが、そういう文書は存在しない。英国憲法はただ単に、古い慣例と、議会の発した制裁措置に関する先例、およびさまざまな局面での多くの特殊な法律が蓄積されたものだ。一三二〇年のスコットランド独立宣言が、一七〇七年に発せられたイングランドの連合条約によって効力を失って以来、現在効力を持つ最も古い成文憲法は、一七八七年に採択され、八八年に批准、八九年に発効したアメリカ合衆国憲法となった。発効したその年にフランス革命が起こり、フランスで封建制と絶対君主制が廃止され、これがヨーロッパのほぼ全土に政治的影響を及ぼす。革命後二世紀のあいだにフランスとその他のヨーロッパ諸国は、個人の自由と権利を守るために成文憲法を導入した(英国はその顕著な例外)。しかし、いったい誰が人民のためにこの憲法を守ってくれるのだろう。

絶対君主制、あるいは独裁制に代わるものとして人気が高いのは共和主義だ。そもそもアメリカ合衆国という共和国は、新生国家を英国のハノーヴァー王家の専制政治から解放するためにつくられた。だがその国民はやはり、君主制の概念に魅力を感じるようだ。いかに徹底した共和主義者でも、中心となる象徴を求める気持ちはある。旗も大統領も、この求心力を持つ役割を果たすことはできない。というのも、政党制度があるかぎり、大統領は常に政治的動機に動かされるからだ。共和主義は、友愛会的状況を原則にして考案されたが、富と財産の程度で地位と権力が示されるような環境では、階級のない社会という理想が実現するはずがない。

道徳上の理想から誕生した合衆国憲法の制定には、薔薇十字団員やフリーメーソンが数多くかかわった。そのなかにはジョージ・ワシントンやベンジャミン・フランクリン、トーマス・ジェファーソン、ジョン・アダムズやチャールズ・トンプソンといった著名人たちがいる。特に米国国璽《こくじ》をデザインしたチャールズ・トンプソンは、フランクリンのアメリカ哲学協会——英国の〝見えざる学寮〟に相当する団体——のメンバーだった。国璽《こくじ》に使われたイメージは、古くから伝わる錬金術に直接結びついており、それはさらに、古代エジプトのテラペウタイ派の寓意にまでさかのぼることができる。鷲やオリーブの枝、矢の束、五芒星はすべて、対極にあるふたつのもの——善と悪、女性と男性、戦争と平和、闇と光など——を示す隠秘学のシンボルだ。裏面には（一ドル札にも見られるように）、失われた〝古い知恵〟——国教会に分断され、地下に潜らざるをえなくなった知恵——を表す切頭角錐が見られる。だがその上には、〝絶えず希望に満ちた光〟を表す光線に、フランス革命の際にシンボルとして使われた〝すべてを見通す目〟を組み合わせた図章が描かれている。

共和国の樹立にあたってアメリカ人は、やはり並列君主制——政治に関与はしないが、愛国心をかき立てる中心としての君主制——の理想から逃れることができなかった。実際ジョージ・ワシントンは王座の提示を受けたが、彼自身は、それにふさわしい血筋ではないとして辞退した。代わりに彼が目を向けたのはスチュアート王家だった。一七八二年十一月、四人のアメリカ人（メリーランドのギャロウェー氏とペンシルヴェニアのシルヴェスター兄弟、ニューヨークの弁護士フィッシュ氏）が、亡命中のチャールズ三世に会うために、フィレンツェの彼の住まいである、パラッツォ・サン・クレメンテを訪れた。四人は秘書ジョン・スチュワートに案内されてチャールズ・エドワードに会った。会合にはチャールズ・ハーヴィー・タウンゼンド閣下（のちの駐ハーグ英国大使）とチャールズの未来の妻マションの女伯爵マルグリットも立ち会った。会見（話題は、当時、問題になっていた欧米間のジレンマが中心だった）の模様は文書にされ、米国上院公文書館とマノーウォーター・ペーパーズに収められた。サー・コンプトン・マッケンジーやサー・チャールズ・ピトリーなどの作家も、チャールズ・エドワード・スチュアートがアメリカ人の王になるよう請われた場面を作品に描いている。

その数年前、チャールズはボストンからの訪問者から同様の打診を受けたが、独立戦争が終わって、今度はジョージ・ワシントンがあらためて特使を送ってきたのだ。ハノーヴァー王家にとっては、それまで北米の植民地だった土地を失って、スチュアート家がその国の王位に就くなど皮肉この上ない話だが、チャールズはいくつもの理由からその申し出を辞退した。当時チャールズに男性の嫡子がなかったことが、辞退の主たる理由のひとつだった。チャールズは、正当な後継者がなければ、合衆国は自分の死後、簡単にハノーヴァー王家の手に渡り、独立のための努力がすべて無になると知っていたのだ。

聖杯《サングレアル》の教えを胸に抱いて

それ以来、社会を揺るがす出来事がいくつも起こった。フランス革命やロシア革命、二度の世界大戦。さまざまな国で政治体制が変わるたびに多くの変化が生じた。その一方で内紛および国際紛争は、中世から変わることなく続いている。引き金になるのは貿易、政治、宗教。そして、錦の御旗に飾られてはいるが、本質は領土問題や経済支配をめぐる、国同士の絶えることのないいがみ合いだ。神聖ローマ帝国は消滅し、ドイツ帝国は倒れ、大英帝国も崩壊した。ロシア帝国は共産主義に座を譲り、やがて共産主義が面目を失って破綻する一方で、資本主義は許容の綱の上でかろうじてバランスを保っている。冷戦が終結したいま、超大国のアメリカは太平洋諸国という新たな脅威にその地位を脅かされ始めた。そのあいだにもヨーロッパ諸国は結束を固め、かつての経済共同体――一見するとよく考えられたかのような国家連合体――の姿をふたたびとりつつあるが、神聖ローマ帝国を苦しめたのと同じ、各国の風習の違いと主権をめぐる圧力によって、すでに連合体内部にはきしみが生じ始めている。

国を統治するのが軍事政体であろうが、選挙で選ばれた議会であろうが、専制君主であろうが民主主義者であろうが、はたまた君主制主義者、社会主義者、共和主義者のいずれであろうが、得られるものはいつも同じ――少数による大勢の運命の支配だ。独裁政権のもとでは、これは自然な成り行きである。だが、多数決の原則にもとづいた民主主義制度では、あってはならない状況だ。真の民主主義とは、直接民主制だろうが代議制だろうが、階級の違いを超えて少数意見を尊重する、人民による人民のための統治でなければならない。アメリカ合衆国憲法はこの形態の民主主義の理想として出発したが、他の国々と同じで、社会を見渡すと、政権を握る与党に代表者を持たない人々が大きな部分を占める。

大統領も首相も政治的な束縛を受けており、しかも国の舵《かじ》とりをする政党が順番に入れ替わるため、これらの国々では必然的に、国家としての連続性もないことになる。これは必ずしも悪いことではない。だが絶えず主導権を握る政党が変わる状況では、公民権および人民の自由を持続的に守ることのできる、信頼に足る組織は生まれない。英国は少なくとも君主制を維持しているが、それは政治的に制限のある君主制であり、したがって君主には、〝王国の守護者〟としての役目を果たす力はない。アメリカ合衆国は英国と違って成文憲法を持つが、政治上の既得権をどこまでも追求する代々の政府に、憲法の原理を突きつける権力を持つ者はいない。

こうした〝欠陥〟を補う存在――ほのかな希望の明かりではなく、輝ける未来の光をもたらす存在――はあるだろうか？　ある。確かにある。だがその光のエネルギーは、みずからを社会の頂点に立つと見なすのではなく、みずからの役割を社会の代表者とわきまえる公僕によってもたらされる。憲法の擁護者に任じられた者は、政権運営者とともに、いかなる潜在的格差も、また、起こりうるいかなる憲法の侵害も阻止する権限を与えられるべきだ。これを実現するには、ジョージ・ワシントンやアメリカの〝建国の父たち〟が最初に構想したやりかたしかない。彼らのもともとの計画は、民主主義議会と、実際に機能する立憲君主制を組み合わせ、議会や教会ではなく、人民と成文憲法を視野に据えた政体をつくることだった。そうした政体が実現すれば、主権は最終的に人民が手にし、英国の場合とは逆に、実際の王国の保護者として君主が国家に忠誠の誓いを立て、国家は議会と君主の支配に敬意を払うようになる。

政府の大臣には、人民の過半数の票を獲得して選ばれた者がなり、その行動は憲法の枠組み内に制限されるべきだという、建国の父たちの願いは、いまだ実現されていない。憲法は人民のものであり、だからその擁護者は――ジョージ・ワシントンが看破したように――政策にも宗教にも縛られず、主権国家にのみ縛られた君主がなるべきである。世襲という血のつながりのシステムを通じて、憲法の擁護者は、いくら政府が入れ替わっても継続的に人民の代表者になることができる。この点で君主も大臣も、王国という共同体の代表として、憲法の僕《しもべ》となりうる。このような有徳の政府という概念が、〝聖杯のおきて〟の本質であり、文明的な国民国家ならいずれもそれを実現する可能性がある。

英国首相の最近の発言によると、大衆の人気をとるのは首相の仕事ではない（！）そうだ。そんなことはない。大衆に信頼されているからこそ人気があるわけで、選挙で信頼を勝ちとれば、民主主義は円滑に機能する。いかなる形であれ、支配階級にあるとみなされる者が大臣の地位におさまった場合、社会における平等の理念を真摯に語ることはできない。階級組織は常に上から決まるもので、下からではない。だから、みずからつくった台座にのぼった者だけが、調和と団結のためにそれを捨て去ることができるのだ。イエスは最後の晩餐で弟子たちの足を洗っても、屈辱を感じることはなかった。崇高な真の聖杯王の王国、すなわち平等と気高い奉仕の王国の高みにあったからだ。これこそ不滅の〝聖杯の教え〟であり、その教えは聖杯伝説を読めば一目瞭然だ。聖杯は誰に仕えるのか？――そう尋ねるだけで漁夫王の傷は癒え、荒地は豊饒《ほうじょう》の大地に戻る。

イエス・キリストの系譜

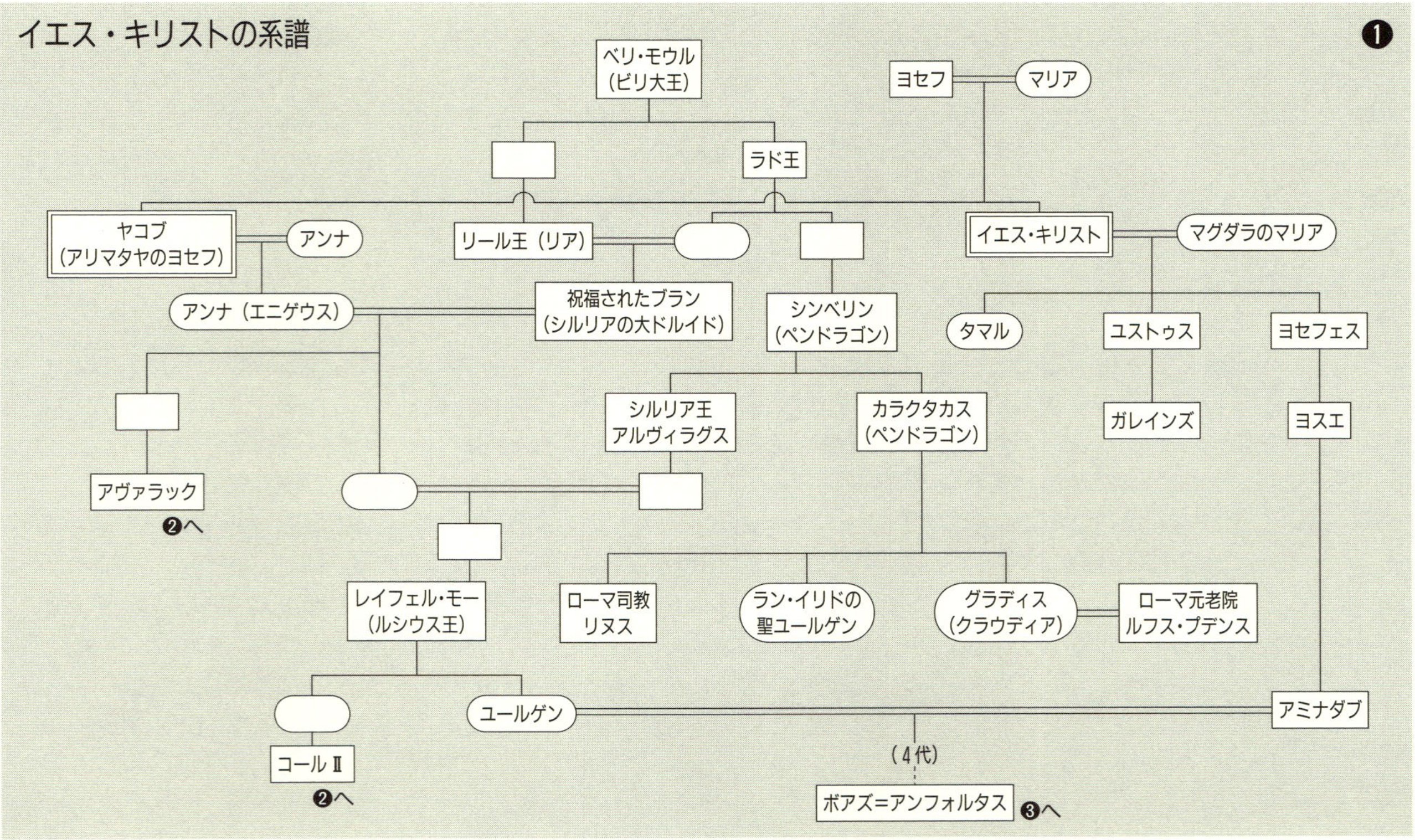

【凡例】＝＝ は婚姻関係、□ は男性、⬭ は女性を表します。❶* は「❶より」の意味です。

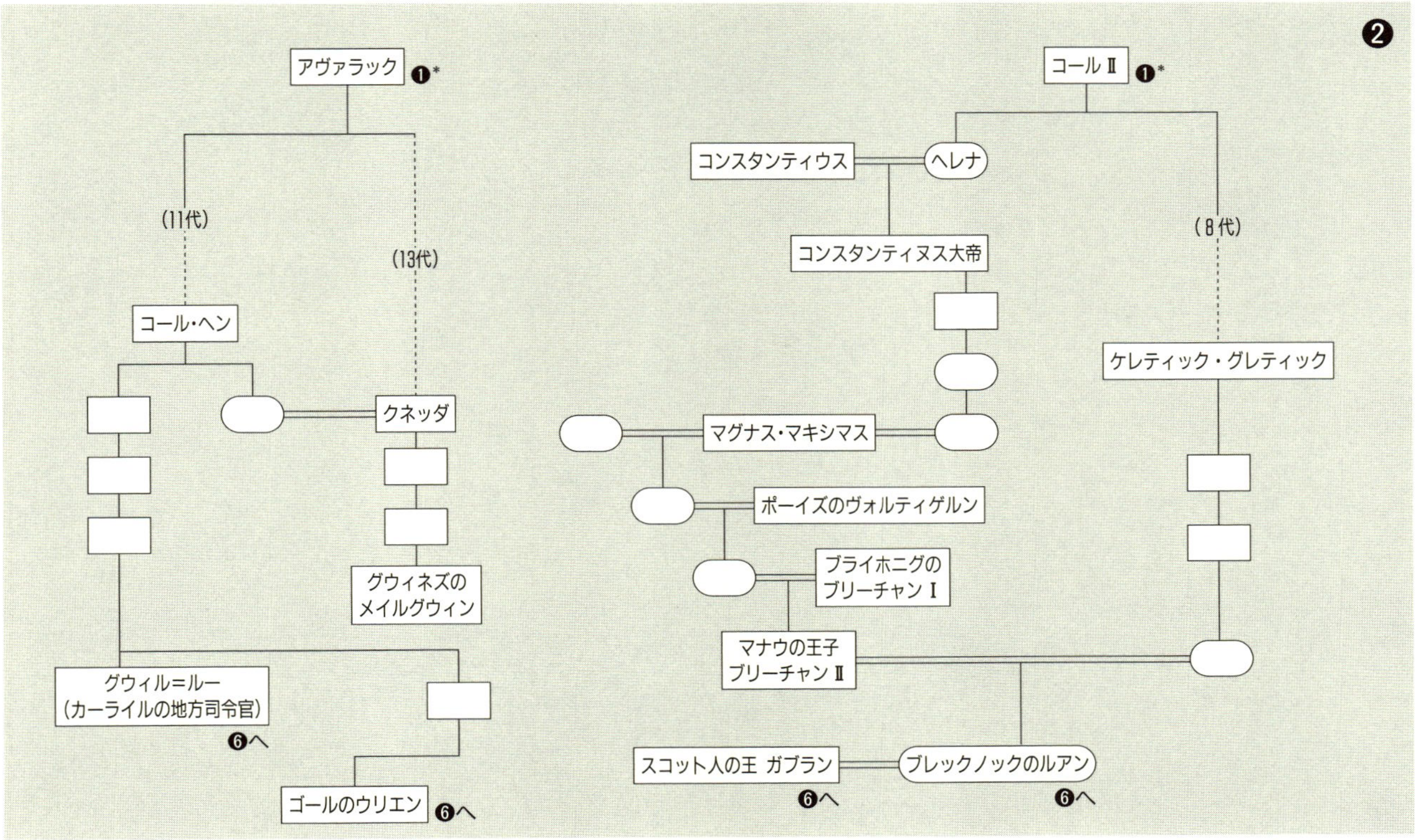
❷
アヴァラック ❶*
(11代)
(13代)
コール・ヘン
クネッダ
グウィネズの
メイルグウィン
グウィル=ルー
(カーライルの地方司令官)
❻へ
ゴールのウリエン ❻へ
コールⅡ ❶*
コンスタンティウス
ヘレナ
(8代)
コンスタンティヌス大帝
ケレティック・グレティック
マグナス・マキシマス
ポーイズのヴォルティゲルン
ブライホニグの
ブリーチャンⅠ
マナウの王子
ブリーチャンⅡ
スコット人の王 ガブラン
❻へ
ブレックノックのルアン
❻へ

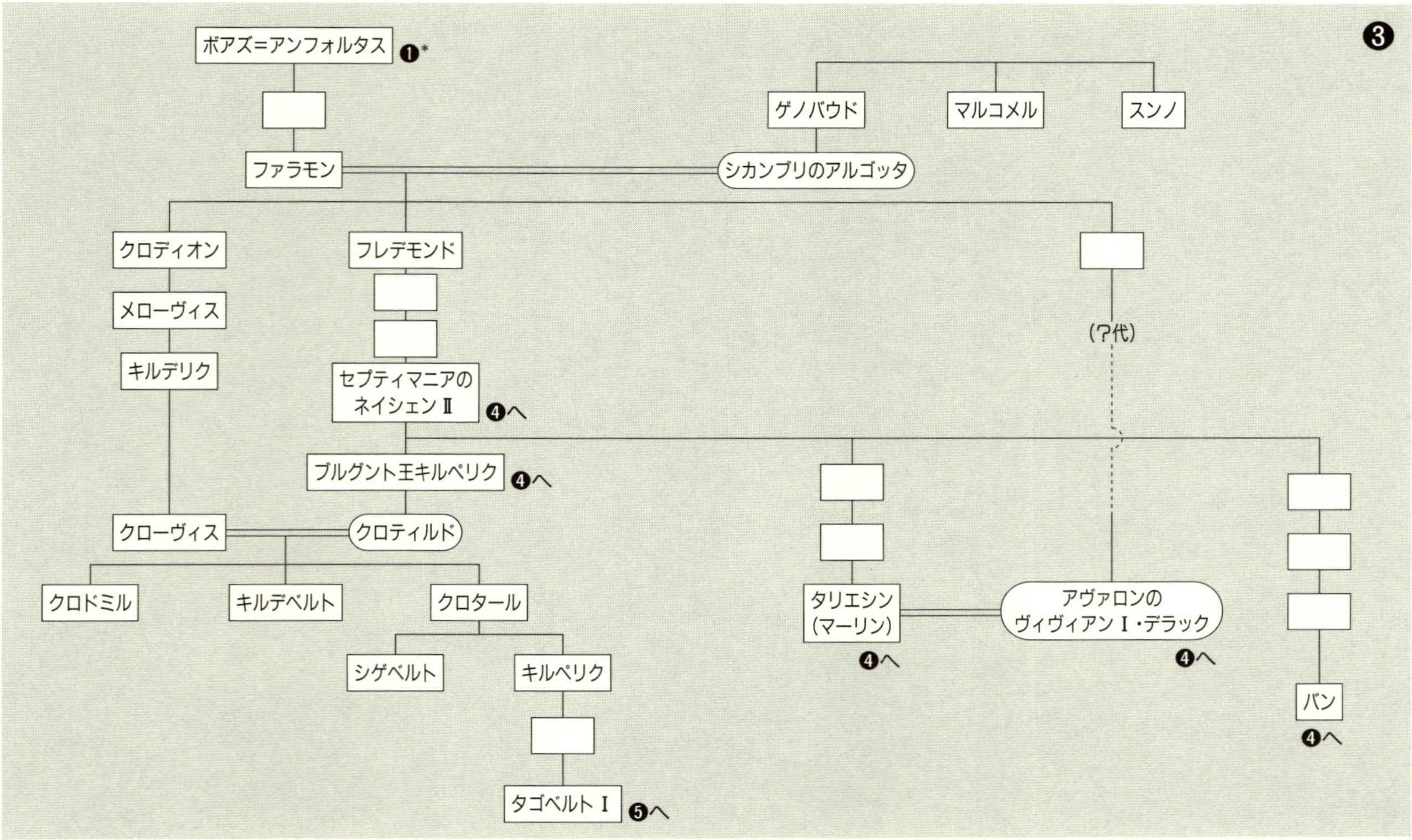
❸
ボアズ=アンフォルタス ❶*
ゲノバウド
マルコメル
スンノ
ファラモン
シカンブリのアルゴッタ
クロディオン
フレデモンド
(?代)
メローヴィス
キルデリク
セプティマニアの
ネイシェンⅡ ❹へ
ブルグント王キルペリク ❹へ
クローヴィス
クロティルド
クロドミル
キルデベルト
クロタール
シゲベルト
キルペリク
タゴベルトⅠ ❺へ
タリエシン
(マーリン) ❹へ
アヴァロンの
ヴィヴィアンⅠ・デラック ❹へ
バン ❹へ

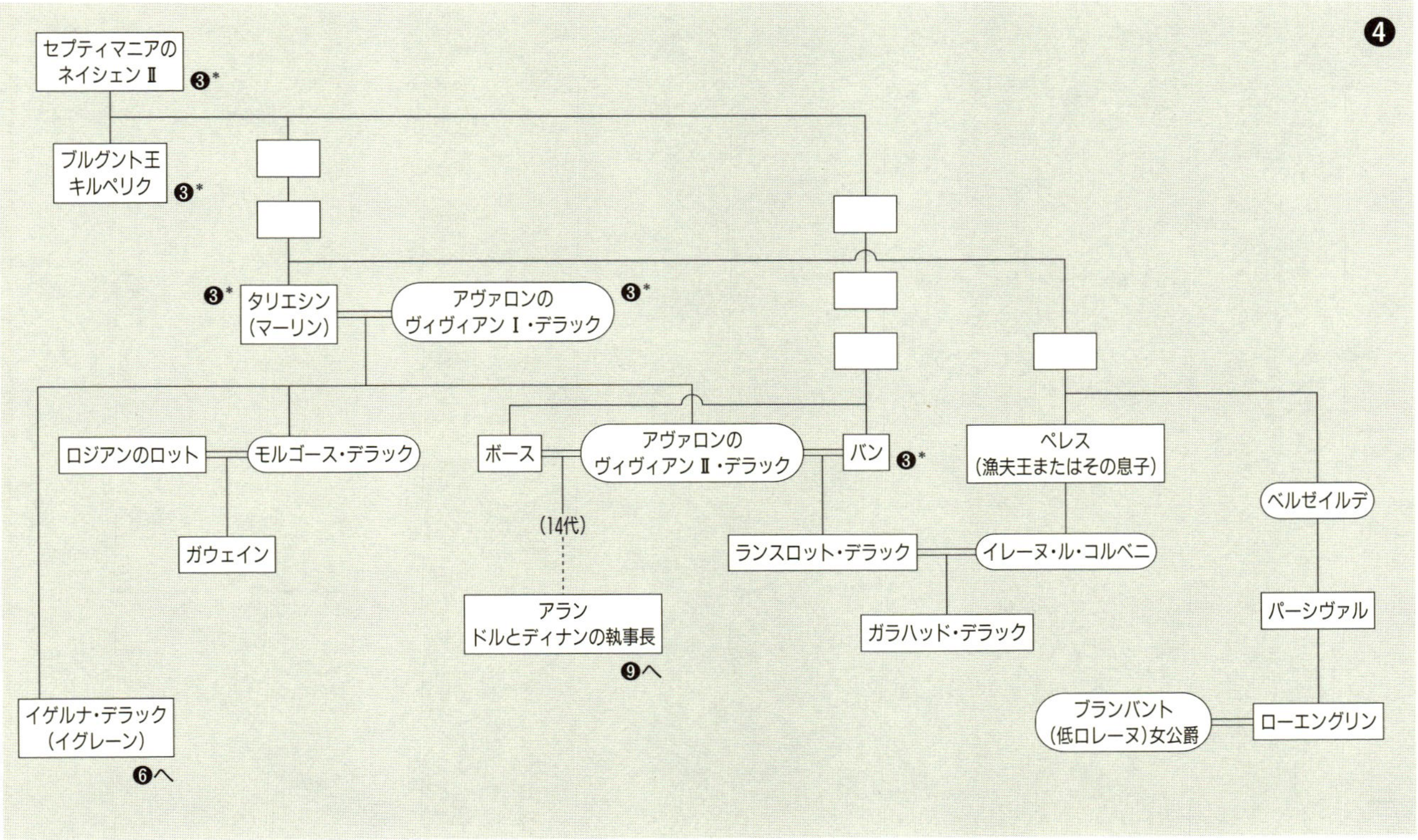
❹
セプティマニアの
ネイシェンⅡ
❸*
ブルグント王
キルペリク
❸*
❸*
タリエシン
（マーリン）
アヴァロンの
ヴィヴィアンⅠ・デラック
❸*
ロジアンのロット
モルゴース・デラック
ガウェイン
イゲルナ・デラック
（イグレーン）
❻へ
ボース
アヴァロンの
ヴィヴィアンⅡ・デラック
バン
❸*
（14代）
アラン
ドルとディナンの執事長
❾へ
ランスロット・デラック
イレーヌ・ル・コルベニ
ガラハッド・デラック
ペレス
（漁夫王またはその息子）
ベルゼイルデ
パーシヴァル
ブランバント
（低ロレーヌ）女公爵
ローエングリン

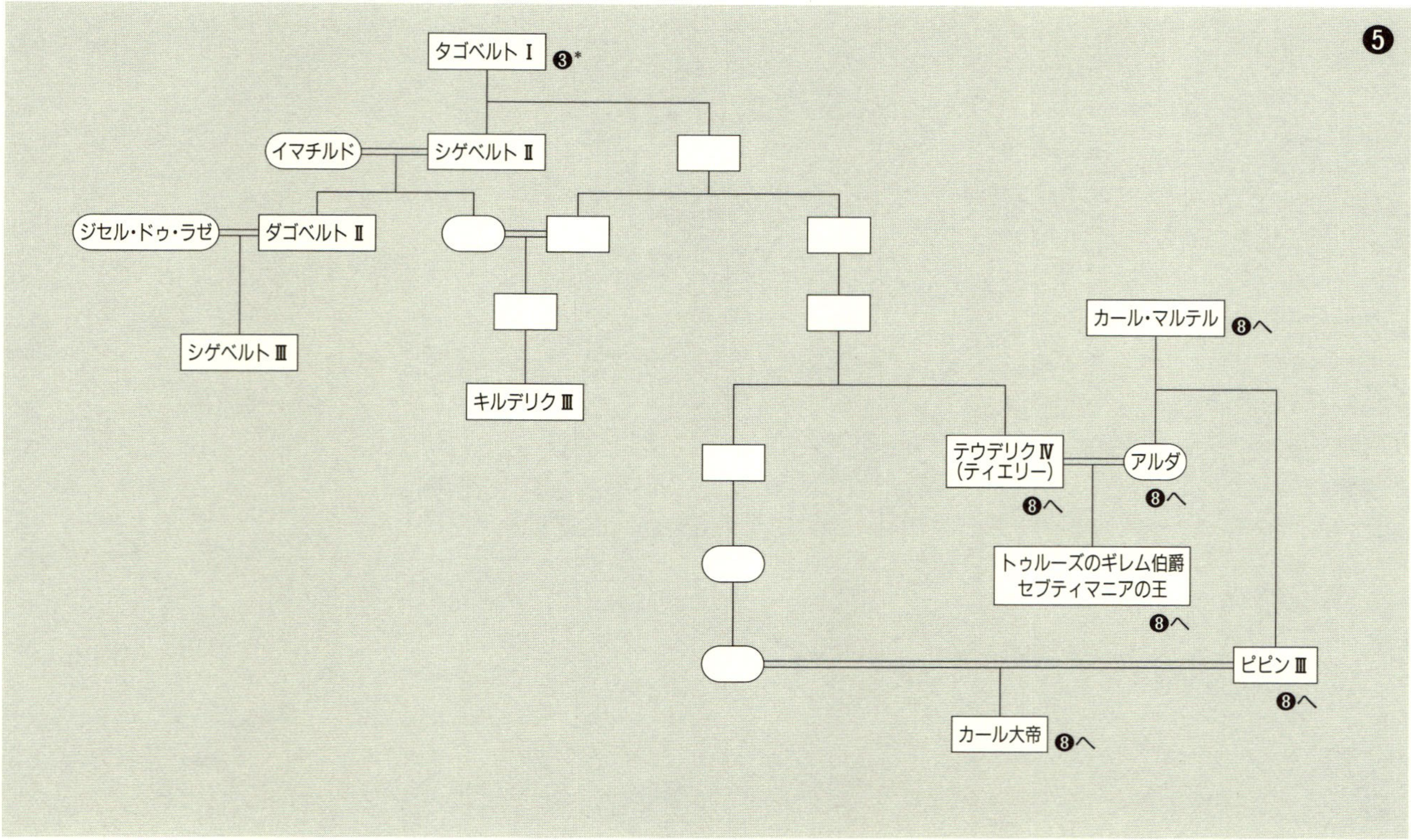

❺
タゴベルトⅠ ❸*
イマチルド
シゲベルトⅡ
ジセル・ドゥ・ラゼ
ダゴベルトⅡ
シゲベルトⅢ
キルデリクⅢ
カール・マルテル ❽へ
テウデリクⅣ
(ティエリー) ❽へ
アルダ ❽へ
トゥルーズのギレム伯爵
セプティマニアの王 ❽へ
ピピンⅢ ❽へ
カール大帝 ❽へ

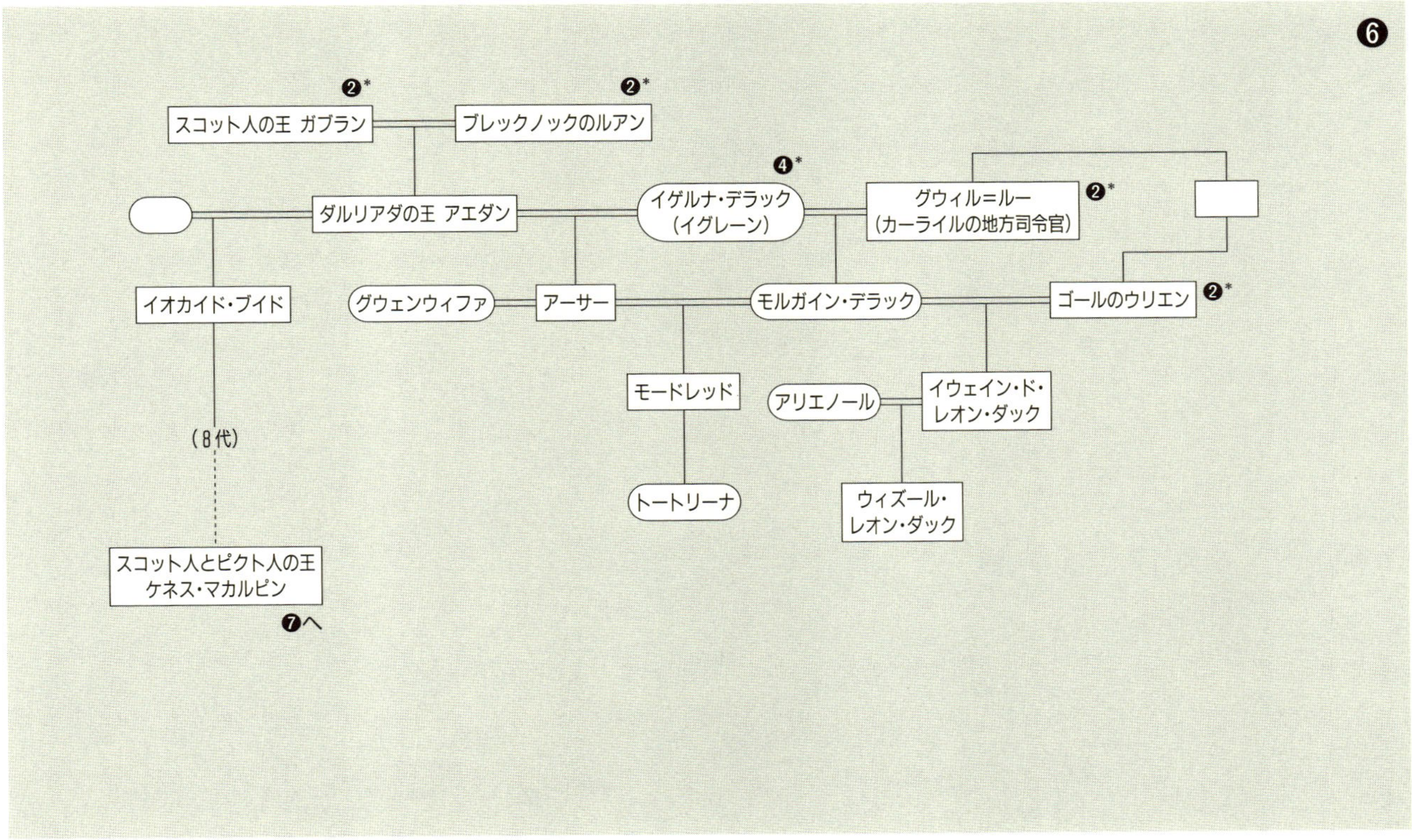
❻
❷*
スコット人の王 ガブラン
❷*
ブレックノックのルアン
ダルリアダの王 アエダン
❹*
イゲルナ・デラック
（イグレーン）
グウィル＝ルー
（カーライルの地方司令官）
❷*
イオカイド・ブイド
グウェンウィファ
アーサー
モルガイン・デラック
ゴールのウリエン
❷*
モードレッド
アリエノール
イウェイン・ド・
レオン・ダック
（8代）
トートリーナ
ウィズール・
レオン・ダック
スコット人とピクト人の王
ケネス・マカルピン
❼へ

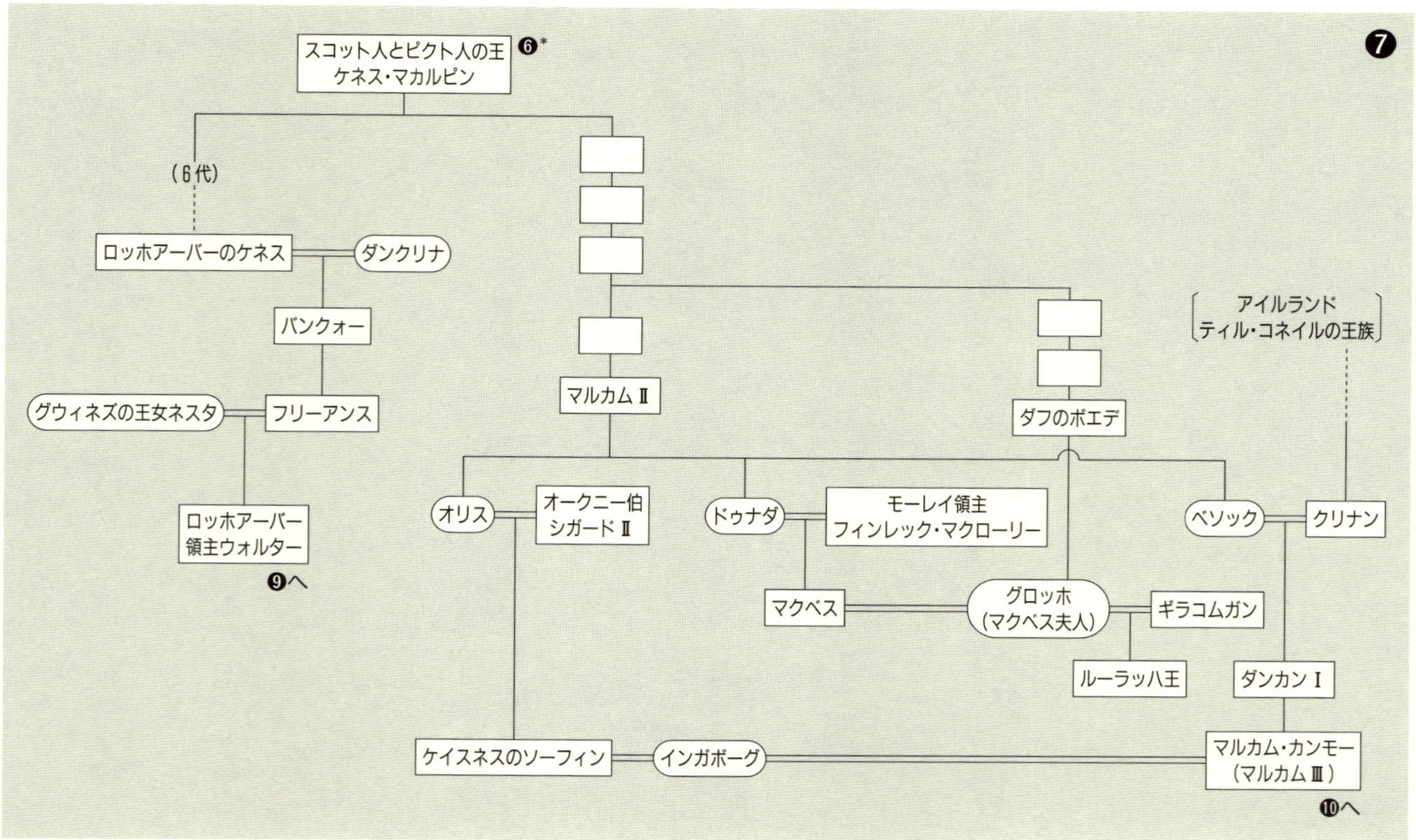
❼
スコットランド人とピクト人の王
ケネス・マカルピン ❻*
（6代）
ロッホアーバーのケネス
ダンクリナ
バンクォー
グウィネズの王女ネスタ
フリーアンス
ロッホアーバー
領主ウォルター
❾へ
マルカムⅡ
ダフのボエデ
アイルランド
ティル・コネイルの王族
オリス
オークニー伯
シガードⅡ
ドゥナダ
モーレイ領主
フィンレック・マクローリー
ベソック
クリナン
マクベス
グロッホ
（マクベス夫人）
ギラコムガン
ルーラッハ王
ダンカンⅠ
ケイスネスのソーフィン
インガボーグ
マルカム・カンモー
（マルカムⅢ）
❿へ

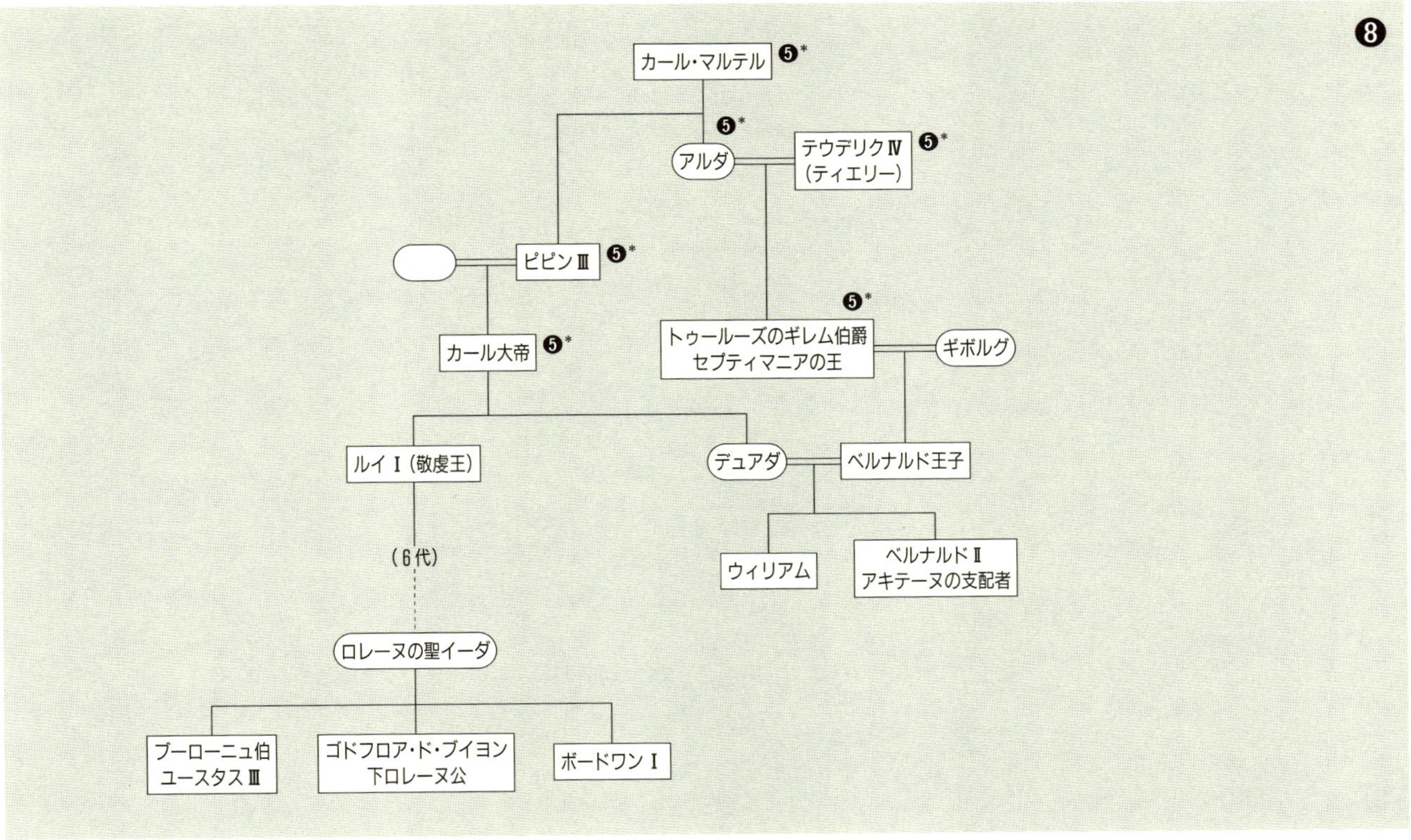
❽
カール・マルテル ❺*
❺*
アルダ
テウデリクⅣ
（ティエリー） ❺*
ピピンⅢ ❺*
❺*
トゥールーズのギレム伯爵
セプティマニアの王
ギボルグ
カール大帝 ❺*
ルイⅠ（敬虔王）
デュアダ
ベルナルド王子
（6代）
ウィリアム
ベルナルドⅡ
アキテーヌの支配者
ロレーヌの聖イーダ
ブーローニュ伯
ユースタスⅢ
ゴドフロア・ド・ブイヨン
下ロレーヌ公
ボードワンⅠ

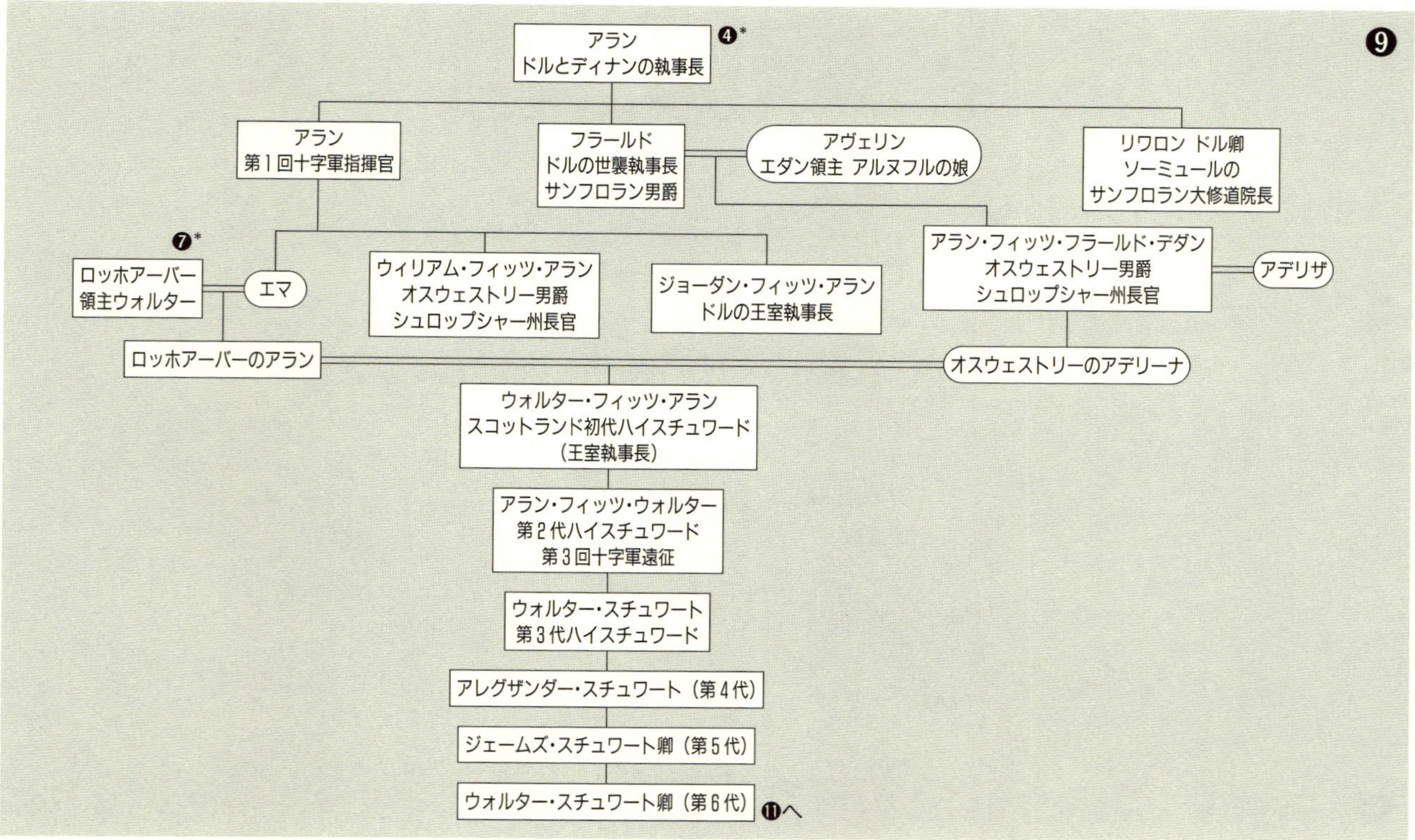

❾
アラン
ドルとディナンの執事長
❹*
アラン
第1回十字軍指揮官
フラールド
ドルの世襲執事長
サンフロラン男爵
アヴェリン
エダン領主 アルヌフルの娘
リワロン ドル卿
ソーミュールの
サンフロラン大修道院長
❼*
ロッホアーバー
領主ウォルター
エマ
ウィリアム・フィッツ・アラン
オスウェストリー男爵
シュロップシャー州長官
ジョーダン・フィッツ・アラン
ドルの王室執事長
アラン・フィッツ・フラールド・デダン
オスウェストリー男爵
シュロップシャー州長官
アデリザ
ロッホアーバーのアラン
オスウェストリーのアデリーナ
ウォルター・フィッツ・アラン
スコットランド初代ハイスチュワード
(王室執事長)
アラン・フィッツ・ウォルター
第2代ハイスチュワード
第3回十字軍遠征
ウォルター・スチュワート
第3代ハイスチュワード
アレグザンダー・スチュワート (第4代)
ジェームズ・スチュワート卿 (第5代)
ウォルター・スチュワート卿 (第6代)
⓫へ

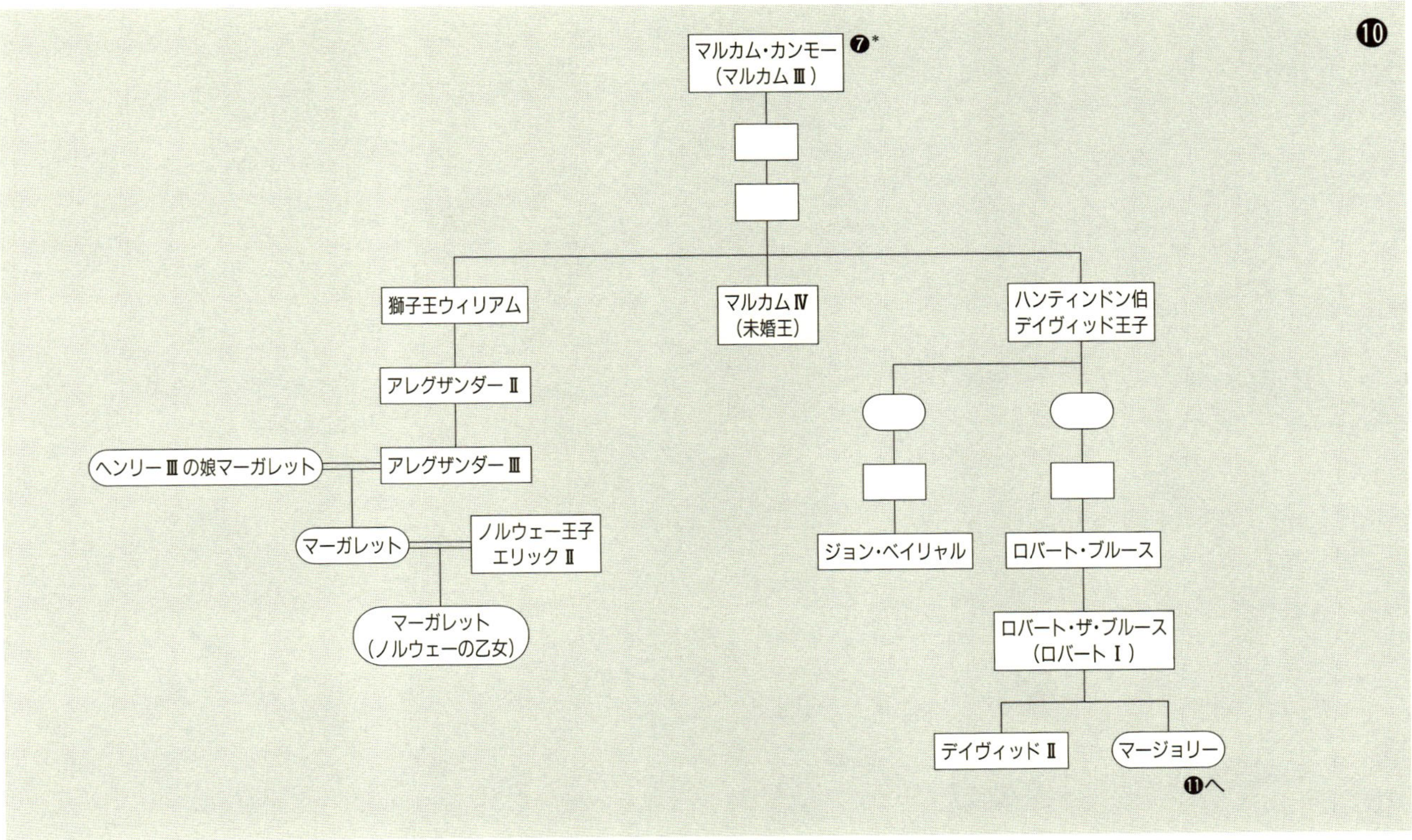
⑩
マルカム・カンモー（マルカムⅢ）
❼*
獅子王ウィリアム
マルカムⅣ（未婚王）
ハンティンドン伯デイヴィッド王子
アレグザンダーⅡ
アレグザンダーⅢ
ヘンリーⅢの娘マーガレット
マーガレット
ノルウェー王子エリックⅡ
マーガレット（ノルウェーの乙女）
ジョン・ベイリャル
ロバート・ブルース
ロバート・ザ・ブルース（ロバートⅠ）
デイヴィッドⅡ
マージョリー
⓫へ

⓫

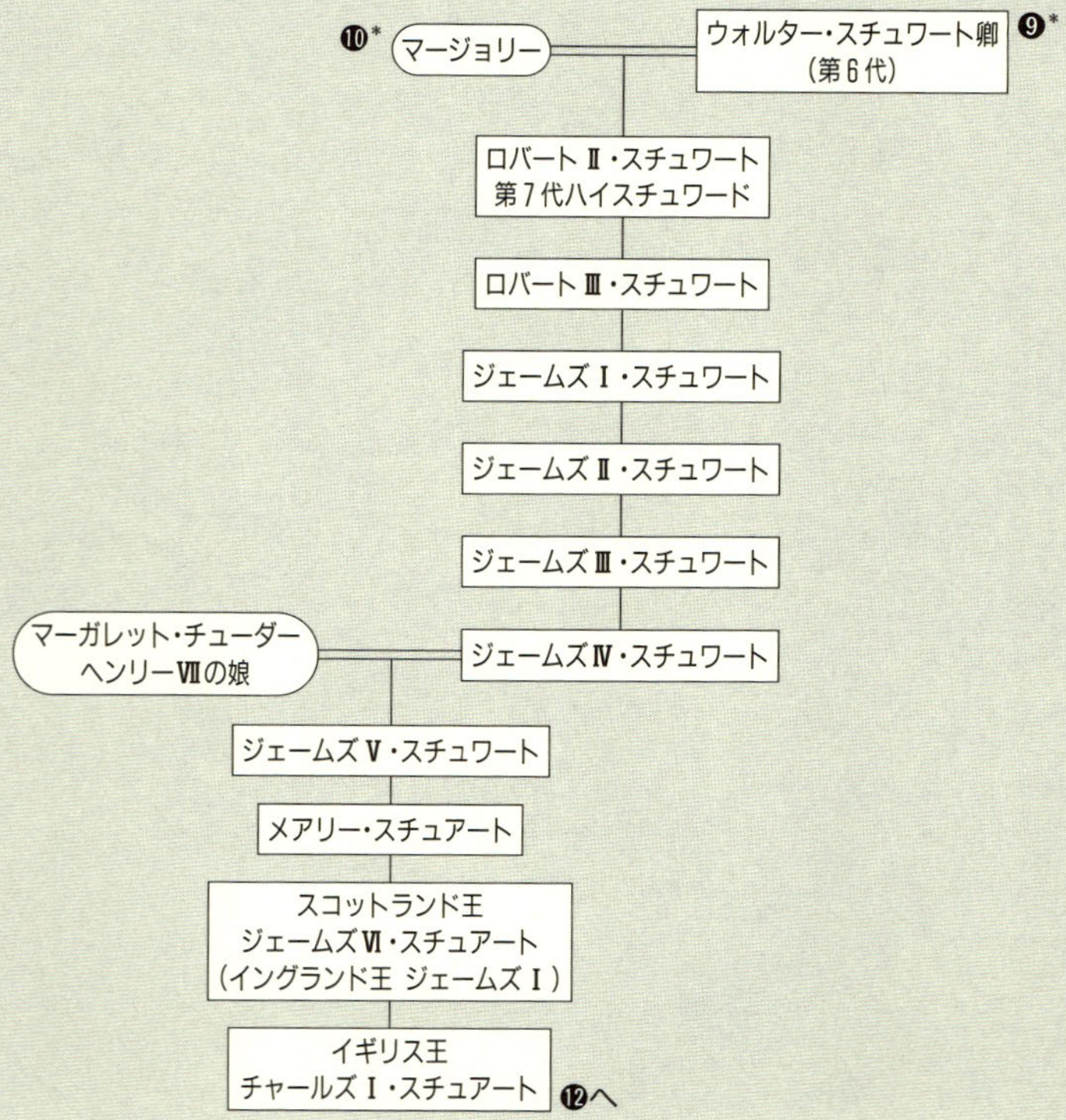

⓾*
マージョリー
ウォルター・スチュワート卿
（第6代）
❾*
ロバートⅡ・スチュワート
第7代ハイスチュワード
ロバートⅢ・スチュワート
ジェームズⅠ・スチュワート
ジェームズⅡ・スチュワート
ジェームズⅢ・スチュワート
マーガレット・チューダー
ヘンリーⅦの娘
ジェームズⅣ・スチュワート
ジェームズⅤ・スチュワート
メアリー・スチュアート
スコットランド王
ジェームズⅥ・スチュアート
（イングランド王 ジェームズⅠ）
イギリス王
チャールズⅠ・スチュアート
⓬へ

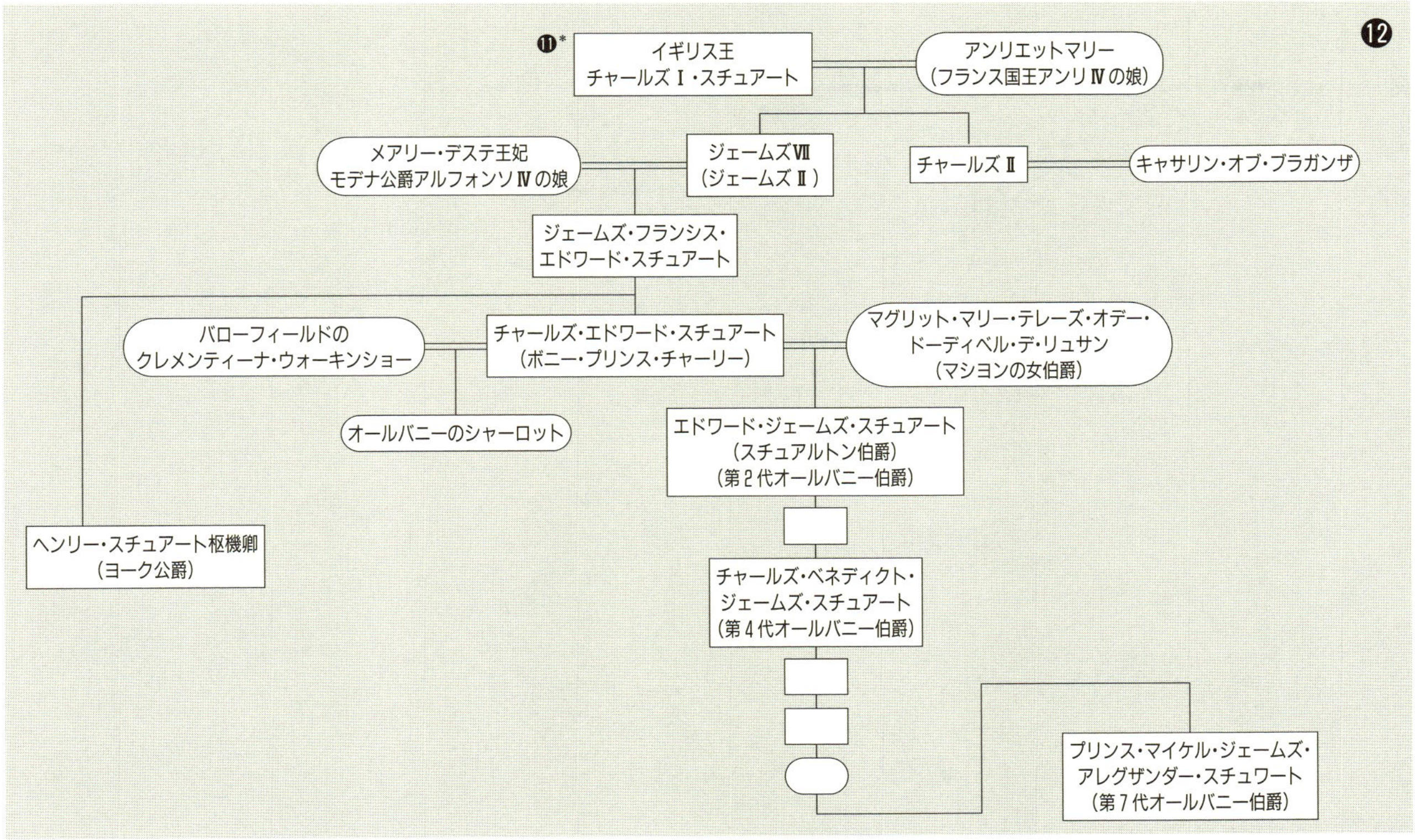
⑫
⑪*
イギリス王
チャールズⅠ・スチュアート
アンリエットマリー
（フランス国王アンリⅣの娘）
メアリー・デステ王妃
モデナ公爵アルフォンソⅣの娘
ジェームズⅦ
（ジェームズⅡ）
チャールズⅡ
キャサリン・オブ・ブラガンザ
ジェームズ・フランシス・
エドワード・スチュアート
バローフィールドの
クレメンティーナ・ウォーキンショー
チャールズ・エドワード・スチュアート
（ボニー・プリンス・チャーリー）
マグリット・マリー・テレーズ・オデー・
ドーディベル・デ・リュサン
（マションの女伯爵）
オールバニーのシャーロット
エドワード・ジェームズ・スチュアート
（スチュアルトン伯爵）
（第2代オールバニー伯爵）
ヘンリー・スチュアート枢機卿
（ヨーク公爵）
チャールズ・ベネディクト・
ジェームズ・スチュアート
（第4代オールバニー伯爵）
プリンス・マイケル・ジェームズ・
アレグザンダー・スチュワート
（第7代オールバニー伯爵）

著者略歴

Laurence Gardner（ローレンス・ガードナー）

世界的に有名な王族家系学者で、歴史作家。彼の著書は小社より既刊の『失われた聖櫃《アーク》　謎の潜在パワー（*Lost Secrets of the Sacred Ark*）』、本書『聖杯の血統』はじめ、『マグダラ・マリア聖なる遺産』（*Magdalene Legacy*）、『聖杯王たちの創世記（*Genesis of the Grail Kings*）』、『指輪物語の王国（*Realm of the Ring Lords*）』（すべて小社より刊行予定）など、いずれも世界的ベストセラーとなっている。スコットランド古美術研究協会会員、ジャコバイト王立修史官、シュバリエ（騎士）などさまざまな肩書きを持ち、ロンドンの王立オペラ劇場で上演される演目の台本も手がけている。英国観光局やオンタリオ州政府やロシア文化省との共同プロジェクトにも参加している。

監訳者略歴

楡井浩一（にれい・こういち）

1951年生まれ。北海道大学卒業。英米文芸翻訳家。主な訳書に『失われた聖櫃《アーク》　謎の潜在パワー（*Lost Secrets of the Sacred Ark*）』（小社刊）、ビル・クリントン著『マイライフ』（朝日新聞社）、ポー・ブロンソン著『このつまらない仕事をやめたら、僕の人生は変わるのだろうか？』（アスペクト）、マーク・ヴィクター・ハンセン&ロバート・アレン共著『ドリーム』（徳間書店）、ラルフ・サーキ著『エクソシスト・コップ』（講談社）、エリック・シュローサー著『ファストフードが世界を食い尽くす』（草思社）など多数ある。

聖杯の血統
イエスの隠された系譜

二〇一〇年六月三十日［初版第一刷発行］

著者――ローレンス・ガードナー
監訳――楡井浩一

発行者――加登屋陽一
発行所――清流出版株式会社
東京都千代田区神田神保町三-七-一　〒一〇一-〇〇五一
電話　〇三（三二八八）五四〇五
振替　〇〇一三〇-〇-七七〇五〇〇
〈編集担当・臼井雅観〉
印刷・製本――図書印刷株式会社
乱丁・落丁本はお取り替え致します。
ISBN978-4-86029-327-7

http://www.seiryupub.co.jp/